GUIDELINES FOR LEGAL PRACTICE OF PUBLIC OFFERING REITs IN CHINA'S INFRASTRUCTURE

中国基础设施公募REITs法律实务操作指南

许苇　路竞祎　编著

法律出版社 LAW PRESS·CHINA
北京

图书在版编目(CIP)数据

中国基础设施公募 REITs 法律实务操作指南 / 许苇，路竞祎编著. -- 北京 ：法律出版社，2023
ISBN 978-7-5197-8540-6

Ⅰ. ①中… Ⅱ. ①许… ②路… Ⅲ. ①基础设施－投资基金－法律－中国－指南 Ⅳ. ①D922.287-62

中国国家版本馆 CIP 数据核字（2023）第 212777 号

中国基础设施公募 REITs 法律实务操作指南
ZHONGGUO JICHU SHESHI GONGMU REITs FALÜ SHIWU CAOZUO ZHINAN

许 苇 路竞祎 编著

责任编辑 翁潇潇
装帧设计 贾丹丹

出版发行 法律出版社
编辑统筹 法规出版分社
责任校对 王晓萍
责任印制 耿润瑜
经　　销 新华书店

开本 710 毫米×1000 毫米 1/16
印张 29.75 **字数** 488 千
版本 2023 年 12 月第 1 版
印次 2023 年 12 月第 1 次印刷
印刷 三河市兴达印务有限公司

地址：北京市丰台区莲花池西里 7 号(100073)
网址：www.lawpress.com.cn
投稿邮箱：info@lawpress.com.cn
举报盗版邮箱：jbwq@lawpress.com.cn

销售电话：010-83938349
客服电话：010-83938350
咨询电话：010-63939796

书号：ISBN 978-7-5197-8540-6
定价：88.00 元

凡购买本社图书，如有印装错误，我社负责退换。电话：010-83938349

前　　言

2020 年 4 月 24 日,国家发改委、中国证监会联合发布《关于推进基础设施领域不动产投资信托基金(REITs)试点相关工作的通知》,正式拉开了我国公募 REITs 试点的序幕。选择率先在基础设施领域实现“破冰”,是我国公募 REITs 的特色和投融资领域的重大创新。如今,我国基础设施公募 REITs 试点已满“三周岁”,监管规则体系建设与优质项目成功推出,相伴共进,成果丰硕。截至 2023 年 6 月 30 日:一方面,国家发改委、中国证监会等多个监管机构已累计出台了超过二十部与基础设施公募 REITs 相关的配套法律法规与自律规范,从而搭建起了公募 REITs 监管规则基本框架。以北上广深为代表,超过二十个省、市相关政府部门已出台了公募 REITs 的地方性专项支持政策,从而在各地形成了良好政策环境;财政部、税务总局专门出台了基础设施公募 REITs 试点税收相关配套政策,从而对税收难题给予了明确回应;国务院办公厅及国务院国资委明确了基础设施公募 REITs 试点涉及的国有产权经批准后可以非公开协议转让的监管意见,我国基础设施公募 REITs 监管规则体系已基本建立,申报、审核、发行、存续期管理以及信息披露等各主要方面均有据可依。另一方面,目前已有 27 只公募 REITs 产品成功完成首发上市,4 只公募 REITs 产品成功完成了扩募发行,消费基础设施公募 REITs 试点项目近期也可能会实现零的突破,另有大量储备项目在积极筹备中,势头良好、未来可期!

中伦律师事务所作为中国领先的证券化与公募 REITs 法律解决方案提供方之一,长期专注并深耕于证券化和 REITs 领域,积累了丰富的研究与实践经验,深谙相关业务领域的法律与合规监管要点、难点与问题解决方案。我们注意到,在试点探索和推进常态化发行的过程中,公募 REITs 项目推进呈现出要求严、环节多、流程长、创新性强、对监管导向高度敏感等特点,虽各方对公募 REITs 兴趣浓厚并给予了高度关注,但相对缺乏对于现有 REITs 监管规则及实操要点的系统性、全局性、图景式的梳理与解读,对于不同行业类型项目开展 REITs 试点的法律关注重点和已上市案例的宝贵经验也亟待“麻雀解剖”式的探究分析。因此,中伦律师事务所的证券化与公募 REITs 法律服务团队投入了大量时间与精力,组织撰写了这本《中国基础设施公募 REITs 法律实务操作指南》。我们希望通过知识和经验的共享,增进各方对于中国基础设施公募 REITs 的了解与关注,共同开拓,共谋发展。

本书共包括两个部分,十四个章节。第一部分由导言、第一章至第四章组成,主要内容为中国基础设施公募 REITs 的概述与规则解读。第二部分由第五章至第十四章组成,对产业园、收费公路、市政(供水、供电、供热、供气)、清洁能源、仓储物流、生态环保(污水处理、固废危废医废处理)、保障性租赁住房、数据中心、水利设施、旅游景区、消费基础设施等各类型基础设施公募 REITs 的法律关注要点和案例进行了分析。

应该指出的是,中国公募 REITs 试点作为一种高度复杂且极具创新的金融产品,且在交易架构与法律关系、入池项目类型、管理模式与治理机制等诸多方面相较于国际上其他市场已推出的公募 REITs 具有明显的中国特色。我们尽最大努力在本书中涵盖当前公募 REITs 试点的主要法律实务问题,但由于未来公募 REITs 相关立法与监管方面处于持续发展革新的过程中,不动产投资信托基金办法以及相关土地、不同类型的细分资产业务指引等配套制度呼之欲出,随着试点进一步推进,我们的理解和认识也可能相应地加深与更新,因此本书中提及的特定问题与分析不代表我们的正式法律意见,建议相关方还请寻求专业律师的正式法律意见。此外,我们非常诚挚地欢迎您对本书提出批评、指正与建议!

本法律实务操作指南前言、第一章至第三章由许苇、张翔、陈泓成、张宝心、寇曦等编写,第四章由许苇、胡继东、孙凯歌编写,第五章由许苇、张宝心、陈河源、李敏编写,第六章由路竞祎、郭玉璇编写,第七章由许苇、胡继东、孙凯歌、任雪编写,第八章由许苇、路竞祎、陈泓成编写,第九章由路竞祎、曹瑞琨编写,第十章由刘小丽、张志杰编写,第十一章由许苇、路竞祎、张翔、张宝心编写,第十二章由许苇、胡继东编写,第十三章由路竞祎、贾雪、周琳丽编写,第十四章由许苇、胡继东编写。以上内容均由刘柏荣、许苇、路竞祎审校。

最后,谨在此向长期以来信任与支持我们的各位朋友,致以最诚挚的感谢!

Contents | 目录

上篇　中国基础设施公募 REITs 的概述与规则解读

上篇

中国基础设施公募 REITs 的概述与规则解读

导 言

一、国际标准 REITs 的市场发展情况概述

(一) REITs 国际市场总体概述

自 1960 年时任美国总统艾森豪威尔签署了《不动产投资信托法案》(Real Estate Investment Trust Act)以来,REITs 这种资本市场产品在全球范围内逐渐表现出强大的生命力和广阔的发展前景,其规模、影响和市场接受度都在不断增长。截至 2022 年 12 月末,已有 40 余个国家或地区创立了 REITs 市场。[1] 截至 2021 年 12 月,全球正在运营中的 REITs 数量达到 932 只,全球 REITs 市值约 2.5 万亿美元。[2]

REITs 市值在全球范围内的稳步增长证明了 REITs 的成功和持久性。过去的 30 年内,REITs 在全球得到广泛青睐,从 1990 年的 87 亿美元增至 2022 年的 1.9 万亿美元。其中北美地区的增长幅度最大,而亚洲地区 REITs 同样发展强劲。2005 年,亚洲有 6 个国家或地区共 31 只 REITs,到 2022 年,已发展到 11 个国家或地区共 223 只 REITs。[3]

在国际市场中,REITs 的底层资产类型逐步多样化。在发展初期,REITs 的底层资产以商业地产为主,而近年来基础设施类资产成为 REITs 市场增长

[1] See *Global Real Estate Investment*, Nareit, https://www.reit.com/investing/global-real-estate-investment .

[2] 参见《2021 年全球主要国家 REITs 市值及相关权重》,载小牛行研网站 2022 年 3 月 25 日,https://www.hangyan.co/charts/2801471757096060432。

[3] See *Global Real Estate Investment*, Nareit, https://www.reit.com/investing/global-real-estate-investment.

最快、最有活力的资产类别。以美国为例,美国 REITs 的底层资产包含基础设施、酒店、零售物业等多种物业类型,其中,包含高速公路、住房租赁和数据中心在内的基础设施 REITs 占比最大。除了基础设施 REITs,随着云技术、医疗保健行业、电子商务的发展,数据中心、医疗保健领域、仓储物流业的 REITs 产品也随之兴起。

REITs 发展至今已超过 60 年,而美国的占比过半,占据了市场主导地位。REITs 逐步推广至全球共有 43 个国家或地区,日本、新加坡作为后起之秀,已经成为亚洲 REITs 的主要市场。在设计本国的 REITs 制度体系时,各国路径基本相同——既参考美国 REITs 的制度构架,又兼顾自身实际情况。在国际上,REITs 已经较为成熟,自诞生以来,其发展历程可分为以下四个阶段。

1. 1960—1990 年,探索阶段

1960 年,美国国会通过《不动产投资信托法案》,其中规定"REITs 是一种通过发行证券,集合公众投资者资金,由专门机构经营管理,并将投资综合收益按比例分配给投资者的信托基金"[1]。1965 年,美国推出了国际上首个标准 REIT(Continental Mortgage Investors)。1969 年,荷兰紧随美国脚步,首先创设财政投资机构制度,对 REITs 公司的净资本规模、股东构成作出了详细规定。

2. 1991—1998 年,发展阶段

1986 年,美国颁布《税收改革法案》,从制度上给予 REITs 税收优惠,伴随美国房地产行业的繁荣,通过 REITs 进行融资、盘活资产。[2] 1995 年,比利时政府颁布了《房地产投资法》,其中规定 REITs 的组织类型为公司制。

3. 1999—2007 年,冲击与不断健全阶段

由于金融危机,亚太地区的不动产市场陷入低迷。同一时期,部分亚太国家和地区以及欧洲发达国家均陆续推出 REITs 相关政策规则。2006 年,英国颁布《金融法案》(Finance Act 2006),与英国税务海关总署(Her Majesty's

---

[1] 伍迪、牛耕诗:《中美 REITs 比较及启示》,载微信公众号"中咨咨询"2020 年 12 月 9 日,https://mp. weixin. qq. com/s/yc-4DlChfZHly5H6xWNQZA。

[2] 参见邵宇、肖佳文:《一文详解 REITs 历史、现状和市场前景》,载界面新闻网站 2021 年 3 月 16 日,https://www. jiemian. com/article/5814743. html。

Revenue and Customs, HMRC)发布的配套指南共同确立了英国 REITs 制度。[1] 2003 年,法国颁布《金融法案》(Finance Act),建立了法国 REITs 监管的基本框架。

4. 2008 年至今,冲击与迅速上涨阶段

由于后次贷危机和经济的复苏,从总体上看,该时期的 REITs 呈现出大幅度回撤和大幅度上涨。一方面,美国市场整体处于复苏状态,具有较强的韧性;另一方面,REITs 市场也逐步扩展到了发展中国家。

(二)全球各区域市场概述

从 1960 年开始,全球各个国家和地区陆续引入 REITs,我国公募 REITs 则于 2021 年扬帆起航。本书从北美市场、亚太市场、欧洲市场三个方面,并选取部分国家或地区,对 REITs 的市场情况进行介绍。

1. 北美市场

(1)美国

1960 年,美国相继通过了国内税收法规(Internal Revenue Code)和《不动产投资信托法案》,前述两项立法为美国 REITs 奠定了制度基础。美国主要采用"公司型"REITs 法人主体,特殊目的载体(Special Purpose Vehicle,SPV)直接持有并运营不动产及基础设施,同时在符合美国对 REITs 法律规定的红利发放、股东人数等标准的情况下完成上市,享受 REITs 的税收优惠等政策。[2] 若要取得 REITs 资格,公司必须每年将至少 90%的应纳税收入分配给股东。取得 REITs 资格的公司可以从企业应纳税收入中扣除付给股东的股息。因此,若 REITs 将 100%的应纳税收入分配给股东,那么房地产投资信托将没有企业税,但股东要按收到的股息和资本收益缴税。[3]

经过多年的蓬勃发展和政策调整,美国已经成为全球 REITs 发展最成熟的市场。根据 Nareit 及西部证券研发中心的相关资料,自 REITs 诞生以来,美

---

[1] 参见张雅婷、张鑫:《环球 REITs 系列丨英国与德国 REITs 的法律形式、发行上市与监管机制》,载东方财富网 2019 年 8 月 5 日,https://caifuhao.eastmoney.com/news/20190805221028022524520。

[2] 参见伍迪、牛耕诗:《中美 REITs 比较及启示》,载微信公众号"中咨咨询"2020 年 12 月 9 日,https://mp.weixin.qq.com/s/yc-4DlChfZHly5H6xWNQZA。

[3] 参见陆一:《REITs 为何会成为美国社保的投资产品?——REITs 系列研究报告之四》,载《中国证券期货》2007 年第 5 期。

国逐渐引入了20余种底层资产。[1] 截至2022年年末,(以 FTSE Nareit All Equity REITs 成分股为样本)美国 147 只 REITs 合计市值达 1.2 万亿美元。就数量而言,传统类型的零售及住宅 REITs 产品最多,分别为 33 只(占比 22.4%)、20 只(占比 13.6%);零售类型下,购物中心、区域性商业、独立店面类型产品分别为 18 只、3 只、12 只。[2] 从市值来看,首先是基建类市值最高,4 只产品达 1887 亿美元(占比 15.6%);其次是零售及住宅类,市值分别超 1829 亿元及 1760 亿元(占比 15.1%、占比 14.5%)。[3] 在美国,基于 REITs 的房地产投资在股票市场上的重要性更加突出,房地产证券化商品已被投资者视为在股票、债券、现金之外的第四类资产。

(2)加拿大

在加拿大,其 REITs 出现的形式是基金,这和美国的 REITs 形式有很大的不同。加拿大 1994 年颁布的《所得税法案》(Income Tax Act)中就提出了共同基金信托(Mutual Fund Trusts, MFTs)。2007 年,作为《所得税法案》的例外,加拿大在该法案中引入了一套适用于 REITs 的规则,即特定投资流经规则(Specified Investment Flow-through Rules,以下简称 SIFT 规则)。就法律形式而言,REITs 被定义为共同基金信托,但需要把原来的共同基金的形式转化为合格的 REITs 形式。SIFT 规则对于加拿大的非合格的不动产投资信托和其投资者产生了巨大的影响,因为受 SIFT 规则约束的实体应以类似于上市公司的方式纳税(SIFT 税),并且不享有信托和合伙企业通常享有的流转税待遇。但是,合格的 REITs 可以豁免遵守该规则。

与其他国家的 REITs 类似,加拿大的 REITs 通常提供可预测的现金分配和资本增值的机会。REITs 把收入分配给公开投资者时,可以享受与此相关的优惠政策,而这些优惠政策不适用于不具备 MFTs 资格的信托。根据 EPRA(The European Real Estate Association)与东海证券研究所的数据,截至

---

〔1〕 参见张静静:《REITs 发展国际经验系列:美国 REITs 简史》,载小牛行研网站 2022 年 3 月 25 日,https://www.hangyan.co/reports/2801471133788931489? page_num=6。

〔2〕 参见国盛证券:《2023 年商业地产 REITs 专题报告　为什么选择 REITs?》,载未来智库网站 2023 年 5 月 15 日,https://www.vzkoo.com/read/20230515f3ab514143b201116af71fc4.html。

〔3〕 参见金晶:《商业地产 REITs 支持文件落地,助推存量盘活提振消费》,载小牛行研网站 2023 年 5 月 13 日,https://www.hangyan.co/reports/3102977990540133405? page_num=22。

2022年年末,加拿大共有42只REITs上市,市值约为574.2亿美元。[1] 与加拿大多伦多证券交易所的总市值相比,加拿大REITs市值占比并不大,占比约为2.1%。

2. 亚太市场

REITs在亚洲的历史并不像在北美和欧洲市场那样悠久,REITs在亚洲市场起步于2001年。2001年9月,有两只日本REITs(J-REZTs)在东京股票交易所上市,即日本建筑基金(Nippon Building Funds,NBT)和日本不动产投资(Japan Real Estate Investment Corporation,JRE)。[2] 虽然北美市场占据REITs市值的大部分,但近年来亚太地区的发展势头越来越好,体现出优于北美和欧洲市场的活力和韧性。在亚太地区,传统上最深入的REITs市场是澳大利亚、新加坡和日本等,这些国家或地区的房地产投资信托结构已十分成熟。以下主要对澳大利亚、日本、新加坡和中国香港地区的REITs现状进行介绍。

(1)澳大利亚

澳大利亚的REITs发展史与亚洲推进REITs的阶段遥相呼应,经过多年的演化,澳大利亚REITs已崛起。澳大利亚REITs(A-REITs)在2008年3月以前一直被称为上市房地产信托基金(Listed Property Trust, LPT)。[3] 1971年4月,澳大利亚的房地产开发商联盛集团属下的资产管理部门GPT推动澳大利亚第一只REITs(当时称为LPT)——大众房产信托(the General Property Trust)成立。截至2023年6月30日,澳大利亚证券交易所(ASX)上市的REITs为45只。[4]

目前,在ASX上市的A-REITs通常是规模较大和较成熟的基金,涵盖大多数或所有主要的商业地产部门,为投资者提供广泛的多元化投资组合。为减少与某个特定的州或地区的经济衰退的风险,许多基金具有地域多样化的

---

〔1〕 参见胡少华、刘思佳:《发展方式绿色转型,生态环保REITs花香——公募REITs系列研究之三》,载小牛行研网站2023年6月16日,https://www.hangyan.co/reports/3127801495714531288? page_num=11。

〔2〕 参见程天富:《澳大利亚REITs的历史和演变》,载微信公众号"AdvancedForum"2019年9月27日,https://mp.weixin.qq.com/s/f3DpCdjl6mh4oxCkmtqJFw。

〔3〕 参见程天富:《澳大利亚REITs的历史和演变》,载微信公众号"AdvancedForum"2019年9月27日,https://mp.weixin.qq.com/s/f3DpCdjl6mh4oxCkmtqJFw。

〔4〕 See *Australia's Home of Listed Investments*, Australian Securities Exchange(July 26,2023).

特点。此外,虽然大多数 A-REITs 专注于本地市场,但有些 REITs 让投资者有机会投资位于美国或者欧洲的房地产。

在房地产证券化方面,澳大利亚的比例位居世界前列,约 70%的澳大利亚投资级房地产已实现证券化。[1] 在 1950—1960 年,房地产开发受到了机构投资者的青睐,而这一趋势正是由保险公司所引领的。在这些背景下,澳大利亚政府取消了禁令,自此保险公司可以进行房地产投资。因此在澳大利亚,机构投资者进入 REITs 市场的积极性和参与 REITs 市场的深度都非常高。

在投资领域方面,A-REITs 在选取拟投资的物业种类和所属地域方面体现出较强的分散性,而具体的 REITs 项目又体现出较高的集中度。[2] A-REITs 投资的房地产部门主要为写字楼(包括中央商务区的高级大厦、郊区的办公园区)、零售(包括购物中心、零售店和特色商店)、工业(包括仓库、工厂、物流中心及其他工业设施)和酒店(包括酒店、电影院、主题公园及其他休闲设施)。除了传统商业地产行业,一些 A-REITs 还投资于需要专业管理技能的部门,如数据中心、医疗保健设施和酒吧。[3]

不同于其他国家,澳大利亚的 REITs 市场长时间没有清晰的、完善的 REITs 发展政策。A-REITs(及其附带的税收优惠)源自英国信托法,采用的是信托结构,并于 1936 年被纳入澳大利亚的《所得税评估法》。[4] 1998 年,《管理投资计划》规则(Managed Investment Scheme)被引入澳大利亚《公司法》,用于管理 A-REITs。同一时期,澳大利亚推出了其独有的合订证券结构(stapled securities)——将一个 REITs 的信托单位和一份基金管理公司的股份捆绑在一起,且一经合订,两者就不能分开交易。投资者通过持有一股合订证券,同时持有一个 REITs 信托单位和一份基金管理公司股份。[5] 在这种

---

〔1〕 See *Canadian REITs*, http://reitreport. ca/canadian-reits/.

〔2〕 参见投行 VCPE 部落:《澳大利亚 REITs 连载之二丨发展及案例研究报告》,载商业新知网站 2020 年 1 月 12 日,https://www. shangyexinzhi. com/article/438216. html。

〔3〕 See *Types of A-REITs*, ASX, https://www2. asx. com. au/investors/learn-about-our-investment-solutions/a-reits/types.

〔4〕 参见程天富:《澳大利亚 REITs 的历史和演变》,载微信公众号"AdvancedForum"2019 年 9 月 27 日,https://mp. weixin. qq. com/s/f3DpCdjl6mh4oxCkmtqJFw。

〔5〕 参见邬玉婷:《基于澳大利亚房地产信托基金市场的 VaR 模型实证分析》,载《金融理论与实践》2010 年第 10 期。

模式下,基金管理公司与 REITs 分工明确、利益共生——前者负责房地产物业的开发和建设,而后者持有收租型物业。

在税收方面,各国都赋予 REITs 税收优势从而鼓励 REITs 在本国的发展。而澳大利亚也从多方面完善 REITs 的税收政策:一方面,澳大利亚信托法在设置 REITs 的构成要素时便规定 REITs 必须满足 75%的资产是房地产资产、全部的税后收益分配给投资者;另一方面,澳大利亚的税法明确规定了免除交易印花税的情形——单个基金产品的投资者超过 300 人,并且该产品项下的资金投资于具有现金流的成熟物业。同时,在 REITs 层面并不对 REITs 所分派的股息征税,而是在投资者个人层面针对股息征税。如此一来,则不会发生双重征税的情形。而且,澳大利亚实行的是累进税制(marginal tax system),投资者所缴的税金和投资者的整体收入相关。此外,二级市场上 REITs 股份的交易免征印花税,REITs 基金管理费不需要缴纳商品及服务税,投资者的资本收益被征税减半。[1]

(2)日本

近 20 年来,J-REITs 市场高速增长,有如下标志性事件:2000 年 11 月,日本对其《信托投资公司法》进行了修改,自此信托投资资金被允许投资于商业不动产领域;2001 年 3 月,东京证券交易所(TSE)建立了 REITs 上市系统;2001 年 9 月,NBF 作为日本首只上市 REITs、JRE 作为日本第二只上市 REITs,先后于东京证券交易所挂牌。在亚洲,日本成为首个推出 REITs 产品的国家。经过 20 多年的发展,日本已经成为亚洲规模最大、全球第二大的 REITs 市场,截至 2023 年 6 月 30 日,日本共有 60 只 REITs。在 2021 年筹办东京奥运会及日本政府推出 55.7 万亿日元的新一轮经济刺激计划的双重影响下,2021 年日本 REITs 总市值整体上升 6%。[2]

J-REITs 在结构和运作方面借鉴了美国,分为公司型(投资公司)和契约型(投资信托),但由于公司形式的管理模式相对简化且成本相对较低,因此更受投资者的欢迎。2007 年 9 月,日本的《金融投资和交易法》(Financial

---

〔1〕 参见中债资信 ABS 团队:《海外 REITs 发展及案例研究之新加坡、澳大利亚详解》,载财经头条网站 2017 年 5 月 17 日,https://cj.sina.com.cn/article/detail/3787884325/252669。

〔2〕 参见戴德梁行:《戴德梁行重磅发布 2021 年度〈亚洲房地产投资信托基金(REITs)研究报告〉》,载微信公众号"戴德梁行"2022 年 4 月 28 日,https://mp.weixin.qq.com/s/1ysU6iBQ1DoolUTlRernSQ。

Instruments and Exchange Law, FIEL)生效,新的法案要求资产管理公司必须注册成投资管理人(investment manager)。因此,日本法律禁止 J-REITs 开展不动产运营等业务,J-REITs 在管理模式上均为外部管理模式(也可称为全委模式)——将日常经营、投融资策略全权委托给资产管理公司。这种管理模式与美国则有很大的不同,J-REITs 并不直接持有和管理房地产,而是采用间接型的管理方式通过资产管理公司持有资产,在治理结构方面成立董事会并设置投资者大会制度。除此之外,J-REITs 还具有杠杆率较高的特点,其平均杠杆率为 44%,为亚洲最高。[1]

从 J-REIT 的成立条件来看,根据东京证券交易所的规定,J-REIT 的成立必须满足如下要求:第一,J-REIT 必须为封闭式;第二,至少 70%的总资产必须投资于房地产、房地产租赁等房地产直接相关资产,95%的总资产必须投资于房地产直接相关资产,超过 50%资产投资于房地产的投资公司股票、现金以及现金等价物;第三,净资产必须超过 10 亿日元,总资产必须超过 50 亿日元;第四,J-REIT 上市时,J-REIT 流通股至少超过 4000 份,前十大份额持有者的持有份额不得超过总份额的 75%,除前十大份额持有者外,其他份额持有者数量必须超过 1000 人。原则上,J-REIT 仅是一个资产持有工具,不允许雇佣自己的员工,相关的资产管理、托管以及行政管理功能都必须由其他专业机构发挥。J-REIT 要求将不少于其可分配利润的 90%作为红利分配给份额持有人。2021 年,J-REITs 首次面向国际和日本投资者进行全球加速发售(accelerated global offering),共募集资金 280 亿日元(约 2.5 亿美元),用于收购东京都市圈及大阪地区 4 处位置优越的现代化物流基础设施。此次发售是 J-REITs 中首例全球加速发售。

(3)新加坡

新加坡 REITs(S-REITs)制度始于 1999 年,其第一只 REIT 产品嘉茂信托于 2002 年在新加坡证券交易所(SGX)上市。新加坡 REITs 市场在过去几年中呈指数级增长,已成为亚洲第二大 REITs 市场。截至 2022 年 6 月,新加坡共有 43 只 REITs 和地产商业信托于 SGX 上市,总市值超过 1110 亿新

[1] 参见邵宇、肖佳文:《公募 REITs,箭在弦上:一文详解 REITs 历史、现状和市场前景》,载界面新闻网站 2021 年 3 月 16 日,https://www.jiemian.com/article/5814743.html。

元,平均股息收益率为 6.4%。[1] 根据 SGX 于 2023 年 3 月 27 日发布的数据,S-REITs 板块包括 40 只上市交易的信托,总市值接近 1000 亿新元,占新加坡股市总市值的 12%。这些信托由 REITs、合订信托和商业信托组成,合计占新加坡股市 2023 年第一季度每日成交额的 20%。[2]

在税收政策方面,S-REITs 享有税收透明的优惠待遇。在操作程序上,由 REITs 向新加坡税务局进行申请,通过将收入分派给合格单位持有人得到免税的待遇,而不需要将这部分收入纳入企业所得税。同时,REITs 取得的境外收入可免税,转入 REITs 的新加坡产业可免去印花税,这些税收优惠政策提升了新加坡 REITs 发展的优势和吸引力。

在管理模式方面,S-REITs 的管理包括内部管理和外部管理两种模式,后者是被普遍采用的模式。外部管理模式有其显著的优越性——在 REITs 治理层面具有更高的规范性,具备专业的、足够的管理人才履行好不动产管理的各项职责。

在资产多元化方面,新加坡是最多元且国际化的 REITs 市场之一,除了新加坡本国资产,大量 REITs 持有的底层资产来自海外,包括亚太其他国家、美国和欧洲的多元资产。例如,2021 年上市的大和房屋物流信托是 SGX 唯一拥有纯日本资产的 REIT,其 IPO 资产组合包括位于日本的 14 处物流资产;而 Digital Core REIT 是一只纯数据中心房地产投资信托,其 IPO 资产组合包括 10 个位于美国的具有机构性质量和永久地契的数据中心,这 10 个数据中心中有 4 个数据中心位于硅谷。[3] 从世界范围看,S-REITs 具有广泛的覆盖面,不仅在作为 REITs 市场后起之秀的中国内地、马来西亚、英国占有一席之地,还持有美国、日本以及中国香港地区等作为 REITs 市场成熟地区的资产。

(4)中国香港地区

在中国香港地区,REITs 泛指由香港证券及期货事务监察委员会(以下简

---

[1] 参见《REIT 观察——新加坡房托和地产商业信托庆祝 20 周年》,载新加坡交易所网站,https://www.sgx.com/zh-hans/research-education/market-updates/20220718-reit-watch-s-reits-property-trusts-mark-their-20th-year。

[2] 参见《2023 年第一季度 S-REITs 的流动和表现》,载新加坡交易所网站,https://www.sgx.com/zh-hans/research-education/market-updates/20230327-s-reit-flows-and-performances-1q23。

[3] 参见新加坡交易所:《新加坡房托和地产商业信托报告:新交所迎来两只 S-REIT 上市》,载雪球网站 2021 年 12 月 23 日,https://xueqiu.com/3180190978/206840210。

称香港证监会)根据 2003 年 7 月首次发布的《房地产投资信托基金守则》认可的房地产投资信托基金。《房地产投资信托基金守则》规定,REITs 必须以信托形式持有商业地产,采用外部管理模式,所持商业物业的所有权和管理权必须彻底分开,且须最低将 90%的可分派收入分配给投资者。《房地产投资信托基金守则》自 2003 年以来已修订数次,最新修订版于 2020 年 12 月 4 日生效。

2005 年,中国香港地区的第一只 REIT——领汇房地产投资信托基金(Link REIT,后更名为领展房地产投资信托基金)在香港交易所成功上市。2011 年 4 月,第一个以人民币计价的 REITs 在中国香港地区上市,其主要资产在内地。截至 2023 年 1 月 31 日,中国香港地区 REITs 市场活跃的 REITs 共有 12 只,总市值约 275 亿美元,[1]其中市值最大的领展房地产投资信托基金占据约 60%的市值规模。相较于亚洲其他主要市场,目前中国香港地区市场 REITs 产品的资产类型较为单一,主要以商业物业为主,与新经济相关的物流、基建、医疗保健等资产类型的 REITs 产品较少。

3. 欧洲市场

1969 年,欧洲 REITs 首先在荷兰确立。尽管欧洲地区 REITs 制度的建立比美国只晚了 9 年,但欧洲地区的 REITs 发展却相对落后。REITs 在欧洲地区的发展面临 2 个不利因素,一个是投资者倾向于将资金投入到开放式私募股权房地产基金(open-end private equity real estate fund);另一个是部分欧洲市场缺乏一致性,造成了一些混乱。例如,德国的 REITs 排除住宅房地产,这阻碍了 REITs 在该国的推广。随着 REITs 结构的不断发展以及政府为消除市场不一致做出的努力,REITs 在欧洲的发展将更有活力。

自 1969 年荷兰首先引入 REITs 制度,在此后相当长的一段时间内,欧洲国家均未颁布 REITs 相关法律及 REITs 发行上市的案例,直至 1995 年比利时颁布投资房地产的法律(Real Estate Fixed Capital Investment Companies, SICAFI),1999 年希腊颁布 REITs 相关法律。2008 年前后,其他欧洲各国也开始布局 REITs 发展战略并制定 REITs 相关政策。截至 2021 年第四季度,欧

---

〔1〕 参见《2023 REITs 专题 1:中港新三大 REITs 市场结构与规模差异》,载微信公众号"晤桥亚洲资产管理数字化方案"2023 年 2 月 14 日,https://mp.weixin.qq.com/s/JNIgGsb9IlRk3NZdMbhSbw。

洲共有 199 只 REITs,市值 238.8 亿美元。[1] 欧洲 REITs 迅速发展,欧洲也成为发展规模仅次于美国的世界第二大市场。

以下主要对荷兰、比利时、法国、英国 4 个国家的 REITs 现状进行介绍。

(1)荷兰

荷兰 REITs 制度始于 1969 年的财政投资机构制度(Fiscale Beleggings Instelling, FBI),其最初是基于满足荷兰中央银行的过境税优惠(Flow-through Tax Benefits)而在最低股份资本数额、公司设立地点等方面做出的要求。[2] 在荷兰 REITs 政策中,FBI 处于核心地位,其中规定了净资本规模、股东构成等。荷兰 REITs 现可采取公共有限责任公司(Dutch Public Limited Liability Company, NV)、私人有限责任公司(Dutch Private Limited Liability Company, BV)、开放式共同投资基金(Open-ended Mutual Investment Fund)、可比外国法律实体(Comparable Foreign Legal Entity)等形式。FBI 除对 NV 有最低资本需超过 45,000 欧元的限制条款外,对其他类型实体的最低净资本并未作出特别规定。[3] 截至 2022 年 6 月 30 日,荷兰共有 5 只 REITs,市场总值达到了 95 亿欧元。[4]

在股东持股方面,"股权分散"原则在 FBI 相关规定中得到了突出体现。因荷兰对于 REITs 上市与否不作要求,故对于上市型 REITs,其收益凭证必须在荷兰规定的股票交易所交易,单一机构投资者间接或直接所持有的股份总额不能超过上市总股份的 45%,单一的个人投资者所持有的股份不得超过 25%。[5]

---

〔1〕 See Méka Brunel, *Structural Overview of the Real Estate Investment Industry*, EPRA (Apri, 2022), https://www.epra.com/application/files/2416/5104/7568/EPRA_Publication_-_April_2022_NEW.pdf, p. 31.

〔2〕 参见吴迪、鞠徽:《欧洲国家 REITs 的发展现状、制度逻辑及经验借鉴》,载微信公众号"上海市法学会 东方法学"2022 年 5 月 11 日,https://mp.weixin.qq.com/s/Kd7g4fz-NBLQttb3lfAEkQ。

〔3〕 参见吴迪、鞠徽:《欧洲国家 REITs 的发展现状、制度逻辑及经验借鉴》,载微信公众号"上海市法学会 东方法学"2022 年 5 月 11 日,https://mp.weixin.qq.com/s/Kd7g4fz-NBLQttb3lfAEkQ。

〔4〕 See *Global REIT survey 2022*, EPRA, https://www.epra.com/application/files/9516/6203/9094/EPRA_Global_REIT_Survey_2022_ONLINE_v1.7_FINAL_VERSION.pdf, p. 139.

〔5〕 参见戴祁临:《欧洲 REITs 发展的借鉴与启示》,载中国工商银行网站 2019 年 5 月 13 日,https://v.icbc.com.cn/userfiles/Resources/ICBC/fengmao/download/2019/REITs20190708.pdf,第 6 页。

(2)比利时

在欧洲,比利时是继荷兰之后第二个布局 REITs 的国家。1995 年,比利时政府颁布了投资房地产的法律(Real Estate Fixed Capital Investment Companies, SICAFI),SICAFI 明确 REITs 的组织类型只能为公司制。2014 年,比利时在 SICAFI 的基础上制定了 REITs 制度。在比利时 REITs(BE-REITs)制度框架下,房地产投资企业可被认定为 SICAFI 型、BE-REITs 型和其他类型。SICAFI 型和 BE-REITs 型 REITs 公司的差异在于前者以房地产投资为主要目标,而后者更注重通过地产的运营与维护,创造价值的长期增长空间。BE-REITs 型的 REITs 公司自我管理的空间较大,管理层在充分考虑股东短期利益的同时,需要同时兼顾公司的持续发展。截至 2022 年 6 月 30 日,比利时共有 17 只 REITs,总市值达到了 208.1 亿欧元。[1]

BE-REITs 企业必须获得比利时金融服务与市场管理局(Belgian Financial Services and Markets Authority, FSMA)颁发的 BE-REITs 执照,且必须在交易所登记上市。BE-REITs 企业的一般管理机构和法人机构须在比利时境内,其组织形式采用有限责任公司(Belgian Public Limited Liability Company)和有限合伙公司(Belgian Limited Partnership With Shares),注册资本最低为 120 万欧元。BE-REITs 可发行股票之外的证券,如债券、可转债等。在限制性条件方面,BE-REITs 在投资者的国籍、投资者是否为专业投资者或机构投资者等方面并无限制。[2]

(3)法国

法国作为在欧洲继比利时之后第三个引入 REITs 的国家,于 2003 年通过立法正式确立 REITs(Statut SIIC)的组织形式和税收政策。在 2003 年立法之前,法国就已经出现了以持有物业并收取租金作为主要经营模式的上市公司。这些上市公司的经营活动受制于交易过程中过高的税务成本和缺少资金流入,因此发展并不顺利。REITs 的创立为法国房地产的发展注入了活力,使得这些原有持有型地产上市公司的经营模式,从原来的单一收取租金,到开发、

---

〔1〕 See *Global REIT survey 2022*, EPRA, https://www.epra.com/application/files/9516/6203/9094/EPRA_Global_REIT_Survey_2022_ONLINE_v1.7_FINAL_VERSION.pdf, p. 16.

〔2〕 参见吴迪、鞠徽:《欧洲国家 REITs 的发展现状、制度逻辑及经验借鉴》,载微信公众号“上海市法学会 东方法学”2022 年 5 月 11 日,https://mp.weixin.qq.com/s/Kd7g4fz-NBLQttb3lfAEkQ。

更新、出租和转售为一体。[1] 截至 2022 年 6 月 30 日,法国共有 28 只 REITs,总市值达到了 377.5 亿欧元。[2] 近 10 年间,法国头部 REITs 不断合并和收购体量较小的 REITs。从总体上看,REITs 的数量在不断减少,但头部 REITs 的体量却在快速扩张。

法国 REITs 最大的特点是灵活性,主要体现在以下四个方面:第一,在经营范围方面,允许其他产业的存在,比如房地产开发、物业、联合办公室等。世界范围内的大部分国家或地区都设置了资产和收入的双重限制,而法国 REITs 则有相对少的限制,从而为其他项目留下了操作的空间。第二,在组织结构方面,法国的 REITs 采用灵活的组织结构应对税收等问题。具体而言,法国 REITs 税收有两种模式,一是直接持有物业或通过项目公司持有物业并出租产生稳定现金流,不缴纳公司税,但必须按照法律规定向投资者分红;二是通过项目公司进行地产开发,正常缴纳公司税,不受分红限制。第三,在准入制度方面,法国设置的公司进入 REITs 体制的条件表现为准入灵活、退出严格。在法国,只需要满足两个条件,公司即可作出选择获得 REITs 的准入而不需要特殊的申请。第四,在分红形式方面,美国和新加坡都仅规定了 90%的利润用于分配这种单一的分配比例,而法国针对不同类型的收入设置灵活的分配比例。例如,针对经营收入,95%的比例用于分红派息;对于实现的资产升值收入,则可分为两年分配,且增值部分的派息比率为 60%;而对于同为 REITs 形式的子公司,分红比例则达到 100%。[3]

(4)英国

为推动英国房地产产业发展,2005 年英国在当年财政预算报告中宣布将于 2006 年开启 REITs 相关立法工作。2007 年 1 月 1 日,根据《2006 年英国财政法案》,共有 9 家公司进入 REITs 类公司名单,此后这一数字逐年攀升。截至 2022 年 6 月 30 日,英国 REITs(UK-REITs)总市值为 761.30 亿欧元,共有

---

[1] 参见张建邦:《中国 REITs 的新启发:French model》,载微信公众号“REITs 指数”2020 年 5 月 19 日,https://mp.weixin.qq.com/s/v2djMKvkg2Ete8sOdlA6YQ。

[2] See *Global REIT survey 2022*, EPRA, https://www.epra.com/application/files/9516/6203/9094/EPRA_Global_REIT_Survey_2022_ONLINE_v1.7_FINAL_VERSION.pdf, p. 40.

[3] 参见张建邦:《中国 REITs 的新启发:French model》,载微信公众号“REITs 指数”2020 年 5 月 19 日,https://mp.weixin.qq.com/s/v2djMKvkg2Ete8sOdlA6YQ。

53 只上市 REITs,是欧洲乃至全球最为活跃的市场之一。[1]

UK-REITs 是英国房地产投资信托基金管理制度的核心载体。2010 年,为了使 UK-REITs 税制便于纳税人理解,英国政府对《公司税法》(Corporation Tax Act)重要组成部分的 UK-REITs 章节进行了重新修订,修订后的 UK-REITs 将房地产投资信托基金的主营业务界定为财产租赁业务。2012—2014 年,随着英国《金融法案》的逐步修订完善,UK-REITs 组合多样化、现金管理灵活化和税收征管简便化的趋势已十分明显,其对投资者的吸引力不断增加。

UK-REITs 采取股份制,注册资本不得低于 70 万英镑,外部管理或内部管理均可。UK-REITs 公司的母公司必须注册于英国国内,注册未满 3 年不得在英国或者其所认可的其他国家的证券交易所上市交易,不得为开放式投资公司(an Open-ended Investment Company);注册 3 年之后必须为非封闭公司,仅持有子公司普通股票或者无投票权的优先股(Non-voting Restricted Preference Shares),不得存在与子公司有关联业绩的借款,需定期出具财务报表。

就业务投资而言,UK-REITs 净利润的 75%必须来自房地产租赁经营业务,75%的资产必须投资于房地产租赁业务。另外,需持有至少 3 种独立房地产资产,且任一资产不得超过总投资市值的 40%。物业资产利润至少为融资成本的 1.25 倍,否则将面临惩罚性税收,但 UK-REITs 管理机构可视情况对其免除处罚。利润分配方面,物业租赁利润的 90%需在每个会计年度结束后进行分配,但就来源于投资其他 REITs 的收入则需 100%予以分配。[2]

二、中国公募 REITs 的发展历程

中国公募 REITs 的发展线可概括如下:2003 年,我国香港地区正式颁布《房地产投资信托基金守则》,标志着我国香港地区的 REITs 正式起步;2014 年,内地首单类 REITs“中信启航专项资产管理计划”发行,是第一只与标准 REITs 产品具有一定相似性的私募“类 REITs”产品,自此内地开始了“类

[1] See *Global REIT survey 2022*, EPRA, https://www.epra.com/application/files/9516/6203/9094/EPRA_Global_REIT_Survey_2022_ONLINE_v1.7_FINAL_VERSION.pdf, p. 176.

[2] 参见吴迪、鞠徽:《欧洲国家 REITs 的发展现状、制度逻辑及经验借鉴》,载微信公众号“上海市法学会 东方法学”2022 年 5 月 11 日,https://mp.weixin.qq.com/s/Kd7g4fz-NBLQttb3lfAEkQ。

REITs”实践;2020 年,中国证监会、国家发改委发布《关于推进基础设施领域不动产投资信托基金(REITs)试点相关工作的通知》,中国迎来了公募 REITs 的崭新时代,其发展历程可分为以下三个阶段。

1. 2001—2013 年,探索阶段

2004 年,国务院发布《关于推进资本市场改革开放和稳定发展的若干意见》(已失效),积极探索并开发资产证券化品种。2007 年,中国人民银行、中国证监会和原中国银监会分别成立 REITs 专题研究小组,标志着监管部门开始探索中国境内 REITs 市场发展的前景。在此期间,越秀 REITs 于 2005 年 12 月 21 日在中国香港上市,是第一只以内地资产为标的的 REITs 产品。

2. 2014 年开始,类 REITs 阶段

类 REITs 产品系指在上海证券交易所(以下简称上交所)、深圳证券交易所(以下简称深交所)等交易场所发行的类 REITs 资产证券化产品,通过多层 SPV 的架构设计,使投资者可间接持有标的物业资产,享有固定收益以及资产增值。[1] 2014 年,我国发起第一单类 REITs 项目“中信启航专项资产管理计划”。目前,我国类 REITs 产品发行数量共计 74 单,规模超过 1200 亿元。从底层资产类型上看,涵盖了购物中心、写字楼、基础设施、零售门店、租赁住房、社区商业、酒店、工业园区等。

2014 年开始,监管部门发布的法规政策文件包括:2014 年,中国人民银行和原中国银监会联合发布《关于进一步做好住房金融服务工作的通知》,提出积极稳妥开展房地产投资信托基金(REITs)试点;2015 年,住房和城乡建设部(以下简称住建部)发布《关于加快培育和发展住房租赁市场的指导意见》,明确提出要积极推进 REITs 试点,并积极鼓励投资 REITs 产品;2018 年,深交所战略规划纲要提出全力开展 REITs 产品创新。

3. 2020 年至今,公募 REITs 阶段

2020 年是我国境内公募 REITs 试点启航的第一年,试点启动以来,我国监管机构发布了一系列 REITs 业务配套规则,标志着我国境内 REITs 市场开始在私募的债务融资属性的类 REITs 产品基础上,进阶发展出公募的权益融

---

〔1〕 参见朱辉、林海伊、李青云、马倩伟:《类 REITs 资产证券化产品专题研究报告》,载微信公众号“中诚信证评”2017 年 6 月 6 日,https://mp.weixin.qq.com/s/bkwpzWOumFa3hroKl8Stag。

资属性的公募 REITs 产品。[1] 2020 年 4 月 30 日，中国证监会、国家发改委联合发布《关于推进基础设施领域不动产投资信托基金(REITs)试点相关工作的通知》(以下简称“40 号文”)，正式拉开了公募 REITs 试点的序幕，选择率先在基础设施领域实现“破冰”。截至 2023 年 6 月，中国证监会、国家发改委等多个监管机构共计出台多部基础设施公募 REITs 相关的配套法律法规与自律规范。同时，北京、上海、深圳等地出台了公募 REITs 的地方性支持性政策规范，我国的基础设施公募 REITs 监管和规则体系基本建立，基础设施公募 REITs 项目的申报、审核、发行、存续期管理、信息披露等各方面均有法可依。

三、发展现状

我国境内公募 REITs 是于 2020 年刚刚起步的新产品，截至 2023 年 6 月底，我国境内已上市或已通过交易所审核的公募 REITs 累计 29 只(其中中金山高集团高速公路封闭式基础设施证券投资基金已通过上交所审核尚未上市)，行业分布在高速公路、产业园区、物流地产、保障性租赁住房以及环保基建领域。我国境内已上市或已通过交易所审核的公募 REITs 基金简称、资产类型、募集金额、原始权益人持有比例、首年预期现金分派率详见表 0-1，由此可见我国 REITs 市场持续扩容。

表 0-1　我国已上市或已通过交易所审核的公募 REITs 基金情况

批次	基金简称	类型	类别	募集金额/亿元	原始权益人持有比例/%	首年预期现金分派率/%
2021 年 6 月	红土创新盐田港	仓储物流	产权	18.40	20	4.15
2021 年 6 月	中金普洛斯	仓储物流	产权	58.35	20	4.45
2021 年 6 月	平安广州广河	高速公路	经营权	91.14	51	5.91
2021 年 6 月	浙商沪杭甬	高速公路	经营权	43.60	59	12.40
2021 年 6 月	中航首钢绿能	生态环保	经营权	13.38	40	8.52
2021 年 6 月	富国首创水务	生态环保	经营权	18.50	51	8.71

[1] 参见陆翘楚:《大融城 REITs 的风险管控问题研究》，南京师范大学 2021 年硕士学位论文，第 2 页。

续表

批次	基金简称	类型	类别	募集金额/亿元	原始权益人持有比例/%	首年预期现金分派率/%
2021 年 6 月	博时蛇口产园	产业园区	产权	20.79	32	4.10
2021 年 6 月	东吴苏园	产业园区	产权	34.92	30	4.31
2021 年 6 月	华安张江光大	产业园区	产权	14.95	20	4.74
2021 年 12 月	华夏越秀高速	高速公路	经营权	21.30	30	7.07
2021 年 12 月	建信中关村	产业园区	产权	28.80	33	4.62
2022 年 4 月	华夏中国交建	高速公路	经营权	93.99	20	4.71
2022 年 7 月	国金中国铁建	高速公路	经营权	47.93	71	8.36
2022 年 7 月	鹏华深圳能源	清洁能源	经营权	35.38	51	11.69
2022 年 8 月	中金厦门安居	保障房	产权	13.00	34	4.33
2022 年 8 月	华夏北京保障房	保障房	产权	12.55	35	4.30
2022 年 8 月	红土创新深圳安居	保障房	产权	12.42	51	4.24
2022 年 8 月	华夏合肥高新	产业园区	产权	15.33	25	4.42
2022 年 8 月	国泰君安临港	产业园区	产权	8.24	20	4.74
2022 年 9 月	国泰君安东久	产业园区	产权	15.18	20	5.33
2022 年 10 月	华泰紫金江苏交控	高速公路	经营权	30.54	35	5.87
2022 年 10 月	中金安徽交控	高速公路	经营权	108.8	51	6.63
2022 年 11 月	华夏基金华润有巢	保障房	产权	12.08	34	4.29
2022 年 11 月	华夏杭州和达高科	产业园区	产权	14.04	51	4.11
2022 年 12 月	嘉实京东仓储物流	仓储物流	产权	17.57	34	4.17
2023 年 3 月	中航京能光伏	清洁能源	经营权	29.34	54	12.18
2023 年 3 月	国家电投新能源	清洁能源	经营权	78.40	34	10.57

续表

批次	基金简称	类型	类别	募集金额/亿元	原始权益人持有比例/%	首年预期现金分派率/%
2023 年 4 月	湖北科投光谷产业园	产业园区	产权	15.75	34	4.72
2023 年 4 月	山高集团高速公路	高速公路	经营权	N/A	N/A	5.27

资料来源：德勤中国：《中国 REITs 发展报告》，载 Deloitte 网站 2023 年 7 月 14 日，https://www2.deloitte.com/cn/zh/pages/real-estate/articles/china-reits-development-report-2023.html。

综上所述，在国际资本市场中，REITs 已成为相对成熟的金融产品。在我国境内，尽管公募 REITs 起步较晚，但其发展历程创造了中国效率、体现出了中国特色。未来我国的公募 REITs 将聚焦于交通基础设施、能源基础设施、市政基础设施、生态环保基础设施、仓储物流基础设施、园区基础设施、新型基础设施、保障性租赁住房、消费基础设施以及其他行业领域，展现出巨大的活力和生命力。

第一章

基础设施公募 REITs 的监管与规则体系概览

一、公募 REITs 的监管机构与职权划分

在公募 REITs 项目的申报、审核、发行、存续期管理、信息披露等方面，国家发改委及地方发改委、中国证监会、证券交易所、证券业协会、基金业协会、中证登等相关监管机构各司其职。各监管机构的职权与审核重点具体如表 1-1 所示。

表 1-1　各监管机构的职权与审核重点

序号	监管机构	监管职权
1	地方发改委	· 负责试点项目的遴选、入库、申报工作；[①] · 项目前期培育工作；[②] · 对本地区符合相关条件、拟推荐开展试点的项目，地方发展改革委向国家发展改革委上报项目申报请示文件和项目申报材料，或为有关中央企业出具意见；[③] · 与相关部门进行协调，帮助解决项目推进过程中存在的问题[④]
2	国家发改委	· 建立全国基础设施 REITs 试点项目库；[⑤] · 根据项目申报材料对项目进行综合评估，将符合条件的项目推荐至中国证监会[⑥]
3	中国证监会	· 制定公募 REITs 相关规则，对基金管理人等参与主体履职要求、产品注册、份额发售、投资运作、信息披露等进行规范；[⑦] · 指导各派出机构、沪深证券交易所、证券业协会与基金业协会制定完善试点项目遴选相关配套措施，加强基础设施 REITs 的业务过程监管；[⑧] · 对基础设施基金进行审核、注册[⑨]

续表

序号	监管机构	监管职权
4	证券交易所	· 比照公开发行证券要求建立基础设施资产支持证券挂牌及基金上市审查制度；[⑩] · 负责基础设施基金份额的发售、上市、交易、收购、信息披露、退市等工作；[⑪] · 审核资产支持证券挂牌申请和基础设施基金上市申请，并出具无异议函[⑫]
5	基金业协会	· 对基础设施基金人员管理、项目尽职调查，对与基金相关的信息披露等行为进行自律管理；[⑬] · 负责专项计划设立后的备案工作
6	证券业协会	按照自律规则对网下投资者进行注册，并对网下投资者的行为、各参与机构的核查等进行自律管理[⑭]
7	中证登	负责基础设施基金的登记结算相关业务，具体包括账户管理、基金份额的认购、交易、要约收购及回购交易、权益分派等

① 参见《国家发展改革委关于进一步做好基础设施领域不动产投资信托基金（REITs）试点工作的通知》（以下简称“958 号文”）附件《REITs 试点项目申报要求》第 4 条第 5 项第 1、2 点：1. 各地发展改革委组织发起人（原始权益人）等有关方面选择优质项目，纳入全国基础设施 REITs 试点项目库。2. 发起人（原始权益人）选择符合条件的入库项目，向项目所在地省级发展改革委报送试点项目申报材料。未纳入全国基础设施 REITs 试点项目库的项目不得申报。

② 参见《国家发展改革委关于规范高效做好基础设施领域不动产投资信托基金（REITs）项目申报推荐工作的通知》（以下简称“236 号文”）第 1 条第 1 项：充分认识前期培育工作的重要性。基础设施 REITs 项目的前期培育，包括梳理筛选资产、制定产品方案、完善合规手续、解决难点问题等工作。切实做好项目前期培育，对于加强项目储备、保障项目合规、提升资产质量、促进稳健运营、提高推荐效率具有重要意义。各地方发展改革委要高度重视基础设施 REITs 项目前期培育工作，帮助和指导发起人（原始权益人）、基金管理人等共同做好项目培育，推动项目尽快具备申报条件，并及时向我委反映共性问题和解决建议。

③ 参见“958 号文”附件《REITs 试点项目申报要求》第 4 条第 5 项第 4 点：对本地区符合相关条件、拟推荐开展试点的项目，省级发展改革委向国家发展改革委上报项目申报请示文件和项目申报材料，或为有关中央企业出具意见。项目申报请示文件或省级发展改革委为中央企业出具的意见中，需包含“经初步评估，所推荐项目符合国家重大战略、发展规划、宏观调控政策、产业政策、固定资产投资管理法规制度，以及试点区域、行业等相关要求，推荐该项目开展基础设施 REITs 试点”的表述。

④ 参见“958 号文”第 5 条第 13 项：加强与相关部门沟通合作。各地发展改革委要与中国证监会当地派出机构、沪深证券交易所密切协作配合，加强信息共享，共同稳妥推进试点相关工作。加强与

本地区行业管理、城乡规划、土地管理、生态环境、住房城乡建设、国资监管等部门沟通交流，协调解决项目推进过程中存在的问题，促进形成工作合力。

⑤ 参见《建立 REITs 试点项目库的通知》：为贯彻落实党中央、国务院决策部署，根据《中国证监会 国家发展改革委关于推进基础设施领域不动产投资信托基金（REITs）试点相关工作的通知》和中国证监会《公开募集基础设施证券投资基金指引（试行）》（以下分别简称"40 号文"和"指引"）等文件要求，切实保障试点项目质量，有效防范市场风险，推动基础设施领域不动产投资信托基金（以下简称"基础设施 REITs"）试点工作高质量推进，我委决定建立全国基础设施 REITs 试点项目库。

⑥ 参见"958 号文"附件《REITs 试点项目申报要求》第 4 条第 5 项第 5 点：国家发展改革委根据项目申报材料，对项目进行综合评估后，确定拟向中国证监会推荐的项目名单。国家发展改革委推荐项目时一并将有关项目材料转送中国证监会。

⑦ 参见"40 号文"第 4 条第 3 项第 1 点：中国证监会制定公开募集基础设施证券投资基金相关规则，对基金管理人等参与主体履职要求、产品注册、份额发售、投资运作、信息披露等进行规范。沪深证券交易所比照公开发行证券相关要求建立基础设施资产支持证券发行审查制度。中国证监会各派出机构、沪深证券交易所、中国证券业协会、中国证券投资基金业协会等有关单位要抓紧建立基础设施资产支持证券受理、审核、备案、信息披露和持续监管的工作机制，做好投资者教育和市场培育，参照公开发行证券相关要求强化对基础设施资产支持证券发行等环节相关参与主体的监督管理，压实中介机构责任，落实各项监管要求。

⑧ 参见"40 号文"第 4 条第 3 项第 2 点：中国证监会指导各派出机构、沪深证券交易所、中国证券业协会与中国证券投资基金业协会制定完善试点项目遴选相关配套措施，加强基础设施 REITs 的业务过程监管，并结合实践情况，适时完善法律制度保障。

⑨ 参见《公开募集基础设施证券投资基金指引（试行）》（以下简称《公募 REITs 指引》）第 14 条：申请注册基础设施基金，基金管理人应当向中国证监会提交下列材料：（一）《证券投资基金法》《公开募集证券投资基金运作管理办法》要求的公开募集证券投资基金注册申请文件；（二）基金管理人及资产支持证券管理人相关说明材料，包括但不限于：投资管理、项目运营、内部控制与风险管理制度和流程，部门设置与人员配备，同类产品与业务管理情况等；（三）拟投资基础设施资产支持证券相关说明材料，包括但不限于：资产支持专项计划说明书、法律意见书、拟提交中国证券投资基金业协会备案材料等；（四）拟投资基础设施资产支持证券认购协议；（五）基金管理人与主要参与机构签订的协议文件；（六）中国证监会规定提交的其他材料。基础设施基金拟在证券交易所上市的，基金管理人应当同步向证券交易所提交相关上市申请。证券交易所同意基础设施资产支持证券挂牌和基础设施基金上市的，应当将无异议函在产品注册前报送中国证监会。

⑩ 参见《公募 REITs 指引》第 46 条第 1 句：证券交易所应当比照公开发行证券要求建立基础设施资产支持证券挂牌及基金上市审查制度，制定基础设施基金份额发售、上市、交易、收购、信息披露、退市等具体业务规则，强化对相关参与主体的自律管理。

⑪ 参见《公募 REITs 指引》第 46 条第 1 句：证券交易所应当比照公开发行证券要求建立基础设施资产支持证券挂牌及基金上市审查制度，制定基础设施基金份额发售、上市、交易、收购、信息披露、退市等具体业务规则，强化对相关参与主体的自律管理。

⑫ 参见《公募 REITs 指引》第 14 条第 2 款：基础设施基金拟在证券交易所上市的，基金管理人应当同步向证券交易所提交相关上市申请。证券交易所同意基础设施资产支持证券挂牌和基础设施基金上市的，应当将无异议函在产品注册前报送中国证监会。

⑬ 参见《公募 REITs 指引》第 46 条第 2 句：中国证券业协会按照自律规则对网下投资者进行注册，并实施自律管理；中国证券投资基金业协会对基础设施基金人员管理、项目尽职调查、信息披露等行为进行自律管理。

⑭ 参见《公募 REITs 指引》第 46 条第 2 句：中国证券业协会按照自律规则对网下投资者进行注册，并实施自律管理；中国证券投资基金业协会对基础设施基金人员管理、项目尽职调查、信息披露等行为进行自律管理。

二、公募 REITs 的监管规则概览

国家发改委、中国证监会、证券交易所、证券业协会、基金业协会、中证登等相关监管机构已出台的公募 REITs 相关监管规则主要内容、各规则之间的关联如下：

1. 上位法和一般法

公募 REITs 在证券投资基金法的框架下，《证券投资基金法》[1]、《公开募集证券投资基金运作管理办法》（以下简称《基金运作管理办法》）等法律法规为公募 REITs 的上位法和一般法，该等上位法和一般法相关条款对公募基础设施 REITs 同样适用。

2. 中国证监会的相关规定

《公募 REITs 指引》是在证监会、证券交易所、证券业协会、基金业协会、中证登等机构的相关监管规则中处于核心地位的规则，证券交易所、证券业协会、基金业协会、中证登等机构的相关自律监管规范是对《公募 REITs 指引》的承接和细化。《公募 REITs 指引》的内容主要包括产品定义、参与主体资质与职责、产品注册、基金份额发售、投资运作、项目管理、信息披露、监督管理等。

3. 国家发改委的相关规定

国家发改委的相关规定主要对试点项目的储备管理、入库项目条件、梳理和报送工作、政策支持和协调服务、产品方案、合规性情况等进行了规范，其规范主要覆盖试点项目的筛选、入库、申报环节。

---

〔1〕 为方便阅读，本书中法律法规均使用简称。

4. 证券交易所的自律规范

上交所、深交所目前均已针对公开募集 REITs 出台了相关业务办法、规则适用指引、业务指南。以上交所为例,《上海证券交易所公开募集基础设施证券投资基金(REITs)业务办法(试行)》(以下简称《上交所公募 REITs 业务办法》)是上交所层面所有自律规范的基本规则,统领上交所层面已经或将要制定的业务指南、业务指引等。

《上交所公募 REITs 业务办法》的章节体例安排,基本上覆盖了公募 REITs 产品的全生命周期,在逻辑、结构上与《公募 REITs 指引》完全对应。同时,上交所的各自律规范与证券业协会、基金业协会、中证登等机构发布的自律规范也有对应关系,将在下文具体介绍。

5. 证券业协会的自律规范

《公开募集基础设施证券投资基金网下投资者管理细则》(以下简称《网下投资者管理细则》)主要规范网下投资者注册、行为规范、相关方核查责任、自律管理等。以上交所为例,《网下投资者管理细则》与《上海证券交易所公开募集基础设施证券投资基金(REITs)规则适用指引第 2 号——发售业务(试行)》(以下简称《上交所公募 REITs 指引 2 号》)中关于网下投资者的内容相辅相成,系配套规范。

6. 中证登的自律规范

《中国证券登记结算有限责任公司公开募集基础设施证券投资基金登记结算业务实施细则(试行)》(以下简称《中证登结算业务细则》)主要规范了公募 REITs 中的登记结算业务。同时,中证登分别与上交所、深交所联合发布的《中国证券登记结算有限责任公司上海证券交易所公开募集基础设施证券投资基金登记结算业务指引(试行)》(以下简称《中证登上交所结算业务指引》)、《中国证券登记结算有限责任公司深圳证券交易所公开募集基础设施证券投资基金登记结算业务指引(试行)》(以下简称《中证登深交所结算业务指引》)。以上交所为例,《中证登结算业务细则》《中证登上交所结算业务指引》《上交所公募 REITs 指引 2 号》中交易结算的内容相辅相成,系配套规范。

7. 基金业协会的自律规范

基金业协会的自律规范有两个,即《公开募集基础设施证券投资基金尽职调查工作指引(试行)》(以下简称《公募 REITs 尽调指引》)与《公开募集基础设施证券投资基金运营操作指引(试行)》(以下简称《运营操作指引》)。

以上交所为例,《公募 REITs 尽调指引》与《上海证券交易所公开募集基础设施证券投资基金(REITs)规则适用指引第 1 号——审核关注事项(试行)(2023 年修订)》(以下简称《上交所公募 REITs 指引 1 号(2023 年修订)》)是一体两面的关系。《上交所公募 REITs 指引 1 号(2023 年修订)》综合了中国证监会、国家发改委对于项目准入、参与机构、项目资质要求等全面的概括,规定了监管机构的审核事项、各机构的信息披露内容;《公募 REITs 尽调指引》规定了主要参与机构、基金管理人与 ABS 管理人的尽调要求。

《运营操作指引》主要解决两个问题:一是会计核算,二是权益分配。关于会计核算,公募 REITs 之前,基金投资的股票是投资证券产品。从公募 REITs 中基金的投资穿透看来,是投资一个项目公司,需要把公司并表,其会计核算与公募 REITs 之前的基金会计核算差异较大。关于权益分配,公募 REITs 应当将 90%以上合并后基金年度可供分配金额以现金形式分配给投资者,且在符合分配条件的情况下每年至少分配 1 次,与普通公募基金差异较大,需要重点关注。

表 1-2 是截至 2023 年 6 月 30 日各监管机构发布的相关规则。

表 1-2 各监管机构关于公募 REITs 相关的监管规则

序号	发文时间	发文机构	文件名称	文号	简称	法规核心要点
一、证券投资基金法等上位法/一般法规则						
1	2015 年 4 月 24 日	全国人大常委会	《中华人民共和国证券投资基金法》	中华人民共和国主席令第 23 号	《证券投资基金法》	对基金管理人、基金托管人、基金的运作方式和组织、基金的公开募集、公开募集基金的基金份额的交易、申购与赎回、公开募集基金的投资与信息披露、公开募集基金的基金合同的变更、终止与基金财产清算、公开募集基金的基金份额持有人权利行使、非公开募集基金、基金服务机构、基金行业协会等内容进行了规范

续表

序号	发文时间	发文机构	文件名称	文号	简称	法规核心要点
2	2014 年 7 月 7 日	中国证监会	《公开募集证券投资基金运作管理办法》	中国证券监督管理委员会令第 104 号	《基金运作管理办法》	对基金的募集、基金份额的申购、赎回和交易、基金的投资和收益分配、基金转换运作方式、合并及变更注册、基金份额持有人大会、监督管理和法律责任等内容进行了规范
3	2020 年 3 月 20 日	中国证监会	《公开募集证券投资基金信息披露管理办法》	中国证券监督管理委员会令第 166 号	《信息披露办法》	对基金信息披露一般规定、基金募集信息披露、基金运作信息披露、基金临时信息披露、信息披露事务管理、监督管理和法律责任等内容进行了规范
4	2007 年 8 月 28 日	上交所	《上海证券交易所证券投资基金上市规则》	上证债字〔2007〕62 号	《上交所基金上市规则》	对基金上市、持续信息披露、信息披露事务管理、停牌与复牌、终止上市、惩戒措施等内容进行了规范
5	2006 年 2 月 13 日	深交所	《深圳证券交易所证券投资基金上市规则》		《深交所基金上市规则》	对基金的上市、持续信息披露、停牌与复牌、暂停与终止上市、罚则等内容进行了规范
二、中国证监会的相关规定						
6	2020 年 4 月 24 日	中国证监会、国家发改委	《中国证监会、国家发展改革委关于推进基础设施领域不动产投资信托基金(REITs)试点相关工作的通知》	证监发〔2020〕40 号	“40 号文”	主要对推进 REITs 的意义、原则、工作安排,REITs 试点项目要求等进行规范

续表

序号	发文时间	发文机构	文件名称	文号	简称	法规核心要点
7	2020 年 8 月 6 日	中国证监会	《公开募集基础设施证券投资基金指引(试行)》	中国证券监督管理委员会公告〔2020〕54 号	《公募 REITs 指引》	主要对产品定义、参与主体资质与职责、产品注册、基金份额发售、投资运作、项目管理、信息披露、监督管理等进行规范
8	2023 年 3 月 7 日	中国证监会	《关于进一步推进基础设施领域不动产投资信托基金(REITs)常态化发行相关工作的通知》		《REITs 常态化发行通知》	就进一步推进 REITs 常态化发行提出 12 条意见,将 REITs 试点范围扩大至消费基础设施项目
三、国家发改委的相关规定						
9	2020 年 7 月 31 日	国家发改委	《国家发展改革委办公厅关于做好基础设施领域不动产投资信托基金(REITs)试点项目申报工作的通知》①(已失效)	发改办投资〔2020〕586 号	"586 号文"	主要对试点项目的地区和行业范围、基本条件、申请材料要求、申报程序、项目合规性审查等进行了规范
10	2020 年 9 月 8 日	国家发改委投资司	《关于做好第一批基础设施 REITs 试点项目申报工作的通知》		《第一批公募 REITs 试点项目申报通知》	主要对申报项目条件、工作要求进行了规范
11	2020 年 9 月 29 日	国家发改委	《关于印发基础设施领域不动产投资信托基金(REITs)试点项目申报材料格式文本的通知》		《公募 REITs 试点项目申报材料格式文本通知》	主要对试点项目的基本情况、产品方案、合规性情况等进行了规范

续表

序号	发文时间	发文机构	文件名称	文号	简称	法规核心要点
12	2020 年 11 月 27 日	国家发改委	《国家发展改革委办公厅关于进一步做好基础设施领域不动产投资信托基金(REITs)试点有关工作的通知》		《进一步做好 REITs 试点的通知》	进一步规范了各类项目就以 100%股权转让方式发行 REITs 应取得的无异议函等文件
13	2021 年 1 月 13 日	国家发改委	《国家发展改革委办公厅关于建立全国基础设施领域不动产投资信托基金(REITs)试点项目库的通知》	发改办投资〔2021〕35 号	《建立 REITs 试点项目库的通知》	就试点项目的储备管理、入库项目条件、梳理和报送工作、政策支持和协调服务进行规范
14	2021 年 6 月 29 日	国家发改委	《国家发展改革委关于进一步做好基础设施领域不动产投资信托基金(REITs)试点工作的通知》	发改投资〔2021〕958 号	“958 号文”	就深化认识,加强支持引导、加强项目管理和协调服务、严把项目质量关、促进基础设施 REITs 长期健康发展、加强部门协作和政策落实等方面进行规范
			《基础设施领域不动产投资信托基金(REITs)试点项目申报要求》	“958 号文”附件	《REITs 试点项目申报要求》	就试点区域和行业范围、项目基本条件、申报材料要求、项目申报程序、项目审查内容、中介机构要求、其他工作要求等方面进行规范

续表

序号	发文时间	发文机构	文件名称	文号	简称	法规核心要点
15	2021 年 12 月 15 日	国家发改委	《国家发展改革委关于进一步推进投资项目审批制度改革的若干意见》	发改投资〔2021〕1813 号		其中第 9 条提出："做好基础设施领域不动产投资信托基金（REITs）项目协调服务……"
16	2021 年 12 月 29 日	国家发改委	《国家发展改革委办公厅关于加快推进基础设施领域不动产投资信托基金（REITs）有关工作的通知》	发改办投资〔2021〕1048 号		为进一步加快推进基础设施 REITs 试点提出了若干工作措施
17	2022 年 7 月 7 日	国家发展改革委办公厅	《国家发展改革委办公厅关于做好基础设施领域不动产投资信托基金（REITs）新购入项目申报推荐有关工作的通知》	（发改办投资〔2022〕617 号）		针对扩募及购入新项目，简化新购入项目申报要求，完善新购入项目申报推荐程序，引导回收资金用于新项目建设
18	2023 年 3 月 1 日	国家发改委	《国家发展改革委关于规范高效做好基础设施领域不动产投资信托基金（REITs）项目申报推荐工作的通知》	发改投资〔2023〕236 号	"236 号文"	将 REITs 试点范围扩大至消费基础设施项目，对入池项目收益率、规模进行调整，优化回收资金的使用管理要求等

续表

序号	发文时间	发文机构	文件名称	文号	简称	法规核心要点
四、其他部委的相关规定						
19	2022 年 1 月 26 日	财政部、税务总局	《关于基础设施领域不动产投资信托基金（REITs）试点税收政策的公告》	财政部、税务总局公告 2022 年第 3 号		对 REITs 的重组和发行提出了税收优惠方案
20	2022 年 2 月 16 日	原中国银保监会、住建部	《中国银保监会住房和城乡建设部关于银行保险机构支持保障性租赁住房发展的指导意见》	银保监规〔2022〕5 号		该指导意见第 10 条提出：鼓励银行保险机构在依法合规、风险可控的前提下，参与基础设施领域不动产投资信托基金（REITs）
五、证券交易所的自律规范						
21	2021 年 1 月 29 日	上交所	《关于发布〈上海证券交易所公开募集基础设施证券投资基金（REITs）业务办法（试行）〉的通知》	上证发〔2021〕9 号		就发布《上交所公募 REITs 业务办法》《上交所公募 REITs 指引 1 号》《上交所公募 REITs 指引 2 号》进行通知
			《上海证券交易所公开募集基础设施证券投资基金（REITs）业务办法（试行）》	附件 1	《上交所公募 REITs 业务办法》	就 REITs 的申请条件与确认程序、发售、上市与交易、存续期管理、自律监管等进行了规范

续表

序号	发文时间	发文机构	文件名称	文号	简称	法规核心要点
			《上海证券交易所公开募集基础设施证券投资基金(REITs)规则适用指引第1号——审核关注事项(试行)》	上证发〔2021〕10号	《上交所公募REITs指引1号》	1. 就REITs的参与机构、基础设施项目、评估与现金流、交易结构、运作管理安排等进行了规范 2. 该《指引》(上证发〔2021〕10号)已于2023年5月12日被《上海证券交易所公开募集基础设施证券投资基金(REITs)规则适用指引第1号——审核关注事项(试行)(2023年修订)》(上证发〔2023〕81号)废止和取代
			《上海证券交易所公开募集基础设施证券投资基金(REITs)规则适用指引第2号——发售业务(试行)》	上证发〔2021〕11号	《上交所公募REITs指引2号》	就REITs发售过程中的询价与定价、战略配售、网下及公众投资者认购、基金份额确认、扩募等进行了规范
22	2021年4月30日	上交所	《关于发布〈上海证券交易所公开募集基础设施证券投资基金(REITs)业务指南第1号——发售上市业务办理〉的通知》	上证函〔2021〕895号		就发布《上海证券交易所公开募集基础设施证券投资基金(REITs)业务指南第1号——发售上市业务办理》进行通知

续表

序号	发文时间	发文机构	文件名称	文号	简称	法规核心要点
			《上海证券交易所公开募集基础设施证券投资基金(REITs)业务指南第 1 号——发售上市业务办理》	附件	《上交所公募 REITs 业务指南第 1 号》	就发售、上市、投资者适当性管理、模板及附件等内容进行规范
23	2021 年 6 月 17 日	上交所	《关于发布〈上海证券交易所公开募集基础设施证券投资基金(REITs)业务指南第 2 号——存续业务〉的通知》	上证函〔2021〕1033 号		就发布《上海证券交易所公开募集基础设施证券投资基金(REITs)业务指南第 2 号——存续业务》进行通知
			《上海证券交易所公开募集基础设施证券投资基金(REITs)业务指南第 2 号——存续业务》	附件	《上交所公募 REITs 业务指南第 2 号》	就交易业务安排、日常运作业务、模板及附件等内容进行规范
24	2021 年 4 月 30 日	上交所	《上海证券交易所投资者风险揭示书必备条款指南第 4 号——公开募集基础设施证券投资基金(REITs)》	上证函〔2021〕887 号		就风险揭示书的必备条款作出了要求

续表

序号	发文时间	发文机构	文件名称	文号	简称	法规核心要点
25	2022年5月31日	上交所	《上海证券交易所公开募集基础设施证券投资基金(REITs)规则适用指引第3号——新购入基础设施项目(试行)》	上证发〔2022〕83号	《上交所REITs扩募指引》	作为规范和引导基础设施REITs存续期间新购入基础设施项目及相关的扩募、信息披露等事项的规则,对新购入项目的条件、实施程序安排、信息披露、停复牌要求及扩募发售等关键事项均进行了规定
26	2022年7月15日	上交所	《上海证券交易所公开募集基础设施证券投资基金(REITs)规则适用指引第4号——保障性租赁住房(试行)》	上证发〔2022〕109号	《上交所保租房REITs指引》	就保租房REITs,细化业务参与机构与基础设施项目准入要求、明确回收资金使用与监管要求、明确运营管理及信息披露要求
27	2023年5月12日	上交所	关于发布《上海证券交易所公开募集基础设施证券投资基金(REITs)规则适用指引第1号——审核关注事项(试行)(2023年修订)》的通知	附件	《上交所公募REITs指引1号(2023年修订)》	就REITs的参与机构、基础设施项目、评估与现金流、产品设计、交易安排、运作管理安排等事项要求进行了修订,并专门规定了产业园区、收费公路这两类资产的审核要求

续表

序号	发文时间	发文机构	文件名称	文号	简称	法规核心要点
28	2021 年 1 月 29 日	深交所	《关于发布公开募集基础设施证券投资基金配套业务规则的通知》	深证上〔2021〕144 号		就发布《深交所业务办法》《深交所公募 REITs 指引 1 号》《深交所公募 REITs 指引 2 号》进行通知
			《深圳证券交易所公开募集基础设施证券投资基金业务办法（试行）》	附件 1	《深交所公募 REITs 业务办法》	就 REITs 的申请条件与确认程序、发售、上市（挂牌）与交易、存续期管理、自律监管等进行了规范
			《深圳证券交易所公开募集基础设施证券投资基金业务指引第 1 号——审核关注事项（试行）》	附件 2	《深交所公募 REITs 指引 1 号》	就 REITs 的参与机构、基础设施项目、评估与现金流、交易结构、运作管理安排等进行了规范
			《深圳证券交易所公开募集基础设施证券投资基金业务指引第 2 号——发售业务（试行）》	附件 3	《深交所公募 REITs 指引 2 号》	就 REITs 发售过程中的询价与定价、战略配售、网下及公众投资者认购、基金份额确认、基础设施基金扩募发售等进行了规范
29	2021 年 4 月 30 日	深交所	《关于发布〈深圳证券交易所公开募集基础设施证券投资基金业务指南第 1 号——发售上市业务办理〉的通知》	深证上〔2021〕455 号		就发布《深圳证券交易所公开募集基础设施证券投资基金业务指南第 1 号——发售上市业务办理》进行通知

续表

序号	发文时间	发文机构	文件名称	文号	简称	法规核心要点
			《深圳证券交易所公开募集基础设施证券投资基金业务指南第 1 号——发售上市业务办理》	附件	《深交所公募 REITs 业务指南第 1 号》	就发售、上市、投资者适当性管理、联系方式及附件等内容进行规范
30	2021 年 4 月 30 日	深交所	《关于发布〈深圳证券交易所公开募集基础设施证券投资基金业务指南第 2 号——网下发行电子平台用户手册〉的通知》	深证上〔2021〕457 号		就发布《深圳证券交易所公开募集基础设施证券投资基金业务指南第 2 号——网下发行电子平台用户手册》进行通知
			《深圳证券交易所公开募集基础设施证券投资基金业务指南第 2 号——网下发行电子平台用户手册》	附件	《深交所公募 REITs 业务指南第 2 号》	就系统简介、系统要求、准备工作、系统登录、初步询价、网下认购、配售结果查询、账户资料报备、用户中心、特别提醒及技术支持服务等内容进行规范
31	2021 年 6 月 18 日	深交所	《关于发布〈深圳证券交易所公开募集基础设施证券投资基金业务指南第 3 号——交易业务〉的通知》	深证上〔2021〕600 号		就发布《深交所公募 REITs 业务指南第 3 号》进行通知

续表

序号	发文时间	发文机构	文件名称	文号	简称	法规核心要点
			《深圳证券交易所公开募集基础设施证券投资基金业务指南第 3 号——交易业务》	附件	《深交所公募 REITs 业务指南第 3 号》	就公募 REITs 的现券交易(竞价交易机制、大宗交易机制、询价交易机制)、回购交易(限售份额回购交易管理、债券质押式协议回购、其他回购交易)以及其他事项进行了规范
32	2021 年 7 月 15 日	深交所	《关于发布〈深圳证券交易所公开募集基础设施证券投资基金业务指南第 4 号——存续期业务办理〉的通知》	深证上〔2021〕692 号		就发布《深交所公募 REITs 业务指南第 4 号》进行通知
			《深圳证券交易所公开募集基础设施证券投资基金业务指南第 4 号——存续期业务办理》	附件	《深交所公募 REITs 业务指南第 4 号》	就信息披露、解除限售/锁定、收益分配、停复牌、更名、一致行动人信息填报及权益变动信息披露、模板及附件等内容进行规范
33	2022 年 5 月 31 日	深交所	《深圳证券交易所公开募集基础设施证券投资基金业务指引第 3 号——新购入基础设施项目(试行)》	深证上〔2022〕530 号	《深交所 REITs 扩募指引》	作为规范和引导基础设施 REITs 存续期间新购入基础设施项目及相关的扩募、信息披露等事项的规则,对新购入项目的条件、实施程序安排、信息披露、停复牌要求及扩募发售等关键事项均进行了规定

续表

序号	发文时间	发文机构	文件名称	文号	简称	法规核心要点
34	2022 年 7 月 15 日	深交所	深圳证券交易所关于发布《深圳证券交易所公开募集基础设施证券投资基金业务指引第 4 号——保障性租赁住房(试行)》的通知	深证上〔2022〕675 号	《深交所保租房 REITs 指引》	就保租房 REITs,细化业务参与机构与基础设施项目准入要求、明确回收资金使用与监管要求、明确运营管理及信息披露要求
35	2023 年 5 月 12 日	深交所	《深圳证券交易所公开募集基础设施证券投资基金业务指引第 1 号——审核关注事项(试行)》	附件	《深交所公募 REITs 指引 1 号(2023 年修订)》	就 REITs 的参与机构、基础设施项目、评估与现金流、产品设计、交易安排、运作管理安排等事项要求进行了修订,并专门规定了产业园区、收费公路这两类资产的审核要求
六、证券业协会的自律规范						
36	2021 年 1 月 29 日	证券业协会	《公开募集基础设施证券投资基金网下投资者管理细则》	中证协发〔2021〕15 号	《网下投资者管理细则》	就网下投资者注册、行为规范、相关方核查责任、自律管理等进行了规范
七、中证登的自律规范						
37	2021 年 2 月 5 日	中证登	《中国证券登记结算有限责任公司公开募集基础设施证券投资基金登记结算业务实施细则(试行)》	中国结算发字〔2021〕15 号	《中证登结算业务细则》	就公募 REITs 登记结算业务的相关事宜进行规范

续表

序号	发文时间	发文机构	文件名称	文号	简称	法规核心要点
38		中证登、上交所	《中国证券登记结算有限责任公司上海证券交易所公开募集基础设施证券投资基金登记结算业务指引（试行）》（已失效）	中国结算发字〔2021〕20 号	《中证登上交所结算业务指引》	就在上交所发行 REITs 的业务参与、账户管理、认购、交易、要约收购及回购交易、权益分派等进行了规范
39		中证登、深交所	《中国证券登记结算有限责任公司深圳证券交易所公开募集基础设施证券投资基金登记结算业务指引（试行）》（已失效）	中国结算发字〔2021〕21 号	《中证登深交所结算业务指引》	就在深交所发行 REITs 的业务参与、账户管理、认购、交易、要约收购及回购交易、权益分派等进行了规范
八、基金业协会的自律规范						
40	2021 年 2 月 8 日	基金业协会	《关于发布公开募集基础设施证券投资基金相关配套自律规则的通知》			就发布《公募 REITs 尽调指引》《运营操作指引》等进行通知
			《公开募集基础设施证券投资基金尽职调查工作指引（试行）》	附件 1	《公募 REITs 尽调指引》	主要包括对基础设施项目的尽职调查、对业务参与人的调查、尽职调查的分工和要求以及附则五部分内容

续表

序号	发文时间	发文机构	文件名称	文号	简称	法规核心要点
			《〈公开募集基础设施证券投资基金尽职调查工作指引(试行)〉起草说明》	附件 2		
			《公开募集基础设施证券投资基金运营操作指引(试行)》	附件 3	《运营操作指引》	以信息披露为中心,制定以反映基础设施项目实质和投资者保护为核心的运营操作要求,围绕基金托管人履责、基金财务报表编制相关要求、可供分配金额计算、基金相关信息披露要求等进行相应规定
			《〈公开募集基础设施证券投资基金运营操作指引(试行)〉起草说明》	附件 4		

①该文件已被国家发改委《关于废止、修改部分规章、行政规范性文件和一般政策性文件的决定》(2023 年 6 月 14 日第 2 次委务会议审议通过,于 2023 年 7 月 21 日公布,自 2023 年 9 月 1 日起施行)废止。

三、地方对公募 REITs 的支持政策

在地方层面,为支持并推进公募 REITs 试点的顺利开展,北京、上海、深圳、无锡等各地方发改委、中国证监会的派出机构等地方监管部门陆续出台了相关配套规则,解读公募 REITs 的相关政策,落实试点项目的储备、入库及申报等工作安排。本书就北京、上海等主要省、市所出台的公募 REITs 地方性支持政策列示如表 1-3 所示。

（一）北京市公募 REITs 的支持政策

北京市公募 REITs 的支持政策主要为解读“40 号文”《公募 REITs 指引》《公募 REITs 试点项目申报材料格式文本通知》等相关文件（见表 1-3），并向原始权益人、相关方说明申报的具体时间、材料及地址，使项目申报得以落地。

表 1-3　北京市对公募 REITs 的支持政策

发文时间	发文机构	文件名称	文号	法规核心要点
2020 年 8 月 21 日	北京市发改委	《关于开展北京市基础设施领域不动产投资信托基金（REITs）试点项目申报工作的通知》		对项目申报时间、申报材料、申报地址进行了明确
2020 年 9 月 28 日	北京市发改委、中国证监会北京监管局、北京市财政局、北京市人民政府国资委、北京市地方金融监督管理局、国家税务总局北京市税务局	《关于印发〈支持北京市基础设施领域不动产投资信托基金（REITs）产业发展若干措施〉的通知》	京发改〔2020〕1465 号	根据“40 号文”《公募 REITs 指引》，并结合北京市合实际制定细化措施
2020 年 9 月 29 日	北京市发改委	《关于抓紧做好基础设施领域不动产投资信托基金（REITs）试点项目申报工作的通知》		向各原始权益人、相关机构等传达《公募 REITs 试点项目申报材料格式文本通知》
2021 年 8 月 19 日	北京市发改委	《关于进一步做好本市基础设施领域不动产投资信托基金（REITs）试点项目申报有关工作的通知》		进一步做好北京市基础设施 REITs 试点项目储备及申报工作
2022 年 2 月 16 日	北京市东城区人民政府、北京市地方金融监督管理局	《关于支持建设基础设施领域不动产投资信托基金（REITs）集聚区的若干措施》		提出了北京东城区公募 REITs14 条发展措施

（二）上海市公募 REITs 的支持政策

根据“40 号文”“958 号文”等相关规定，上海市发改委等相关地方监管机构出台了政策（见表 1-4），对鼓励申报公募 REITs 试点项目、试点项目的储备及入库等相关方面进行了细致规定。

表 1-4　上海市对公募 REITs 的政策支持

发文时间	发文机构	文件名称	文号	法规核心要点
2020 年 8 月 28 日	上海市发改委	《关于开展本市基础设施领域不动产投资信托基金（REITs）试点项目申报工作的通知》	沪发改财金〔2020〕41 号	鼓励申报公募 REITs 试点项目等
2020 年 11 月 11 日	上海市发改委	《关于建立本市基础设施 REITs 项目储备库的通知》	沪发改财金〔2020〕58 号	就建立上海市基础设施 REITs 项目储备库的有关工作作出细化规定
2020 年 11 月 13 日	上海市发改委、上海市国资委	《关于开展本市国有企业基础设施 REITs 项目储备的通知》	沪发改财金〔2020〕57 号	就开展公募 REITs 试点项目的意义、填报《上海市基础设施 REITs 项目储备统计表》、首批储备项目的报送等情况进行规定
2020 年 11 月 27 日	上海市发改委	《关于协助建立本市基础设施 REITs 项目储备库的通知》	沪发改财金〔2020〕61 号	就入库项目行业范围、入库项目基本条件、工作安排等进行细化规定
2021 年 6 月 18 日	上海市发改委、上海市地方金融监督管理局、中国证监会、上海监管局、上海市财政局、上海市国资委、国家税务总局上海市税务局、上	《关于印发〈上海加快打造具有国际竞争力的不动产投资信托基金（REITs）发展新高地实施意见〉的通知》	沪发改规范〔2021〕6 号	就依托金融中心优势，加快打造 REITs 产品发行交易首选地；发挥长三角一体化优势，强化长三角基础设施 REITs 联动发展；优化项目运营管理，持续推动基础设施高质量

续表

发文时间	发文机构	文件名称	文号	法规核心要点
	海市人力资源和社会保障局、上海市规划和自然资源局			发展；加强项目梳理储备，挖掘基础设施存量资源；完善项目遴选审核，建立健全项目申报绿色通道；强化组织保障和风险防范，推动基础设施 REITs 持续健康规范发展等方面进行规定
2021 年 7 月 13 日	上海市发改委	《关于进一步做好本市基础设施领域不动产投资信托基金（REITs）试点项目申报有关工作的通知》	沪发改财金〔2021〕46 号	根据“958 号文”，鼓励申报公募 REITs 试点项目，及时将试点项目纳入全国基础设施 REITs 试点项目库等

（三）其他地区对公募 REITs 的支持政策

其他地区对公募 REITs 的支持政策如表 1-5 所示。

表 1-5　其他地区对公募 REITs 的支持政策

地区	发文时间	发文机构	文件名称	文号	法规核心要点
深圳市	2021 年 1 月 29 日	深圳市发改委	《关于开展全国基础设施领域不动产投资信托基金（REITs）试点项目库申报工作的通知》		根据《建立 REITs 试点项目库的通知》的规定，对深圳市基础设施 REITs 试点项目库的项目储备和申报工作进行了细化规定
广州市	2021 年 9 月 26 日	广州市发改委	《关于印发广州市支持基础设施领域不动产投资信托基金（REITs）发展措施的通知》		就广州市基础设施领域不动产投资信托基金提出发展措施

续表

地区	发文时间	发文机构	文件名称	文号	法规核心要点
浙江省	2020 年 8 月 28 日	浙江省发改委	《关于开展浙江省基础设施领域不动产投资信托基金(REITs)试点项目申报工作的通知》		对项目申报时间、申报材料、申报地址进行了明确
广西壮族自治区	2021 年 1 月 25 日	广西壮族自治区发改委	《关于报送基础设施领域不动产投资信托基金(REITs)试点项目的函》	桂发改投资函〔2021〕217 号	根据《REITs 试点项目库的通知》,落实申报的具体联系方式
河南省	2020 年 9 月 1 日	河南省发改委	《关于做好河南省基础设施领域不动产投资信托基金(REITs)试点项目申报工作的通知》	豫发改办投资〔2020〕77 号	就试点项目申报工作的意义、地区和行业范围、基本条件、申请材料要求、申报程序等方面进行细致规定
河南省	2020 年 9 月 10 日	河南省发改委	《关于做好河南省第一批基础设施 REITs 试点项目申报工作的通知》		根据将《第一批公募 REITs 试点项目申报通知》,落实申报的具体联系方式
湖北省	2020 年 9 月 11 日	湖北省发改委	《关于做好基础设施领域不动产投资信托基金(REITs)试点项目申报工作的函》		细化申报具体要求
山西省	2021 年 1 月 28 日	山西省发改委	《关于做好基础设施领域不动产投资信托基金(REITs)试点项目储备管理工作的通知》	晋发改投资发〔2021〕38 号	就项目储备和入库工作、入库项目政策支持和协调服务、审慎推进试点工作进行了规定

续表

地区	发文时间	发文机构	文件名称	文号	法规核心要点
陕西省	2020 年 8 月 17 日	陕西省发改委	《关于做好基础设施领域不动产投资信托基金（REITs）试点项目申报工作的通知》	陕发改投资〔2020〕1169 号	明确申报要求、及时做好申报、建立试点项目储备库
	2021 年 2 月 5 日	陕西省发改委	《关于转发国家发展改革委办公厅关于建立全国基础设施领域不动产投资信托基金（REITs）试点项目库的通知》	陕发改投资〔2021〕194 号	根据《建立 REITs 试点项目库的通知》，就试点项目库的意义、调动积极性推动试点项目入库、增强服务意识主动做好项目服务工作等进行规范
	2021 年 11 月 27 日	西安市人民政府办公厅	《西安市推进基础设施领域不动产投资信托基金（REITs）健康发展十条措施》	市政办发〔2021〕53 号	为加快构建西安市基础设施 REITs 发展工作体系，推动基础设施 REITs 健康持续发展，制定了 10 条措施
宁夏回族自治区	2020 年 8 月 18 日	宁夏回族自治区发改委	《关于做好基础设施领域不动产投资信托基金（REITs）试点项目申报工作的通知》	宁发改投资〔2020〕586 号	做好项目储备、积极组织申报、严格项目审查
	2021 年 2 月 4 日	宁夏回族自治区发改委	《关于建立全区基础设施领域不动产投资信托基金（REITs）试点项目库的通知》	宁发改投资〔2021〕59 号	根据《建立 REITs 试点项目库的通知》，就试点项目库的意义、严格把握入库项目条件、强化入库项目政策支持和协调服务、做好入库项目梳理和报送工作进行了规范

续表

地区	发文时间	发文机构	文件名称	文号	法规核心要点
天津市	2020 年 8 月 13 日	天津市发改委	《关于做好基础设施领域不动产投资信托基金（REITs）试点项目申报工作的通知》		并就 REITs 试点项目申报工作做出具体安排
	2022 年 1 月 21 日	天津市发改委、中国证监会天津监管局、天津市财政局、天津市人民政府国资委、天津市地方金融监督管理局	《关于天津市推进基础设施领域不动产投资信托基金（REITs）试点工作的支持措施》	津发改投资〔2022〕11 号	就推动天津 REITs 的试点，提出了 17 条发展措施
成都市	2021 年 2 月 26 日	成都市发改委、成都市财政局、成都市地方金融监督管理局、成都市国资委、成都市人力资源和社会保障局	《关于印发〈关于促进成都市基础设施领域不动产投资信托基金（REITs）发展的十条措施〉的通知》	成发改投资〔2021〕24 号	建立基础设施 REITs 项目储备库、加大财政税收政策支持 REITs 发展力度、鼓励申办基础设施 REITs 公募基金管理人资质、加大优质基础设施 REITs 产品推介力度、实施基础设施 REITs 人才振兴计划、鼓励和引导国有企业转型发展、支持基础设施 REITs 企业集群发展、培育和壮大基础设施 REITs 中介机构市场、加强基础设施 REITs 行业自我管理、建立基础设施 REITs 协调机制

续表

地区	发文时间	发文机构	文件名称	文号	法规核心要点
无锡市	2021 年 3 月 31 日	无锡市发改委	《关于开展全国基础设施领域不动产投资信托基金（REITs）试点项目库申报工作的通知》		根据《建立 REITs 试点项目库的通知》的规定，对无锡市基础设施 REITs 试点项目库的项目储备和申报工作进行了细化规定
	2021 年 5 月 31 日	无锡市发改委、无锡市财政局、无锡市地方金融监管局	《无锡市推动基础设施领域不动产投资信托基金（REITs）发展若干措施》		为推动无锡市基础设施领域不动产投资信托基金（REITs）相关工作制定了若干措施
	2022 年 2 月 16 日	无锡市发改委	《无锡市基础设施领域不动产投资信托基金（REITs）试点项目申报操作指引》		对无锡市 REITs 试点项目的申报问题进行了细化
南京市	2021 年 10 月 11 日	南京市发改委	《关于加快推进南京市基础设施领域不动产投资信托基金（REITs）试点工作的若干措施》		从项目储备、人才规划、财税等十一个方面提出了 RIETs 的发展措施
福建省	2022 年 1 月 27 日	福建省发改委、中国证监会福建监管局、福建省地方金融监督管理局	《福建省促进基础设施领域不动产投资信托基金（REITs）发展的若干措施》		就推动福建 REITs 的试点，提出了 13 条发展措施

第二章

基础设施公募 REITs 的概述

一、基础设施公募 REITs 的交易架构

公募 REITs 的交易结构(见图 2-1)与交易模式在美国、新加坡、印度、中国香港特别行政区等不同国家和地区各有特色。根据《公募 REITs 指引》第 2 条第 1 项[1]、第 2 项[2]的规定,80%以上的公募基金资产投资于基础设施资产支持证券,并持有其全部份额。基金通过资产支持证券持有基础设施项目公司全部股权,取得基础设施项目完全所有权/经营权利。由此可见,我国的公募 REITs 涉及三个层面,公募基金、资产支持证券、项目公司,即我国的基础设施 REITs 试点采取了"证券投资基金+专项计划"的总体交易架构,也就是大家常说的"公募基金+ABS"。

在公募基金层面,投资者及原始权益人认购公募基金份额,公募基金募集资金的 80%投资于公募基金对标的基础设施资产支持证券,当投资于该基础设施资产支持证券时应当持有其全部份额;公募基金的剩余资金根据《公募 REITs 指引》第 26 条[3],可依法投资于利率债、AAA 级信用债或货币市场工具。

[1] 《公募 REITs 指引》第 2 条第 1 项:本指引所称基础设施基金,是指同时符合下列特征的基金产品:(一)80%以上基金资产投资于基础设施资产支持证券,并持有其全部份额;基金通过基础设施资产支持证券持有基础设施项目公司全部股权。

[2] 《公募 REITs 指引》第 2 条第 2 项:本指引所称基础设施基金,是指同时符合下列特征的基金产品:……(二)基金通过资产支持证券和项目公司等载体(以下统称特殊目的载体)取得基础设施项目完全所有权或经营权利。

[3] 《公募 REITs 指引》第 26 条:基础设施基金除投资基础设施资产支持证券外,其余基金资产应当依法投资于利率债,AAA 级信用债,或货币市场工具。

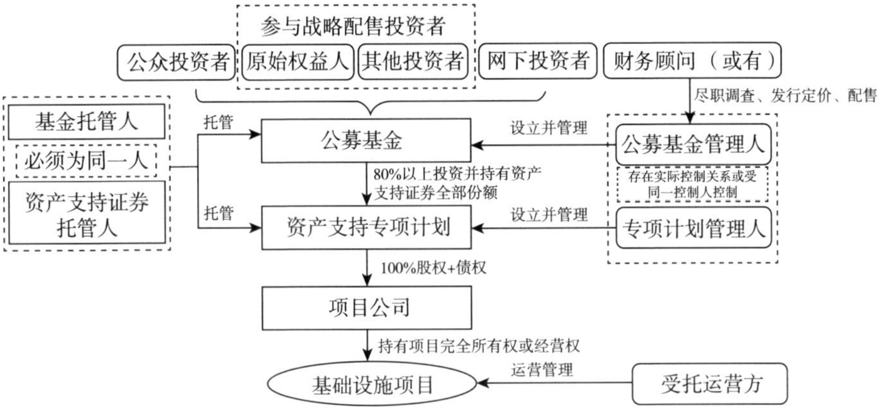

图 2-1　公募 REITs 的交易架构示例

在专项计划层面,基础资产为项目公司股权+债权。“股+债”结构的构建多为降低公募 REITs 的税收成本。截至目前,已有公募 REITs 项目由专项计划直接向目标项目公司或 SPV 公司进行放款,大大便利了负债结构的搭建。

在项目公司层面,项目公司应享有基础设施项目完全的所有权及经营权,使公募基金能够通过投资于资产支持证券间接取得基础设施项目的完全所有权或经营权。

可以看出,中国版公募 REITs 的交易架构层级、交易流程、法律关系更为复杂,这充分体现了立足于现行法律制度框架推出公募 REITs 试点的监管创新:一方面,企业资产证券化产品尚无法突破投资者 200 人的限制而直接进行公募发行;另一方面,公募证券投资基金受限于《证券投资基金法》的规定而不得直接投资未上市公司的股权。中国版公募 REITs 的交易架构是一种立法突破最少、从而快速推出试点的现实路径选择。

因此,中国版公募 REITs 充分吸收和承继过去多年来类 REITs 的探索,采用了“公募基金+ABS”的架构。当然,随着试点的推进和法律制度的完善,不排除中国版公募 REITs 在交易模式上有更多的创新选择。

二、基础设施公募 REITs 的主要特征

对标国际公募 REITs,本部分主要从以下几个方面梳理我国公募 REITs 的特征,具体如下。

1. 组织结构要求

根据《公募 REITs 指引》第 2 条第 2 项，基础设施基金通过基础设施资产支持证券，间接持有项目公司全部股权和基础设施项目完全所有权或经营权利。公募 REITs 采用了“一体两翼”的组织结构，即中间主体为投资者、原始权益人，公募基金、专项计划、项目公司、基础设施项目；“两翼”中的“左翼”为基金托管人与资产支持证券托管人，且二者必须为同一人；“右翼”为基金管理人与资产支持证券，且二者必须具有实际控制关系或同一控制关系。关于公募 REITs 的交易结构详见本章第一部分。

2. 投资者结构要求

公募 REITs 的投资人应多于 1000 人；[1] 扣除向战略投资者配售部分后，向网下投资者发售比例不得低于公开发售数量 70%。[2] 根据《证券投资基金法》第 50 条第 2 款的规定，公开募集基金，包括向不特定对象募集资金、向特定对象募集资金累计超过 200 人。公募 REITs 特别规定了投资者应多于 1000 人，相较于普通公募基金的投资者人数更为严格。

3. 资产结构要求

《公募 REITs 指引》第 25 条第 1 款规定，基础设施基金成立后，基金管理人应当将 80%以上基金资产投资于对标的基础设施资产支持证券，并持有其全部份额，即基础设施资产支持证券的全部份额由基础设施基金全部持有，且该基础设施资产支持证券系由基金管理人存在实际控制关系或受同一控制人控制的管理人设立发行的。

基础设施基金除投资基础设施 ABS 外，其余基金资产应当依法投资于利率债、AAA 级信用债或货币市场工具。

---

〔1〕 参见《公募 REITs 指引》第 24 条第 1 款第 2 项：基金募集期限届满，出现下列情形之一的，基础设施基金募集失败：……（二）募集资金规模不足 2 亿元，或投资人少于 1000 人……

〔2〕 参见《公募 REITs 指引》第 19 条第 1 款：扣除向战略投资者配售部分后，基础设施基金份额向网下投资者发售比例不得低于本次公开发售数量的 70%。

4. 负债杠杆要求

《公募 REITs 指引》第 28 条[1]规定，基金总资产不得超过基金净资产的 140%，且项目并购贷款金额不得超过基金净资产的 20%，同时借款用途限于基础设施项目日常运营、维修改造、项目收购等。

5. 项目收入结构要求

《公募 REITs 指引》第 2 条第 3 项规定，基金管理人主动运营管理基础设施项目，以获取基础设施项目租金、收费等稳定现金流为主要目的。同时，基础设施项目现金流主要由市场化运营产生，不依赖第三方补贴等非经常性收入。[2] "958 号文"附件《REITs 试点项目申报要求》第 2 条第 3 项第 4 点中对项目现金流提出了进一步明确要求，即项目现金流投资回报良好，近 3 年内总体保持盈利或经营性净现金流为正；项目收益持续稳定且来源合理分散，直接或穿透后来源于多个现金流提供方；因商业模式或者经营业态等原因，现金流提供方较少的，重要现金流提供方应当资质优良，财务情况稳健。"236 号文"第 2 条第 5 项中规定，特许经营权、经营收益权类项目，基金存续期内部收益率（IRR）原则上不低于 5%；非特许经营权、经营收益权类项目，预计未来 3 年每年净现金流分派率原则上不低于 3.8%。

PPP 项目应依法依规履行政府和社会资本管理相关规定，收入来源以使用者付费为主，未出现重大问题和合同纠纷。[3] 收入来源含地方政府补贴

---

[1] 《公募 REITs 指引》第 28 条：基础设施基金成立前，基础设施项目已存在对外借款的，应当在基础设施基金成立后以募集资金予以偿还，满足本条第二款规定且不存在他项权利设定的对外借款除外。基础设施基金直接或间接对外借入款项，应当遵循基金份额持有人利益优先原则，不得依赖外部增信，借款用途限于基础设施项目日常运营、维修改造、项目收购等，且基金总资产不得超过基金净资产的 140%。其中，用于基础设施项目收购的借款应当符合下列条件：（一）借款金额不得超过基金净资产的 20%；（二）基础设施基金运作稳健，未发生重大法律、财务、经营等风险；（三）基础设施基金已持基础设施和拟收购基础设施相关资产变现能力较强且可以分拆转让以满足偿还借款要求，偿付安排不影响基金持续稳定运作；（四）基础设施基金可支配现金流足以支付已借款和拟借款本息支出，并能保障基金分红稳定性；（五）基础设施基金具有完善的融资安排及风险应对预案；（六）中国证监会规定的其他要求。基础设施基金总资产被动超过基金净资产 140%的，基础设施基金不得新增借款，基金管理人应当及时向中国证监会报告相关情况及拟采取的措施等。

[2] 参见"40 号文"第 3 条第 3 项第 2 点：2. 具有成熟的经营模式及市场化运营能力，已产生持续、稳定的收益及现金流，投资回报良好，并具有持续经营能力、较好的增长潜力。

[3] 参见"40 号文"第 3 条第 3 项第 1 点：1. 项目权属清晰，已按规定履行项目投资管理，以及规划、环评和用地等相关手续，已通过竣工验收。PPP 项目应依法依规履行政府和社会资本管理相关规定，收入来源以使用者付费为主，未出现重大问题和合同纠纷。

的,需在依法依规签订的 PPP 合同或特许经营协议中有明确约定。[1]

6. 收益分配要求

收益分配比例不低于合并后基金年度可供分配金额的 90%,[2] 基础设施基金的收益分配在符合分配条件的情况下每年不得少于 1 次。

对于合并后基金年度可供分配金额的具体确定,根据《公募 REITs 指引》第 30 条第 2 款的规定,可供分配金额是在净利润基础上进行合理调整后的金额,相关计算调整项目至少包括基础设施项目资产的公允价值变动损益、折旧与摊销,同时应当综合考虑项目公司持续发展、偿债能力和经营现金流等因素,具体由中国证券投资基金业协会另行规定。《运营操作指引》第 16 条[3] 对前述基金管理人在计算可供分配金额过程中考虑的具体因素进行了细化规定。

7. 期限要求

公募 REITs 的期限应不低于 5 年。[4] 法规未明确规定公募 REITs 的期

[1] 参见"958 号文"附件《REITs 试点项目申报要求》第 5 条第 8 项第 3 点:收入来源以使用者付费(包括按照穿透原则实质为使用者支付费用)为主。收入来源含地方政府补贴的,需在依法依规签订的 PPP 合同或特许经营协议中有明确约定。

[2] 参见《公募 REITs 指引》第 2 条第 4 款:本指引所称基础设施基金,是指同时符合下列特征的基金产品:……(四)采取封闭式运作,收益分配比例不低于合并后基金年度可供分配金额的 90%。

[3] 《运营操作指引》第 16 条:可供分配金额是在合并净利润基础上进行合理调整后的金额,可包括合并净利润和超出合并净利润的其他返还。基金管理人计算可供分配金额过程中,应当先将合并净利润调整为税息折旧及摊销前利润(EBITDA),并在此基础上综合考虑项目公司持续发展、项目公司偿债能力、经营现金流等因素后确定可供分配金额计算调整项。涉及的相关计算调整项一经确认,不可随意变更,相关计算调整项及变更程序应当在基金招募说明书等文件中进行明确。将净利润调整为税息折旧及摊销前利润(EBITDA)需加回以下调整项:(一)折旧和摊销;(二)利息支出;(三)所得税费用;将税息折旧及摊销前利润调整为可供分配金额可能涉及的调整项包括:(一)当期购买基础设施项目等资本性支出;(二)基础设施项目资产的公允价值变动损益(包括处置当年转回以前年度累计调整的公允价值变动损益);(三)基础设施项目资产减值准备的变动;(四)基础设施项目资产的处置利得或损失;(五)支付的利息及所得税费用;(六)应收和应付项目的变动;(七)未来合理相关支出预留,包括重大资本性支出(如固定资产正常更新、大修、改造等)、未来合理期间内的债务利息、运营费用等;涉及未来合理支出相关预留调整项的,基金管理人应当充分说明理由;基金管理人应当在定期报告中披露合理相关支出预留的使用情况;(八)其他可能的调整项,如基础设施基金发行份额募集的资金、处置基础设施项目资产取得的现金、金融资产相关调整、期初现金余额等。

[4] 参见《公募 REITs 指引》第 18 条第 1 款:基础设施项目原始权益人或其同一控制下的关联方参与基础设施基金份额战略配售的比例合计不得低于本次基金份额发售数量的 20%,其中基金份额发售总量的 20%持有期自上市之日起不少于 60 个月,超过 20%部分持有期自上市之日起不少于 36 个月,基金份额持有期间不允许质押。原始权益人或其同一控制下的关联方拟卖出战略配售取得的基础设施基金份额的,应当按照相关规定履行信息披露义务。

限要求,但根据《公募 REITs 指引》第 18 条的规定,原始权益人对其自留 20%的基金份额的持有期不低于 60 个月,意味着公募 REITs 项目的期限至少为 5 年。

8. 管理模式

公募 REITs 采用内部管理与外部管理相结合的管理模式。根据《公募 REITs 指引》第 39 条第 1 款的规定,基金管理人可以设立专门的子公司承担基础设施项目运营管理职责,也可以委托外部管理机构负责部分运营管理职责,基金管理人依法应当承担的责任不因委托外部管理机构而免除。关于外部运营管理机构的资质要求、外部运营管理机构的职责、外部运营管理机构的禁止行为、对外部运营管理机构的尽职调查等问题,详见本文第三章关于外部运营管理机构的论述。

9. 发起人自留要求

根据《公募 REITs 指引》第 18 条第 1 款的规定,基础设施项目原始权益人或其同一控制下的关联方参与基础设施基金份额战略配售的比例合计不得低于本次基金份额发售数量的 20%。原始权益人自留基金份额的 20%,持有期自上市之日起不少于 60 个月;原始权益人自留基金份额超过 20%部分持有期自上市之日起不少于 36 个月;且原始权益人自留基金份额持有期间不允许质押。

三、关于交易结构中负债的构建问题

公募 REITs 一般仍然需要构建项目公司层面的负债从而形成对项目公司“股+债”的投资结构来实现部分税收筹划。此外,“股+债”的投资结构将项目公司的收益分配方式由股利调整为利息,可以在一定程度上规避提取盈余公积以及折旧摊销等对股利分配的限制。因此,负债方案的构建在交易结构中显得尤为重要。其中,目前已成功发行上市的 REITs 试点项目根据各自项目实际情况,主要采取了五类负债构建方案:

(一)方案一:专项计划直接发放股东借款债权

以普洛斯仓储项目、苏州工业园项目、首创水务项目、张江光大园项目、广河高速项目、中关村产业园项目、越秀高速项目等 7 单项目为例,其采用了计划管理人(代表专项计划)向项目公司或 SPV 发放股东借款的方式构建负债。该类负债构建方案的典型流程如图 2-2 所示。

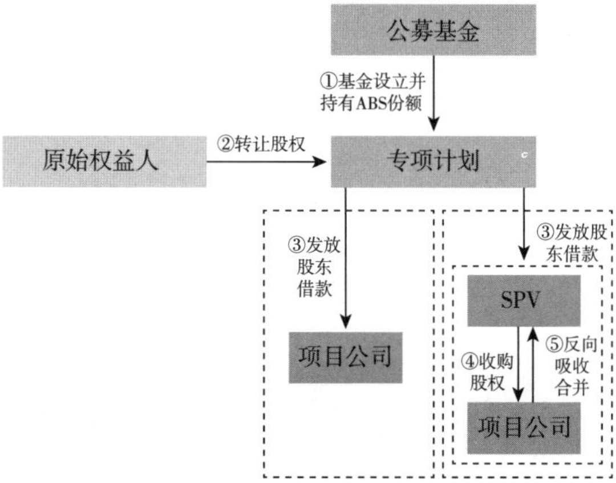

图 2-2 专项计划直接发放股东借款债权

(1)基础设施基金与专项计划设立:基础设施基金募集设立,基金管理人以募集资金认购基础设施资产支持证券,专项计划设立;

(2)专项计划受让项目公司股权:计划管理人(代表专项计划)向原始权益人受让项目公司 100%的股权,成为项目公司唯一股东;

(3)专项计划向项目公司发放股东借款:计划管理人(代表专项计划)在成为项目公司股东后,向项目公司发放股东借款,用以偿还项目公司既有负债、支付向原股东应付的股东分红款等。

关于专项计划直接发放借款的问题,一方面,根据《证券公司及基金管理公司子公司资产证券化业务管理规定》的资产形成要求,原始权益人应当事先合法拥有基础资产(存量债权),再由专项计划进行收购,专项计划以募集资金发放股东借款与资产证券化的资产形成要求相比存在突破;另一方面,担任专项计划管理人的证券公司和基金子公司属于金融机构,却并不具有贷款发放业务的特许经营资质,专项计划直接发放股东借款在法律法规层面尚无明确规定。显然在公募 REITs 中这一问题取得了实质突破,监管部门通过核准公募 REITs 基金产品注册的方式事实上已认可该方案,大大便利和简化了公募 REITs 的交易环节。

(二)方案二:专项计划收购既有股东借款债权

以盐田港仓储项目为例,其采用了专项计划收购原始权益人持有的既有股东借款债权方式构建负债,该项目的负债构建流程如图 2-3 所示。

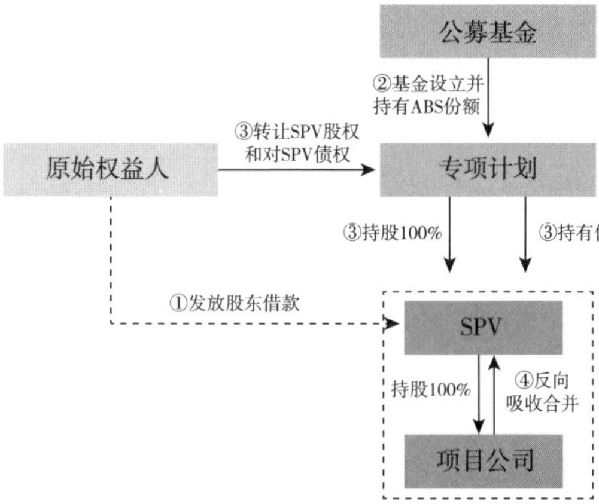

图 2-3　专项计划收购既有股东借款债权

(1)原始权益人发放股东借款:原始权益人作为 SPV 股东,向 SPV 发放股东借款,形成股东借款债权;

(2)基础设施基金与专项计划设立:基础设施基金募集设立,基金管理人以募集资金认购基础设施资产支持证券,专项计划设立;

(3)专项计划同时受让 SPV 股权和对 SPV 的股东借款债权:计划管理人(代表专项计划)向原始权益人受让 SPV100%的股权,并受让对 SPV 的股东借款债权;计划管理人(代表专项计划)与 SPV 签署债权债务确认协议;

(4)反向吸收合并:SPV 与项目公司反向吸收合并后,专项计划直接持有项目公司 100%股权和对项目公司债权。

专项计划收购既有股东借款债权的方案,基础资产在项目发行前均已形成,符合资产证券化的资产形成要求;但随着 2020 年修订后的《最高人民法院关于审理民间借贷案件适用法律若干问题的规定》(以下简称《民间借贷司法解释》)对企业间拆借的合法性要求越发严格,该方案中原始权益人需以自有资金而非转贷资金发放借款。在 2015 年《民间借贷司法解释》中,最高人民法院仅要求出借人不得通过转贷“牟利”,并未禁止未“牟利”的转贷行为本身。但 2020 年最高人民法院修订后的《民间借贷司法解释》第 13 条第 1 项明确禁止套取金融机构等第三方资金的转贷行为,并认定基于转贷形成的民间借贷合同均为无效合同。因此,如采用收购既有股东借款债权的方案,股东借款债权需以原始权益人全额自有资金发放形成,考虑到基础设施项目规模普遍较大,该方案对原始权益人自有资金规模要求较高。

(三)方案三:专项计划收购项目公司应付减资款债权

以沪杭甬高速项目为例,其根据项目公司无须剥离其他资产的特点,采取了专项计划收购原始权益人持有的对项目公司减资款债权的方式构建负债,该项目的负债构建流程如图 2-4 所示。

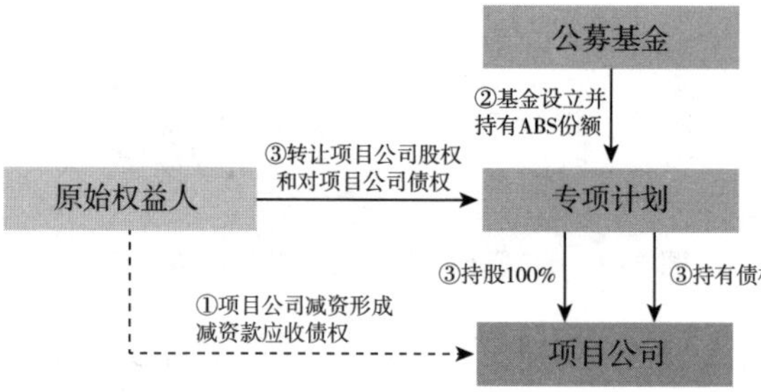

图 2-4　专项计划收购项目公司应付减资款债权

(1)项目公司减资:项目公司召开股东会决议减资,编制资产负债表和财产清单,根据《公司法》规定及时通知债权人并登报公告;减资法定手续完成后,由于项目公司没有足够资金支付减资款,形成原始权益人对项目公司的减资款应收债权。

(2)基础设施基金与专项计划设立:基础设施基金募集设立,基金管理人以募集资金认购基础设施 ABS,专项计划设立。

(3)专项计划同时受让项目公司股权和对项目公司的股东减资款债权:计划管理人(代表专项计划)向原始权益人受让项目公司 100%的股权,并受让对项目公司的股东减资款债权;计划管理人(代表专项计划)与项目公司签署债权债务确认协议。

专项计划收购股东减资款债权的方案,具有结构简单、无须占用大额资金成本等优势,但实操过程中需要关注项目公司需满足可供减资的实缴注册资本与拟构建负债规模相匹配等要求,注意结合项目实际情况加以适用。

(四)方案四:将因评估增值分红产生的应付股利确认为债权债务关系

以招商蛇口项目为例,其采用了将项目公司投资性房地产由成本法计量调整为公允法计量，并将评估增值形成的未分配利润确认为对股东的债权债务关系的方案。该项目的负债构建流程如图 2-5 所示。

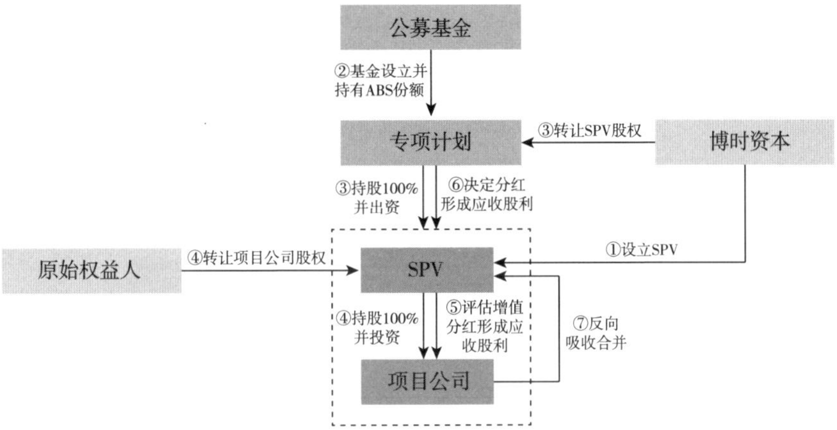

图 2-5　将因评估增值分红产生的应付股利确认为债权债务关系

(1)设立 SPV 公司：基础设施公募基金和专项计划设立前，博时资本设立 SPV。

(2)基础设施基金与专项计划设立：基础设施基金募集设立，基金管理人以募集资金认购基础设施资产支持证券，专项计划设立。

(3)专项计划收购 SPV 股权并对 SPV 出资、SPV 收购项目公司股权并对项目公司投资。

(4)项目公司评估增值分红：项目公司将投资性房地产由成本法计量调整为公允法计量，评估增值形成了部分未分配利润，并向股东 SPV 进行分红，但暂不实际支付股利，形成项目公司对 SPV 的应付股利；SPV 取得分红后，进而向股东专项计划进行利润分配，形成 SPV 对专项计划的应付股利。

(5)债权债务重组：计划管理人(代表专项计划)与 SPV 和项目公司签署《债权确认及重组协议》，对各方之间的债权债务关系进行确认及重组，最终形成：①专项计划对项目公司的债权，②SPV 对项目公司的债权。

(6)反向吸收合并：SPV 与项目公司反向吸收合并后，专项计划直接持有项目公司 100%股权和对项目公司债权。

将因评估增值分红产生的应付股利确认为债权债务关系的负债构建方案，虽然具有一定节省资金成本的优势，但交易结构较为复杂，并且通过评估计量方式的变化实现项目公司增值的方案尚有可完善空间。

(五)方案五:将未支付的股权转让价款确认为债权债务关系

以首钢生物质项目为例,其采用了将未支付的股权转让价款确认为债权债务关系的方案,该方案具体负债构建流程如图 2-6 所示。

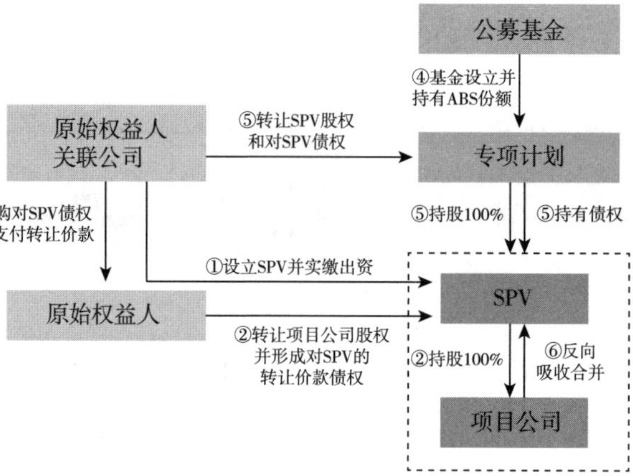

图 2-6 将未支付的股权转让价款确认为债权债务关系

(1)设立 SPV:原始权益人关联公司设立 SPV,并实缴出资;

(2)SPV 向原始权益人收购项目公司股权,并将未支付的股权转让价款确认为债权债务关系:SPV 收购项目公司股权,仅支付第一笔小额的股权转让对价,剩余待支付部分,确认为原始权益人享有的对 SPV 的债权;

(3)原始权益人关联公司收购对 SPV 债权:原始权益人关联公司收购项目公司原股东对 SPV 的债权,暂不支付债权转让价款;

(4)基础设施基金与专项计划设立:基础设施基金募集设立,基金管理人以募集资金认购基础设施 ABS,专项计划设立;

(5)专项计划收购 SPV 股权和对 SPV 债权;

(6)反向吸收合并:SPV 与项目公司反向吸收合并后,专项计划直接持有项目公司 100%股权和对项目公司债权。

该方案事实上通过递延项目公司股权剩余转让价款时间的方式以期达成降低高额资金占用成本的优势,在法律逻辑上有待进一步论证;此外,实操中由于该方案涉及多次工商设立、变更、反向吸收合并操作,需提前与当地工商管理部门沟通操作可行性和操作流程。

四、基础设施公募 REITs 中的治理机制

治理机制是公募 REITs 的核心关注点之一，因为这涉及公募基金管理人与公募 REITs 发起人（“产业方”）对公募 REITs 基金管理与控制的权责利划分问题。

（一）总体原则

根据《公募 REITs 指引》第 2 条和第 25 条（如表 2-1 所示），公募基金的角色定位为所有者、管理者、控制者，监管机构通过压实公募基金管理人的责任，将主动管理职责完全赋予公募基金管理人。

表 2-1　公募基金不同角色定位的职责

角色定位	规定内容
所有者	80%以上基金资产投资于基础设施 ABS，并持有其全部份额；基金通过基础设施 ABS 持有基础设施项目公司全部股权
管理者	基金管理人主动运营管理基础设施项目
控制者	基金通过资产支持证券和项目公司等载体取得基础设施项目完全所有权或经营权利，拥有特殊目的载体及基础设施项目完全的控制权和处置权

此外，《公募 REITs 指引》已明确规定需要由公募基金份额持有人大会决策的事项，如基础设施项目购入或出售、扩募、解聘外部管理机构等，该等事项属于公募基金份额持有人大会的法定决策事项；公募基金管理人对基础设施基金运作过程中的运营管理职责也有 16 项之多，涵盖账户管理、证照管理、现金流管理、日常运营管理、信息披露管理等方面，仅其中 6 项能够委托外部管理机构负责。

基于以上规定以及《公募 REITs 指引》的整体精神，在公募 REITs 项目的治理机制中，总体原则为与基础设施项目的运营、管理、处置相关的重要事项，应在公募基金层面由公募基金份额持有人大会或者公募基金管理人决定；落实公募基金管理人的主动管理职责，不得通过任何主体或方式来架空或虚化公募基金管理人的职权。

(二)治理机制设计

在公募 REITs 项目的治理结构中,自上而下一般是三层结构,即公募基金、专项计划、项目公司。对于这三个层面的职权划分,应当基于上述总体原则进行具体的机制设计。

1. 公募基金层面

除在《证券投资基金法》《公募 REITs 指引》等规定中已明确的需要由公募基金份额持有人大会或者公募基金管理人决定的事项外,对于相关规定中没有明确的事项,应当根据试点项目的具体情况,基于重要性的原则,将其中重要的事项通过交易文件约定的方式明确在公募基金层面进行决策。

在目前已成功发行上市的 REITs 试点项目中,公募基金份额持有人大会的召集事基本来源于法律法规的规定,只有个别项目将部分非法定事项作为召集事由,如苏州工业园项目将“调整基金的核算及/或估值方式”作为召集事由,富国首创水务项目将“因基金管理人与运营管理机构关于年度预算报告(草案)的审批过程中出现争议,经友好协商仍无法达成一致意见的”“本基金可供分配金额计算调整项的变更”作为召集事由。对于公募基金管理人的权限,目前已成功发行上市的 REITs 试点项目均约定了法定事项以外的其他重要事项作为基金管理人的权限,并且绝大多数项目都在公募基金管理人内部设置投决会、运营管理委员会等内设机构负责相关事项的决策。

2. 专项计划层面

专项计划作为公募 REITs 的中间载体,就基础设施项目的相关事项,应仅负责上传下达,没有对该等事项的决策权。

就专项计划涉及的相关事项,对于其中相对重要的事项,例如专项计划的扩募、专项计划期限的延长、专项计划法律文件的修改等,建议安排在公募基金层面决策,其中部分可考虑约定由公募基金份额持有人大会决策。

在目前已成功发行上市的 REITs 试点项目中,均未安排在专项计划层面进行实际决策。比如,虽然专项计划是项目公司的股东,但均约定由公募基金管理人直接行使项目公司的股东权利;另外,约定由公募基金管理人行使资产支持证券持有人享有的权利并决定专项计划的重大事项。

3. 项目公司层面

对于项目公司的内部治理结构,建议在满足《公司法》等规定的前提下，尽量简单化设计。在董事层面，建议不设董事会，只安排 1 个执行董事；在高管层面，建议市场化招聘总经理，其薪酬、人事关系等安排在项目公司。就项目公司涉及的相关事项，对于其中相对重要的事项，例如决定项目公司的经营方针和投资计划、选举和更换董事和监事、审议批准项目公司的年度预算方案和决策方案等，建议安排在公募基金层面决策，其中部分可考虑约定由公募基金份额持有人大会决策。

在目前已成功发行上市的 REITs 试点项目中，均不设置股东会，直接约定由基金管理人行使项目公司股东享有的权利；均只在项目公司安排 1 名执行董事，且由基金管理人决定任免或委任；如设置项目公司财务负责人的，均约定由基金管理人委派。

需要特别注意的是，在对以上三个层面的治理机制设计中，应当首先关注职权划分的完整性，即所约定的各个主体的决策事项加总起来是齐备的，不存在就某些事项没有明确约定决策主体的情况；其次应当关注各个层级的衔接性，即在底层事项由上层主体决策的情形中，中间所涉及的层级的法律文件中均要对该等事项决策安排进行约定，保证上层主体决策权力可以真正向下穿透行使。

（三）产业方参与公募 REITs 治理的方式探讨

公募 REITs 为产业方提供了直接融资的新渠道，也有助于产业方降低债务风险、推动其融资市场化，使产业方有动力参与公募 REITs 的试点。同时，产业方也希望积极参与公募 REITs 的治理，发挥自身在基础设施投资运营管理方面的优势，而不希望简单地将优质基础设施资产出售出去。为平衡公募基金管理人的管理责任与产业方的参与要求，公募 REITs 的治理机制有过多种探讨；当然，产业方在公募 REITs 治理结构下的参与方式、参与程度最终都取决于中国证监会等主管部门的最终监管意见。

从目前的操作经验来看，除了担任外部管理机构仍然对基础设施项目进行日常管理外，原始权益人参与基础设施基金的管理可以探讨以下几个方面：

1. 作为公募基金份额持有人行使表决权

《公募 REITs 指引》第 18 条规定，原始权益人或其同一控制下的关联方参与基础设施基金份额战略配售的比例合计不得低于本次基金份额发售数量的 20%。据了解，在首批申报的试点项目中，产业方战略配售的基金份额有一些超过了 20%，甚至有部分达到了 50%。因此，产业方的利益和公募 REITs 是紧密绑定的，产业方首要参与公募 REITs 治理的方式就是作为公募基金份额持有人，就相关表决事项行使表决权。

2. 作为基金管理人内设机构的组成人员，参与基金管理人的投资决策程序

基金管理人可以就其管理的每单基础设施公募基金在其内部组织架构中设置相应的投资决策和管理委员会，并适当任免原始权益人推荐的相关专业人士，以作为基金管理人内设机构的组成人员，参与基金管理人的投资决策程序。但这些外部专业人士的构成比例及享有的投票权（如有）不应影响基金管理人绝对的决策权，同时要求基金管理人对于引入的外部专业人士按照基金管理人内部投研人员从严进行管理。

在目前已成功发行上市的 REITs 试点项目中，部分基金管理人允许 1 名到 2 名原始权益人或是运营管理机构推荐的人作为基金管理人内设机构的组成人员。比如，苏州工业园项目的投决会有 7 人，其中 2 名成员由各项目原始权益人推荐的专家担任；富国首创水务项目的运营管理委员会委员有 8 名，其中 2 名成员由运营管理机构推荐；广州交投广河高速公路项目的投资运营委员会有 7 人，其中 1 名可以是运营管理机构的人员。

3. 为公募基金提供咨询服务

参考境外公募 REITs 市场经验，可以考虑由产业方为公募基金提供咨询服务，就资产的收购、处置及项目运营策略等重大事项提供咨询和方案建议。但需要明确的是，产业方只能提供咨询服务，提供方案建议，但不能享有决策权，决策的权限需完全由公募基金份额持有人大会与公募基金管理人掌握，否则便与公募 REITs 的治理机制要求相违背。

如张江光大园项目在基金层面设置了外部专家咨询委员会，普洛斯仓储物流项目、中关村产业园项目在基金层面设置了运营咨询委员会等咨询服务机构，原始权益人可以提名相应人士担任前述咨询服务机构的成员。

4. 由产业方推荐项目公司董事、高管

由于产业方人员对于基础设施项目一般有较为丰富的管理经验，可以有效提高基础设施项目的日常管理质量，且在部分项目中当地的主管机关可能会要求项目公司中需要有产业方派驻的人员，因此，可以考虑由产业方推荐项目公司的董事、高管。对此，需要特别关注两个方面：第一，项目公司的重要事项仍应安排在公募基金层面决策，如将该等事项交由产业方推荐的董事、高管

决策,实际上会变相架空公募基金;第二,项目公司的董事、高管的选任属于项目公司的内部管理事务,产业方并没有资格直接进行委派,因此产业方仅具有推荐权,需要在相关交易文件中对此予以明确约定。

五、申报流程

公募 REITs 的申报流程如表 2-2 所示。

表 2-2　公募 REITs 的申报流程

申报环节	对应监管机关	该环节的主要审核重点	所出具的批复/核准文件
项目入库阶段	地方发改委	根据《建立 REITs 试点项目库的通知》第 3 条,入库项目主要分为三类,三类项目应分别满足以下条件: (1)意向项目:该项目应属于基础设施项目,基本符合基础设施 REITs 发行条件,原始权益人具有发行 REITs 产品的明确意向 (2)储备项目:项目发起人(原始权益人)已正式启动发行 REITs 产品准备工作,且项目应符合中国证监会、国家发改委关于推进基础设施 REITs 试点工作有关要求和规定 (3)存续项目:该项目已成功发行 REITs 产品	符合条件的项目纳入发改委基础设施 REITs 试点项目库。注意,向国家发改委推荐的基础设施 REITs 试点项目,应从储备库中统一选取,未入库项目不得推荐①
项目推荐阶段	地方发改委	针对非中央企业项目:“236 号文”第 7 条规定,项目前期培育阶段结束、基本符合申报条件后,发起人(原始权益人)应按发改投资〔2021〕958 号文、发改办投资〔2022〕617 号文等要求,向有关省级发改委报送项目申报材料。省级发改委应及时对项目申报材料进行初步审核,对基本符合条件的项目应于 5 个工作日内正式受理;对明显不符合发行条件或材料不完整、不齐备的不予受理,并于 5 个工作日内作出回复	省发改委出具关于公募 REITs 试点项目的专项意见,并推荐至国家发改委

续表

申报环节	对应监管机关	该环节的主要审核重点	所出具的批复/核准文件
	国家发改委	针对中央企业项目:中央企业可将项目申报材料和项目所在地省级发改委意见直接报送国家发改委,也可通过省级发改委报送。直接报送的,国家发改委及时对项目申报材料进行初步审核,对基本符合条件的项目于5个工作日内正式受理;对明显不符合发行条件或材料不完整、不齐备的不予受理,并于5个工作日内作出回复	国家发改委审核通过并向中国证监会推荐项目名单
产品审批阶段	证券交易所	以上交所为例,根据《上海证券交易所资产证券化业务指南》附件一:资产支持证券挂牌转让申请材料清单》的规定,上交所审核的材料及内容包括计划管理人、销售机构、托管人等服务机构的资质及权限、计划说明书、资产转让协议、托管协议、认购协议等法律文件的合规性,基础资产的真实性、合法性、权利归属及其负担情况、基础资产转让行为的合法有效性、风险隔离的效果、循环购买(如有)安排的合法有效性、专项计划信用增级安排的合法有效性、原始权益人最近3年(未满3年的自成立之日起)的财务报告和审计报告、基础设施项目最近3年及一期的财务报告及审计报告、基础设施项目评估报告、经会计师事务所审阅的基础设施项目未来可供分配金额测算报告、关于专项计划相关会计处理意见的说明(如有)等方面	证券交易所同时审核并出具基础设施资产支持证券挂牌的无异议函、公募REITs份额上市的无异议函

续表

申报环节	对应监管机关	该环节的主要审核重点	所出具的批复/核准文件
		审核是否符合《公募 REITs 指引》及交易所规定的条件，包括项目的权属、权利限制及权利负担情况、项目建设、运营阶段的合规性、资产转让的合法合规性、基础设施项目公司及现金流情况关联交易、同业竞争、对外借款、投资管理、风险控制制度和流程，部门设置与人员配备，同类产品与业务管理情况、基金合同草案、基金托管协议草案、招募说明书草案、拟投资基础设施资产支持证券认购协议、基金管理人与主要参与机构签订的协议文件等方面	
	中国证监会	根据《公募 REITs 指引》第 14 条，审核公开募集证券投资基金注册申请文件、管理人相关说明材料、拟投资基础设施资产支持证券相关说明材料、拟投资基础设施资产支持证券认购协议等材料	中国证监会出具准予基础设施基金注册的决定
发行上市阶段	证券交易所	审核基础设施基金是否符合上市条件，包括基础设施基金发售、基础设施项目原始权益人或其同一控制下的关联方、其他战略投资者参与本次基金战略配售的具体情况及限售安排、基础设施基金投资运作、交易等环节的主要风险、基础设施基金认购基础设施资产支持证券以及基础设施基金所投资专项计划投资基础资产的情况等	证券交易所向基金管理人出具上市通知书
	中国证监会	(1)基础设施基金募集的基金份额、基金份额持有人人数符合要求； (2)基金管理人已验资并收到验资报告	基金管理人向中国证监会办理验资和基金备案手续，中国证监会出具书面确认②

续表

申报环节	对应监管机关	该环节的主要审核重点	所出具的批复/核准文件
发行后备案阶段	基金业协会	《资产支持专项计划备案管理办法》第 8 条、第 9 条的规定，基金业协会审核如下事项： (1)针对专项计划管理人对基础资产未被列入负面清单且资产支持证券的销售符合适当性要求做出的承诺进行审核 (2)对专项计划管理人向基金业协会报送的备案材料进行齐备性审核	基金业协会出具关于专项计划设立后备案的备案确认函

①参见《建立 REITs 试点项目库的通知》第 4 条第 2 项：对入库的储备项目，要深入了解项目工作进展，及时掌握项目情况，联合当地有关部门，加强统筹协调，做好咨询服务，帮助落实各项条件，并与当地中国证监会派出机构、相关证券交易所加强沟通，帮助项目做好相关准备。向国家发展改革委推荐基础设施 REITs 试点的项目，应从储备库中统一选取，未入库项目不得推荐。

②参见《证券投资基金法》第 58 条：基金募集期限届满，封闭式基金募集的基金份额总额达到准予注册规模的百分之八十以上，开放式基金募集的基金份额总额超过准予注册的最低募集份额总额，并且基金份额持有人人数符合国务院证券监督管理机构规定的，基金管理人应当自募集期限届满之日起十日内聘请法定验资机构验资，自收到验资报告之日起十日内，向国务院证券监督管理机构提交验资报告，办理基金备案手续，并予以公告。

第三章

公募 REITs 的主要参与机构

一、原始权益人

1. 原始权益人的界定

根据《公募 REITs 指引》第 50 条第 3 项[1]的规定，原始权益人是指基础设施基金持有的基础设施项目的原所有人。在项目公司股权装入公募 REITs 的项目中，原始权益人也就是项目公司的股东，其一般也是基础设施项目的发起人。

2. 原始权益人应满足的主体资质要求

根据“40 号文”第 3 条第 3 项第 3 点、[2]“958 号文”附件《REITs 试点项目申报要求》第 2 条第 3 项第 6 点、[3]《公募 REITs 指引》第 8 条、[4]《上交所公募 REITs 指引 1 号(2023 年修订)》/《深交所公募 REITs 指引 1 号(2023

---

[1] 《公募 REITs 指引》第 50 条：本指引相关用语的含义如下：……(三)原始权益人是指基础设施基金持有的基础设施项目的原所有人。

[2] “40 号文”第 3 条第 3 项第 3 点：发起人(原始权益人)及基础设施运营企业信用稳健、内部控制制度健全，具有持续经营能力，最近 3 年无重大违法违规行为。

[3] “958 号文”附件《REITs 试点项目申报要求》第 2 条第 3 项第 6 点：(1)优先支持有一定知名度和影响力的行业龙头企业的项目。(2)发起人(原始权益人)、项目公司、基金管理人、资产支持证券管理人、基础设施运营管理机构近 3 年在投资建设、生产运营、金融监管、市场监管、税务等方面无重大违法违规记录。项目运营期间未出现安全、质量、环保等方面的重大问题或重大合同纠纷。

[4] 《公募 REITs 指引》第 8 条：基础设施基金拟持有的基础设施项目应当符合下列要求：(一)原始权益人享有完全所有权或经营权利，不存在重大经济或法律纠纷，且不存在他项权利设定，基础设施基金成立后能够解除他项权利的除外；(二)主要原始权益人企业信用稳健、内部控制健全，最近 3 年无重大违法违规行为；(三)原则上运营 3 年以上，已产生持续、稳定的现金流，投资回报良好，并具有持续经营能力、较好增长潜力；(四)现金流来源合理分散，且主要由市场化运营产生，不依赖第三方补贴等非经常性收入；(五)中国证监会规定的其他要求。

年修订)》第 6 条[1],适格的原始权益人应当满足下列要求:

(1)依法设立且合法存续;

(2)享有基础设施项目完全所有权或者经营权利,不存在重大经济或法律纠纷;

(3)信用稳健,内部控制制度健全,具有持续经营能力;

(4)最近 3 年(未满 3 年的自成立之日起)在投资建设、生产运营、金融监管、市场监管、税务等方面无重大违法违规记录,项目运营期间未出现安全、质量、环保等方面的重大问题或重大合同纠纷,不存在因严重违法失信行为被有权部门认定为失信被执行人、失信生产经营单位或者其他失信单位并被暂停或者限制进行融资的情形;

(5)中国证监会和交易所规定的其他要求。

3. 原始权益人的基本义务

根据《公募 REITs 指引》第 43 条[2]、《上交所公募 REITs 业务办法》第 4 条第 1 款[3]/《深交所公募 REITs 业务办法》第 4 条的规定,原始权益人应履

---

[1] 《深交所公募 REITs 指引 1 号(2023 年修订)》第 6 条:原始权益人应当符合下列条件:(一)依法设立且存续;(二)享有基础设施项目完全所有权或者经营权利,不存在重大权属纠纷或者争议;(三)信用稳健,内部控制制度健全,具有持续经营能力;(四)最近三年(未满三年的自成立之日起,下同)不存在重大违法违规记录,不存在因严重违法失信行为被有权部门认定为失信被执行人、失信生产经营单位或者其他失信单位并被暂停或者限制融资的情形;(五)中国证券监督管理委员会和本所规定的其他条件。《上交所公募 REITs 指引 1 号(2023 年修订)》第 6 条:原始权益人应当满足下列要求:(一)依法设立且存续;(二)享有基础设施项目完全所有权或者经营权利,不存在重大权属纠纷或者争议;(三)信用稳健,内部控制制度健全,具有持续经营能力;(四)最近 3 年(未满 3 年的自成立之日起,下同)不存在重大违法违规记录,不存在因严重违法失信行为被有权部门认定为失信被执行人、失信生产经营单位或者其他失信单位并被暂停或者限制融资的情形;(五)中国证监会和本所规定的其他条件。

[2] 《公募 REITs 指引》第 43 条:基础设施基金原始权益人不得侵占、损害基础设施基金所持有的基础设施项目,并应当履行下列义务:(一)配合基金管理人、基金托管人以及其他为基础设施基金提供服务的专业机构履行职责;(二)确保基础设施项目真实、合法,确保向基金管理人等机构提供的文件资料真实、准确、完整,不存在虚假记载、误导性陈述或者重大遗漏;(三)依据法律法规、基金合同及相关协议约定及时移交基础设施项目及相关印章证照、账册合同、账户管理权限等;(四)法律法规及相关协议约定的其他义务。主要原始权益人及其控股股东、实际控制人应当承诺,提供的文件资料存在隐瞒重要事实或者编造重大虚假内容等重大违法违规行为的,应当购回全部基金份额或基础设施项目权益。

[3] 《上交所公募 REITs 业务办法》第 4 条第 1 款:基金管理人、基金托管人、基础设施项目运营管理机构等业务参与机构及其人员从事基础设施基金业务活动,资产支持证券管理人、资产支持证券托管人、资产服务机构、原始权益人等业务参与机构及其人员从事基础设施资产支持证券业务活动,应当恪尽职守、诚实信用、谨慎勤勉,有效防范利益冲突。

行如下义务：

(1)忠实勤勉的基本原则。原始权益人及其他人员从事基础设施 ABS 业务活动,应当恪尽职守、诚实信用、谨慎勤勉,有效防范利益冲突。

(2)忠实勤勉义务的具体要求。不得侵占、损害基础设施基金所持有的基础设施项目,并应当履行下列义务:(a)配合基金管理人、基金托管人以及其他为基础设施基金提供服务的专业机构履行职责;(b)确保基础设施项目真实、合法,确保向基金管理人等机构提供的文件资料真实、准确、完整,不存在虚假记载、误导性陈述或者重大遗漏;(c)依据法律法规、基金合同及相关协议约定及时移交基础设施项目及相关印章证照、账册合同、账户管理权限等;(d)法律法规及相关协议约定的其他义务。

(3)对重大违法违规的回购承诺。主要原始权益人及其控股股东、实际控制人应当承诺,提供的文件资料存在隐瞒重要事实或者编造重大虚假内容等重大违法违规行为的,应当购回全部基金份额或基础设施项目权益。

4. 原始权益人取得的资金用途要求

根据"40 号文"第 3 条第 4 项[1]、《上交所公募 REITs 指引 1 号(2023 年修订)》/《深交所公募 REITs 指引 1 号(2023 年修订)》第 7 条第 2 款[2]、"958 号文"第 4 条第 10 项[3]、"958 号文"附件《REITs 试点项目申报要求》第 5 条第 9 项[4]、"236 号文"第 5 条第 14、15 项的规定,原始权益人取得的资金用途要求如下：

[1] "40 号文"第 3 条第 4 项:加强融资用途管理。发起人(原始权益人)通过转让基础设施取得资金的用途应符合国家产业政策,鼓励将回收资金用于新的基础设施和公用事业建设,重点支持补短板项目,形成投资良性循环。

[2] 《上交所公募 REITs 指引 1 号(2023 年修订)》第 7 条第 2 款:原始权益人通过转让基础设施项目取得的回收资金用途应当符合国家产业政策。

[3] "958 号文"第 4 条第 10 项:引导回收资金用于新项目建设。引导原始权益人履行承诺,将回收资金以资本金注入等方式投入新项目建设,确保新项目符合国家重大战略、发展规划、产业政策等要求。加强跟踪服务,对回收资金拟投入的新项目,协调加快前期工作和开工建设进度,尽快形成实物工作量。对原始权益人未按承诺将回收资金投入到相关项目的,要及时督促落实。

[4] "958 号文"附件《REITs 试点项目申报要求》第 5 条第 9 项:鼓励将回收资金用于基础设施补短板项目建设,具体应满足以下要求:1. 回收资金应明确具体用途,包括具体项目、使用方式和预计使用规模等。在符合国家政策及企业主营业务要求的条件下,回收资金可跨区域、跨行业使用。2. 90%(含)以上的净回收资金(指扣除用于偿还相关债务、缴纳税费、按规则参与战略配售等的资金后的回收资金)应当用于在建项目或前期工作成熟的新项目。3. 鼓励以资本金注入方式将回收资金用于项目建设。

(1)基础设施 REITs 净回收资金(指扣除用于偿还相关债务、缴纳税费、按规则参与战略配售等资金后的回收资金)应主要用于在建项目、前期工作成熟的新项目(含新建项目、改扩建项目);其中,不超过 30%的净回收资金可用于盘活存量资产项目,不超过 10%的净回收资金可用于已上市基础设施项目的小股东退出或补充发起人(原始权益人)流动资金等。在符合国家政策及企业主营业务要求的条件下,回收资金可跨区域、跨行业使用;除国家有特殊规定外,任何地方或部门不得设置限制条件,影响企业按照市场化原则依法合规使用回收资金。

(2)基础设施 REITs 购入项目(含首次发行与新购入项目)完成之日起 2 年内,净回收资金使用率原则上应不低于 75%,3 年内应全部使用完毕。净回收资金使用进度明显不符预期的,应审慎考虑新购入项目安排。如回收资金实际投入项目与申报时拟投入项目不一致的,应按要求向有关省级发改委备案并说明情况。

(3)为确保回收资金尽快用于项目投资、有效支持实体经济发展,已上市基础设施 REITs 项目发起人(原始权益人)应于每季度结束后 5 个工作日内向国家发改委投资司直接报送回收资金使用情况,同步抄送再投资项目涉及的省级发改委。如回收资金使用进度不及预期,国家发改委将及时提醒有关项目发起人(原始权益人);确有必要时,将提请有关省级发改委约谈项目单位,了解具体情况,提出整改建议。

5. 对原始权益人的尽职调查要求

根据《公募 REITs 指引》第 9 条[1]和第 10 条、[2]《公募 REITs 尽调指

---

〔1〕《公募 REITs 指引》第 9 条:基金管理人应当制定完善的尽职调查内部管理制度,建立健全业务流程,对基础设施项目出具的尽职调查报告应当包括下列内容:(一)基础设施项目原始权益人及其控股股东、实际控制人,项目管理机构等主要参与机构情况;……

〔2〕《公募 REITs 指引》第 10 条:基金管理人可以与资产支持证券管理人联合开展尽职调查,必要时还可以聘请财务顾问开展尽职调查,但基金管理人与资产支持证券管理人依法应当承担的责任不因聘请财务顾问而免除。基金管理人或其关联方与原始权益人存在关联关系,或享有基础设施项目权益时,应当聘请第三方财务顾问独立开展尽职调查,并出具财务顾问报告。财务顾问应当由取得保荐业务资格的证券公司担任。基金管理人、财务顾问应按照法律法规及中国证监会有关规定对基础设施项目进行尽职调查,充分了解基础设施项目的经营状况及其面临的风险和问题。

引》第 22 条[1]的规定，基金管理人或其关联方与原始权益人存在关联关系，或享有基础设施项目权益时，应当聘请第三方财务顾问独立开展尽职调查，并出具财务顾问报告。对原始权益人的尽职调查范围，至少应当包括如下内容：

（1）原始权益人的设立、存续情况；股权结构、控股股东和实际控制人情况；组织架构、治理结构及内部控制情况。

（2）是否对基础设施项目享有完全所有权或经营权利，且上述权利是否存在重大经济或法律纠纷；对基础设施项目的转让是否获得了合法有效的授权；基础设施基金是否可以合法取得基础设施项目的所有权或经营权利。

（3）原始权益人近 3 年审计报告及一期财务报告（成立未满 3 年的自公司设立起）。

（4）对基础设施项目的转让是否获得了外部有权机构审批（如有）。

（5）公司资信水平；商业信用情况；公司主体评级情况（如有）；最近 3 年（成立未满 3 年的自公司设立起）在投资建设、生产运营、金融监管、工商、税务等方面是否存在重大违法违规记录；是否存在因严重违法失信行为被有权部门认定为失信被执行人、失信生产经营单位或者其他失信单位并被暂停或者限制进行融资的情形。

6. 对原始权益人的自持比例、限售期限以及质押限制性要求

按照监管要求，原始权益人或其同一控制下的关联方应当参与战略配售，参与基础设施基金份额战略配售的比例合计不得低于基金份额发售数量的 20%，其中基金份额发售总量的 20% 持有期自上市之日起不少于 60 个月，超过 20% 部分持有期自上市之日起不少于 36 个月，基金份额持有期间不

---

[1]《公募 REITs 尽调指引》第 22 条：调查原始权益人，包括但不限于以下内容：（一）原始权益人的设立、存续情况；股权结构、控股股东和实际控制人情况；组织架构、治理结构及内部控制情况；（二）是否对基础设施项目享有完全所有权或经营权利，且上述权利是否存在重大经济或法律纠纷；对基础设施项目的转让是否获得了合法有效的授权；基础设施基金是否可以合法取得基础设施项目的所有权或经营权利；（三）原始权益人近三年审计报告及一期财务报告（成立未满三年的自公司设立起）；（四）对基础设施项目的转让是否获得了外部有权机构审批（如有）；（五）公司资信水平；商业信用情况；公司主体评级情况（如有）；最近三年（成立未满三年的自公司设立起）在投资建设、生产运营、金融监管、工商、税务等方面是否存在重大违法违规记录；是否存在因严重违法失信行为被有权部门认定为失信被执行人、失信生产经营单位或者其他失信单位并被暂停或者限制进行融资的情形。

允许质押。

二、基金管理人

(一)基金管理人的资格

《上交所公募 REITs 指引 1 号(2023 年修订)》/《深交所公募 REITs 指引 1 号(2023 年修订)》明确要求,拟任基金管理人应当符合《证券投资基金法》《基金运作管理办法》《公募 REITs 指引》规定的相关条件。其中,《公募 REITs 指引》第 5 条规定,拟任基础设施基金的基金管理人应当满足下列要求:(1)公司成立满 3 年,资产管理经验丰富,公司治理健全,内控制度完善;(2)设置独立的基础设施基金投资管理部门,配备不少于 3 名具有 5 年以上基础设施项目运营或基础设施项目投资管理经验的主要负责人员,其中至少 2 名具备 5 年以上基础设施项目运营经验;(3)财务状况良好,能满足公司持续运营、业务发展和风险防范的需要;(4)具有良好的社会声誉,在金融监管、工商、税务等方面不存在重大不良记录;(5)具备健全有效的基础设施基金投资管理、项目运营、内部控制与风险管理制度和流程;(6)中国证监会规定的其他要求。

(二)基金管理人的主要职责

1. 对基础设施项目的运营管理职责

基金管理人除应履行《证券投资基金法》第 19 条规定的公募基金管理人的一般职责外,还应当根据《公募 REITs 指引》第 38 条的规定主动履行基础设施项目运营管理职责,包括:(a)及时办理基础设施项目、印章证照、账册合同、账户管理权限交割等;(b)建立账户和现金流管理机制,有效管理基础设施项目租赁、运营等产生的现金流,防止现金流流失、挪用等;(c)建立印章管理、使用机制,妥善管理基础设施项目各种印章;(d)为基础设施项目购买足够的财产保险和公众责任保险;(e)制定及落实基础设施项目运营策略;(f)签署并执行基础设施项目运营的相关协议;(g)收取基础设施项目租赁、运营等产生的收益,追收欠缴款项等;(h)执行日常运营服务,如安保、消防、通讯及紧急事故管理等;(i)实施基础设施项目维修、改造等;(j)基础设施项目档案归集管理等;(k)按照本指引要求聘请评估机构、审计机构进行评估与审计;(l)依法披露基础设施项目运营情况;(m)提供公共产品和服务的基础设施资产的运营管理,应符合国家有关监管要求,严格履行运营管理义务,保障公共利益;(n)建立相关机制防范外部管理机构的履约风险、基础设施项目经营风险、关联交易及利益冲突风险、利益输送和内部人控制风险等基础设施项目运营过程中的风险;(o)按照基金合同约定和持有人利益优先的原则,专业审慎处置资产;(p)中国证监会规定的其他职责。

2. 职责的对外委托

(1)对外委托的事项。基金管理人可以设立专门的子公司承担基础设施项目运营管理职责,也可以委托外部管理机构负责《公募 REITs 指引》第 38 条第 4—9 项运营管理职责,其依法应当承担的责任不因委托而免除。

(2)禁止委托的事项。《公募 REITs 指引》第 38 条第 4~9 项以外的事项不得对外委托,应当由基金管理人主动履行管理职责。此外,关于人员委派方面,《公募 REITs 指引》第 39 条第 2 款[1]明确规定,基金管理人应当自行派员负责基础设施项目公司财务管理。

(3)协助委托的事项。从实际操作上来讲,(项目公司人员有限)又需要外部管理机构提供协助、服务或是支持的,比如财务预算、决算的拟定、档案和印章等管理过程中的具体事项,可以作为"协助职责"委托给外部运营机构,由外部运营机构协助基金管理人进行管理,但这些职责的核心部分,仍由基金管理人完成并最终承担责任。

3. REITs 基金经理任职条件

根据基金业协会发布的《关于开展公募基础设施证券投资基金的基金经理注册登记的通知》,REITs 基金经理的任职条件为:(a)取得基金从业资格;(b)具备 5 年以上基础设施项目运营或基础设施项目投资管理经验,且最近 1 年从事上述有关工作;(c)没有《公司法》《证券投资基金法》等法律、行政法规规定的不得担任公司董事、监事、经理和基金从业人员的情形;(d)具备良好的诚信记录及职业操守,且最近 3 年没有受到证券、银行、保险等行业的监管

〔1〕《公募 REITs 指引》第 39 条第 2 款:基金管理人委托外部管理机构运营管理基础设施项目的,应当自行派员负责基础设施项目公司财务管理。基金管理人与外部管理机构应当签订基础设施项目运营管理服务协议,明确双方的权利义务、费用收取、外部管理机构考核安排、外部管理机构解聘情形和程序、协议终止情形和程序等事项。

部门以及工商、税务等行政管理部门的行政处罚;(e)通过协会组织的基金经理证券投资法律知识考试(REITs 类);(f)法律法规规定的其他条件。

三、资产支持证券管理人

1. 资产支持证券管理人的资格

根据《上交所公募 REITs 指引 1 号(2023 年修订)》/《深交所公募 REITs 指引 1 号(2023 年修订)》明确要求,拟任资产支持证券管理人应当符合《证券公司及基金管理公司子公司资产证券化业务管理规定》规定的相关条件,且与拟任基金管理人存在实际控制关系或受同一控制人控制。

2. 资产支持证券管理人的职责

根据《公募 REITs 指引》第 38 条的规定,由基金管理人主动履行基础设施项目运营管理职责,因此资产支持证券管理人的职责呈现通道化的特点。根据目前已成功发行上市的 REITs 试点项目的公开披露信息,普遍未授予资产支持证券管理人对项目的实质管理权限,大部分试点项目明确规定公募基金作为资产支持专项计划的唯一证券持有人,直接决定资产支持专项计划的重要事项。

虽然资产支持证券管理人的职责呈现通道化的特点,但资产支持证券管理人仍应当履行忠实勤勉义务,如根据《上交所公募 REITs 业务办法》/《深交所业务办法》第 4 条第 1 款的规定,资产支持证券管理人应当恪尽职守、诚实信用、谨慎勤勉,有效防范利益冲突。

四、基金托管人和资产支持证券托管人

1. 基金托管人的基本要求

拟任基金托管人应当符合《证券投资基金法》《基金运作管理办法》《公募 REITs 指引》规定的相关条件。

(1)《证券投资基金法》提出的要求

《证券投资基金法》第 32 条规定,基金托管人由依法设立的商业银行或者其他金融机构担任。商业银行担任基金托管人的,由国务院证券监督管理机构会同国务院银行业监督管理机构核准;其他金融机构担任基金托管人的,由国务院证券监督管理机构核准。

《证券投资基金法》第 33 条规定,担任基金托管人,应当具备下列条件:(a)净资产和风险控制指标符合有关规定;(b)设有专门的基金托管部门;(c)取得基金从业资格的专职人员达到法定人数;(d)有安全保管基金财产的条件;(e)有安全高效的清算、交割系统;(f)有符合要求的营业场所、安全防范设施和与基金托管业务有关的其他设施;(g)有完善的内部稽核监控制度和风险控制制度;(h)法律、行政法规规定的和经国务院批准的国务院证券监督管理机构、国务院银行业监督管理机构规定的其他条件。

《证券投资基金法》第 35 条规定,基金托管人与基金管理人不得为同一机构,不得相互出资或者持有股份。

(2)《基金运作管理办法》提出的要求

《基金运作管理办法》第 6 条规定,申请募集基金,拟任基金管理人、基金托管人应当具备下列条件:(a)拟任基金管理人为依法设立的基金管理公司或者经中国证监会核准的其他机构,拟任基金托管人为具有基金托管资格的商业银行或者经中国证监会核准的其他金融机构;(b)有符合中国证监会规定的、与管理和托管拟募集基金相适应的基金经理等业务人员;(c)最近一年内没有因重大违法违规行为、重大失信行为受到行政处罚或者刑事处罚;(d)没有因违法违规行为、失信行为正在被监管机构立案调查、司法机关立案侦查,或者正处于整改期间;(e)最近一年内向中国证监会提交的注册基金申请材料不存在虚假记载、误导性陈述或者重大遗漏;(f)不存在对基金运作已经造成或者可能造成不良影响的重大变更事项,或者诉讼、仲裁等其他重大事项;(g)不存在治理结构不健全、经营管理混乱、内部控制和风险管理制度无法得到有效执行、财务状况恶化等重大经营风险;(h)中国证监会根据审慎监管原则规定的其他条件。

(3)《公募 REITs 指引》提出的特别要求

根据《公募 REITs 指引》第 6 条,基金托管人除应当符合《证券投资基金法》《基金运作管理办法》规定的相关条件,还要满足下列要求:(a)财务状况良好,风险控制指标符合监管部门相关规定;(b)具有良好的社会声誉,在金融监管、工商、税务等方面不存在重大不良记录;(c)具有基础设施领域资产管理产品托管经验;(d)为开展基础设施基金托管业务配备充足的专业人员;(e)中国证监会规定的其他要求。基础设施基金托管人与基础设施资产支持证券托管人应当为同一人。

2. 资产支持证券托管人的基本要求

《公募 REITs 指引》第 6 条第 2 款规定,基础设施基金托管人与基础设施资产支持证券托管人应当为同一人。

3. 基金托管人的基本职责

(1)《公募 REITs 指引》规定的基本职责

《公募 REITs 指引》第 3 条第 1 款规定,基金托管人从事基础设施基金活动应当恪尽职守,履行诚实信用、谨慎勤勉的义务,遵守持有人利益优先的基本原则,有效防范利益冲突,实现专业化管理和托管。

《公募 REITs 指引》第 37 条第 2 款规定,基金托管人复核基金信息披露文件时,应当加强对基金管理人资产确认计量过程的复核。

《公募 REITs 指引》第 44 条规定,基金托管人应当依照法律法规规定、基金合同和托管协议约定履行下列职责:(a)安全保管基础设施基金财产、权属证书及相关文件;(b)监督基础设施基金资金账户、基础设施项目运营收支账户等重要资金账户及资金流向,确保符合法律法规规定和基金合同约定,保证基金资产在监督账户内封闭运行;(c)监督、复核基金管理人按照法律法规规定和基金合同约定进行投资运作、收益分配、信息披露等;(d)监督基金管理人为基础设施项目购买足够的保险;(e)监督基础设施项目公司借入款项安排,确保符合法律法规规定及约定用途;(f)法律法规及中国证监会规定的其他职责。

(2)《运营操作指引》

《运营操作指引》落实《公募 REITs 指引》对于托管人职责的原则要求,从基础设施资产保管、运营账户开立以及运营收支账户监督三方面进一步明确基金托管人在公募 REITs 运营操作环节的职责边界和履责要求:

①基础设施资产保管。《运营操作指引》第 4 条规定:基金管理人对基础设施项目权属证书及相关文件的真实性及完整性进行验证后,应当将权属证书及相关文件原件移交基金托管人保管,基金管理人与基金托管人另行约定具体交接程序。

②运营账户开立。《运营操作指引》第 5 条:基金托管人负责基础设施项目运营收支账户的开立和管理,运营收支账户应在基金托管人或其指定的银

行开立。

③运营收支账户监督。《运营操作指引》第 6 条:基础设施项目应通过基础设施项目运营收支账户进行日常收支。基金托管人在付款环节,对基础设施项目运营收支账户的款项用途进行审核监督,基金管理人或其委托的第三方运营管理机构应当予以配合。

五、外部运营管理机构

1. 外部运营管理机构的资质要求

《公募 REITs 指引》第 40 条第 1 款规定,外部管理机构应当按照《证券投资基金法》第 97 条[1]规定经中国证监会备案,并持续符合下列要求:(a)具有符合国家规定的不动产运营管理资质(如有);(b)具备丰富的基础设施项目运营管理经验,配备充足的具有基础设施项目运营经验的专业人员,其中具有 5 年以上基础设施项目运营经验的专业人员不少于 2 名;(c)公司治理与财务状况良好;(d)中国证监会规定的其他要求。

根据"958 号文"附件《REITs 试点项目申报要求》第 2 条第 3 项第 6 点[2]以及《上交所公募 REITs 指引 1 号(2023 年修订)》/《深交所公募 REITs 指引 1 号(2023 年修订)》第 8 条[3]的规定,运营管理机构还应当具有持续经营能力,近 3 年在投资建设、生产运营、金融监管、市场监管、税务等方面无重大违法违规记录,项目运营期间未出现安全、质量、环保等方面的重大问题或重大合同纠纷。

---

[1] 《证券投资基金法》第 97 条:从事公开募集基金的销售、销售支付、份额登记、估值、投资顾问、评价、信息技术系统服务等基金服务业务的机构,应当按照国务院证券监督管理机构的规定进行注册或者备案。

[2] "958 号文"附件《REITs 试点项目申报要求》第 2 条第 3 项第 6 点:(1)优先支持有一定知名度和影响力的行业龙头企业的项目。(2)发起人(原始权益人)、项目公司、基金管理人、资产支持证券管理人、基础设施运营管理机构近 3 年在投资建设、生产运营、金融监管、市场监管、税务等方面无重大违法违规记录。项目运营期间未出现安全、质量、环保等方面的重大问题或重大合同纠纷。

[3] 《上交所公募 REITs 指引 1 号(2023 年修订)》第 8 条:委托外部管理机构运营管理基础设施项目的,外部管理机构应当符合《基础设施基金指引》规定并符合下列条件:(一)具有持续经营能力;(二)最近 3 年不存在重大违法违规记录;(三)中国证监会和本所规定的其他条件。

2. 外部运营管理机构的职责

根据《公募 REITs 指引》第 38 条[1]、第 39 条[2]，基金管理人可以委托外部管理机构负责以下运营管理职责，但其依法应当承担的责任不因委托而免除：(a)为基础设施项目购买足够的财产保险和公众责任保险；(b)制定及落实基础设施项目运营策略；(c)签署并执行基础设施项目运营的相关协议；(d)收取基础设施项目租赁、运营等产生的收益，追收欠缴款项等；(e)执行日常运营服务，如安保、消防、通讯及紧急事故管理等；(f)实施基础设施项目维修、改造等。

根据证券交易所培训提供的《基础设施项目运营管理服务协议内容与格式指引》，以及目前已成功发行上市的 REITs 试点项目的情况，外部运营管理机构承担的职责，可以分为"受托管理职责""协助管理职责"两大部分。

(1)受托管理职责

对于《公募 REITs 指引》第 38 条、第 39 条明确规定的基金管理人可以委托外部运营管理机构负责的 6 项事项，可以作为外部运营管理机构受托管理的职责范围。在实际的运营协议准备过程中，可以结合基础设施项目具体类型、业务模式等对前述 6 项可对外委托事项的内容做出细化约定，相关约定应

---

[1] 《公募 REITs 指引》第 38 条：基础设施基金运作过程中，基金管理人应当按照法律法规规定和基金合同约定主动履行基础设施项目运营管理职责，包括：(一)及时办理基础设施项目、印章证照、账册合同、账户管理权限交割等；(二)建立账户和现金流管理机制，有效管理基础设施项目租赁、运营等产生的现金流，防止现金流流失、挪用等；(三)建立印章管理、使用机制，妥善管理基础设施项目各种印章；(四)为基础设施项目购买足够的财产保险和公众责任保险；(五)制定及落实基础设施项目运营策略；(六)签署并执行基础设施项目运营的相关协议；(七)收取基础设施项目租赁、运营等产生的收益，追收欠缴款项等；(八)执行日常运营服务，如安保、消防、通讯及紧急事故管理等；(九)实施基础设施项目维修、改造等；(十)基础设施项目档案归集管理等；(十一)按照本指引要求聘请评估机构、审计机构进行评估与审计；(十二)依法披露基础设施项目运营情况；(十三)提供公共产品和服务的基础设施资产的运营管理，应符合国家有关监管要求，严格履行运营管理义务，保障公共利益；(十四)建立相关机制防范外部管理机构的履约风险、基础设施项目经营风险、关联交易及利益冲突风险、利益输送和内部人控制风险等基础设施项目运营过程中的风险；(十五)按照基金合同约定和持有人利益优先的原则，专业审慎处置资产；(十六)中国证监会规定的其他职责。

[2] 《公募 REITs 指引》第 39 条：基金管理人可以设立专门的子公司承担基础设施项目运营管理职责，也可以委托外部管理机构负责第三十八条第(四)至(九)项运营管理职责，其依法应当承担的责任不因委托而免除。基金管理人委托外部管理机构运营管理基础设施项目的，应当自行派员负责基础设施项目公司财务管理。基金管理人与外部管理机构应当签订基础设施项目运营管理服务协议，明确双方的权利义务、费用收取、外部管理机构考核安排、外部管理机构解聘情形和程序、协议终止情形和程序等事项。

当明确、具体、可执行。

(2)协助管理职责

对于《公募 REITs 指引》第 38 条、第 39 条未授权基金管理人可以委托外部运营管理机构负责的事项,基金管理人不能委托外部运营管理机构负责。但是,考虑到外部运营管理机构的专业化管理能力,从有利于维护基础设施项目运营方面考虑,基金管理人可以聘请外部运营管理机构提供协助支持,但依法应当承担的责任不因此而免除。

对于外部运营管理机构的受托职责和协助职责,运营管理协议中应当明确区分,并在权利、义务等方面做出差异化的约定。

3. 外部运营管理机构的禁止行为

《公募 REITs 指引》第 40 条第 2 款、第 3 款规定,外部管理机构受委托从事基础设施项目运营管理的,不得泄露因职务便利获取的未公开信息,不得利用该信息从事或者明示、暗示他人从事相关交易活动。外部管理机构同时向其他机构提供基础设施项目运营管理服务的,应当采取充分、适当的措施避免可能出现的利益冲突。外部管理机构不得将受委托运营管理基础设施的主要职责转委托给其他机构。

外部管理机构应当配合基金管理人等机构履行信息披露义务,确保提供的文件资料真实、准确、完整。

4. 对外部运营管理机构的尽职调查

《公募 REITs 尽调指引》第 23 条规定,调查基础设施运营管理机构(包括基金管理人设立的子公司或委托的外部管理机构),包括但不限于以下内容:(1)运营管理机构的设立、存续和历史沿革情况;股权结构及治理结构;持续经营能力;(2)不动产运营管理资质(如有);同类型基础设施项目运营管理经验;主要负责人员在基础设施项目运营或投资管理领域的经验情况、其他专业人员配备情况;(3)不动产运营相关业务流程、管理制度、风险控制制度;(4)内部组织架构情况、内部控制的监督和评价制度的有效性;(5)管理人员任职情况、管理人员专业能力和资信状况、公司员工结构分布和变化趋势;(6)公司近 3 年审计报告及一期财务报告(成立未满 3 年的自公司设立起)、主要财务指标分析;(7)运营管理机构同时向其他机构提供基础设施项目运营管理服务的,是否采取了避免可能出现的利益冲突的措施;(8)公司资信水平。最近 3 年在投资建设、生产运营、金融监管、工商、税务等方面是否存在重大违法违规记录。

5. 对外部运营管理机构的监督

根据《公募 REITs 指引》第 41 条、《上交所公募 REITs 业务办法》/《深交所业务办法》第 11 条的规定，基金管理人应当对接受委托的外部管理机构进行充分的尽职调查，确保其在专业资质（如有）、人员配备、公司治理等方面符合法律法规要求，具备充分的履职能力。基金管理人应当持续加强对外部管理机构履职情况的监督，至少每年对其履职情况进行评估，确保其勤勉尽责履行运营管理职责。基金管理人应当定期检查外部管理机构就其获委托从事基础设施项目运营管理活动而保存的记录、合同等文件，检查频率不少于每半年 1 次。委托事项终止后，基金管理人应当妥善保管基础设施项目运营维护相关档案。

根据《上交所公募 REITs 指引 1 号（2023 年修订）》第 42 条/《深交所公募 REITs 指引 1 号（2023 年修订）》第 42 条的规定，基金管理人委托外部管理机构运营管理基础设施项目的，应当符合《公募 REITs 指引》等有关规定，明确约定并披露外部管理机构的解聘、更换条件和流程、履职情况评估、激励机制等安排。存在外部管理机构同时向基金管理人以外的其他机构提供同类基础设施项目运营管理服务情形或可能的，基金管理人应当进行核查，说明其合理性、必要性以及避免同业竞争及可能出现的利益冲突的措施，该等措施应当合理和充分。

6. 外部管理机构的解聘

（1）应当解聘外部管理机构的情形。《公募 REITs 指引》第 42 条第 1 款规定，外部管理机构应当勤勉尽责、专业审慎运营管理基础设施项目，发生下列情形之一的，基金管理人应当解聘外部管理机构：（a）外部管理机构因故意或重大过失给基础设施基金造成重大损失；（b）外部管理机构依法解散、被依法撤销、被依法宣告破产或者出现重大违法违规行为；（c）外部管理机构专业资质、人员配备等发生重大不利变化已无法继续履职。

（2）解聘外部管理机构的程序。基金管理人应当在基金合同等法律文件中明确约定上述解聘外部管理机构的法定情形。除上述法定情形外，基金管理人解聘、更换外部管理机构的，应当提交基金份额持有人大会投票表决。与外部管理机构存在关联关系的基金份额持有人就解聘、更换外部管理机构事项无须回避表决，中国证监会认可的特殊情形除外。

(3)资产支持证券管理人与基金管理人应当同步解聘。根据《上交所公募 REITs 业务办法》第 39 条第 3 款/《深交所业务办法》第 46 条第 3 款的规定,基金管理人根据规定或约定解聘运营管理机构的,且该运营管理机构为资产支持证券管理人聘请的资产服务机构,资产支持证券管理人应当同步解除与该机构的资产服务协议。

六、中介机构

1. 财务顾问

(1)财务顾问的聘请

对于是否应聘请财务顾问,《公募 REITs 指引》第 10 条第 1 款规定,基金管理人必要时可以聘请财务顾问开展尽职调查,但基金管理人或其关联方与原始权益人存在关联关系,或享有基础设施项目权益时,应当聘请第三方财务顾问独立开展尽职调查,并出具财务顾问报告。

对于财务顾问的资质,《公募 REITs 指引》第 10 条第 2 款规定,财务顾问应当由取得保荐业务资格的证券公司担任。

(2)财务顾问的职责

《公募 REITs 指引》第 10 条第 2 款、第 16 条规定,财务顾问应当:(a)按照法律法规及中国证监会有关规定对基础设施项目进行尽职调查,充分了解基础设施项目的经营状况及其面临的风险和问题;(b)财务顾问受委托办理基础设施基金份额发售的路演推介、询价、定价、配售等相关业务活动。

(3)财务顾问费用的承担

《公募 REITs 指引》第 31 条第 1 款规定,基础设施基金募集期间产生的财务顾问费不得从基金财产中列支。如基础设施基金募集失败,财务顾问费不得从投资者认购款项中支付。

2. 评估机构

(1)评估机构的聘请要求

①申请注册基金前的评估机构聘请

《公募 REITs 指引》第 11 条规定,申请注册基础设施基金前,基金管理人应当聘请独立的评估机构对拟持有的基础设施项目进行评估,并出具评估报告。

评估机构应当按照《证券投资基金法》第 97 条规定经中国证监会备

案,并符合国家主管部门相关要求,具备良好资质和稳健的内部控制机制,合规运作、诚信经营、声誉良好,不得存在可能影响其独立性的行为。评估机构为同一只基础设施基金提供评估服务不得连续超过 3 年。评估机构在评估过程中应当客观、独立、公正,遵守一致性、一贯性及公开、透明、可校验原则,不得随意调整评估方法和评估结果。

②基金存续期间的评估机构聘请

《公募 REITs 指引》第 34 条规定,基础设施基金存续期间,基金管理人应当聘请评估机构对基础设施项目资产每年进行 1 次评估。出现下列情形之一的,基金管理人应当及时聘请评估机构对基础设施项目资产进行评估:第一,基础设施项目购入或出售;第二,基础设施基金扩募;第三,提前终止基金合同拟进行资产处置;第四,基础设施项目现金流发生重大变化且对持有人利益有实质性影响;第五,对基金份额持有人利益有重大影响的其他情形。

③评估安排的披露

《上交所公募 REITs 指引 1 号(2023 年修订)》/《深交所公募 REITs 指引 1 号(2023 年修订)》第 18 条第 2 款规定,基金管理人和资产支持证券管理人应当在相关文件中披露基础设施项目的评估情况、定期和不定期评估安排。

(2)评估机构的忠实义务和勤勉义务

《公募 REITs 指引》第 3 条第 2 款规定,为基础设施基金提供服务的专业机构应当严格遵守法律法规,恪守职业道德、执业准则和行为规范,诚实守信、勤勉尽责、专业审慎,出具的专业意见不得存在虚假记载、误导性陈述或重大遗漏。

《上交所公募 REITs 业务办法》/《深交所业务办法》第 4 条第 3 款规定,为基础设施基金、基础设施资产支持证券提供服务的评估机构及其人员,应当勤勉尽责,严格遵守执业规范和监管规则,按规定和约定履行义务,出具的文件和专业意见真实、准确、完整,不得存在虚假记载、误导性陈述或者重大遗漏。

(3)评估的方法

《上交所公募 REITs 指引 1 号(2023 年修订)》/《深交所公募 REITs 指引 1 号(2023 年修订)》第 18 条第 1 款规定,基础设施项目评估机构应当符合《公募 REITs 指引》规定的条件,原则上以收益法作为基础设施项目评估的主要估价方法,并在评估报告及其附属文件中披露评估过程和影响评估的重要参数,包括但不限于土地使用权或经营权剩余期限、运营收入、运营成本、运营净收益、资本性支出、未来现金流预期、折现率等。

《运营操作指引》第 12 条第 1 款规定,基金管理人和评估机构在确定基础设施项目或其可辨认资产和负债的公允价值时,应当将收益法中现金流量折现法作为主要的评估方法,并选择其他分属于不同估值技术的估值方法进行校验。采用现金流量折现法的,其折现率选取应当从市场参与者角度出发,综合反映资金的时间价值以及与现金流预测相匹配的风险因素。

《公募 REITs 指引》第 11 条第 2 款规定,评估机构在评估过程中应当客观、独立、公正,遵守一致性、一贯性及公开、透明、可校验原则,不得随意调整评估方法和评估结果。

(4)评估报告的内容

《公募 REITs 指引》第 12 条规定,评估报告包括下列内容:(a)评估基础及所用假设的全部重要信息;(b)所采用的评估方法及评估方法的选择依据和合理性说明;(c)基础设施项目详细信息,包括基础设施项目地址、权属性质、现有用途、经营现状等,每期运营收入、应缴税收、各项支出等收益情况及其他相关事项;(d)基础设施项目的市场情况,包括供求情况、市场趋势等;(e)影响评估结果的重要参数,包括土地使用权或经营权利剩余期限、运营收入、运营成本、运营净收益、资本性支出、未来现金流变动预期、折现率等;(f)评估机构独立性及评估报告公允性的相关说明;(g)调整所采用评估方法或重要参数情况及理由(如有);(h)可能影响基础设施项目评估的其他事项。

基础设施基金份额首次发售,评估基准日距离基金份额发售公告日不得超过 6 个月;基金运作过程中发生购入或出售基础设施项目等情形时,评估基准日距离签署购入或出售协议等情形发生日不得超过 6 个月。

(5)评估报告的使用要求

《公募 REITs 指引》第 36 条第 2 款规定,基础设施基金年度报告应当载有年度审计报告和评估报告。基金信息披露文件涉及评估报告相关事项的,应在显著位置特别声明相关评估结果不代表基础设施项目资产的真实市场价值,也不代表基础设施项目资产能够按照评估结果进行转让。

《运营操作指引》第 12 条第 2 款规定,基金管理人编制财务报表过程中如使用评估机构出具的评估值作为公允价值入账依据,应审慎分析评估质量,不能简单依赖评估机构的评估值,并在定期财务报告中充分说明公允价值估值程序等事项，且基金管理人依法应当承担的责任不得免除。

(6)评估费的承担要求

《公募 REITs 指引》第 31 条[1]第 1 款规定，基础设施基金募集期间产生的评估费不得从基金财产中列支，如基础设施基金募集失败，评估费不得从投资者认购款项中支付。

3. 律师事务所

(1)律师事务所的聘请要求

《公募 REITs 指引》第 13 条的规定，申请注册基础设施基金前，基金管理人应当聘请符合条件的律师事务所就基础设施项目合法合规性、基础设施项目转让行为合法性、主要参与机构资质等出具法律意见书。

根据《进一步做好 REITs 试点的通知》、"958 号文"附件《REITs 试点项目申报要求》第 6 条第 12 项[2]，应选择符合下列条件的律师事务所为其转让行为合法性出具专项法律意见书：(a)具有国家有关部门认可的律师事务所法定业务资质，规模较大，市场声誉良好，具有完善的内部治理结构和内部管理制度、风险控制制度。(b)已完成"中国证监会从事证券法律业务律师事务所"备案。(c)本所(不含分所)近 3 年参与的首次公开发行(IPO，含境外项目)业务成功发行 5 单以上(含)。(d)近 3 年未发生重大违法违规事件，未受到国家行政机关或监管机构行政处罚。(e)律师事务所出具法律意见书应经律师事务所负责人及承办律师签字。对此，国家发改委"236 号文"第 13 条进一步明确和强调，"为基础设施 REITs 项目提供服务的财务顾问、法律顾问、审计机构、评估机构、税务咨询顾问等中介机构，在提供服务期间应未被列入严重失信主体名单，未被采取失信惩戒措施，未因违法违规问题被有关监管机构禁止或限制开展基础设施 REITs 相关或同类业务。律师事务所和会计

---

[1] 《公募 REITs 指引》第 31 条：基础设施基金募集期间产生的评估费、财务顾问费(如有)、会计师费、律师费等各项费用不得从基金财产中列支。如基础设施基金募集失败，上述相关费用不得从投资者认购款项中支付。基础设施基金存续期间发生的与基金有关的下列费用可以从基金财产中列支：(一)基金管理费、托管费；(二)为基金提供专业服务的会计师事务所、律师事务所等收取的服务费用；(三)由基金财产承担的其他费用。

[2] "958 号文"附件《REITs 试点项目申报要求》第 6 条第 12 项：发起人(原始权益人)选择的律师事务所和会计师事务所近 3 年未发生重大违法违规事件，未受到国家行政机关或监管机构行政处罚。律师事务所出具法律意见书应经律师事务所负责人及承办律师签字。会计师事务所出具审计报告应经有关注册会计师签字和盖章。

师事务所近 3 年还应未发生重大违法违规事件。上述机构应切实发挥业务专长,依法依规履行职责,保证出具的相关材料科学、合规、真实、全面、准确”。

(2)律师事务所的忠实义务和勤勉义务

《公募 REITs 指引》第 3 条第 2 款规定,为基础设施基金提供服务的专业机构应当严格遵守法律法规,恪守职业道德、执业准则和行为规范,诚实守信、勤勉尽责、专业审慎,出具的专业意见不得存在虚假记载、误导性陈述或重大遗漏。

《上交所公募 REITs 业务办法》/《深交所业务办法》第 4 条第 3 款规定,为基础设施基金、基础设施资产支持证券提供服务的律师事务所及其人员,应当勤勉尽责,严格遵守执业规范和监管规则,按规定和约定履行义务,出具的文件和专业意见真实、准确、完整,不得存在虚假记载、误导性陈述或者重大遗漏。

(3)律师费的承担要求

《公募 REITs 指引》第 31 条[1]规定,基础设施基金募集期间产生的律师费不得从基金财产中列支。如基础设施基金募集失败,上述费用不得从投资者认购款项中支付。基础设施基金存续期间发生的与基金有关的律师事务所等收取的服务费用可以从基金财产中列支。

[1] 《公募 REITs 指引》第 31 条:基础设施基金募集期间产生的评估费、财务顾问费(如有)、会计师费、律师费等各项费用不得从基金财产中列支。如基础设施基金募集失败,上述相关费用不得从投资者认购款项中支付。基础设施基金存续期间发生的与基金有关的下列费用可以从基金财产中列支:(一)基金管理费、托管费;(二)为基金提供专业服务的会计师事务所、律师事务所等收取的服务费用;(三)由基金财产承担的其他费用。

第四章

基础设施试点项目的选择和法律尽职调查要点

一、基础设施公募 REITs 尽职调查概述

广义上的基础设施公募 REITs 的尽职调查是指尽调实施主体[基金管理人、资产支持证券管理人以及财务顾问(如有)]通过查阅、访谈、列席会议、实地调查等方式,对基础设施项目以及业务参与人进行调查。[1] 基础设施公募 REITs 法律尽职调查是前述尽职调查的部分环节,是指律师事务所作为中介服务机构,经过基金管理人的聘请,[2]就基础设施项目及主要参与机构等事项进行调查的过程。

---

[1] 参见《公募 REITs 尽调指引》第 2 条:本指引所称尽职调查是指申请注册基础设施基金前,基金管理人、资产支持证券管理人以及财务顾问(如有)(以下统称尽调实施主体)勤勉尽责地通过查阅、访谈、列席会议、实地调查等方法对基础设施基金拟持有的基础设施项目以及业务参与人进行调查,并有充分理由确信相关发行文件及信息披露真实、准确、完整的过程。本指引所称基础设施项目是指项目公司、基础设施资产的合称。本指引所称项目公司,是指直接拥有基础设施资产合法、完整产权的法人实体。本指引所称业务参与人,包括原始权益人、基础设施运营管理机构、托管人以及对交易有重大影响的其他交易相关方。

[2] 参见《公募 REITs 指引》第 13 条:申请注册基础设施基金前,基金管理人应当聘请符合条件的律师事务所就基础设施项目合法合规性、基础设施项目转让行为合法性、主要参与机构资质等出具法律意见书,聘请符合条件的会计师事务所对基础设施项目财务情况进行审计并出具报告。

（一）尽职调查的主要内容

1. 广义上尽职调查的主要内容

《公募 REITs 尽调指引》第 2 条[1]第 1 款规定，尽调实施主体[基金管理人、资产支持证券管理人以及财务顾问（如有）]需要对基础设施基金拟持有的基础设施项目以及业务参与人进行调查。基础设施项目的尽职调查内容包括项目公司合法合规性、独立性、所属行业情况、经营模式、经营情况、项目合法合规性、项目现金流及预测情况等。业务参与人的尽职调查内容包括原始权益人、外部管理机构的设立、存续，对基础设施项目的所有权或经营权利等。

2. 法律尽职调查的主要内容

公募 REITs 申报工作分为项目准入与推荐、基础设施基金注册与上市两个阶段，这两个阶段中对法律尽职调查的范围并不完全一致。

在向发改委申请公募 REITs 试点项目时，根据《公募 REITs 试点项目申报材料格式文本通知》附件 1《基础设施 REITs 试点项目相关证明材料》第 5 条第 24 款[2]，律师事务所需要出具法律意见书，对项目权属和资产范围、项目合法合规性、主要参与机构资质等进行法律尽职调查，还应当列明项目的所有限定条件或特殊规定约定、有权机构同意情况、采取的处理措施及转让合法性判断等内容。

在申请注册基础设施基金前，根据《公募 REITs 指引》第 13 条[3]，律师

---

[1] 《公募 REITs 尽调指引》第 2 条：本指引所称尽职调查是指申请注册基础设施基金前，基金管理人、资产支持证券管理人以及财务顾问（如有）（以下统称尽调实施主体）勤勉尽责地通过查阅、访谈、列席会议、实地调查等方法对基础设施基金拟持有的基础设施项目以及业务参与人进行调查，并有充分理由确信相关发行文件及信息披露真实、准确、完整的过程。本指引所称基础设施项目是指项目公司、基础设施资产的合称。本指引所称项目公司，是指直接拥有基础设施资产合法、完整产权的法人实体。本指引所称业务参与人，包括原始权益人、基础设施运营管理机构、托管人以及对交易有重大影响的其他交易相关方。

[2] 《公募 REITs 试点项目申报材料格式文本通知》附件 1《基础设施 REITs 试点项目相关证明材料》第 5 条第 24 款：律师事务所就项目权属和资产范围、项目合法合规性、转让行为合法性等出具的法律意见书（须在基金份额公开发售前向社会公开披露）。法律意见书中应列明项目的所有限定条件或特殊规定约定、有权机构同意情况、采取的处理措施及转让合法性判断，承诺不存在任何缺失、遗漏或虚假陈述。

[3] 《公募 REITs 指引》第 13 条：申请注册基础设施基金前，基金管理人应当聘请符合条件的律师事务所就基础设施项目合法合规性、基础设施项目转让行为合法性、主要参与机构资质等出具法律意见书，聘请符合条件的会计师事务所对基础设施项目财务情况进行审计并出具报告。

事务所根据基金管理人的聘请，对基础设施项目合法合规性、基础设施项目转让行为合法性、主要参与机构资质进行法律尽职调查，并出具法律意见书。相较于项目准入阶段，尽职调查范围还增加了项目公司的设立及存续、股东、独立性、同业竞争与关联交易等内容。

因此，基础设施公募 REITs 法律尽职调查主要是针对业务参与人、基础设施项目以及 REITs 治理机制与运营管理等交易安排合法合规性进行调查。其中，基础设施项目的合法合规性主要包括项目资产范围和权属、权利限制、项目建设运营、转让行为合法性等方面。项目公司合法合规性主要包括项目公司的设立、存续、股东出资等方面，业务参与人的合法合规性主要包括原始权益人、基金管理人、基金托管人、运营管理机构、资产支持证券管理人、资产支持证券托管人等主体是否具备相应的主体资格等方面。前述法律尽职调查的详细内容请见本章第二部分至第十二部分。

（二）尽职调查的责任主体

1. 广义上尽职调查的责任主体

从广义上看，对基础设施公募 REITs 进行尽职调查的核心责任主体即基金管理人，中国证监会、基金业协会、上交所、深交所对此均有明确规定。[1]

---

〔1〕 参见《公募 REITs 指引》第 7 条：申请注册基础设施基金前，基金管理人应当对拟持有的基础设施项目进行全面的尽职调查，聘请符合规定的专业机构提供评估、法律、审计等专业服务，与基础设施资产支持证券管理人协商确定基础设施资产支持证券设立、发行等相关事宜，确保基金注册、份额发售、投资运作与资产支持证券设立、发行之间有效衔接。《公募 REITs 尽调指引》第 2 条第 1 款：本指引所称尽职调查是指申请注册基础设施基金前，基金管理人、资产支持证券管理人以及财务顾问（如有）（以下统称尽调实施主体）勤勉尽责地通过查阅、访谈、列席会议、实地调查等方法对基础设施基金拟持有的基础设施项目以及业务参与人进行调查，并有充分理由确信相关发行文件及信息披露真实、准确、完整的过程。《公募 REITs 尽调指引》第 26 条：根据《基础设施基金指引》以及本指引的规定，尽调实施主体可以联合开展尽职调查，在充分获取尽职调查材料并进行综合分析的基础上分别进行独立判断。经协商一致，各方可共同聘请同一批中介机构配合开展尽职调查工作。尽调实施主体应当制定完善的尽职调查内部管理制度，建立健全业务流程；基金管理人或其关联方与原始权益人存在关联关系，或享有基础设施项目权益时，应当聘请第三方财务顾问独立开展尽职调查，并出具财务顾问报告。《上交所公募 REITs 业务办法》第 11 条：基金管理人、资产支持证券管理人应当聘请符合规定的专业机构提供评估、法律、审计等专业服务，对拟持有的基础设施项目进行全面尽职调查。基金管理人拟委托运营管理机构运营管理基础设施项目的，应当对拟接受委托的运营管理机构进行充分的尽职调查，确保其在专业资质（如有）、人员配备、公司治理等方面符合规定的要求，具备充分的履职能力。基金管理人与资产支持证券管理人聘请的专业机构可以为同一机构。资产支持证券管理人聘请资产

尽职调查的实施主体除了基金管理人外，还包括资产支持证券管理人、财务顾问和中介机构。

（1）基金管理人：基金管理人负责对基础设施项目进行全面的尽职调查，可以聘请评估、法律、审计等专业机构，并应当制定完善的尽职调查内部管理制度。[1] 基金管理人可以与资产支持证券管理人联合开展尽职调查，也可以聘请财务顾问进行尽职调查，但基金管理人的责任不因聘请财务顾问或其他服务机构而免除。[2]

（2）资产支持证券管理人：基金管理人可以与资产支持证券管理人联合开展尽职调查，必要时可以聘请财务顾问，但资产支持证券管理人依法应当承担的责任不因聘请财务顾问而免除。

（3）财务顾问：财务顾问可以根据基金管理人与资产支持证券管理人的聘请进行尽职调查。在基金管理人或其关联方与原始权益人存在关联关

服务机构的，资产服务机构可以与运营管理机构为同一机构。基金管理人可以依据《基础设施基金指引》聘请财务顾问开展尽职调查，也可以与资产支持证券管理人联合开展尽职调查，但应当各自依法承担相应的责任。《深交所公募 REITs 业务办法》第 11 条：基金管理人、资产支持证券管理人应当聘请符合规定的专业机构提供评估、法律、审计等专业服务，对拟持有的基础设施项目进行全面尽职调查。基金管理人拟委托运营管理机构运营管理基础设施项目的，应当对接受委托的运营管理机构进行充分的尽职调查，确保其在专业资质（如有）、人员配备、公司治理等方面符合规定的要求，具备充分的履职能力。基金管理人与资产支持证券管理人聘请的专业机构可以为同一机构。资产支持证券管理人可以聘请资产服务机构，资产服务机构可以与基金管理人委托的运营管理机构为同一机构。基金管理人必要时可以依据《基础设施基金指引》聘请财务顾问开展尽职调查，也可以与资产支持证券管理人联合开展尽职调查，但应当各自依法承担相应的责任。

［1］ 参见《公募 REITs 指引》第 9 条：基金管理人应当制定完善的尽职调查内部管理制度，建立健全业务流程，对基础设施项目出具的尽职调查报告应当包括下列内容：（一）基础设施项目原始权益人及其控股股东、实际控制人，项目管理机构等主要参与机构情况；（二）基础设施项目财务情况；（三）基础设施项目对外借款情况，及基础设施基金成立后保留对外借款相关情况（如适用）；（四）基础设施项目现金流的稳定性和历史记录，及未来现金流的合理测算和分析；（五）已签署正在履行期内及拟签署的全部重要协议；（六）安全生产及环境保护情况，及是否符合城市规划要求；（七）基础设施项目法律权属，及是否存在抵押、查封、扣押、冻结等他项权利限制和应付未付义务；（八）是否已购买基础设施项目保险，及承保范围和保险金额；（九）同业竞争、关联关系及关联交易等潜在利益冲突情况；（十）基础设施基金是否可合法取得基础设施项目的所有权或经营权利；（十一）可能影响基础设施项目运营的其他重要事项。

［2］ 参见《公募 REITs 指引》第 10 条：基金管理人可以与资产支持证券管理人联合开展尽职调查，必要时还可以聘请财务顾问开展尽职调查，但基金管理人与资产支持证券管理人依法应当承担的责任不因聘请财务顾问而免除。基金管理人或其关联方与原始权益人存在关联关系，或享有基础设施项目权益时，应当聘请第三方财务顾问独立开展尽职调查，并出具财务顾问报告。

系,或享有基础设施项目权益时,基金管理人必须聘请财务顾问。财务顾问为取得保荐业务资格的证券公司。在实际操作中,存在基金管理人聘请两家财务顾问的情形,如在博时招商蛇口产业园封闭式基础设施项目中,基金管理人聘请了招商证券股份有限公司、中信证券股份有限公司(外部财务顾问)作为基金募集的财务顾问。

(4)中介机构:基金管理人可以聘请符合规定的专业机构提供评估、法律、审计等专业服务,并且尽调实施主体可以共同聘请同一批中介机构配合开展尽职调查工作。其中,评估机构对拟持有的基础设施项目进行评估,并出具评估报告;律师事务所对基础设施项目合法合规性、基础设施项目转让行为合法性、主要参与机构资质等出具法律意见书;会计师事务所对基础设施项目财务情况进行审计并出具报告。

2. 法律尽职调查的责任主体

律师事务所作为法律专业机构,是基础设施公募 REITs 法律尽职调查的责任主体,需要对基础设施项目合法合规性、基础设施项目转让行为合法性、主要参与机构资质等出具法律意见书。

根据《公募 REITs 尽调指引》第 2 条第 1 款[1],对基础设施基金拟持有的基础设施项目以及业务参与人进行尽职调查的方法包括查阅、访谈、列席会议、实地调查等。在对基础设施公募 REITs 项目进行法律尽职调查时,律师会采用多种方式进行尽职调查。

(1)网络核查

律师会通过如国家企业信用信息公示系统、全国法院被执行人信息查询、中国裁判文书网等官方网站进行核查相关主体信息,可核查出尽调主体的合法存续、涉诉情况、行政处罚等内容。

(2)资料审阅

律师会对尽调主体提供的主体资料和项目资料进行审阅,必要时进行原件核对。对律师审阅发现的法律问题,会在法律意见书中进行风险提示,并表明律师意见。

---

[1] 《公募 REITs 尽调指引》第 2 条第 1 款:本指引所称尽职调查是指申请注册基础设施基金前,基金管理人、资产支持证券管理人以及财务顾问(如有)(以下统称尽调实施主体)勤勉尽责地通过查阅、访谈、列席会议、实地调查等方法对基础设施基金拟持有的基础设施项目以及业务参与人进行调查,并有充分理由确信相关发行文件及信息披露真实、准确、完整的过程。

(3)访谈、列席会议

律师可以就网络核查、资料审阅过程中发现的相关问题,与尽调主体或其他相关方进行访谈、列席会议等。

(4)实地调查

由于基础设施公募 REITs 项目涉及基础设施,律师需要根据尽调主体所提供的资料,实地展开对基础设施的调查。实地走访的过程可以直观发现基础设施存在的问题,比如建筑物的建设楼层、实际用途等是否合法合规等,也可以通过与走访当地政府部门沟通了解基础设施存在的相关问题。

(三)尽职调查报告

1. 广义上的尽职调查报告

根据《公募 REITs 指引》第 9 条[1],《公募 REITs 尽调指引》第 29 条[2]、第 30 条[3],基金管理人、资产支持证券管理人及财务顾问(如有)在尽职调查的基础上负责出具尽职调查报告,应当说明调查基准日、调查内容、调查程序等事项,并且尽职调查工作组全体成员应当在尽职调查报告上签字,并加盖公司公章和注明报告日期。尽职调查报告的内容包括:(1)基础设施项目原

---

〔1〕《公募 REITs 指引》第 9 条:基金管理人应当制定完善的尽职调查内部管理制度,建立健全业务流程,对基础设施项目出具的尽职调查报告应当包括下列内容:(一)基础设施项目原始权益人及其控股股东、实际控制人,项目管理机构等主要参与机构情况;(二)基础设施项目财务情况;(三)基础设施项目对外借款情况,及基础设施基金成立后保留对外借款相关情况(如适用);(四)基础设施项目现金流的稳定性和历史记录,及未来现金流的合理测算和分析;(五)已签署正在履行期内及拟签署的全部重要协议;(六)安全生产及环境保护情况,及是否符合城市规划要求;(七)基础设施项目法律权属,及是否存在抵押、查封、扣押、冻结等他项权利限制和应付未付义务;(八)是否已购买基础设施项目保险,及承保范围和保险金额;(九)同业竞争、关联关系及关联交易等潜在利益冲突情况;(十)基础设施基金是否可合法取得基础设施项目的所有权或经营权利;(十一)可能影响基础设施项目运营的其他重要事项。

〔2〕《公募 REITs 尽调指引》第 29 条:尽职调查工作底稿是指尽调实施主体在尽职调查过程中获取和制作的、与基础设施基金业务相关的各种工作记录和重要资料。尽职调查工作底稿应当真实、准确、完整地反映尽职调查工作,并自基础设施基金终止之日起至少保存十年。

〔3〕《公募 REITs 尽调指引》第 30 条:尽调实施主体应当在尽职调查的基础上形成尽职调查报告。尽职调查报告应当说明调查的基准日、调查内容、调查程序等事项。尽职调查报告应当对基础设施基金拟持有的基础设施项目以及业务参与人是否符合《基础设施基金指引》等相关规定要求发表明确意见。尽职调查工作组全体成员应当在所形成的尽职调查报告上签字,并加盖公司公章和注明报告日期。

始权益人及其控股股东、实际控制人,项目管理机构等主要参与机构情况;(2)基础设施项目财务情况;(3)基础设施项目对外借款情况,及基础设施基金成立后保留对外借款相关情况(如适用);(4)基础设施项目现金流的稳定性和历史记录,及未来现金流的合理测算和分析;(5)已签署正在履行期内及拟签署的全部重要协议;(6)安全生产及环境保护情况,及是否符合城市规划要求;(7)基础设施项目法律权属,及是否存在抵押、查封、扣押、冻结等他项权利限制和应付未付义务;(8)是否已购买基础设施项目保险,及承保范围和保险金额;(9)同业竞争、关联关系及关联交易等潜在利益冲突情况;(10)基础设施基金是否可合法取得基础设施项目的所有权或经营权利;(11)可能影响基础设施项目运营的其他重要事项。此外,在进行尽职调查时,还要保存尽职调查工作底稿,并且需要自基础设施基金终止之日起至少保存 10 年。

2. 法律意见书

律师在完成法律尽职调查后,要出具法律意见书,需要对基础设施项目合法合规性、基础设施项目转让行为合法性、主要参与机构资质等发表法律意见。

二、项目的基本要求

(一)试点项目的区位范围

1. 试点初期仅确定部分区域作为试点范围

根据"40 号文"第 3 条第 1 项[1]等规定,公募 REITs 试点聚焦重点区域展开,并区分了优先/重点支持、支持的两种情形:

(1)优先/重点支持类试点项目的区位范围:位于京津冀协同发展、长江经济带发展、粤港澳大湾区建设、长三角一体化发展、海南全面深化改革开放的基础设施项目。

(2)支持类试点项目的区位范围:位于国务院批准设立的国家级新区、国家级经济技术开发区范围内的基础设施项目。

---

[1] "40 号文"第 3 条第 1 项:聚焦重点区域。优先支持京津冀、长江经济带、雄安新区、粤港澳大湾区、海南、长江三角洲等重点区域,支持国家级新区、有条件的国家级经济技术开发区开展试点。

2. “958 号文”已将试点项目的区位范围扩展至全国各地区[1]

根据“958 号文”附件《REITs 试点项目申报要求》第 1 条,国家发改委不再对 REITs 试点项目设置区域范围限制,即全国各地区符合条件的基础设施项目均可申报,并再次强调了重点支持的区位范围,其中,重点支持的区位范围进一步拓宽增加了“黄河流域生态保护和高质量发展等国家重大战略区域,符合‘十四五’有关战略规划和实施方案要求的基础设施项目”。

(二)试点项目的行业范围

从“40 号文”到“586 号文”(已废止)再到“958 号文”、“236 号文”及《REITs 常态化发行通知》,REITs 试点项目的行业范围不断拓宽并细化,具体梳理如下。

1. “40 号文”和“586 号文”(已废止)项下试点项目的行业范围

根据“40 号文”第 3 条第 2 项[2]和“586 号文”(已废止)第 2 条第 4 项[3]等规定,公募 REITs 试点聚焦重点行业展开,并区分了优先支持、鼓励的两种情形:

(1)优先支持试点的行业范围:仓储物流项目;收费公路、铁路、机场、港口项目;城镇污水垃圾处理及资源化利用、固废危废医废处理、大宗固体废弃物综合利用项目;城镇供水、供电、供气、供热项目。

(2)鼓励试点的行业范围:数据中心、人工智能、智能计算中心项目;5G、通信铁塔、物联网、工业互联网、宽带网络、有线电视网络项目;智能交通、智慧

[1] 参见“958 号文”附件《REITs 试点项目申报要求》第 1 条第 1 款:全国各地区符合条件的项目均可申报。重点支持位于京津冀协同发展、长江经济带发展、粤港澳大湾区建设、长三角一体化发展、海南全面深化改革开放、黄河流域生态保护和高质量发展等国家重大战略区域,符合“十四五”有关战略规划和实施方案要求的基础设施项目。

[2] “40 号文”第 3 条第 2 项:聚焦重点行业。优先支持基础设施补短板行业,包括仓储物流、收费公路等交通设施,水电气热等市政工程,城镇污水垃圾处理、固废危废处理等污染治理项目。鼓励信息网络等新型基础设施,以及国家战略性新兴产业集群、高科技产业园区、特色产业园区等开展试点。

[3] “586 号文”第 2 条第 4 项:聚焦重点行业。优先支持基础设施补短板项目,鼓励新型基础设施项目开展试点。主要包括:1. 仓储物流项目。2. 收费公路、铁路、机场、港口项目。3. 城镇污水垃圾处理及资源化利用、固废危废医废处理、大宗固体废弃物综合利用项目。4. 城镇供水、供电、供气、供热项目。5. 数据中心、人工智能、智能计算中心项目。6. 5G、通信铁塔、物联网、工业互联网、宽带网络、有线电视网络项目。7. 智能交通、智慧能源、智慧城市项目。

能源、智慧城市项目；国家战略性新兴产业集群、高科技产业园、特色产业园等位于国家发改委确定的战略性新兴产业集群，或《中国开发区审核公告目录（2018 年版）》确定的开发区范围内；业态为研发、创新设计及中试平台，工业厂房，创业孵化器和产业加速器，产业发展服务平台等园区基础设施。

2. “958 号文”进一步拓宽了试点项目的行业范围

“958 号文”附件《REITs 试点项目申报要求》不再区分优先支持类和鼓励类行业，进一步拓宽了试点项目的行业范围，新增了如下行业范围：能源基础设施，包括风电、光伏发电、水力发电、天然气发电、生物质发电、核电等清洁能源项目，特高压输电项目，增量配电网、微电网、充电基础设施项目，分布式冷热电项目；市政基础设施，包括停车场项目；保障性租赁住房。并探索在其他基础设施领域开展试点：具有供水、发电等功能的水利设施；自然文化遗产、国家 AAAAA 级旅游景区等具有较好收益的旅游基础设施。

3. “236 号文”及《REITs 常态化发行通知》进一步将 REITs 试点范围扩大至消费基础设施

国家发改委于 2023 年 3 月 1 日发布并施行了“236 号文“，第 4 条明确指出“支持消费基础设施建设。贯彻党中央、国务院关于把恢复和扩大消费摆在优先位置的决策部署，研究支持增强消费能力、改善消费条件、创新消费场景的消费基础设施发行基础设施 REITs。优先支持百货商场、购物中心、农贸市场等城乡商业网点项目，保障基本民生的社区商业项目发行基础设施 REITs。项目用地性质应符合土地管理相关规定。项目发起人（原始权益人）应为持有消费基础设施、开展相关业务的独立法人主体，不得从事商品住宅开发业务。发起人（原始权益人）应利用回收资金加大便民商业、智慧商圈、数字化转型投资力度，更好地满足居民消费需求。严禁规避房地产调控要求，不得为商品住宅开发项目变相融资”。2023 年 3 月 7 日，中国证监会发布了《REITs 常态化发行通知》，就 REITs 试点范围扩大至消费基础设施作出了相同的规定。

当然，根据截至 2023 年 6 月的 REITs 监管政策，项目土地用途原则上应为非商业、非住宅用地，但作为例外，“958 号文”附件《REITs 试点项目申报要求》第 2 条第 9 款明确了例外情况，即租赁住房用地以及为保障项目正常运转而无法分割的办公用房、员工宿舍等少数配套设施用地可不受前述原则约束，酒店、写字楼等传统商业物业尚不属于基础设施 REITs 试点范围。此外，消费基础设施 REITs 正在积极试点中。根据“236 号文”的规定，优先支持百货商场、购物中心、农贸市场等城乡商业网点项目，保障基本民生的社区商业项目发行消费基础设施 REITs，用地性质应符合土地管理相关规定，不再要求为非商业用地。

三、项目权属与权利限制、权利负担情况

对于公募 REITs 而言，需要以相关资产、项目公司 100%股权或经营权利的权属均真实、合法合规、清晰、不涉及纠纷或权利受限等情况，作为拟入池项目的基本前置条件。对此，国家发改委、中国证监会、交易所、基金业协会等监管机构已发布公募 REITs 相关监管规则均对项目权属情况作出了比较明确和具体的规定，梳理如下。

（一）项目权属

国家发改委、中国证监会、交易所、基金业协会等监管机构所发布的相关监管规定，均明确要求基础设施项目权属清晰、资产范围明确，且原始权益人依法合规直接或间接拥有项目所有权、特许经营权或经营收益权。其中，中国证监会、交易所、基金业协会还要求基础设施项目不存在重大经济或法律纠纷，各监管机构的规定梳理如表 4-1 所示。

表 4-1　各监管机构的具体监管要求

序号	权属要求	监管机构	具体监管要求
1	基础设施项目权属清晰、资产范围明确	国家发改委	“40 号文”第 3 条第 3 项：聚焦优质项目，基础设施 REITs 试点项目应符合项目权属清晰的条件
			“958 号文”附件《REITs 试点项目申报要求》第 3 条：项目应成熟稳定，满足基础设施项目权属清晰、资产范围明确的条件
		交易所	《上交所公募 REITs 指引 1 号（2023 年修订）》第 11 条第 1 项/《深交所公募 REITs 指引 1 号（2023 年修订）》第 11 条第 1 项：基础设施项目应当符合以下条件：权属清晰，资产范围明确，并依照规定完成了相应的权属登记

续表

序号	权属要求	监管机构	具体监管要求
2	原始权益人依法合规直接或间接拥有项目所有权、特许经营权或经营收益权	国家发改委	“958 号文”附件《REITs 试点项目申报要求》第 3 条：项目应成熟稳定，满足以下条件：基础设施项目权属清晰、资产范围明确，发起人（原始权益人）依法合规直接或间接拥有项目所有权、特许经营权或经营收益权。项目公司依法持有拟发行基础设施 REITs 的底层资产
		证监会	《公募 REITs 指引》第 8 条第 1 款第 1 项：基础设施基金拟持有的基础设施项目应当符合原始权益人享有完全所有权或经营权利，不存在重大经济或法律纠纷的要求
		交易所	《上交所公募 REITs 指引 1 号（2023 年修订）》第 6 条第 2 项/《深交所公募 REITs 指引 1 号（2023 年修订）》第 6 条第 2 项：原始权益人应当满足享有基础设施项目完全所有权或者经营权利，不存在重大经济或法律纠纷的要求
		基金业协会	《公募 REITs 尽调指引》第 22 条第 2 项：调查原始权益人，包括但不限于以下内容：是否对基础设施项目享有完全所有权或经营权利，且上述权利是否存在重大经济或法律纠纷……基础设施基金是否可以合法取得基础设施项目的所有权或经营权利

（二）权利限制与权利负担

根据《公募 REITs 指引》第 8 条第 1 款第 1 项[1]、《上交所公募 REITs 指引 1 号（2023 年修订）》第 11 条第 3 项/《深交所公募 REITs 指引 1 号（2023

[1] 《公募 REITs 指引》第 8 条第 1 款第 1 项：基础设施基金拟持有的基础设施项目应当符合下列要求：（一）原始权益人享有完全所有权或经营权利，不存在重大经济或法律纠纷，且不存在他项权利设定，基础设施基金成立后能够解除他项权利的除外……

年修订)》第 11 条第 3 项[1]、《公募 REITs 尽调指引》第 17 条第 1 项[2]等规定的要求,基础设施项目不得存在如抵押、质押等他项权利设定,但基础设施基金成立后能够解除他项权利的除外。

(三) 已发行项目的案例分析

1. 项目权属

根据目前发行的 REITs 产品,在项目权属和资产范围上,基础设施项目存在的瑕疵主要为建筑物未办理权属登记。该瑕疵解决方案包括:(1)论证项目公司已以合法建设方式取得房屋建筑所有权。如浙商证券沪杭甬项目、华夏中国交建高速公路项目、华夏越秀高速公路项目等。(2)建筑物未被提出异议、权利主张或受到任何处罚。如国金铁建重庆渝遂高速公路项目、华夏越秀高速公路项目。(3)主管部门确认。在华泰紫金江苏交控高速公路项目中,江苏省交通厅和自然资源厅确认高速公路的服务设施、管理设施等建筑物属于高速公路的附属配套设施,由项目公司完成建设并取得权益。(4)原始权益人和项目公司出具承诺取得所有权的函件。华夏越秀高速公路项目中,原始权益人和项目公司承诺项目公司取得房屋建筑的所有权且未被处罚等。华夏中国交建高速公路项目中,原始权益人及项目公司出具确认及说明函。

2. 权利限制与负担

在已发行的项目中,部分基础设施项目存在抵押、质押等他项权利设定。实践中,该类问题的解决方案比较统一,包括银行同意提前清偿借款并解除担保手续,或银行书面同意(出具函件或签署补充协议等方式)项目公司在基金发行后提前归还债务,并配合办理解除抵押、质押登记,解除账户监管等手续。平安广州交投广河高速公路项目、华夏越秀高速公路项目、华安张江光大园项目等均采用该方式。

---

[1] 《上交所公募 REITs 指引 1 号》第 13 条第 3 款/《深交所公募 REITs 指引 1 号》第 11 条第 3 项:基础设施项目应当符合以下条件:(3)不存在抵押、质押等权利限制,基础设施基金成立后能够解除相关限制的除外……

[2] 《公募 REITs 尽调指引》第 17 条第 1 项:调查基础设施资产安全性及投资价值,包括但不限于以下内容:1. 基础设施资产账面价值和评估价值情况及账面价值与评估价值差异情况;法律权属及抵押、查封、扣押、冻结等他项权利限制和应付未付义务情况;已经担保的债务总余额以及抵押、质押顺序;担保物的评估、登记、保管情况,并了解担保物的抵押、权利质押登记的可操作性等情况。

四、项目建设、运营的合规性

鉴于 REITs 试点的公募性、复杂性、创新性，相关监管部门对于项目建设、运营的合规性问题高度重视，将其视为公募 REITs 试点顺利开展的重要前提和基础。根据目前的试点政策要求，公募 REITs 试点的相关监管机构对于公募 REITs 的合规审查关注重点各有侧重。就国家发改委、中国证监会、交易所、基金业协会等监管部门关于公募 REITs 项目合规审查关注重点的共性与差异具体梳理如下：

（一）项目立项的审批、核准或备案手续

该项手续为国家发改委、中国证监会、交易所、基金业协会等监管部门共同关注的合规要求。“40 号文”第 3 条第 3 项第 1 点[1]、“958 号文”附件《REITs 试点项目申报要求》第 5 条第 7 项[2]、《公募 REITs 尽调指引》第 17 条第 2 项[3]、《上交所公募 REITs 指引 1 号（2023 年修订）》和《深交所公募 REITs 指引 1 号（2023 年修订）》第 11 条第 4 款[4]作出了类似规定。就该手

〔1〕“40 号文”第 3 条第 3 项第 1 点：聚焦优质项目。基础设施 REITs 试点项目应符合以下条件：项目权属清晰，已按规定履行项目投资管理，以及规划、环评和用地等相关手续，已通过竣工验收。

〔2〕“958 号文”附件《REITs 试点项目申报要求》第 5 条第 7 项：依法依规取得固定资产投资管理相关手续。主要包括：1. 项目审批、核准或备案手续。2. 规划、用地、环评、施工许可手续。3. 竣工验收报告（或建设、勘察、设计、施工、监理“五方验收单”，或政府批复的项目转入商运文件）。4. 外商投资项目应取得国家利用外资有关手续。5. 依据相关法律法规应办理的其他必要手续。项目投资管理手续的合法合规性，应以办理时的法律法规、规章制度、国家政策等为判定依据。项目无需办理上述手续的，应说明有关情况，并提供证明材料。项目投资管理手续缺失的，应依法依规补办相关手续，或以适当方式取得相关部门认可；如现行法律法规、规章制度、政策文件等明确无需办理的，应对有关情况作出详细说明，并提供项目所在地相关部门或机构出具的证明材料。

〔3〕《公募 REITs 尽调指引》第 17 条第 2 项：调查基础设施资产安全性及投资价值，包括但不限于以下内容：基础设施资产履行规划、用地、环评等审批、核准、备案、登记的手续情况及取得固定资产投资管理等其他依据法律法规应当办理的手续齐备情况；特许经营等经营许可或其他经营资质的期限情况；工程建设质量及安全标准是否符合相关要求的情况；竣工验收情况；安全生产、环境保护及是否符合城市规划要求的情况；是否存在受自然灾害、汇率变化、外贸环境、担保、诉讼和仲裁等其他因素影响的情况。

〔4〕《上交所公募 REITs 指引 1 号（2023 年修订）》第 11 条第 4 款/《深交所公募 REITs 指引 1 号（2023 年修订）》第 11 条第 4 款：基础设施资产已通过竣工验收，工程建设质量及安全标准符合相关要求，已按规定履行规划、用地、环评等审批、核准、备案、登记以及其他依据相关法律法规应当办理的手续。

续，根据我国不动产投资管理相关法律法规规定，实行分类监管，区分为审批制、核准制、备案制三种类型。另外，如果初始立项手续所载明的投资规模、投资主体、项目性质等情况发生实质变更的，需办理相关变更手续。

（二）环评手续

该项手续为国家发改委、中国证监会、交易所、基金业协会等监管部门共同关注的合规要求。“40 号文”第 3 条第 3 项第 1 点、“958 号文”附件《REITs 试点项目申报要求》第 5 条第 7 项、《公募 REITs 尽调指引》第 17 条第 2 项、《上交所公募 REITs 指引 1 号（2023 年修订）》和《深交所公募 REITs 指引 1 号（2023 年修订）》第 11 条第 4 款作出了规定，应依法依规取得的固定资产投资管理相关手续包括“环评手续”。就该项手续，根据我国不动产投资管理相关法律法规规定，我国对于项目环评手续按照建设项目对环境的影响程度从强到弱的标准实行分类管理，环境影响评价文件相应地分为环境影响报告书、报告表、登记表三类。其中，在 2016 年之前，环评批复手续属于项目立项审批的前置性条件，自 2016 年以后，根据《精简审批事项规范中介服务实行企业投资项目网上并联核准制度工作方案》（国办发〔2014〕59 号）以及《环境影响评价法》，环评审批不再是立项审批的前置条件〔1〕，对环境影响报告书、环境影响报告表实行审批管理，环境影响登记表由审批制调整为备案制。〔2〕关于环评手续瑕疵的法律后果，根据《环境影响评价法》第 25 条、第 31 条等规定，建设项目的环境影响评价文件未依法经审批部门审查或者审查后未予批准的，建设单位不得开工建设并存在被处以罚款等行政处罚的风险。

已发行项目中，中金普洛斯仓储物流项目未取得环评批复文件，该项目解决方式为由生态环境部门出具函件，明确该项目不再纳入建设项目环境影响

〔1〕参见《国务院办公厅关于印发精简审批事项规范中介服务实行企业投资项目网上并联核准制度工作方案的通知》第 3 条第 5 款第 1 项：一是精简前置审批。只保留规划选址、用地预审（用海预审）两项前置审批，其他审批事项实行并联办理。对重特大项目，也应将环评（海洋环评）审批作为前置条件，由发展改革委商环境保护部、海洋局于 2014 年底前研究提出重特大项目的具体范围。

〔2〕参见《环境影响评价法》（2016 年修正）第 22 条：建设项目的环境影响报告书、报告表，由建设单位按照国务院的规定报有审批权的环境保护行政主管部门审批。海洋工程建设项目的海洋环境影响报告书的审批，依照《中华人民共和国海洋环境保护法》的规定办理。审批部门应当自收到环境影响报告书之日起六十日内，收到环境影响报告表之日起三十日内，分别作出审批决定并书面通知建设单位。国家对环境影响登记表实行备案管理。

评价管理,无须补办已建成项目的环评文件审批/备案手续,并且根据“未批先建”违法行为自建设行为终了之日起 2 年内未被发现的,不予行政处罚。

(三) 节能评估与审查手续

该项手续属于国家发改委在《公募 REITs 试点项目申报材料格式文本通知》中明确列示的其他重要许可手续之一。根据我国不动产投资管理相关法律法规规定,国家以及地方发改委属于节能评估与审查手续的主管机关,具体根据固定资产投资项目的立项主管层级、项目能耗总量、建筑总面积等情况实行分级管理,设置国家、省、市、区县不同级别的主管权限。

在已发行的项目中,存在项目未提交节能评估和审查文件,或者没有独立节能审查文件的情形。该等瑕疵解决方式主要包括:

一是根据立项时或目前规定无须办理节能审查。根据国家发改委、地方发改委现行有效的规范文件或者立项时未出台节能审查政策文件,满足特定标准的项目不需要办理节能审查。如博时招商蛇口产业园项目、东吴—苏州工业园区产业园项目、华安张江光大园项目、华夏合肥高新创新产业园项目。

二是委托第三方出具节能评估报告。节能评估报告明确项目符合节能标准,且根据目前规定不需要进行节能审查工作,如博时招商蛇口产业园项目。

三是办理固定资产投资项目节能承诺。项目公司向相关政府部门办理固定资产投资项目节能承诺并完成审批,如东吴—苏州工业园区产业园项目。

四是提交主管部门节能专项验收文件或函件。提交住建部门核发的节能专项验收文件,或者主管机关出函确认项目的投资、报建及验收等手续合法合规。如博时招商蛇口产业园项目、华安张江光大园项目。

五是申请材料中有节能章节。项目虽然没有独立的节能审查文件,但在申请材料中编制了节能章节并取得省发改委的核准,如平安广州交投广河高速公路项目。

(四) 用地手续

该项手续为国家发改委、中国证监会、交易所、基金业协会等监管部门共同关注的合规要求。其中,“40 号文”第 3 条第 3 项第 1 点、“958 号文”附件《REITs 试点项目申报要求》第 5 条第 7 项、《公募 REITs 尽调指引》第 17 条第 2 项要求试点项目已依法依规取得固定资产投资管理相关手续包括“用地手续”。根据我国用地管理相关法律法规规定,该项手续包括用地预审手续、土地征迁手续、用地批准手续、土地出让或划拨手续、土地使用权证或不动产权证办理等。

在已发行的产品中,用地手续不合规的情形包括:

一是未提交缴纳地价款的凭证:瑕疵解决方式为,论证已签署土地使用权出让合同,提交政府部门出具的付清地价款证明,并承诺如被追缴会补足地价款并缴纳罚金。如博时招商蛇口产业园项目。

二是未办理土地使用证:瑕疵解决方式为由规划和自然资源委员会出具项目公司享有特许经营权并合法使用划拨土地的无异议函,以及原始权益人及项目公司出具未办理土地使用证不影响特许经营权及土地使用权的承诺函。如平安广州交投广河高速公路项目。

三是高速公路的服务区等经营性设施建设在划拨土地上。瑕疵解决方式为:(1)论证服务区建设在高速公路沿线范围内,系基础设施项目主体工程为正常运营而应当配套建设、经营的服务设施;(2)服务区内的加油站和购物、餐饮等对应土地的面积占比较低;(3)未被主管机关要求改成有偿使用或受到行政处罚。如国金铁建重庆渝遂高速公路项目。

四是服务区涉及的划拨土地使用权和地上物对外出租。解决方式包括:(1)原始权益人出具承诺,如主管部门要求补缴相关款项,由原始权益人承担土地补缴款。如华夏越秀高速公路项目;(2)后续不将服务区内建筑进行出租,如浙商证券沪杭甬高速项目。

(五)规划手续

该项手续为国家发改委、中国证监会、交易所、基金业协会等监管部门共同关注的合规要求,且交易所特别强调了对于规划用途、实际用途一致性的要求。其中,“40 号文”第 3 条第 3 项第 1 点、“958 号文”附件《REITs 试点项目申报要求》第 5 条第 7 项、《公募 REITs 尽调指引》第 17 条第 2 项、《上交所公募 REITs 指引 1 号(2023 年修订)》和《深交所公募 REITs 指引 1 号(2023 年修订)》第 11 条第 4 款要求试点项目已依法依规取得固定资产投资管理相关手续包括“规划手续”。特别地,交易所在《上交所公募 REITs 指引 1 号(2023 年修订)》和《深交所公募 REITs 指引 1 号(2023 年修订)》第 11 条第 5 款中进一步要求“基础设施资产的土地实际用途原则上应当与其规划用途、权证所载用途相符。存在差异的,律师应当对实际用途是否符合法律法规和相关政策进行核查并发表明确意见;管理人应当充分揭示风险,并设置相应的风险缓释措施"。根据我国不动产投资管理相关法律法规规定,固定资产投资项目的规划相关手续,包括用地规划设计条件、选址意见书、建设用地规划许可、建设工程规划许可、规划核实验收等。

在已发行的产品中,规划手续不合规的情形主要为未取得建设用地规划许可和建设工程规划许可,实际用途与规划用途不一致。

(1)未取得建设用地规划许可和建设工程规划许可。解决该瑕疵的方式有两种,一是进行补办,如富国首创水务项目是由深圳水务局出具函件,明确对缺失的文件及手续进行补办。华泰紫金江苏交控高速公路项目由项目公司出具说明对规划文件进行办理。二是由当地规划和自然资源主管部门出具说明,确认项目符合当地建设用地及建设工程相关政策,符合规划条件及政策,无须另行办理《建设用地规划许可证》《建设工程规划许可证》即可办理报建、建设、验收、开通运营、移交等手续。如华夏中国交建高速公路项目、华夏越秀高速公路项目。

(2)实际用途与规划用途不一致。解决该瑕疵的方式包括:①规划和自然资源部门或管委会做出书面或口头回复意见,认可现状用途、实际用途符合规划用途等,如博时招商蛇口产业园项目、华安张江光大园项目、中金普洛斯仓储物流项目、华夏合肥高新创新产业园项目;②积极进行整改,如在华夏越秀高速公路项目中,项目公司就不一致问题进行整改,并承诺依法使用土地、不用于规划以外的用途;③原始权益人作出承诺赔偿项目公司因此遭受的损失。如博时招商蛇口产业园项目、华夏越秀高速公路项目、华夏合肥高新创新产业园项目。

(六)施工许可手续

该项手续为国家发改委、中国证监会、交易所、基金业协会等监管部门共同关注的合规要求。其中,"40 号文"第 3 条第 3 项第 1 点、"958 号文"附件《REITs 试点项目申报要求》第 5 条第 7 项、《公募 REITs 尽调指引》第 17 条第 2 项、《上交所公募 REITs 指引 1 号(2023 年修订)》和《深交所公募 REITs 指引 1 号(2023 年修订)》第 11 条第 4 款要求试点项目已依法依规取得固定资产投资管理相关手续包括"施工许可手续"。根据我国不动产投资管理相关法律法规规定,房屋建筑及其附属设施的建造、装修装饰和与其配套的线路、管道、设备的安装,以及城镇市政基础设施工程的施工,均需申请施工许可手续,仅跨省高速公路、港口、铁路等大型基础设施项目在办理开工批复之后可豁免办理施工许可手续。

在已发行的产品中,施工手续不合规的情形主要为未取得建筑工程施工许可证或开工报告,解决方式包括:(1)住建部门曾出具的函件,明确工程已完成施工,不再补办施工证,可据此函办理后续手续,如中航首钢生物质项目;(2)有关部门曾同意在前期手续欠缺的情况下提前开工建设,并承诺对缺失的文件及手续进行补办,如富国首创水务项目。

(七)竣工验收手续

该项手续为国家发改委、中国证监会、交易所、基金业协会等监管部门共同关注的合规要求,且交易所特别强调对于项目在安全生产、环境保护及城市规划方面的合规性要求。其中,"40 号文"第 3 条第 3 项第 1 点、"958 号文"附件《REITs 试点项目申报要求》第 5 条第 7 项要求试点项目已依法依规取得固定资产投资管理相关手续包括"规划手续"。特别地,交易所在《上交所公募 REITs 指引 1 号(2023 年修订)》和《深交所公募 REITs 指引 1 号(2023 年修订)》第 11 条第 4 款进一步要求基础设施资产"工程建设质量及安全标准符合相关要求"。基金业协会在《公募 REITs 尽调指引》第 17 条第 2 项也作出了类似规定,并进一步要求对"安全生产、环境保护及是否符合城市规划要求的情况"进行调查。根据我国现行法律制度,固定资产投资项目的验收包括工程整体验收、专项验收(包括环保、消防、节能评估与审查、人防、水土保持等)两大部分,两大部分验收手续均办理完毕之后方可办理竣工验收备案手续。

在已发行的产品中,竣工验收手续不合规的情形为未提供竣工验收文件。在国金铁建重庆渝遂高速公路项目中存在收费站建设工程未提供竣工验收文件的情况,该瑕疵的解决方式为项目公司已取得交工验收质量检测报告以及交通、价格主管部门出具的收费批复文件,并未遭受任何处罚、被采取任何行政监管措施或被要求补办相关手续等。

(八)其他重要许可手续

除前述所明确列示的手续外,国家发改委在"958 号文"附件《REITs 试点项目申报要求》第 5 条第 7 款中进一步兜底性规定,项目应当持有“依据相关法律法规应办理的其他必要手续”。根据我国不动产投资管理相关法律法规规定,就项目建设阶段的其他许可手续还包括人防审批、消防审批以及相关专项竣工验收(如环保、消防、节能、人防、水土保持等专项验收)等手续。

在已发行的产品中,华夏越秀高速公路项目缺少水土保持设施验收文件,解决方式为,该项目已完成整体竣工验收且未受到行政处罚或监管措施,主管部门未提出异议,并且原始权益人出具积极补办手续并承担损失的承诺函。此外,该项目还缺少消防竣工验收文件,解决方式为补办该手续,并由原始权益人出具承诺函。

(九)关于 PPP 项目的特殊要求

PPP 项目除应满足前述各项合规手续外,国家发改委、交易所等相关监管规则还进一步规定了其他合规性要求。对此,“40 号文”第 3 条第 3 项[1]、“958 号文”附件《REITs 试点项目申报要求》第 5 条第 8 款[2]规定,PPP 项目还需满足以下条件:(1)2015 年以后批复实施的 PPP 项目,应符合国家关于规范有序推广 PPP 模式的规定。包括:依法依规履行项目审批、核准或备案手续;批复 PPP 项目实施方案;通过公开招标等竞争方式确定社会资本方;依照法定程序规范签订 PPP 合同。(2)2015 年 6 月以后批复实施的特许经营项目,应符合《基础设施和公用事业特许经营管理办法》(国家发展改革委等 6 部委第 25 号令)有关规定。此前采用 BOT(Build-Operate-Transfer,建设—

[1] “40 号文”第 3 条第 3 项:聚焦优质项目。基础设施 REITs 试点项目应符合以下条件:1. ……PPP 项目应依法依规履行政府和社会资本管理相关规定,收入来源以使用者付费为主,未出现重大问题和合同纠纷。

[2] “958 号文”附件《REITs 试点项目申报要求》第 5 条第 8 项:PPP(含特许经营)类项目还需满足以下条件:1. 2015 年 6 月以前采用 BOT、TOT、股权投资等模式实施的特许经营类项目,应符合当时国家关于特许经营管理相关规定。2015 年 6 月以后批复实施的特许经营类项目,应符合《基础设施和公用事业特许经营管理办法》(国家发展改革委等 6 部委第 25 号令)有关规定。2. 2015 年 6 月以后批复实施的非特许经营类 PPP 项目,应符合国家关于规范有序推广 PPP 模式的规定,已批复 PPP 项目实施方案,通过公开招标等竞争方式确定社会资本方,并依照法定程序规范签订 PPP 合同。3. 收入来源以使用者付费(包括按照穿透原则实质为使用者支付费用)为主。收入来源含地方政府补贴的,需在依法依规签订的 PPP 合同或特许经营协议中有明确约定。4. 项目运营稳健、正常,未出现暂停运营等重大问题或重大合同纠纷。

运营—移交)、TOT(Transfer-Operate-Transfer,转让—运营—移交)、股权投资等模式实施的特许经营项目,应符合当时国家关于固定资产投资建设、特许经营管理等相关规定。(3)收入来源以使用者付费(包括按照穿透原则实质为使用者支付的费用)为主。收入来源含地方政府补贴的,需在依法依规签订的 PPP 合同或特许经营协议中有明确约定。(4)PPP 项目运营稳健、正常,未出现暂停运营等重大问题或重大合同纠纷。

(十)关于项目运营相关的必备经营资质、许可手续

国家发改委、交易所、基金业协会在相关监管规则中,对于基础设施项目运营的相关必备经营资质、许可手续作出了明确规定。其中,《公募 REITs 试点项目申报材料格式文本通知》专门强调了必须办理的其他重要手续批复文件包括“增值电信业务经营许可”;交易所在《上交所公募 REITs 指引 1 号(2023 年修订)》和《深交所公募 REITs 指引 1 号(2023 年修订)》第 11 条第 6 项进一步要求“基础设施资产涉及经营资质的,相关经营资质或者经营许可应当合法、有效”;《公募 REITs 尽调指引》第 17 条第 2 项强调需对“特许经营等经营许可或其他经营资质的期限情况”开展尽职调查;《上交所公募 REITs 指引 1 号(2023 年修订)》和《深交所公募 REITs 指引 1 号(2023 年修订)》第 11 条第 6 项均明确规定,基础设施项目审核的关注要点之一包括“基础设施资产涉及经营资质的,相关经营资质或者经营许可应当合法、有效。经营资质或者经营许可在基础设施基金和资产支持证券存续期内存在展期安排的,管理人应当披露具体安排,并按照规定或者主管机关要求办理展期手续”。

值得注意的是,国家发改委“236 号文”第 6 条在强调“严把投资管理合规性”的同时,专门针对项目投资管理手续瑕疵的判断标准以及分类处理意见作出了明确规定,具体而言:

一方面,投资管理手续是否合规,应以项目投资建设时的法律法规和国家政策作为主要判定依据;如项目曾进行改变功能用途的重大改扩建,应主要依据改扩建时的相关手续办理情况判断其投资管理合规性。

另一方面,关于瑕疵分类处理意见:(1)项目投资建设时无须办理但按现行规定应当办理的有关手续,应按当时规定把握,并说明有关情况;(2)项目投资建设时应当办理但现行规定已经取消或与其他手续合并的有关手续,如有缺失,应由相关负责部门说明情况或出具处理意见;(3)按照项目投资建设

时和现行规定均需办理的有关手续,如有缺失,原则上应由相关负责部门依法补办,确实无法补办的应由相关负责部门出具处理意见。

关于上述"236 号文"就固定资产投资管理手续的瑕疵处理要求,在一定程度上比目前已成功上市发行的 REITs 试点产品的实践处理更为严格,当然,该等监管要求在具体项目、具体问题上的审核尺度和要求,仍以监管部门的实际审核意见为准。

五、关于资产转让限制与解除

资产转让的限制与解除属于国家发改委、证监会、交易所、基金业协会等各监管机构共同关注的重要问题之一,且各监管机构的关注要点与要求各有侧重。对此,《公募 REITs 指引》第 9 条第 7 项规定基金管理人应当对基础设施项目法律权属,及是否存在抵押、查封、扣押、冻结等他项权利限制和应付未付义务进行尽职调查;《公募 REITs 尽调指引》第 22 条第 2 项[1]和第 4 项[2]要求调查原始权益人对基础设施项目的转让是否获得了合法有效的授权与外部有权机构审批(如有);《上交所公募 REITs 指引 1 号(2023 年修订)》和《深交所公募 REITs 指引 1 号(2023 年修订)》第 11 条第 2 项、第 3 项[3]规定,基础设施项目的转让应已获得有效的审批手续(如适用)。其中,值得特别关注的是,就国家发改委的监管要求而言,其所发布的《进一步做好 REITs 试点的通知》、"958 号文"就资产转让限制的相关要求存在一定差异,《进一步做好 REITs 试点的通知》对于是否属于"特许经营和 PPP 类项目"设置了不同的资产转让要求,而"958 号文"没有再区分项目类型,重点梳理和比较如下:

1.《进一步做好 REITs 试点的通知》将项目按照是否属于"特许经营和 PPP 类项目"进行了分类,并就资产转让限制事宜作出了不同的要求。

---

〔1〕《公募 REITs 尽调指引》第 22 条第 2 项:调查原始权益人,包括但不限于以下内容:……对基础设施项目的转让是否获得了合法有效的授权。

〔2〕《公募 REITs 尽调指引》第 22 条第 4 项:调查原始权益人,包括但不限于以下内容:对基础设施项目的转让是否获得了外部有权机构审批(如有)。

〔3〕《上交所公募 REITs 指引 1 号(2023 年修订)》第 11 条第 2 项、第 3 项:基础设施项目应当符合下列条件:……(二)不存在法定或者约定的限制转让、抵押、质押的情形,主管机关或者相关权利方同意转让的除外。(三)不存在抵押、质押等他项权利设定,基础设施基金成立后能够解除他项权利的除外。……

一方面，根据《进一步做好 REITs 试点的通知》第 1 条第 1 款[1]和第 1 条第 2 款[2]，对于“产业园区、仓储物流等非特许经营和 PPP 类项目”，国家发改委对于可能涉限资产的范围、限制情形等作出了更为严格和广泛的要求，具体而言，在法律法规、政策文件、投资管理手续、土地出让转让手续、项目合同协议、园区管理办法等各种相关规定或协议中，对项目土地使用权、股权、经营收益权、建筑物及构筑物等转让或相关资产处置，有任何限定条件或特殊规定、约定的，均应当：(1)发起人(原始权益人)应按规定或协议取得有权机构同意，并提供上述有权机构对该项目以 100%股权转让方式发行基础设施 REITs 的无异议函；(2)由符合相关条件的律师事务所为其转让行为合法性出具专项法律意见书；(3)由发起人(原始权益人)向国家发改委出具专项承诺函。

---

[1] 《进一步做好 REITs 试点的通知》第 1 条第 1 款：关于产业园区、仓储物流等非特许经营和 PPP 类项目：依法合规以划拨方式取得土地使用权的项目，发起人(原始权益人)须以适当方式提供土地所在地的市(县)自然资源行政主管部门对该项目以 100%股权转让方式发行基础设施 REITs 的无异议函。依法合规以协议出让方式取得土地使用权的项目，须以适当方式提供原土地出让合同签署机构(或按现行规定承担相应职责的机构)对该项目以 100%股权转让方式发行基础设施 REITs 的无异议函。

[2] 《进一步做好 REITs 试点的通知》第 1 条第 2 款：凡法律法规、政策文件、投资管理手续、土地出让转让手续、项目合同协议、园区管理办法等各种相关规定或协议中，对项目土地使用权、股权、经营收益权、建筑物及构筑物等转让或相关资产处置，有任何限定条件或特殊规定、约定的，应履行以下程序：1. 发起人(原始权益人)应按规定或协议取得有权机构同意，并提供上述有权机构对该项目以 100%股权转让方式发行基础设施 REITs 的无异议函。位于由海关等部门批准设立的保税区，实行封关运行的，属于税区内涉及有关保税仓库等不动产参与 REITs 的，还须征得有管辖权的海关等部门同意，并提供其对该项目以 100%股权转让方式发行基础设施 REITs 的无异议函。2. 原始权益人应选择符合下列条件的律师事务所为其转让行为合法性出具专项法律意见书：(1)具有国家有关部门认可的律师事务所法定业务资质，规模较大，市场声誉良好，具有完善的内部治理结构和内部管理制度、风险控制制度。(2)已完成“中国证监会从事证券法律业务律师事务所”备案。(3)本所(不含分所)近 3 年参与的首次公开发行(IPO，含境外项目)业务成功发行 5 单以上(含)。(4)近 3 年未发生重大违法违规事件，未受到国家行政机关或监管机构行政处罚。法律意见书中应列明项目的所有限定条件或特殊规定约定、有权机构同意情况、采取的处理措施及转让合法性判断，承诺不存在任何缺失、遗漏或虚假陈述，经律师事务所负责人及承办律师签字。律师事务所及相关人员要依法承担相应责任。上述法律意见书须在 REITs 发行申购日之前向社会公开披露。如律师事务所对转让行为合法性等重大问题应发现而未发现的，相关情况将反馈中国证监会；与发起人(原始权益人)、基金管理人等串通、隐瞒相关情况，或出具法律意见书有虚假记载、误导性陈述、重大遗漏等情况的，将反馈中国证监会和司法部。3. 发起人(原始权益人)应向国家发展改革委出具承诺函，承诺已如实办理所有相关事项，不存在任何缺失、遗漏或虚假陈述，并承担相应法律责任。该承诺函须在 REITs 发行申购日之前向社会公开披露。

另一方面，根据《进一步做好 REITs 试点的通知》第 2 条第 1 款[1]，在“收费公路、污水垃圾处理等特许经营或 PPP 类项目”中，对于该列项目涉限资产的范围、限制情形等要求相对宽松一些，主要体现为仅就转让项目公司股权、部分转让特许经营权是否存在限定条件作出了类似于非特许经营类项目的要求，而对于项目的土地、建筑物等底层项目资产本身的转让限制与解除，并没有作出要求。

2.“958 号文”没有再区分项目类型，而是设置了统一的项目可转让性与限制解除。

根据“958 号文”附件《REITs 试点项目申报要求》第 2 条第 3 项第 3 点[2]，关于基础设施项目的可转让性与限制解除，没有再针对不同项目类型进行分别规定，而是将其设置为统一的要求，即“如相关规定或协议对项目公司名下的土地使用权、项目公司股权、特许经营权、经营收益权、建筑物及构筑物转让或相关资产处置存在任何限定条件、特殊规定约定的，相关有权部门或协议签署机构应对项目以 100% 股权转让方式发行基础设施 REITs 无异议，确保项目转让符合相关要求或相关限定具备解除条件”。

3. 已发行项目案例分析。

在已发行项目中，存在资产转让限制的情形，主要包括基础设施项目涉及的土地使用权、项目公司股权、特许经营权、经营权益等，在项目公司转让股权时，由于涉及基础设施项目的资产，故需要取得相关主管部门的无异议函。

(1) 涉及土地使用权。大多数基础设施项目在涉及土地使用权时，需要

---

[1] 《进一步做好 REITs 试点的通知》第 2 条第 1 款：关于收费公路、污水垃圾处理等特许经营或 PPP 类项目：在法律法规、政策文件、投资管理手续、PPP 合同或特许经营协议等相关规定或协议中，对转让项目公司股权、部分转让特许经营权有明确限定条件的项目，发起人（原始权益人）应按相关要求或协议约定，获得有权主管部门或协议签署机构的同意函，并提供给国家发展改革委。发起人（原始权益人）应按第一条第（二）款中的有关规定，选择符合条件的律师事务所，就项目公司股权、部分特许经营权转让限制等事项出具专项法律意见书，在 REITs 发行申购日之前向社会公开披露，并相应承担责任。发起人（原始权益人）应向国家发展改革委出具承诺函，承诺已如实办理所有相关事项，不存在任何缺失、遗漏或虚假陈述，并承担相应法律责任。该承诺函须在 REITs 发行申购日之前向社会公开披露。

[2] “958 号文”附件《REITs 试点项目申报要求》第 2 条第 3 项第 3 点：基础设施项目具有可转让性。(1) 发起人（原始权益人）、项目公司相关股东已履行内部决策程序，并协商一致同意转让。(2) 如相关规定或协议对项目公司名下的土地使用权、项目公司股权、特许经营权、经营收益权、建筑物及构筑物转让或相关资产处置存在任何限定条件、特殊规定约定的，相关有权部门或协议签署机构应对项目以 100%股权转让方式发行基础设施 REITs 无异议，确保项目转让符合相关要求或相关限定具备解除条件。(3) 对 PPP（含特许经营）类项目，PPP（含特许经营）协议签署机构、行业主管部门应对项目以 100%股权转让方式发行基础设施 REITs 无异议。

规划和自然资源、国土等土地主管部门出具函件确认土地使用权出让合同对项目股权转让不存在限制，并同意以 100%股权转让方式发行基础设施 REITs 项目。如果涉及工业用地、产业发展、保障性租赁住房等方面的约束，还需要取得当地工业和信息化、住房和建设、管委会、市政府等部门同意转让的无异议函。如博时招商蛇口产业园项目、红土创新盐田港仓储物流项目、东吴—苏州工业园区产业园项目、华安张江光大园项目、建信中关村产业园项目、中金厦门安居保障性租赁住房项目、红土创新深圳人才安居保障性租赁项目、鹏华深圳能源清洁能源项目均取得了相关部门的书面无异议函。但在沪杭甬项目中，当地政府办公室及国土部门答复仅项目公司股权变更，土地使用权人不发生变化的，无须进行批准。

(2)涉及特许经营权。特许经营协议如存在限制项目公司股权转让的内容，需要取得相关主管部门的同意函件。在平安广州交投广河高速公路项目中，交通运输局出具了复函，同意原始权益人新设公司承接项目资产、收费及特许经营等权益。富国首创水务项目中，深圳市水务局、合肥市城建局均出具了同意股权转让的函件。

(3)涉及经营权益。①在垃圾处理基础设施领域，如中航首钢生物质项目中，垃圾处理服务期内项目的股权结构需要取得城管部门的同意。后该项目取得城管委同意。②在收费公路基础设施领域，收费公路收费权转让及项目公司股权转让会涉及批准、备案等手续。在沪杭甬项目中，收费公路收费权具有控股地位的股东发生变化的应当报省政府批准，该项目最终由原始权益人出具承诺函承诺具有控股地位的股东不发生变化，如发生变化会履行报批手续。华夏中国交建高速公路项目取得了市政府同意以高速公路申报 REITs 试点以及基于申报 REITs 试点目的转让项目公司全部股权的批复。

六、关于土地的相关要求

关于发行公募 REITs 所涉及的项目土地使用权的处理要求，国家发改委在试点阶段给予了高度关注，并在《进一步做好 REITs 试点的通知》“958 号文”等规范性文件中作出了具体规定，且因前述规范性文件对于基础设施项目的分类标准不同而对于所涉及土地处理的要求有所差异，具体梳理如下。

1.《进一步做好 REITs 试点的通知》将项目按照是否属于“特许经营和 PPP 类项目”进行了分类，并仅就“特许经营和 PPP 类项目”涉及的土地处理作出了专门要求，而对于“非特许经营或 PPP 类项目”未作要求。

根据国家发改委《进一步做好 REITs 试点的通知》第 1 条[1],对于“产业园区、仓储物流等非特许经营和 PPP 类项目”而言,需要根据项目土地的类型分别采取如下处理措施:

(1)划拨土地:应当取得土地所在地的市(县)自然资源行政主管部门对该项目以 100%股权转让方式发行基础设施 REITs 的无异议函。

(2)协议出让土地:原土地出让合同签署机构(或按现行规定承担相应职责的机构)对该项目以 100%股权转让方式发行基础设施 REITs 的无异议函。

(3)招拍挂出让、从第三方购买的土地:根据土地出让转让手续、项目合同协议中的约定取得有权机构同意。

除此以外,对于“收费公路、污水垃圾处理等特许经营或 PPP 类项目”而言,国家发改委在《进一步做好 REITs 试点的通知》中没有对项目涉及的土地处理作出要求,尤其是需取得相关主管部门无异议函事宜作出要求。

2.“958 号文”将项目按照是否属于“PPP 类项目(含特许经营)”进行了分类,并就不同项目类型以及是否持有土地使用权等不同情形下的土地处理分别作出了不同的要求。

根据“958 号文”附件第 3 条第 2 款[2]规定,关于“土地使用依法合规”

---

[1] 《进一步做好 REITs 试点的通知》第 1 条:关于产业园区、仓储物流等非特许经营和 PPP 类项目(一)依法合规以划拨方式取得土地使用权的项目,发起人(原始权益人)须以适当方式提供土地所在地的市(县)自然资源行政主管部门对该项目以 100%股权转让方式发行基础设施 REITs 的无异议函。依法合规以协议出让方式取得土地使用权的项目,须以适当方式提供原土地出让合同签署机构(或按现行规定承担相应职责的机构)对该项目以 100%股权转让方式发行基础设施 REITs 的无异议函。

[2] “958 号文”附件《REITs 试点项目申报要求》第 2 条第 3 项第 2 点:(1)对项目公司拥有土地使用权的非 PPP(含特许经营)类项目。如项目以划拨方式取得土地使用权,土地所在地的市(县)人民政府或自然资源行政主管部门应对项目以 100%股权转让方式发行基础设施 REITs 无异议;如项目以协议出让方式取得土地使用权,原土地出让合同签署机构(或按现行规定承担相应职责的机构)应对项目以 100%股权转让方式发行基础设施 REITs 无异议;如项目以招拍挂出让或二级市场交易方式取得土地使用权,应说明取得土地使用权的具体方式、出让(转让)方、取得时间及相关前置审批事项。(2)对项目公司拥有土地使用权的 PPP(含特许经营)类项目。发起人(原始权益人)和基金管理人应就土地使用权作出包含以下内容的承诺:项目估值中不含项目使用土地的土地使用权市场价值,基金存续期间不转移项目涉及土地的使用权(政府相关部门另有要求的除外),基金清算时或特许经营权等相关权利到期时将按照特许经营权等协议约定以及政府相关部门的要求处理相关土地使用权。(3)对项目公司不拥有土地使用权的项目。应说明土地使用权拥有人取得土地使用权的具体方式、出让(转让)方和取得时间等相关情况,土地使用权拥有人与项目公司之间的关系,以及说明项目公司使用土地的具体方式、使用成本、使用期限和剩余使用年限,分析使用成本的合理性,并提供相关证明材料。

问题，国家发改委针对不同情形分别作出了如下不同的处理要求。

（1）项目公司拥有土地使用权的非 PPP（含特许经营）类项目：作出了类似于《进一步做好 REITs 试点的通知》的要求，即如项目以划拨方式取得土地使用权，土地所在地的市（县）人民政府或自然资源行政主管部门应对项目以100%股权转让方式发行基础设施 REITs 无异议；如项目以协议出让方式取得土地使用权，原土地出让合同签署机构（或按现行规定承担相应职责的机构）应对项目以 100%股权转让方式发行基础设施 REITs 无异议；如项目以招拍挂出让或二级市场交易方式取得土地使用权，应说明取得土地使用权的具体方式、出让（转让）方、取得时间及相关前置审批事项。

（2）项目公司拥有土地使用权的 PPP（含特许经营）类项目：填补了原《进一步做好 REITs 试点的通知》的"空白"，具体补充明确要求如下：发起人（原始权益人）和基金管理人须对以下三项做出承诺即可：①项目估值中不含项目使用土地的土地使用权市场价值；②基金存续期间不转移项目涉及土地的使用权（政府相关部门另有要求的除外）；③基金清算时或特许经营权等相关权利到期时将按照特许经营权等协议约定以及政府相关部门的要求处理相关土地使用权。

（3）对项目公司不拥有土地使用权的项目：填补了原《进一步做好 REITs 试点的通知》的"空白"，具体补充明确要求如下：应说明土地使用权拥有人取得土地使用权的具体方式、出让（转让）方和取得时间等相关情况，土地使用权拥有人与项目公司之间的关系，以及说明项目公司使用土地的具体方式、使用成本、使用期限和剩余使用年限，分析使用成本的合理性，并提供相关证明材料。

七、关于税收问题的关注要点

国家发改委对于就发行基础设施 REITs 时的相关纳税问题作出了相关监管要求，具体而言，根据《进一步做好 REITs 试点的通知》第 1 条第 3 款[1]

---

〔1〕《进一步做好 REITs 试点的通知》第 1 条第 3 款：以划拨、协议出让等方式取得土地使用权并经有关机构同意发行基础设施 REITs 的项目，以及以招拍挂出让、从第三方购买等方式取得土地使用权的项目，应履行以下程序：1. 制定完整的拟纳税方案，详细描述发行基础设施 REITs 过程中各纳税主体需缴纳的所有税种、税额区间以及测算过程；将拟纳税方案向有权管辖的税务部门进行咨询并书面报告。2. 聘请专业权威的税务师事务所或会计师事务所就拟纳税方案出具

的规定,对于"以划拨、协议出让等方式取得土地使用权并经有关机构同意发行基础设施 REITs 的项目,以及以招拍挂出让、从第三方购买等方式取得土地使用权的项目",应满足以下要求:(1)制定完整的拟纳税方案,将拟纳税方案向有权管辖的税务部门进行咨询并书面报告;(2)聘请第三方对拟纳税方案出具意见;(3)通过国家发改委税务专家评审小组评审(如有);(4)发起人(原始权益人)出具补缴相应税金并承担所有相关经济和法律责任的兜底承诺函。

八、关于国有资产转让问题的关注要点

在我国传统的基础设施领域,国有资产占有较大的比例。鉴于本轮基础设施 REITs 试点系在基础设施领域先行展开,而公募 REITs 项目所涉及的核心交易行为即项目公司股权及相关债权(如有)转让给公募基金项下的相关载体(如专项计划或 SPV 公司),因此国有企业发起的基础设施 REITs 试点项目将涉及国有资产转让的问题。对此,《国务院办公厅关于进一步盘活存量资产扩大有效投资的意见》(国办发〔2022〕19 号)第 2 条第 4 款要求,"国有企业发行基础设施 REITs 涉及国有产权非公开协议转让的,按规定报同级国有资产监督管理机构批准"。

1. 我国过去的法律法规关于企业国有资产交易相关的主要监管要求。

目前,我国的国有资产监管制度是以《企业国有资产法》为上位法,以国务院和国务院国资委所发布的行政法规、部门规章及其他规范性文件为具体操作规范的法律体系。其中,较为重要的是国务院国资委、财政部于 2016 年 6 月 24 日发布实施的《企业国有资产交易监督管理办法》(以下简称"32 号令"),该办法对企业国有资产交易作出了系统和全面的规定。"32 号令"将企业国有资产转让分为国有产权(股权)转让、其他类型国有资产(如生产设备、房产、在建工程以及土地使用权、债权、知识产权等国有资产)转让这两大

第三方意见。3. 国家发展改革委必要时将委托有关机构,组织成立税务专家评审小组,对拟纳税方案进行评审。4. 发起人(原始权益人)将上述拟纳税方案、向税务部门的咨询和书面报告情况、第三方意见,以及关于"基础设施 REITs 发行或存续期间,如税务部门要求补充缴纳发行基础设施 REITs 过程中可能涉及的土地增值税等相关税费,发起人(原始权益人)将按要求缴纳(或全额补偿其他相关缴税主体)相应税金并承担所有相关经济和法律责任"的兜底承诺函,提交国家发展改革委,并均须在 REITs 发行申购日之前向社会公开披露。

类型,并规定了对应的评估、备案/批准、进场交易等监管要求。

就国有产权(股权)的转让而言,“32 号令”第 13 条[1]规定强调应当采用进场交易方式的基本原则,并在“32 号令”第 31 条[2]规定了可采取非公开协议转让方式的两种例外情形(一是涉及主业处于关系国家安全、国民经济命脉的重要行业和关键领域企业的重组整合且对受让方有特殊要求而在国有及国有控股企业之间转让的,二是同一国家出资企业及其各级控股企业或实际控制企业之间因实施内部重组整合进行产权转让的)。

就其他类型国有资产的转让而言,根据“32 号令”第 48 条[3]、第 49 条[4],由国家出资企业负责制定本企业不同类型资产转让行为的内部管理制度,对其中应当在产权交易机构公开转让的资产种类、金额标准等作出具体规定;若构成重大资产转让的,原则上也需进场交易,具体以国家出资企业内部制定的国有资产管理制度为准。

2. REITs 试点项目可能涉及的国有资产交易及其对现行“32 号令”等国有资产监管要求的适用问题。

在 REITs 试点项目中,一般会选择以基础设施项目的项目公司股权作为底层转让标的,因为受限于转让限制、审批手续、受让方资质等要求从而较少采用直接转让项目产权或特许经营权(如公路收费权)的方案。以收费公路为例,公路本身的产权归属于国家从而无法进行转让,收费权的转让需经交通

---

〔1〕 “32 号令”第 13 条:产权转让原则上通过产权市场公开进行。转让方可以根据企业实际情况和工作进度安排,采取信息预披露和正式披露相结合的方式,通过产权交易机构网站分阶段对外披露产权转让信息,公开征集受让方。其中正式披露信息时间不得少于 20 个工作日。因产权转让导致转让标的企业的实际控制权发生转移的,转让方应当在转让行为获批后 10 个工作日内,通过产权交易机构进行信息预披露,时间不得少于 20 个工作日。

〔2〕 “32 号令”第 31 条:以下情形的产权转让可以采取非公开协议转让方式:(一)涉及主业处于关系国家安全、国民经济命脉的重要行业和关键领域企业的重组整合,对受让方有特殊要求,企业产权需要在国有及国有控股企业之间转让的,经国资监管机构批准,可以采取非公开协议转让方式;(二)同一国家出资企业及其各级控股企业或实际控制企业之间因实施内部重组整合进行产权转让的,经该国家出资企业审议决策,可以采取非公开协议转让方式。

〔3〕 “32 号令”第 48 条:企业一定金额以上的生产设备、房产、在建工程以及土地使用权、债权、知识产权等资产对外转让,应当按照企业内部管理制度履行相应决策程序后,在产权交易机构公开进行。涉及国家出资企业内部或特定行业的资产转让,确需在国有及国有控股、国有实际控制企业之间非公开转让的,由转让方逐级报国家出资企业审核批准。

〔4〕 “32 号令”第 49 条:国家出资企业负责制定本企业不同类型资产转让行为的内部管理制度,明确责任部门、管理权限、决策程序、工作流程,对其中应当在产权交易机构公开转让的资产种类、金额标准等作出具体规定,并报同级国资监管机构备案。

运输部或省政府备案，收费权受让方需满足相应经验、财务等要求，而公募基金可能难以满足前述要求。就项目公司 100% 股权转让的法律适用而言，基础设施基金项下的相关特殊目的载体（如专项计划或 SPV 公司）收购项目公司 100% 股权并办理转让价款支付、股权权属转移（如签发股东名册、出资证明书等）、工商变更登记和国有产权变更登记等主要交割流程时，比较难以认定为“32 号令”第 31 条第 2 项下“同一国家出资企业及其各级控股企业或实际控制企业之间因实施内部重组整合”这种可以非公开协议转让的情形。若严格按照“32 号令”的规定，原则上需要采用进场交易方式，除非就项目公司 100% 股权转让采用非公开协议转让方式取得了对应国资监管机构的明确认可。

3. REITs 试点项目中的国有股权转让严格适用“32 号令”等规定采取进场交易方式时，可能面临的操作难点。

“32 号令”所要求的进场交易原则是实现国有产权转让的公平、公开、公正、透明与规范从而防止国有资产流失的一项重要手段，是国有产权交易最核心的监管要求。但在 REITs 试点项目中，国有股权转让采用进场交易方式可能会面临如下操作难点：（1）进场交易会大大拉长项目操作周期、可能错过最佳发行窗口期；（2）进场交易无法完全绝对地排除公募基金摘牌失败的风险；（3）股权进场交易、REITs 公开发行的两次定价过程存在衔接难题。

4. 解决方案。

鉴于 REITs 属于国家重点推进的重大金融创新，推动 REITs 试点项目的顺利落地符合国家宏观政策。REITs 发行的公开询价定价机制，实质上可达到对底层国有产权的公开定价效果，充分发挥了市场资源配置的优势，体现了公开、公平、公正的“程序正义”原则。因此，虽然底层国有股权转让环节不采取进场交易方式，但穿透来看，相当于基础设施项目资产的 IPO 与穿透地公开定价，在实质上完成了国有产权的公开定价。在过去基础设施 REITs 试点过程中，关于 REITs 发行所涉及国有产权非公开协议转让问题的处理，以 2022 年 5 月份为分界点，大致可分为两个阶段：

（1）2022 年 5 月之前，国家层面尚未就 REITs 涉及国有产权非公开协议转让问题作出统一的规定，相关 REITs 试点项目基本采取了“一事一议”地取得对应国资主管机关特别批准从而豁免了进场交易程序；

（2）2022 年 5 月之后，国务院办公厅、国务院国资委分别对 REITs 涉及国有产权经国资主管机关批准后可以采用非公开协议转让事宜作出了统一规定，提供了明确的上位法依据。

一方面，根据《关于进一步盘活存量资产扩大有效投资的意见》（国办发〔2022〕19号）第2条第4款[1]，国有企业发行基础设施REITs涉及国有产权非公开协议转让的，按规定报同级国有资产监督管理机构批准。

另一方面，国务院国资委于2022年5月16日印发了《关于企业国有资产交易流转有关事项的通知》（国资发产权规〔2022〕39号），对国有资产的非公开交易流转及公开交易流转制度进行了细化规定。该通知第3条[2]规定，国家出资企业及其子企业通过发行基础设施REITs盘活存量资产，涉及国有产权非公开协议转让按规定报同级国有资产监督管理机构批准。同时，该条还要求企业做好可行性分析、合理确定交易价格，并对后续运营管理责任和风险防范作出安排。根据国务院国资委产权管理局于2022年8月3日公布的《〈关于企业国有资产交易流转有关事项的通知〉的问题解答》，国资监管机构对申请办理发行基础设施REITs涉及的国有产权非公开协议转让的审核重点包括发行涉及底层资产的权属情况，国家出资企业对相关资产的评估备案情况，REITs发行价格确定机制是否有利于维护国有权益，相关资产运营管理责任及风险防范措施情况等。

当然，从已发行和正在筹备中的REITs试点项目看，多数项目系按照取得国资主管机关批准从而采取非公开协议转让的方案；当然，也有部分项目，如已上市发行的个别项目以及归属于财政部体系下相关国有企业正在筹备的REITs项目，系按照公开进场交易的方案进行。

---

〔1〕国务院办公厅《关于进一步盘活存量资产扩大有效投资的意见》（国办发〔2022〕19号）第2条第4款：推动基础设施领域不动产投资信托基金（REITs）健康发展。进一步提高推荐、审核效率，鼓励更多符合条件的基础设施REITs项目发行上市。对于在维护产业链供应链稳定、强化民生保障等方面具有重要作用的项目，在满足发行要求、符合市场预期、确保风险可控等前提下，可进一步灵活合理确定运营年限、收益集中度等要求。建立健全扩募机制，探索建立多层次基础设施REITs市场。国有企业发行基础设施REITs涉及国有产权非公开协议转让的，按规定报同级国有资产监督管理机构批准。研究推进REITs相关立法工作。

〔2〕《关于企业国有资产交易流转有关事项的通知》第3条：国家出资企业及其子企业通过发行基础设施REITs盘活存量资产，应当做好可行性分析，合理确定交易价格，对后续运营管理责任和风险防范作出安排，涉及国有产权非公开协议转让按规定报同级国有资产监督管理机构批准。

5. 已发行基础设施基金项目豁免进场交易的案例分析。

(1)已发行项目概述

在已发行的项目中,除中金普洛斯仓储物流项目不涉及国有资产交易、华安张江光大园项目的原始权益人为有限合伙企业不被认定为国资股东外,其他项目原始权益人均为国有企业且均涉及国有资产。在涉及国有资产交易的项目中,博时招商蛇口产业园项目承诺履行相应的国有资产交易审批手续、国泰君安临港创新智造产业园项目在上海联合产权交易所进行了公开挂牌转让。其他项目豁免进场交易的处理方式分为两类:一类是明确取得了国资委等政府部门同意非公开协议转让的批复、复函、会议记录等文件,另一类是被视为国有企业内部资产重组而由国家出资企业内部决策采用非公开协议转让。

(2)取得相关政府部门同意豁免进场交易的案例

在目前已发行的项目中,豁免进场交易的政府部门包括市国资委、市政府、园区国资办等。在实践中,一类项目中,政府部门并未给出豁免的具体理由,直接同意采用非公开协议转让方式。在浙商沪杭甬项目中,原始权益人分别取得了浙江省国资委、杭州市临安区国资委、余杭国委、杭州市国资委同意相应的原始权益人将其持有的项目公司股权以非公开协议方式转让给特殊目的载体的批复文件,该文件还明确转让价格不低于资产评估值。在华夏合肥高新创新产业园项目中,高新区财政局出具了同意非公开协议转让股权的批复文件。

另一类项目中,政府部门豁免的理由为基础设施 REITs 在证券交易所公开发行,按照市场化方式通过公开询价确定基金份额认购价格,遵循等价有偿和公开、公平、公正的原则,故无须另行履行国有资产交易程序。如在东吴—苏州工业园区产业园项目中,园区国资办出具批复认为公募 REITs 的公募基金将采取公开询价机制,并在证券交易所公开上市交易,故同意通过非公开协议转让方式。中航首钢生物质项目中,北京市人民政府的会议记录认为中国证监会已明确基础设施 REITs 在证券交易所公开发行,同意豁免国有资产进场交易程序。红土创新盐田港仓储物流项目中,深圳市国资委认为基础设施 REITs 是通过证券交易所公开发行的金融产品,项目所涉国有资产按照中国证监会要求,遵循等价有偿和公平公正的原则公开规范发行,无须另行履行国有资产交易程序。平安广州交投广河高速公路项目中,广州市国资委认为基础设施 REITs 是通过证券交易所公开发行的金融产品,执行中国证监会公布的《公募REITs指引》等证券监管制度,遵循等价有偿和公开公平公正的原则公开规范发行,无须另行履行国有资产进场交易程序。

(3)被视为国有企业内部资产重组的案例

由于“32号令”第31条明确了可以采用非公开协议转让的两种情形,因此在明确符合第31条规定时无须进场交易,如中航首钢生物质项目中的第一次股权转让,即将项目公司股权转让给SPV时,转让方和受让方均为首钢集团的全资子公司,因此被认定为同一国家出资企业及各级控股企业之间实施内部重组整合进行的产权转让,不涉及国资审批豁免进场交易。

此外,也有项目通过论证原始权益人认购公募基金51%的基金份额而认定转让股权属于国有企业内部实施资产重组,经国有出资企业审议决策后采用非公开协议方式。如在富国首创水务项目中,首创集团负责其各级子企业国有资产交易的管理,首创股份(原始权益人)拟认购公募基金51%的基金份额,针对首创集团内部实施资产重组,转让方(原始权益人)和受让方(专项计划)均为首创集团及其各级国有、国有控股企业或实际控制企业,经首创集团审议决策,并在实施前由首创集团以报告形式上报北京市国资委备案的产权转让可以采取非公开协议方式进行。

九、募集资金用途

国家发改委、交易所等主管机关对于发行公募REITs试点所回收募集资金用途,给予了高度关注。对此,根据“40号文”第3条第4项、[1]《上交所公募REITs指引1号(2023年修订)》/《深交所公募REITs指引1号(2023年修订)》第7条第2款[2]、“958号文”第4条第10项、[3]“958号文”附件

---

〔1〕“40号文”第3条第4项:加强融资用途管理。发起人(原始权益人)通过转让基础设施取得资金的用途应符合国家产业政策,鼓励将回收资金用于新的基础设施和公用事业建设,重点支持补短板项目,形成投资良性循环。

〔2〕《上交所公募REITs指引1号(2023年修订)》第7条第2款/《深交所公募REITs指引1号(2023年修订)》第7条第2款:原始权益人通过转让基础设施项目取得的回收资金用途应当符合国家产业政策。

〔3〕“958号文”第4条第10项:引导回收资金用于新项目建设。引导原始权益人履行承诺,将回收资金以资本金注入等方式投入新项目建设,确保新项目符合国家重大战略、发展规划、产业政策等要求。加强跟踪服务,对回收资金拟投入的新项目,协调加快前期工作和开工建设进度,尽快形成实物工作量。对原始权益人未按承诺将回收资金投入到相关项目的,要及时督促落实。

《REITs 试点项目申报要求》第 5 条第 9 项[1],原始权益人取得的募集资金用途应当满足如下要求:

1. 引导回收资金用于新项目建设。引导原始权益人履行承诺,将回收资金以资本金注入等方式投入新项目建设,确保新项目符合国家重大战略、发展规划、产业政策等要求。加强跟踪服务,对回收资金拟投入的新项目,协调加快前期工作和开工建设进度,尽快形成实物工作量。对原始权益人未按承诺将回收资金投入到相关项目的,要及时督促落实。

2. 鼓励将回收资金用于基础设施补短板项目建设,具体应满足以下要求:(a)回收资金应明确具体用途,包括具体项目、使用方式和预计使用规模等。在符合国家政策及企业主营业务要求的条件下,回收资金可跨区域、跨行业使用。(b)90%(含)以上的净回收资金(指扣除用于偿还相关债务、缴纳税费、按规则参与战略配售等的资金后的回收资金)应当用于在建项目或前期工作成熟的新项目。(c)鼓励以资本金注入方式将回收资金用于项目建设。

特别值得关注的是,国家发改委发布的"236 号文"对于 REITs 回收资金提出了明确要求,需以该要求为准,主要包括如下两项:

(1)适当放宽净回收资金的用途限制

首先,从原先的"90%以上应当用于在建项目或前期工作成熟的新项目"调整为不超过 10%的净回收资金可用于已上市基础设施项目的小股东退出或补充发行人(原始权益人)流动资金、不超过 30%的净回收资金可用于盘活存量资产项目、60%以上用于在建项目、前期工作成熟的新项目(含新建、改扩建)。其次,在符合国家政策及企业主营业务要求的条件下,回收资金可跨区域、跨行业使用;除国家有特殊规定外,任何地方或部门不得设置限制条件,影响企业按照市场化原则依法合规使用回收资金。

另外,国家发改委在座谈会上的补充意见指出:第一,上述规则不具有追溯性,已发行但尚未用完回收资金,不可以按照新规则执行,应按当时的规定

[1] "958 号文"附件《REITs 试点项目申报要求》第 5 条第 9 项:鼓励将回收资金用于基础设施补短板项目建设,具体应满足以下要求:1. 回收资金应明确具体用途,包括具体项目、使用方式和预计使用规模等。在符合国家政策及企业主营业务要求的条件下,回收资金可跨区域、跨行业使用。2. 90%(含)以上的净回收资金(指扣除用于偿还相关债务、缴纳税费、按规则参与战略配售等的资金后的回收资金)应当用于在建项目或前期工作成熟的新项目。3. 鼓励以资本金注入方式将回收资金用于项目建设。

和申报承诺执行。第二,30%的净回收资金用于盘活存量资产项目,根据盘活存量资产方式可参考国办发〔2019〕19号文明确的方式,具体项目具体研究。第三,净回收资金占发行REITs总回收资金的比例不宜过低,在类REITs或CMBS项目直接专班发行公募REITs时可能涉及该问题,需具体项目具体分析。第四,鼓励以资本金方式投入在建拟建项目,如果拿地成本属于项目建设成本的一部分,可包括,但不宜置换自有资金投入、偿还存量开发贷款。

(2)明确提出净回收资金的使用时限

"236号文"要求在购入项目完成之日起2年内,净回收资金使用率不低于75%,3年内应全部使用完毕;相应提出了事后直报监管制度,要求发起人(原始权益人)应于每季度结束后5个工作日内向国家发改委投资司直接报送回售资金使用情况,同步抄送再投资涉及的省发改委。另外,国家发改委在座谈会上补充意见指出,如果回收资金使用进度不及预期:第一,应向省发改委备案并说明情况;第二,会影响扩募;第三,可以调整拟投资项目。

十、项目选择的其他要求与关注要点

(一)关于项目的现金流情况

发行基础设施REITs要求项目运营具备稳定性、持续经营能力、较好的增长潜力,因此对项目运营的现金流也有相应要求。

(1)关于现金流的稳定性:根据《公募REITs指引》第8条第3项,基础设施项目应原则上运营3年以上,已产生持续、稳定的现金流,投资回报良好,并具有持续经营能力、较好增长潜力。《上交所公募REITs指引1号(2023年修订)》和《深交所公募REITs指引1号(2023年修订)》第14条[1]也作出了类似规定。

(2)关于现金流的分散性:根据《公募REITs指引》第8条第4项,基础设

〔1〕《上交所公募REITs指引1号(2023年修订)》第14条/《深交所公募REITs指引1号(2023年修订)》第14条:基础设施项目现金流应当符合以下条件:(一)基于真实、合法的经营活动产生,价格或者收费标准符合相关规定(如有);(二)符合市场化原则,不依赖第三方补贴等非经常性收入;(三)具有持续性和稳定性,最近3年(不满3年的,自开始运营起,下同)未出现不合理的异常波动;(四)来源合理分散,直接或者穿透后来源于多个现金流提供方。因商业模式或者经营业态等原因,现金流提供方较少的,重要现金流提供方应当资信情况良好,财务状况稳健;(五)最近3年平均净利润或者经营性净现金流为正;(六)中国证监会和本所规定的其他条件。

施项目现金流来源合理分散。“958 号文”附件《REITs 试点项目申报要求》第 2 条第 3 项第 4 点中[1]、《上交所公募 REITs 指引 1 号(2023 年修订)》和《深交所公募 REITs 指引 1 号(2023 年修订)》第 14 条也作出了类似规定。

(3)关于现金流的分派率:根据《第一批公募 REITs 试点项目申报通知》第 2 条第 6 款[2]、“958 号文”附件《REITs 试点项目申报要求》第 2 条第 3 项第 4 点中[3]规定,试点项目需满足预计未来 3 年净现金流分派率(预计年度可分配现金流/目标不动产评估净值)原则上不低于 4%。其中,应当注意的是,随着 REITs 试点的推进,根据国家发改委、证监会在 2023 年 3 月份出台相关规定针对产权类、特许经营权类项目设置了不同的分派率要求,需以该等最新要求为准,具体而言,“根据不同类型基础设施 REITs 项目的具体情况,合理把握项目收益水平。申报发行基础设施 REITs 的特许经营权、经营收益权类项目,基金存续期内部收益率(IRR)原则上不低于 5%;非特许经营权、经营收益权类项目,预计未来 3 年每年净现金流分派率原则上不低于 3.8%。可通过剥离低效资产、拓宽收入来源、降低运营成本、提升管理效率等多种方式,努力提高项目收益水平,达到项目发行要求”。

(4)关于现金流的市场化来源要求:根据《公募 REITs 指引》第 8 条第 4 项,基础设施项目现金流来源主要由市场化运营产生,不依赖第三方补贴等非经常性收入。《上交所公募 REITs 指引 1 号(2023 年修订)》和《深交所公募 REITs 指引 1 号(2023 年修订)》第 14 条也作出了类似规定。

(5)关于现金流闭环监管的要求:《上交所公募 REITs 指引 1 号(2023 年修订)》和《深交所公募 REITs 指引 1 号(2023 年修订)》规定,资产支持专项计划(以下简称专项计划)的基础资产现金流归集路径应当清晰明确,管理人应当披露账户设置和现金流自产生至当期分配给基础设施基金期间在各账户间的划转安排等。项目公司基本户、运营收支账户等银行账户原则上应当在

---

[1] “958 号文”附件《REITs 试点项目申报要求》第 2 条第 3 项第 4 点中:项目收益持续稳定且来源合理分散,直接或穿透后来源于多个现金流提供方。因商业模式或者经营业态等原因,现金流提供方较少的,重要现金流提供方应当资质优良,财务情况稳健。

[2] 《第一批公募 REITs 试点项目申报通知》第 2 条第 6 款:申报项目条件:预计未来 3 年项目净现金流收益率(预计年度可分配现金流/目标不动产评估净值)不低于 4%。相关预测应合理客观,并说明预测过程及主要参数。

[3] “958 号文”附件《REITs 试点项目申报要求》第 2 条第 3 项第 4 点中:预计未来 3 年净现金流分派率(预计年度可分配现金流/目标不动产评估净值)原则上不低于 4%。

基金托管人处开立。在其他商业银行开立的,管理人应当充分说明和论证必要性,并设置合理的资金闭环管理安排,提高资金归集频率,明确现金流归集和划转情况的定期核查安排,防范现金流混同,保证资金安全。

(二)关于历史运营情况

对拟发行基础设施 REITs 项目的运营要求集中于对基础设施项目的运营时间和稳定性:

(1)关于历史运营时间的要求:根据“958 号文”附件《REITs 试点项目申报要求》第 2 条第 3 款第 4 项,基础设施项目运营时间原则上不低于 3 年,对已能够实现长期稳定收益的项目,可适当降低运营年限要求。《公募 REITs 尽调指引》第 19 条第 1 项[1]也作出了类似规定。

(2)关于历史运营收入的要求:根据《上交所公募 REITs 指引 1 号(2023 年修订)》和《深交所公募 REITs 指引 1 号(2023 年修订)》第 15 条,若为产业园、仓储物流、数据中心等依托租赁收入的基础设施项目,近 3 年总体出租率较高,租金收缴情况良好,主要承租人资信状况良好、租约稳定,承租人行业分布合理;如为收费公路、污水处理等依托收费收入的基础设施项目,近 3 年运营收入较高或保持增长,使用者需求充足稳定,区域竞争优势显著。

十一、发改委关于项目入库的要求与关注要点

根据国家发改委于 2021 年 1 月 13 日发布的《关于建立全国基础设施领域不动产投资信托基金(REITs)试点项目库的通知》(发改办投资〔2021〕35 号,以下简称《项目库通知》),符合条件的项目将被纳入发改委基础设施 REITs 试点项目库。其中《项目库通知》第 4 条第 2 款特别强调,向国家发改委推荐的基础设施 REITs 试点项目,应从储备库中统一选取,未入库项目不得推荐。

根据《项目库通知》第 3 条的规定,基础设施 REITs 试点项目库包含意向项目、储备项目和存续项目 3 类项目。入库项目应分别满足如表 4-2 所示的条件。

---

〔1〕《公募 REITs 尽调指引》第 19 条第 1 项:核查项目运营是否满三年并对基础设施资产的现金流构成以及历史现金流情况(原则上为最近三年的历史现金流情况,含资产收益、盈利、经营性净现金流情况)、波动情况及波动原因进行调查,分析现金流的独立性、稳定性。

表 4-2 基础设施 REITs 试点项目需满足的条件

意向项目	储备项目	存续项目
属于基础设施项目,基本符合基础设施 REITs 发行条件,原始权益人具有发行 REITs 产品的明确意向。如所在地区、行业等暂不属于基础设施 REITs 试点范围,可单独备注说明	项目发起人(原始权益人)已正式启动发行 REITs 产品准备工作。比如,已开始目标资产重组工作,或已基本确定公募基金管理人和资产支持专项计划管理人,或已筹备成立项目公司,或相关股东已协商一致同意转让,或有权主管部门同意发行 REITs 产品等。入库项目应符合中国证监会、国家发改委关于推进基础设施 REITs 试点工作有关要求和规定	项目已成功发行 REITs 产品,设立的基础设施基金进入存续期管理

十二、项目公司的合规性要求与关注要点

关于项目公司的合规审查,根据中国证监会《公募 REITs 指引》、基金业协会《公募 REITs 尽调指引》和交易所相关业务审核指引等监管规则,证监会、交易所、基金业协会等监管机构对此作出了较为明确和详尽的规定,属于申报交易所、证监会环节的合规审查重点内容之一,具体梳理如下:

1. 关于项目公司的设立、历史沿革情况

根据《公募 REITs 尽调指引》第 5 条,需取得项目公司设立时的政府批准文件(如有)、营业执照、公司章程、评估报告(如有)、审计报告(如有)、验资报告(如有)、工商登记文件等资料,核查项目公司的设立程序、工商注册登记的合法性、真实性以及相关历史沿革情况。

2. 关于股东出资情况

根据《公募 REITs 尽调指引》第 6 条,需核查工商注册登记、股东人数、住所、出资比例等是否符合法律、法规和规范性文件的规定;需核查项目公司股东是否合法拥有出资资产的权属,资产权属是否存在纠纷或潜在纠纷。

3. 关于重大重组情况

根据《公募 REITs 尽调指引》第 7 条,调查项目公司设立后发生过对投资者作出投资决策具有重大影响的重组事项情况,包括但不限于:取得相关有权机构决策或审批文件、审计报告(如有)、评估报告(如有)、中介机构专业意见(如有)、债权人同意债务转移的相关文件(如涉及)、重组相关的对价支付凭

证和资产过户文件等资料，调查项目公司重组动机、内容、程序和完成情况。

4. 关于组织架构与内部控制情况

根据《公募 REITs 尽调指引》第 8 条，（1）调查项目公司的公司章程是否符合有关法律、法规和规范性文件的规定；（2）根据公司章程规定的有权机构授权情况核查是否符合有关法律、法规和规范性文件的规定；（3）了解项目公司的内部组织架构，根据公司章程结合项目公司组织架构，核查项目公司组织机构是否健全、清晰。

5. 关于公司的资产独立性情况

根据《公募 REITs 尽调指引》第 9 条第 1 项，调查项目公司是否合法持有基础设施项目相关资产，是否具备完整、合法的财产权属凭证，是否实际占有财产（核查项目公司是否存在资产被原始权益人及其关联方控制和占用的情况）、项目公司拥有的商标权、专利权、版权、特许经营权等的权利期限情况，是否存在重大经济、法律纠纷或潜在纠纷。

6. 关于商业信用情况

根据《公募 REITs 尽调指引》第 10 条，调查项目公司是否按期缴纳相关税、费及合同履约情况，关注项目公司在报告期内是否存在重大违法、违规或不诚信行为，核查项目公司是否被认定为失信被执行人、是否受到过行政处罚以及相应的整改情况，核查项目公司经营是否符合有关法律、法规和规范性文件的规定。

7. 关于相关重大合同情况

根据《公募 REITs 尽调指引》第 13 条第 1 款，应对项目公司已签署正在履行期内及拟签署的相关重要合同进行尽职调查。我们理解，需重点尽职调查与关注的相关协议/合同包括但不限于如下。

（1）作为基础资产现金流产生直接依据的相关协议/合同：例如租赁合同、特许经营权协议、广告位租赁协议、PPP 合同等；特别地，若相关协议/合同的当事人属于重要现金流提供方的，需要特别核查其主体运营总体情况（如主营业务、经营情况、财务情况、公司主体评级情况、与原始权益人的关联关系及过往业务合作情况以及债务人历史偿付情况）、主体信用状况（如其最近 3 年内是否存在因严重违法失信行为，被有权部门认定为失信被执行人、重大税收违法案件当事人或涉金融严重失信人的情形，是否影响重要现金流提供方的履约能力）。

（2）与基础设施项目运营管理相关的协议/合同：例如物业管理合同、商业管理合同、运营管理协议等。

(3)正在履行的工程、施工类协议/合同:例如高速公路等交通运输项目中常见的养护工程合同、系统更新改造合同等;同时,项目交易机制设计时需要结合尽职调查情况,对既有工程、施工类协议/合同项下以及未来可能发生的相关资本化支出情况做出相应安排。

(4)对外借款融资类协议/合同:例如项目公司作为债务人与关联方、金融机构、类金融机构(如融资租赁公司、小贷公司、保理公司等)等主体之间的借款合同等债务融资类协议/合同、抵押/质押等担保合同(如有),以及公开市场融资情况(如公司债、企业债、非金融企业债务融资工具等);同时,在公募 REITs 设立环节需要结合对既有债务的尽职调查情况判断既有外部负债是否超过相关杠杆比例限制、是否需要取得相关债权人就资产重组、提前还款等事宜的预先同意等。

(5)保险合同/保险单:需要重点核查基础设施资产是否已购买基础设施项目保险及其承保范围和保险金额;其中,若经核查相关基础设施项目所购买保险状况不符合《公募 REITs 指引》第 38 条第 4 项要求的("为基础设施项目购买足够的财产保险和公众责任保险"),建议及时补充购买相关保险。

(6)能源供应相关协议/合同:例如与水、电、热、气等能源供应单位之间所签署的相关协议/合同。

(7)其他已签署正在履行期内及拟签署的重要协议/合同。

8. 关于关联交易情况

《公募 REITs 尽调指引》第 14 条规定,需要尽调核查与关联交易相关的如下事项:(1)核查项目公司与原始权益人及其控股股东、实际控制人等关联方之间是否涉及关联交易;(2)调查项目公司关联交易是否符合相关法律法规的规定,定价依据是否充分,定价是否公允,与市场交易价格或独立第三方价格是否有较大差异及其原因等。除此之外,《上交所公募 REITs 指引 1 号(2023 年修订)》和《深交所公募 REITs 指引 1 号(2023 年修订)》第 16 条[1]

---

[1] 《上交所公募 REITs 指引 1 号(2023 年修订)》第 16 条/《深交所公募 REITs 指引 1 号(2023 年修订)》第 16 条:管理人应当披露基础设施项目报告期内关联交易情况,并结合关联交易定价对基础设施项目运营的独立性和稳定性进行核查并发表明确意见。相关交易延续至基础设施基金存续期间的,管理人应当分析关联交易的合理性、必要性和潜在风险,对关联交易的公允性和独立性进行核查并发表明确意见,充分揭示风险。

增加了如下其他核查要求：管理人应当披露基础设施项目报告期内关联交易情况，并结合关联交易定价对基础设施项目运营的独立性和稳定性进行核查并发表明确意见。相关交易延续至基础设施基金存续期间的，管理人应当分析关联交易的合理性、必要性和潜在风险，对关联交易的公允性和独立性进行核查并发表明确意见，充分揭示风险。

9. 关于同业竞争情况

《公募 REITs 尽调指引》第 14 条规定，需要尽调核查与关联交易相关的如下事项：（1）调查原始权益人、基础设施运营管理机构的实际业务范围、业务开展情况、是否向其他机构提供基础设施项目运营管理服务、运营管理或自持的其他基础设施项目与本基础设施项目的可替代性等情况；判断上述参与机构相关业务是否与项目公司存在同业竞争。（2）如存在同业竞争，是否采用充分、适当的措施避免可能出现的利益冲突。

从已发行项目来看，对涉及同业竞争的情形，一般通过在《基金合同》《招募说明书》《管理服务协议》等文件或原始权益人、运营管理机构出具承诺函等方式明确避免利益冲突的措施来解决，包括拟定审核关联交易、避免竞争和冲突的机制，外部管理机构设置管理标准、运营团队独立、定期评估机制等内容。如博时招商蛇口产业园项目、红土创新盐田港仓储物流项目、东吴—苏州工业园区产业园项目、中金普洛斯仓储物流项目、建信中关村产业园项目、华泰紫金江苏交控高速公路项目等。

下篇

中国基础设施公募 REITs 的案例分析

第五章

产业园区基础设施公募 REITs 的法律关注重点和案例分析

一、产业园区基础设施公募 REITs 的法律关注重点

(一)产业园区的发展概况和试点范围

1979 年,中国首个对外开放的工业园区——深圳蛇口工业区投入开发运营。1988 年 5 月,经国务院批准,北京市中关村科技园区作为中国第一个国家级高新技术产业开发区正式成立,截至 2023 年 6 月该园区包含海淀园、昌平园、顺义园、大兴—亦庄园等 16 园,形成"一区多园"的发展格局。经过 40 余年发展,产业园区已经成为区域经济发展、产业调整和升级的重要空间聚集形式,担负着聚集创新资源、培育新兴产业、推动城市化建设等一系列的重要使命。[1] 进入 21 世纪,随着国家发改委产业结构调整政策、战略性新兴产业指导目录、创新用地意见等方针性文件的陆续发布,各地紧跟国家政策,纷纷以开发区或工业园区为载体,加紧建设各种不同类型的产业园区。截至 2018 年,根据《中国开发区审核公告目录(2018 年版)》,国家级和省级开发区已达到 2543 家(国家级 552 家,省级 1991 家),相较于 2006 年(国家级 222 家,省级 1346 家)增加了 975 家。2019 年,国家发改委发布《关于加快推进战略性新兴产业集群建设有关工作的通知》(发改高技〔2019〕1473 号),在全国范围内确定了首批 66 个战略性新兴产业集群,覆盖领域包括信息技术、高端

〔1〕 参见熊猫金林:《如何打造一个有发展力的竹产业园?》,载搜狐网站 2020 年 7 月 28 日,https://www.sohu.com/a/410144012_120586515。

装备、新材料、生物医药、节能环保，形成“链式整合、园区支撑、集群带动、协同发展”的新格局。

“958 号文”对产业园区资产的试点范围具有以下明确要求(见表 5-1)。

表 5-1 “958 号文”对产业园区资产的试点范围的具体要求

审查方面	试点要求
园区资格	位于自由贸易试验区、国家级新区、国家级与省级开发区、战略性新兴产业集群。其中，国家级与省级开发区以《中国开发区审核公告目录(2018 年版)》发布名单为准，战略性新兴产业集群以国家发展改革委公布名单为准
园区业态	业态为研发平台、工业厂房、创业孵化器、产业加速器、产业发展服务平台等园区基础设施
用地性质	项目用地性质为非商业、非住宅用地，但为保障项目正常运转而无法分割的办公用房、员工宿舍等少数配套设施用地除外

(二)产业园区的管理政策概况

1. 国家重点政策

为实施创新驱动发展战略，国家层面就产业园区发展出台了《国家高新技术产业开发区管理暂行办法》(国科发火字〔1996〕061 号)、《关于加速国家高新技术产业开发区发展的若干意见》(国科发火字〔1999〕302 号)、《关于进一步支持国家高新技术产业开发区发展的决定》(国科发火字〔2002〕32 号)、《促进国家高新技术产业开发区进一步发展增强自主创新能力的若干意见》(国科发高字〔2007〕152 号)、《国家高新技术产业开发区创新驱动战略提升行动实施方案》(国科发火〔2013〕388 号)、《关于促进国家高新技术产业开发区高质量发展的若干意见》(国发〔2020〕7 号)等相关政策。该等政策重点对于产业园区提升自主创新能力(包括集聚创新资源、吸引创新人才、技术成果转化等)、激发企业活力(包括支持高新技术企业发展、培育科技型中小企业、科技创新创业服务支持等)、开放创新(包括管理体制改革、优化营商环境、加强金融服务等)等方面进行了规定并提供政策指导，深化改革、优化发展环境，依托产业园区创新驱动载体功能，着力培育高新技术企业，促进高新技术产业发展。

2. 地方园区管理政策

国家层面的政策以鼓励、政策优惠、简政放权优化管理为主基调，内容较为宏观,各地方在具体实施过程中会结合各地实际情况出台配套细则。例如,与北京市中关村科技园区有关的地方政策,如《中关村国家自主创新示范区条例》重点对于创新创业主体、科技研发、成果转化和知识产权、人才资源、科技金融、土地利用、政府服务和管理、核心区建设等方面进行了较为具体的规定;与上海张江高新区有关的地方政策,如《上海市促进张江高科技园区发展的若干规定》和《上海市推进科技创新中心建设条例》重点对于管理机构、企业的设立、项目审批、规划和工程建设管理、重点扶持的产业、企业和项目的认定、发证、政策优惠、中介服务、知识产权保护等方面进行了较为具体的规定;与苏州工业园区有关的地方政策,如《苏南国家自主创新示范区条例》重点对于规划与建设、创新创业、产业技术研究开发机构、人才资源、投融资服务、开放合作、服务与管理等方面进行了较为具体的规定;与深圳蛇口工业区有关的地方政策,如《中国(广东)自由贸易试验区条例》和《深圳经济特区前海蛇口自由贸易试验片区条例》重点对于管理体制、投资开放、贸易自由化、金融开放与创新、监管与服务等方面进行了较为具体的规定等。该等政策有效地促进了地方产业园区的运作和发展。

3. 产业园区的管理机构——园区管理委员会

在产业园区项目中,园区管理委员会(以下简称管委会)作为产业园区的管理机构,一般属于地方政府的派出机构,负责对于产业园区内项目立项投资备案、规划、资产转让等进行管理。例如,就深圳蛇口工业区而言,中国(广东)自由贸易试验区深圳前海蛇口片区管委会作为深圳市政府的派出机构,可以设立具有行政管理职能的工作部门,对外履行相关职责;就北京市中关村科技园区而言,北京市政府设立的中关村科技园区管委会对园区整体发展规划、空间规划、产业布局、项目准入标准等重要业务实行统一指导,同时各区政府分别设立的分园区管委会(如海淀园管委会、朝阳园管委会、昌平园管委会等)负责实际执行区政府授权范围内的行政职权;就上海张江高新区而言,上海市张江高新技术产业开发区管委会(原上海市张江高科技园区管理委员会)作为上海市政府及浦东新区政府的派出机构,负责园区内投资项目、基本建设项目的审批;就苏州工业园区而言,苏州工业园区管委会作为苏州市政府的派出机构,其行政层级相当于区政府,设有独立的行政管理部门,具有制定行政规范性文件的资格。

在公募 REITs 项目中,涉及土地使用权、建筑物所有权、公司股权方面的资产转让,由于产业园区对于该等资产转让一般具有特殊的政策限制,因此在公募 REITs 项目开展之初需要就此与园区管委会等对应主管部门进行充分的访谈与沟通,以确保资产转让的限制可以得到相应解除。

(三)产业园区公募 REITs 项目的法律关注要点

1. 产业园区资产的合规性关注要点

(1)合规性审查关注点

产业园区资产主要体现为土地使用权及房屋建筑物,区别于传统基础设施项目(如公路、铁路等),在合规性要求上与一般房地产项目类似。对于合规性的审查,大致可以分为如表 5-2 所示的三个阶段。

表 5-2　产业园区资产的合规性审查关注点

项目阶段	合规性审查关注点
前期阶段	立项审批、核准或备案手续等
建设阶段	规划、用地、环评、施工许可手续等
验收阶段	工程整体验收手续、专项验收手续(包括规划、环评、消防、节能、人防等)

截至 2023 年 6 月 30 日,已发行的 9 只产业园区基础设施公募 REITs 所披露的合规手续事项及处理方式总结如表 5-3 所示。

表 5-3　9 只产业园区基础设施公募 REITs 所披露的合规手续事项及处理方式

基金名称	合规性审查关注要点	具体内容
博时招商蛇口产业园封闭式基础设施证券投资基金	土地相关瑕疵	项目公司未提供其就万融大厦、万海大厦原有合法建筑面积缴纳地价款的凭证
	解决方式与风险缓释措施	1. 土地主管部门已出具《付清地价款证明》 2. 已取得不动产权证书 3. 原始权益人出具承诺补足地价款并缴纳罚金
	建设手续瑕疵	根据《广东省固定资产投资项目节能评估和审查暂行办法》(已失效),万海大厦项目为实行核准制的固定资产投资项目,应当办理节能评估和审查手续。但项目公司未提供万海大厦项目取得的节能评估和审查文件

续表

基金名称	合规性审查关注要点	具体内容
	解决方式与风险缓释措施	1. 招商创业已委托第三方编制了《蛇口网谷万海大厦项目节能评估报告》。万海大厦项目属于年综合能源消费量不满 1000 吨标准煤，且年电力消费量不满 500 万千瓦·时的固定资产投资项目，根据现行有效的《固定资产投资项目节能审查办法(2023)》(国家发改委令第 2 号)、《广东省发展和改革委员会　广东省经济和信息化委员会关于印发〈广东省固定资产投资项目节能审查实施办法〉的通知》(粤发改资环〔2018〕268 号)及深圳市发改委《关于进一步做好节能审查工作的通知》(深发改〔2017〕249 号)的相关规定，该项目不需要进行节能审查工作，由招商创业自行编制或委托专业机构编制节能报告即可 2. 万海大厦项目取得了深圳市南山区住建局核发的编号为“深南住建节〔2014〕11 号”《建筑节能专项验收意见书》，该意见书载明万海大厦项目“符合建筑节能标准要求”
华安张江光大园封闭式基础设施证券投资基金	建设手续瑕疵	张江光大院 7 号项目未报送已获通过的节能审查意见或节能登记备案意见
	解决方式与风险缓释措施	1. 2014 年 10 月 12 日取得的上海市浦东新区规划和土地管理局《关于核发盛夏中京科技园〈建设工程规划设计要求通知单〉的决定》中，未出现因缺少节能登记备案文件而不予受理的情形 2. 根据 2017 年 11 月《国家发展改革委关于印发〈不单独进行节能审查的行业目录〉的通知》，7 号项目满足相关条件，不需单独报请节能审查 3. 上海市张江科学城建设管理办公室已出函确认建设手续合法合规
东吴苏州工业园区产业园封闭式基础设施证券投资基金	建设手续瑕疵	1. 国际科技园 5 期 B 区未办理节能审查 2. 苏州 2.5 产业园在项目核准时未提供节能分析的文件
	解决方式与风险缓释措施	1. 根据《关于苏州工业园区科技发展有限公司建设苏州工业园区创意产业园项目的立项批复》，国际科技园五期 B 区项目已于 2006 年 2 月 24 日被同意立项，适用当时的法律无须办理节能审查

续表

基金名称	合规性审查关注要点	具体内容
		2. 于 2010 年 3 月 11 日出具的《关于核准苏州工业园区建屋产业园开发有限公司建设 DK20100023 号地块(苏州 2.5 产业园)项目的通知》,未出现因缺少节能分析文件而不予核准的情形。且根据《国家发展改革委关于印发〈不单独进行节能审查的行业目录〉的通知》(2017 年 11 月 15 日),苏州 2.5 产业园一期、二期项目满足相关条件,不需单独报请节能审查 3. 科技公司和建屋产业公司均已填写《固定资产投资项目节能承诺表》并作出承诺,苏州工业园区行政审批局已正常办结前述“固定资产投资项目节能承诺”事项
建信中关村产业园封闭式基础设施证券投资基金	建设手续关注点	本项目属于核准类还是备案类项目
	解释方式	1. 根据国务院《关于投资体制改革的决定》(国发〔2004〕20 号)第 2 部分第 3 条,对于《政府核准的投资项目目录》以外的企业投资项目,实行备案制,除国家另有规定外,由企业按照属地原则向地方政府投资主管部门备案。根据《北京市政府核准的投资项目目录细则(2004 年本)》的规定,除城市快速轨道交通、城市供水、城市道路桥梁外的“其他城建项目”包括城市供热、再生水、污水、交通、土地成片开发、高尔夫球场项目、经济适用房项目、危改项目、绿化隔离地区房地产开发项目,易燃、易爆、剧毒、放射性等危险品生产储藏经营项目,固体废弃物处理项目,国有独资或国有控股企业的办公楼、培训中心、疗养院项目,外省市政府驻京机构设施建设 2. 标的项目所属投资项目不属于《政府核准的投资项目目录(2004 年本)》《北京市政府核准的投资项目目录细则(2004 年本)》内的城建项目或其他项目,编号为京海淀发改(备)〔2012〕315 号的《项目备案通知书》合法合规。由于《政府核准的投资项目目录(2013 年本)》(已失效)自 2013 年 12 月 2 日起执行,晚于前述《项目备案通知书》的生效日期(2012 年 9 月 14 日),因此不适用《政府核准的投资项目目录(2013 年本)》

续表

基金名称	合规性审查关注要点	具体内容
华夏合肥高新创新产业园封闭式基础设施证券投资基金	建设手续瑕疵	项目资产未提供节能评估和审查文件
	解决方式与风险缓释措施	基础设施项目资产于 2009 年已获得投资立项批复,已满足相关规定的节能要求。鉴于基础设施项目资产获得投资立项批复的期限早于《固定资产投资项目节能评估和审查暂行办法》(国家发改委令第 6 号,已失效)的施行日期(2010 年 11 月 1 日),根据获得立项批复时有效的法律法规,基础设施项目资产无须单独办理节能评估和审查手续
国泰君安临港创新智造产业园封闭式基础设施证券投资基金	未披露合规瑕疵	
国泰君安东久新经济产业园封闭式基础设施证券投资基金	未披露合规瑕疵	
中金湖北科投光谷产业园封闭式基础设施证券投资基金	建设手续瑕疵	1. 光谷软件园 A1—A7 栋、光谷软件园 C6 栋、光谷软件园 E3 栋、互联网+项目未办理用地预审意见及建设用地批准书 2. 光谷软件园 A3 栋及 A1、A2、A4、A5 栋非公共区域消防验收文件遗失 3. 光谷软件园 A1—A7 栋无节能审查手续 4. 通过武汉市城建档案馆等渠道获取的光谷软件园 C6 栋环境影响评价审批文件中未明确指向光谷软件园 C6 栋 5. 光谷软件园 C6 栋、互联网+项目环保验收文件遗失

续表

基金名称	合规性审查关注要点	具体内容
	解决方式与风险缓释措施	1. 武汉东湖新技术开发区自然资源和规划局于 2022 年 7 月 19 日出具《关于基础设施项目用地手续相关事项的回复》:“经我局研究认为,基础设施项目在土地取得阶段,已签署《国有土地出让合同》且合同中明确‘本合同项下宗地出让方案已经武汉市人民政府批准’。基础设施项目系在经武汉市人民政府依法批准的建设用地上的建设项目,且已依法取得建设用地规划许可证,符合上述文件精神,不用再办理用地预审意见及建设用地批准书。” 2. 就相关事项取得武汉东湖新技术开发区建设管理和交通局于 2021 年 12 月 17 日出具的《关于武汉市东湖新技术开发区光谷软件园及互联网+项目建设施工及消防手续的说明函》:“基础设施项目已按照消防领域相关法律法规和地方政策的规定履行了建设项目竣工验收的相关手续,未发现项目存在消防验收不合格的情形。” 3. 因光谷软件园 A1—A7 栋立项时间为 2005 年,早于国家最早实施节能审查制度的《关于加强节能工作的决定》的颁布时间(2006 年 8 月 6 日),因此根据立项当时所适用的法律规定无须办理节能审查手续。已就光谷软件园 A1—A7 栋节能审查事项取得武汉东湖新技术开发区发展改革局于 2021 年 12 月 15 日出具的《关于武汉市东湖新技术开发区光谷软件园及互联网+项目投资立项事项的说明函》:“基础设施项目不存在违反节能相关法律、法规、政策的行为和记录,未单独办理软件园 A1—A7 栋节能审查手续不影响项目投资建设及合法运营。” 4. 就相关事项取得武汉东湖新技术开发区生态环境和水务湖泊局于 2021 年 12 月 20 日出具的《关于武汉市东湖新技术开发区光谷软件园及互联网+项目环境保护事项的说明函》:“基础设施项目已按照环境保护领域相关法律法规和地方政策的规定履行了建设项目环境保护管理的相关手续,不存在未履行环境保护相关手续而擅自开工建设、竣工及运营的情形,项目建设及运营期间不存在环境污染或生态破坏的情形。”

续表

基金名称	合规性审查关注要点	具体内容
华夏杭州和达高科产业园封闭式基础设施证券投资基金	建设手续瑕疵	孵化器项目一期工程中的临时附属办公用房未保有《初步设计批复》
	解决方式与风险缓释措施	根据杭州市钱塘区住建局出具的《关于和达高科发行基础设施公募 REITs 项目合规事项确认请示的回函》,孵化器项目一期工程中的临时附属办公用房已取得建设工程规划许可证,并获规划部门确认。鉴于项目初步设计批复为办理建设工程规划许可证的前置条件,该项目未保有该《初步设计批复》不影响项目合法合规性
	建设手续瑕疵	孵化器项目二期工程中的 F2 附房未保有《竣工验收备案表》
	解决方式与风险缓释措施	根据杭州市钱塘区住建局出具的《关于和达高科发行基础设施公募 REITs 项目合规事项确认请示的回函》,孵化器项目二期工程中的 F2 附房已取得项目《不动产权证书》[编号为浙(2018)杭州市不动产权第 0054089 号],并经主办部门确认,鉴于《建设工程竣工验收消防备案情况登记表》是办理不动产权证的前置条件,该项目未保有《竣工验收备案表》不影响该项目合法合规性
	建设手续瑕疵	孵化器项目一期工程、孵化器项目二期工程中的 2 号楼以及 F2 附房未保有验收文件
	解决方式与风险缓释措施	根据杭州市生态环境局钱塘分局出具的《关于和达高科发行基础设施公募 REITs 项目合规事项确认请示的回函》,孵化器项目一期工程、孵化器项目二期工程中的 2 号楼以及 F2 附房在环保设施竣工验收程序方面不存在违法违规行为,其未保有验收文件不影响项目合法合规性
	建设手续瑕疵	孵化器项目二期工程中的 F2 附房未保有消防验收文件
	解决方式与风险缓释措施	根据杭州市钱塘区住建局出具的《关于和达高科发行基础设施公募 REITs 项目合规事项确认请示的回函》,孵化器项目二期工程中的 F2 附房已办理消防安全评估手续,且项目 F2 附房已办理项目《不动产权证书》,鉴于消防验收文件是房产确权的前置条件,其未保有消防验收文件不影响项目合法合规性

资料来源:上海证券交易所—项目动态,http://www. sse. com. cn/reits/info/;深圳证券交易所—公募 REITs 信息平台—项目动态,http://reits. szse. cn/projectdynamic/index. html。

(2)合规性方面重点关注问题

①国家级科技企业孵化器资质问题

在以高新技术产业为主要定位的产业园区中往往存在专门对初创科技企业进行孵化的孵化器。孵化器的主要功能是围绕科技企业的成长需求,提供创业场地、共享设施、技术服务、咨询服务、投资融资、创业辅导、资源对接等服务,降低创业成本,提高创业存活率,促进企业成长。[1] 如孵化器公司取得国家级科技企业孵化器资质,可以享有相应的政策优惠。科技部发布的《科技企业孵化器管理办法》(国科发区〔2018〕300 号)第 6 条[2]规定,国家级科技企业孵化器可自主支配的孵化场地面积应不低于 10,000 平方米,其中在孵企业使用面积(含公共服务面积)需占 75%以上且孵化器累计毕业企业应达到 20 家以上。

而在公募 REITs 项目中,考虑将原始权益人现有的国家级科技企业孵化器作为入池资产剥离到新设的项目公司,可能存在以下两方面的问题:一方面,在剥离孵化器资产后,原持有孵化器资产的公司可能因不再满足《科技企业孵化器管理办法》(国科发区〔2018〕300 号)中关于可自主支配的孵化场地面积的要求而丧失享有政策优惠的资格;另一方面,在项目公司取得孵化器资产后,由于《科技企业孵化器管理办法》(国科发区〔2018〕300 号)对于申请国家级科技企业孵化器资质的要求较高,在短时间内无法满足,导致项目公司也无法取得国家级科技企业孵化器资质,存在无法满足“958 号文”附件第 7 条

---

〔1〕 参见《5 家孵化机构跻身“国字号”》,载深圳商报,https://finance.sina.com.cn/roll/2021-02-02/doc-ikftpnny3326810.shtml。

〔2〕《科技企业孵化器管理办法》(国科发区〔2018〕300 号)第 6 条:申请国家级科技企业孵化器应具备以下条件:1. 孵化器具有独立法人资格,发展方向明确,具备完善的运营管理体系和孵化服务机制。机构实际注册并运营满 3 年,且至少连续 2 年报送真实完整的统计数据;2. 孵化场地集中,可自主支配的孵化场地面积不低于 10000 平方米。其中,在孵企业使用面积(含公共服务面积)占 75%以上;3. 孵化器配备自有种子资金或合作的孵化资金规模不低于 500 万元人民币,获得投融资的在孵企业占比不低于 10%,并有不少于 3 个的资金使用案例;4. 孵化器拥有职业化的服务队伍,专业孵化服务人员(指具有创业、投融资、企业管理等经验或经过创业服务相关培训的孵化器专职工作人员)占机构总人数 80%以上,每 10 家在孵企业至少配备 1 名专业孵化服务人员和 1 名创业导师(指接受科技部门、行业协会或孵化器聘任,能对创业企业、创业者提供专业化、实践性辅导服务的企业家、投资专家、管理咨询专家);5. 孵化器在孵企业中已申请专利的企业占在孵企业总数比例不低于 50%或拥有有效知识产权的企业占比不低于 30%;6. 孵化器在孵企业不少于 50 家且每千平方米平均在孵企业不少于 3 家;7. 孵化器累计毕业企业应达到 20 家以上。

第 5 款[1]关于试点项目已取得依据相关法律法规应办理的其他必要手续的要求的风险。

②产业园区物业的规划用途问题

作为产业集群地,产业园区中的土地和建筑用途与相关政府对该产业园的定位与规划息息相关,二者表现出明显且具体的倾向性,如以高新科技为产业定位的北京市中关村科技园区、上海市张江高新区和苏州工业园区,其又按园区不同侧重进一步细分高新科技领域,包括云计算、物联网、生物医药、金融科技、新能源等,以及以投资贸易为定位的深圳蛇口工业区。有鉴于此,侧重科技定位的产业园内土地的规划用途通常为工业、研发、科教、科研、教育等,而以投资贸易为定位的产业园内的土地还可能包含商业用途。在公募 REITs 项目中,“958 号文”对于开展试点的产业园区资产的地产项目性质、土地用途、配套设施用地等方面均有明确的规定,因此在试点项目初期,应首先根据前述规定的要求对于拟入池的产业园区资产进行审查和筛选,确保符合要求的产业园区资产开展项目。[2]

此外,由于物业集中位于产业园区内,管理相对封闭,因此为了满足在产业园区物业工作的人员的生活需要,产业园区物业内往往存在相应的商业配套(如餐厅等),但产业园区物业的规划用途往往是科研用途或者工业用途。因此,在审查产业园区物业的相关规划材料中,应当重点关注规划用途中是否包括餐厅等配套用途,如果商业配套不在规划用途范围内,则存在物业的实际用途与规划用途不一致的问题。对此,根据《城市房地产管理法》等相关规定,不排除物业所有权人可能因不按照规划用途使用物业而受到相关行政主管部门的行政处罚或法律法规规定的其他监管措施的风险。[3]

截至 2023 年 6 月 30 日,已发行的 9 只产业园区基础设施公募 REITs 所披露的规划用途与实际用途问题及处理方式总结如表 5-4 所示。

---

[1] “958 号文”附件第 7 条第 7 项第 5 点:依法依规取得固定资产投资管理相关手续。主要包括:……5. 依据相关法律法规应办理的其他必要手续。

[2] 参见 ABS 研究:《产业园区公募 REITs 需要考虑的困难》,载商业新知网站 2022 年 5 月 13 日,https://www.shangyexinzhi.com/article/4841789.html。

[3] 参见 ABS 研究:《产业园区公募 REITs 需要考虑的困难》,载商业新知网站 2022 年 5 月 13 日,https://www.shangyexinzhi.com/article/4841789.html。

表 5-4 9 只产业园区基础设施公募 REITs 所披露的规划用途与实际用途问题及处理方式

基金名称	规划用途	实际用途	解决方式与风险缓释措施
博时招商蛇口产业园封闭式基础设施证券投资基金	1. 万融大厦土地出让合同、工程规划许可证记载用途为“土地：一类工业用地；房屋：工业、商业、食堂”，不动产权证记载用途为“土地：工业用地；房屋：工业、商业、食堂” 2. 万海大厦土地出让合同、工程规划许可证记载用途为“土地：一类工业用地；房屋：工业用房及配套”，不动产权证记载用途为“土地：工业用地；房屋：工业、商业、食堂”	研发办公及商业等配套出租予信息技术产业、文化创意产业等企业	1. 根据市规土委第二管理局于 2011 年核发的《宝耀片区专项规划批复》，该局同意通过拆除重建将包括万融大厦项目、万海大厦项目在内的宝耀片区更新单元升级改造为“蛇口网谷”互联网基地，宝耀片区内产业定位为互联网、电子商务基础及应用、物联网技术及应用示范三大核心主体园区及公共技术平台 2. 深圳市规划和自然资源局南山管理局在访谈中提供了“互联网产业等新型产业用途属于工业用途的一种，基础设施项目（万融大厦项目、万海大厦项目）实际可以用于互联网等新型产业的研发办公及商业等配套用途”的口头答复意见 3. 原始权益人出具承诺赔偿项目公司所遭受的全部损失（如有）
华安张江光大园封闭式基础设施证券投资基金	《建设工程规划许可证》记载，张江光大园建筑物的规划用途为厂房	部分租户租赁房屋的实际用途为非厂房	张江科建办于 2020 年 8 月 31 日作出了《关于张江光大园项目情况的确认函》，认可中京电子可以在宗地使用年限内继续按照现状用途使用张江光大园（张江科建办有权在其管辖范围内自行审批《建设工程规划许可证》相关事宜，系张江光大园规划用途事项的主管部门）

续表

基金名称	规划用途	实际用途	解决方式与风险缓释措施
东吴苏州工业园区产业园封闭式基础设施证券投资基金	1. 国际科技园五期 B 区项目的土地出让合同记载土地用途为“科研设计用地”，不动产权证上记载用途为“非居住”，规划批准书批复的用地性质为“教育、科研” 2. 苏州 2.5 产业园一期、二期项目的土地出让合同和不动产权证记载的土地用途为工业用地，园区规划建设局核发的建设工程规划许可证、规划批准书记载经批准的用地性质包括“工业（服务外包）”，核准建设内容为办公楼	1. 研发楼、孵化楼及商业配套 2. 办公及配套服务设施	律师出具意见认为实际用途符合规划用途
建信中关村产业园封闭式基础设施证券投资基金	土地规划用途为教育科研设计、地下车库，房屋规划用途为研发楼	研发办公、餐饮、停车场	1. 根据园区管理部门中关村科技园区海淀园管理委员会（以下简称海淀园管委会）出具的《中关村软件园 23 号楼房屋权属及用途的说明》，其中载明“拟在一层建设的‘服务驿站’主要是为公司员工提供用餐及配套服务”。 2. 标的项目位于中关村软件园，根据《中国开发区审核公告目录（2018 年版）》，中关村软件园所在的中关村科技园区海淀园的主导产业为电子信息、光机电一体化、新材料。中关村软件园是中关村国家自主创新示范区中的新一代信息技术产业高端专业化园区。中关村

续表

基金名称	规划用途	实际用途	解决方式与风险缓释措施
			软件园公司基于中关村软件园的产业定位，选择以研发为租赁用途的企业作为互联网创新中心5号楼项目的承租人入驻中关村软件园。区别于传统意义上在专门实验室等场所的研发工作，互联网创新中心5号楼项目的承租人进行相关研发工作，主要是由相关人员通过使用电脑设备和互联网完成，因此其研发场地的客观条件和办公场地具有相似性，且为保障研发工作正常运行也需要配套为相关人员提供处理企业日常事务的区域。因此标的项目的实际用途与租赁写字楼以纯粹办公为目的的情况相区别，不属于与其规划用途及其权证所载用途不一致的情形，标的项目的实际用途与其规划用途及其权证所载用途相符
华夏合肥高新创新产业园封闭式基础设施证券投资基金	规划用途为“工业类研发”或“研发”，不动产权证书记载用途为“工业”或“科研”的房屋	主要是作为研发、办公及商业等配套用途出租予信息技术产业、高新技术产业、科技研发产业等企业，另有少量用于商业等配套	1. 合肥市自然资源和规划局出具《关于合肥高新股份有限公司参与基础设施 REITs 试点申报意见的批复》，同意基础设施项目在宗地使用年限内应按相关政策要求结合区域经济发展需要开展招商运营工作，不得改变土地用途，具体由高新区管委会负责监督管理。高新区管委会出具《关于合肥高新股份有限公司参与基础设施 REITs 试点申报的批复》，同意基础设施项目在宗地使用年限内可以按现状使用，按照高新

续表

基金名称	规划用途	实际用途	解决方式与风险缓释措施
			区产业发展要求开展招商引资工作，入驻企业可包括但不限于动漫类、服务外包类企业，并接受高新区管委会监督 2. 合肥高新创新产业园已出具承诺函，承诺在本次基础设施公募 REITs 项目发行或存续期间，如规划和土地管理部门要求对土地及房屋的实际用途按照规划用途进行整改，因此给本基础设施公募 REITs 项目造成任何经济损失的，合肥高新创新产业园将承担全部赔偿责任
国泰君安临港创新智造产业园封闭式基础设施证券投资基金	1. 临港奉贤智造园一期：不动产权证的证载用途为“工业用地” 2. 临港智造园三期：不动产权证书的证载用途为“工业用地”	1. 临港奉贤智造园一期：以厂房用途对外出租 2. 临港智造园三期：以厂房用途对外出租	律师出具意见认为实际用途符合规划用途
国泰君安东久新经济产业园封闭式基础设施证券投资基金	1. 东久（金山）智造园：土地用途为工业用地，房屋用途为厂房 2. 东久（常州）智造园：土地用途为工业用地，房屋用途为生产 3. 东久（无锡）智造园：土地用途为工业用地，房屋用途为工业、交通、仓储 4. 东久（昆山）智造园：土地用途为工业用地，房屋用途为工业	1. 东久（金山）智造园：房屋出租用于厂房 2. 东久（常州）智造园：房屋出租用于厂房 3. 东久（无锡）智造园：房屋出租用于厂房 4. 东久（昆山）智造园：房屋出租用于厂房	汉坤律师事务所认为，东久（金山）智造园、东久（常州）智造园、东久（无锡）智造园、东久（昆山）智造园的规划用途、证载用途与租赁用途一致

续表

基金名称	规划用途	实际用途	解决方式与风险缓释措施
中金湖北科投光谷产业园封闭式基础设施证券投资基金	1. 光谷软件园 A1—A7 栋：土地用途为工业用地，房屋用途为办公 2. 光谷软件园 C6 栋：土地用途为工业用地，房屋用途为办公 3. 光谷软件园 E3 栋：土地用途为工业用地，房屋用途为办公 4. 互联网+项目：土地用途为工业用地，房屋用途为其他	1. 实际以办公用途对外出租，主要用作工业研发、软件、互联网、电子信息与商务、金融科技等相关企业的办公场所 2. 实际以办公用途对外出租，其中地上部分主要用作工业研发、软件、互联网、电子信息与商务、金融科技等相关企业的办公场所，地下部分用作停车场 3. 实际以办公用途对外出租，为留学生创业管理中心的办公场所 4. 实际以办公用途对外出租，主要用作工业研发、软件、互联网、电子信息与商务、金融科技等相关企业的办公场所	1. 符合相关规定及政策，不存在影响其持续经营的重大法律障碍 2. 符合相关规定及政策，不存在影响其持续经营的重大法律障碍 3. 符合相关规定及政策，不存在影响其持续经营的重大法律障碍 4. 符合相关规定及政策，不存在影响其持续经营的重大法律障碍
华夏杭州和达高科产业园封闭式基础设施证券投资基金	1. 孵化器项目：土地用途为科教用地，房屋用途为非住宅 2. 和达药谷一期项目：其土地用途为“工业（标准厂房）”，房屋用途为“非住宅”	1. 实际主要用于出租给入孵科技企业作为研发、办公用房及相关配套等 2. 实际主要用于出租给生物医药、医疗器械类产业等企业作为研发、生产、办公用房及相关配套等。部分房屋用于配套公寓及餐饮	1. 孵化器项目的租赁实际用途主要为出租给入孵科技企业作为研发、办公用房及相关配套等，符合规划用途 2. 和达药谷一期项目的租赁实际用途主要为出租给生物医药、医疗器械类产业等企业作为研发、生产、办公用房及相关配套等，符合规划用途，和达药谷一期项目的相关配套公寓及餐饮用房与其他用房一并作为和达药谷一期项目资产入池，具有合理性

资料来源：上海证券交易所—项目动态，http://www.sse.com.cn/reits/info/；深圳证券交易所—公募 REITs 信息平台—项目动态，http://reits.szse.cn/projectdynamic/index.html。

2. 产业园区资产的转让限制和解除

就产业园区资产的可转让性，可以分为以下两个层面分析：第一个层面是规则层面对相关资产的转让限制；第二个层面是相关资产涉及的手续文件以及合同所载明的资产转让限制。

（1）规则层面的转让限制

①地方性法规对于产业园区资产转让限制的规定

就产业园区资产而言，可能存在转让受限的资产范围包括土地使用权、建筑物所有权、公司股权、经营权等。各个地区对于所管理的产业园区资产的转让限制规定不尽相同，以下以北京、上海、苏州、深圳为例，结合相关规定对相关产业园区资产转让限制的规定进行归纳总结。

首先是针对产业项目的限制性规定，即限制的对象是有特定用途的资产（通常为工业项目或研发项目）。其中，根据资产性质的不同又可以分为两类，即直接转让土地及其上建筑物或通过转让持有土地及其上建筑物的公司股权间接达成转让目的。对于该类限制，各地的规定不尽相同：北京产业园区内的研发、工业项目（包括土地、房屋与股权）转让需经过园区管委会〔1〕的审批，如转让方为园区开发企业还需经过北京市人民政府〔2〕的审批；上海的工业用地、房屋及其对应股权转让需经出让土地使用权的行政主管

---

〔1〕 参见《关于进一步完善已建成研发、工业项目转让管理有关问题的通知》（京建发〔2019〕216 号）第 2 条：国务院、市政府批准设立的开发区、产业园区内的研发、工业项目，由所在园区的园区管理部门负责审核。其他研发、工业项目，由区政府确定行业主管部门负责审核。

〔2〕 参见《北京市人民政府关于加快科技创新构建高精尖经济结构用地政策的意见（试行）》（京政发〔2017〕39 号）第 2 条第 2 款第 2 段：经市、区政府授权，园区开发企业可依法使用园区产业用地，向入园企业出租，但不得转让；也可以建设并持有产业用房及其各项配套服务用房，出租给入园企业，但不得整体或分割销售，不得转让公司股权……以及《中关村国家自主创新示范区条例》（北京市第十三届人民代表大会常务委员会公告第 12 号）第 52 条第 2 款：示范区内原以协议出让方式取得的国有土地使用权不得擅自转让、改变用途；确需转让的，须报请市人民政府批准，土地所在地的区人民政府根据国家有关规定享有优先购买权。

部门同意;[1]深圳的协议出让的高新技术项目用地转让需由深圳市规划和自然资源部门批准。[2]

其次是针对受让方的限制性规定,即限制的对象是受让资产的主体。对受让方进行限制的方式分为两类:一类为政府部门享有对土地的优先购买权,另一类为政府主管部门对受让方进行审核,两类方式根据具体项目可能存在重叠。前一类情形包括北京中关村国家自主创新示范区内土地所在地的区政府对园区内土地使用权转让享有优先购买权,[3]苏州工业园区土地储备中心对园区内土地使用权转让享有优先购买权[4]以及深圳市政府及其指定部门对整体转让的工业楼宇及配套用房享有优先购买权[5];后一类情形包

---

〔1〕 参见《关于加强本市工业用地出让管理的若干规定》(府办〔2016〕23 号)第 15 条:在国有建设用地使用权出让合同中,应当包括以下土地使用条件,同时应当对受让人的违约责任做出约定……(一)工业用地产业项目类和研发总部产业项目类:1. 建设用地使用权不得整体或分割转让。2. 宗地上的房屋不得分幢、分层、分套转让。3. 建设用地使用权人出资比例结构、项目公司股权结构改变的,应当事先经出让人同意。4. 土地房屋整体转让的,需经出让人同意,也可按照出让合同约定由出让人或园区管理机构优先收购。采取土地房屋整体转让的,应当纳入全市统一土地交易市场实施。(二)工业用地标准厂房类:1. 建设用地使用权不得整体或分割转让。2. 宗地上的房屋不得分幢、分层、分套转让,可出租。3. 建设用地使用权人出资比例结构、项目公司股权结构改变的,应当事先经出让人同意。4. 土地房屋整体转让的,需经出让人同意,也可按照出让合同约定由出让人或园区管理机构优先收购。采取土地房屋整体转让的,应当纳入全市统一土地交易市场实施。

〔2〕 参见《深圳经济特区土地使用权出让条例》(2021 年修正)(深圳市第七届人民代表大会常务委员会公告第二十五号)第 39 条:以协议方式出让土地使用权的范围:(一)高新技术项目用地……第 44 条:依照本条例第三十九条第一款第一项规定减收土地使用权出让金取得土地使用权的,土地使用者将用地出租、转让,以及以土地使用权与他人合资、合作建设的,应当报经市规划和自然资源部门批准,重新签订出让合同……

〔3〕 参见《中关村国家自主创新示范区条例》(北京市第十三届人民代表大会常务委员会公告第 12 号)第 52 条第 2 款:示范区内原以协议出让方式取得的国有土地使用权不得擅自转让、改变用途;确需转让的,须报请市人民政府批准,土地所在地的区人民政府根据国家有关规定享有优先购买权。

〔4〕 参见《苏州工业园区国有土地收购实施办法》(苏园管规字〔2013〕3 号)第 5 条:土地收购范围:……(二)土地使用权转让时,储备中心可以优先收购……

〔5〕 参见《深圳市工业楼宇及配套用房转让管理办法》(深府办规〔2020〕2 号)第 13 条:按照本办法规定仅能以宗地为单位整体转让的工业楼宇及配套用房或者独立工业配套宿舍用地进行整体转让的,自用地批准文件生效之日或者土地使用权出让合同签订之日起不满 15 年进行整体转让的,政府及其指定部门在同等条件下享有优先购买权。

括北京开发区、产业园区内的产业项目[1]、苏州工业项目用地[2]以及深圳一级工业用地管理线内土地[3]。若前述双重限制均适用，则需对应政府部门放弃优先购买权且受让方经过主管部门审核方可转让产业园区资产。

②园区管委会等主管部门在实践中的限制性要求

由于产业园区项目用地一般为科研用地、工业用地等特殊用地，加之产业园区常伴有特殊的政策要求，因此建议与园区管委会等对应主管部门进行充分的访谈与沟通，了解主管部门在实践中的限制性要求。即使相关法律法规或项目文件中没有明确关于资产转让的前置审批要求，也不排除主管部门在实践中仍存在例如股权转让需要履行批准程序等具体主管要求。

③国家发改委对以产业园区资产开展基础设施 REITs 试点的进一步要求

在“958 号文”附件《REITs 试点项目申报要求》第 2 条第 3 款第 2 点中，国家发改委对产业园试点项目在资产转让方面提出了两点要求：第一，以划拨方式取得土地使用权的，须取得土地所在地的市（县）人民政府或自然资源行政主管部门对项目以 100%股权转让方式发行基础设施 REITs 的无异议函（以下简称股权转让无异议函），以协议出让方式取得土地使用权的，须取得原土地出让合同签署机构（或按现行规定承担相应职责的机构）的股权转让无异议函；第二，如相关规定或协议对项目公司名下的土地使用权、项目公司股权、特许经营权、经营收益权、建筑物及构筑物等转让或相关资产处置存在任何限定条件、特殊规定约定的，应取得相关有权部门的股权转让无异议函。由此可见，国家发改委对于资产转让限制实行审慎的穿透式监管思路，即便在试点项目中仅涉及公司股权转让，不涉及对底层资产（如土地使用权、房

[1] 参见《关于进一步明确已建成产业项目买受人审核有关问题的通知》（京建发〔2019〕217 号）第 1 条：国务院、市政府批准设立的开发区、产业园区内的产业项目，由所在园区的园区管理部门负责审核。其他产业项目，由区政府确定行业主管部门负责审核。

[2] 参见苏州市工业项目用地公开交易暂行办法》（苏府〔2007〕84 号）第 21 条：受让人取得工业用地使用权后，可以依法转让……出让文件和《出让合同》须明确转让工业用地使用权应当符合以下条件：……（三）新受让人必须符合原出让文件中限定的竞买资格，并经土地行政主管部门和发改或经贸系统投资管理部门审核同意……

[3] 参见《深圳市工业区块线管理办法》（深府规〔2018〕14 号）第 23 条：一级线内工业用地的转让或地上工业楼宇分割转让，受让方应当是从事制造业的生产、研发、设计等环节的工业企业或生产性服务业企业，并有 3 年以上合法纳税记录（或投资方有合法纳税记录），由各区指定部门或机构对受让方条件进行审核并出具意见。

屋等建筑物所有权)的重组和权属变更,只要底层资产涉及划拨用地、协议出让用地等特殊用地情形或者底层资产存在转让限制,便需要取得相关有权机构的同意(适用于底层资产存在转让限制)和股权转让无异议函。

(2)项目手续文件以及合同所载明的资产转让限制

在产业园区资产涉及的各类项目手续文件中,包括但不限于立项审批、核准或备案文件、土地使用权出让合同/划拨决定等,可能存在关于相关资产转让的限制性要求。此外,在产业园区资产涉及的各类合同中,包括但不限于贷款合同、服务合同等,也可能对于相关资产转让存在需要取得合同相对方同意等限制性约定。因此,在尽职调查过程中,应当对产业园区资产涉及的各类项目手续文件以及各类合同的内容予以关注。如存在相关转让限制,则需根据上述"958 号文"的规定取得相关有权机构的同意和股权转让无异议函。

3. 国家发改委对于产业园区试点项目的其他法律关注要点

根据和国家发改委在答辩环节对若干试点项目的沟通情况,除上述内容外,国家发改委对于产业园区试点项目的其他法律关注要点主要还包括如表 5-5 所示的内容。

表 5-5　国家发改委对于产业园区试点项目的其他法律关注要点

法律关注要点	主要内容
土地合规性	土地使用权的获取方式、土地出让金的缴纳情况
国有资产转让安排	国有资产转让要求、是否可豁免进场交易
税收安排	相关税收的应缴纳情况及拟缴纳安排
REITs 设立方案	资产重组方案(如有)、项目公司股债结构方案
运营管理安排	运营管理机构的权责利和奖惩机制

4. 交易所 2023 年修订的 1 号指引涉及的其他关注要点

2023 年 5 月 12 日,上交所和深交所分别发布了《上交所公募 REITs 指引 1 号(2023 年修订)》《深交所公募 REITs 指引 1 号(2023 年修订)》。上述文件的第三章第 44 条至第 60 条专门对于产业园区类基础设施项目进行了详细的规定,本文对于其中涉及的法律关注要点梳理如下:

(1)在土地取得方式方面,产业园区项目涉及的土地使用权原则上应当以出让等有偿使用方式取得。

(2)在转让限制方面,产业园区项目涉及的固定资产报建手续、不动产权证书、融资合同、政策文件、土地出让合同等应当不存在对基础设施项目的土地、资产、股权等转让限制。存在转让限制的，主管机关或者相关权利方应当对项目以转让全部股权方式发行基础设施基金无异议。管理人和律师应当对相关事项进行核查并发表明确意见。

(3)在资产范围方面，产业园区项目资产范围包含配套设施的，管理人应当披露配套设施估值、现金流占比及其入池的合理性。

(4)在租赁关系方面，涉及较多的法律关注事项：其一，产业园区项目涉及的租赁合同应当合法有效，并符合相关登记备案的管理规定。租赁合同未按照规定办理登记备案手续的，管理人应当披露原因，充分揭示风险，并设置风险缓释措施。其二，产业园区项目重要现金流提供方的行业属性应当与园区规划相符，如存在差异，则应披露租户行业属性与园区规划不相符的原因以及是否符合相关法律法规和政策文件的要求、行业属性与园区规划不相符的租户提供的收入占比、对基础设施基金的影响。其三，租户涉及政府类机构的，其运营应当符合市场化原则。其四，关注产业园区项目报告期内租金减免情况。其五，关注重要现金流提供方的租约期限、合同续签安排、承租面积占比和租金占比等租赁情况。其六，核查基础设施基金存续期间产业园区项目是否存在重要租户换租、集中换租风险。

(四)产业园区公募 REITs 项目的法律重点节点问题

1. 重组方案

如在基础设施 REITs 项目中，持有拟入池基础设施项目的公司同时涉及其他的资产、负债等，则需要考虑将该等基础设施项目剥离到单独的项目公司中，再将项目公司股权转让给基础设施 REITs 项下相关载体，剥离方式包括出资、分立等法律形式。在重组方案中，税务筹划通常会是整体安排最重要的考虑因素，具体的重组细节往往是根据相应的税收政策逐一对应设计。例如，根据国家税务总局《关于纳税人资产重组有关增值税问题的公告》(国家税务总局公告 2011 年第 13 号)的规定，“纳税人在资产重组过程中，通过合并、分立、出售、置换等方式，将全部或者部分实物资产以及与其相关联的债权、负债和劳动力一并转让给其他单位和个人，不属于增值税的征税范围，其中涉及的货物转让，不征收增值税”，因此可以考虑资产、负债与人员一并转移的重组安排以合理避免缴纳增值税。以下以出资形式的重组方案为例，就资产、负债与人员的转让的法律关注要点进行分析。

(1)资产转移

拟入池资产一般体现为土地使用权及房屋所有权,对此存在以下三种可能的资产转移法律方案:

①无偿划转

无偿划转是指原始权益人直接将拟入池资产无偿划转进项目公司。根据《企业国有产权无偿划转管理暂行办法》(国资发产权〔2005〕239 号)第 2 条第 1 款[1]和《企业国有产权无偿划转工作指引》(国资发产权〔2009〕25 号)第 2 条第 1 款[2],无偿划转只有在划入方和划出方都是国有独资的情形下才能操作。由于项目公司一般是原始权益人新设并全资持有的公司,因此需要审查原始权益人是否为国有独资企业。

②设立出资

设立出资是指原始权益人以拟入池资产直接出资设立项目公司。《公司法》第 27 条[3]规定,土地使用权等可以用货币估价并可以依法转让的非货币财产可以作价出资。

③设立后增资

设立后增资是指原始权益人先以小额资金出资设立项目公司,然后以拟入池资产对项目公司进行增资。根据财政部、税务总局《关于继续支持企业事业单位改制重组有关契税政策的通知》(财税〔2018〕17 号)第 6 条第 2、3 款,"同一投资主体内部所属企业之间土地、房屋权属的划转,包括母公司与其全资子公司之间……免征契税。母公司以土地、房屋权属向其全资子公司增资,视同划转,免征契税",因此,如采用设立后增资而非设立出资的方

---

〔1〕《企业国有产权无偿划转管理暂行办法》(国资发产权〔2005〕239 号)第 2 条第 1 款:本办法所称企业国有产权无偿划转,是指企业国有产权在政府机构、事业单位、国有独资企业、国有独资公司之间的无偿转移。

〔2〕《企业国有产权无偿划转工作指引》(国资发产权〔2009〕25 号)第 2 条第 1 款:国有独资企业、国有独资公司、国有事业单位投资设立的一人有限责任公司及其再投资设立的一人有限责任公司(以下统称国有一人公司),可以作为划入方(划出方)。

〔3〕《公司法》第 27 条:股东可以用货币出资,也可以用实物、知识产权、土地使用权等可以用货币估价并可以依法转让的非货币财产作价出资;但是,法律、行政法规规定不得作为出资的财产除外。对作为出资的非货币财产应当评估作价,核实财产,不得高估或者低估作价。法律、行政法规对评估作价有规定的,从其规定。

式,可以合理避免缴纳契税。

(2)负债转移

《民法典》第 551 条[1]第 1 款规定,债务转移要取得相关债权人同意,因此在实际操作中就相应的债务转移一般需要签署债务转移协议。自签署的相应协议约定的条件满足之日起,相应的债务由原始权益人转移给项目公司,由项目公司作为债务人承担对该等债务的清偿责任。

(3)人员转移

在人员转移中,原始权益人需将与其建立劳动关系的员工的劳动关系变更至项目公司名下,由项目公司与该等员工建立新的劳动关系。原始权益人需要终止与拟转移员工的劳动合同,并且原始权益人需要协调该等员工与项目公司于原劳动合同终止之日签署完毕新劳动合同,之后原始权益人和项目公司需要按照国家有关法律法规和有权主管机构要求在履行必要的程序后对该等员工办理各项相关的转移手续,如社保关系等。

2. 重组涉及的基础设施项目的租赁合同变更

(1)租赁关系改造

在重组过程中,通常涉及对基础设施项目的原租赁关系的改造。在基础设施项目的所有权转移至项目公司名下前,原始权益人与承租人签署了相应的基础设施项目的租赁合同。在基础设施项目的所有权转移至项目公司名下后,根据《民法典》第 725 条[2]和最高人民法院《关于审理城镇房屋租赁合同纠纷案件具体应用法律若干问题的解释》(法释〔2020〕17 号)第 14 条[3],基础设施项目的租赁合同的出租人发生变更,由项目公司作为新的出租人继续履行原租赁合同,因此由项目公司承继了原始权益人在原租赁合同项下作为出租人的权利和义务。对此,一般需要由原始权益人、项目公司与承租人签署

---

〔1〕《民法典》第 551 条:债务人将债务的全部或者部分转移给第三人的,应当经债权人同意。债务人或者第三人可以催告债权人在合理期限内予以同意,债权人未作表示的,视为不同意。

〔2〕《民法典》第 725 条:租赁物在承租人按照租赁合同占有期限内发生所有权变动的,不影响租赁合同的效力。

〔3〕《最高人民法院关于审理城镇房屋租赁合同纠纷案件具体应用法律若干问题的解释》(法释〔2020〕17 号)第 14 条:租赁房屋在承租人按照租赁合同占有期限内发生所有权变动,承租人请求房屋受让人继续履行原租赁合同的,人民法院应予支持。但租赁房屋具有下列情形或者当事人另有约定的除外:(一)房屋在出租前已设立抵押权,因抵押权人实现抵押权发生所有权变动的;(二)房屋在出租前已被人民法院依法查封的。

相应租赁合同的变更协议，对项目公司承继原始权益人在原租赁合同项下作为出租人的权利和义务的相关安排予以明确。需要特别注意的是，由于项目公司所承继的权利包括在原租赁合同项下作为出租人收取并持续持有预收租金及租赁保证金的权利，因此原始权益人需要将其已收取并持有的预收租金及租赁保证金转移交付给项目公司。

(2)过渡期的相关安排

在租赁关系改造的过程中，从办理完毕基础设施项目的不动产转移登记之日到相应的租赁合同变更协议完成签署之日之间可能存在时间差，就这段时间(过渡期)的相关安排需要进行特别约定。在过渡期内，由于租赁合同的变更协议尚未签署完毕，承租人仍可能向原始权益人而非项目公司支付应付租金及其他款项。对此，建议约定在过渡期内项目公司委托原始权益人以其自己的名义，代表项目公司继续履行已签署的相应租赁合同并代为收取相应的租金及其他款项，并将所收取的租金及其他款项及时转付至项目公司的指定账户。在相应的租赁合同变更协议完成签署后，过渡期结束，相应的租金及其他款项的支付根据租赁合同变更协议的约定执行。

二、产业园区基础设施公募 REITs 的案例分析

(一)产业园区 REITs 的案例分析一：蛇口产园 REIT[1]

1. 蛇口产园 REIT 基本情况

以下案例的内容来源于《北京市中伦律师事务所关于博时招商蛇口产业园封闭式基础设施证券投资基金发售募集的法律意见书》《博时招商蛇口产业园封闭式基础设施证券投资基金招募说明书(草案)》，最终以前述法律意见书、招募说明书的内容为准。

2021 年 6 月，博时招商蛇口产业园封闭式基础设施证券投资基金(以下简称蛇口产园 REIT)成为在沪深交易所上市的首批 9 只基础设施公募 REITs。该基金为在深交所上市交易的封闭式契约型基金，基金管理人为博

[1] 参见《北京市中伦律师事务所关于博时招商蛇口产业园封闭式基础设施证券投资基金发售募集的法律意见书》《博时招商蛇口产业园封闭式基础设施证券投资基金招募说明书(草案)》，载深圳证券交易所网站 2021 年 4 月 23 日，http://reits.szse.cn/projectdynamic/detail/index.html?id=5000004。

时基金管理有限公司,基金托管人为招商银行股份有限公司,计划管理人为博时资本管理有限公司,计划托管人为招商银行股份有限公司,运营管理机构为深圳市招商创业有限公司(以下简称招商创业)。

项目募集资金首次募集资金人民币 20.79 亿元,募集资金用途主要是认购招商蛇口博时产业园基础设施 1 期资产支持专项计划的全部资产支持证券。

蛇口产园 REIT 的收入主要来源于万融大厦项目和万海大厦项目中的提供劳务收入(物业管理费收入)以及让渡资产使用权收入。主要包括:①产业研发办公物业租赁收入,即项目公司取得的其与相关方签署的相应租赁合同项下的租赁收入;②其他收入,即项目公司取得的基础设施管理收入、基础设施服务收入(含广告收入、物业管理费收入、车位收入、其他基础设施服务收入等)。营业收入主要为市场化运营产生,不依赖第三方补贴等非经常性收入。

蛇口产园 REIT 发行招募文件显示该项目有较为稳健的历史现金流表现和预期,2018 年至 2020 年,万融大厦项目营业收入分别为 5052.46 万元、4872.18 万元、4914.00 万元,万海大厦项目营业收入分别为 8275.08 万元、8310.09 万元、6579.37 万元。2020 年年度基础设施资产合计营业收入较 2019 年有所降低,主要是受疫情因素影响,根据《关于应对新冠肺炎疫情进一步帮扶服务业小微企业和个体工商户缓解房屋租金压力的指导意见》《关于进一步做好服务业小微企业和个体工商户房租减免工作的通知》《关于积极应对新冠肺炎疫情进一步帮扶服务业小微企业和个体工商户缓解房屋租金压力的实施方案》,项目对受新冠疫情影响的小微企业和个体工商户实行不超过 3 个月租金减免政策。截至 2020 年 12 月 31 日,减免工作已全部完成,合计对租户减免租金人民币 1867.83 万元,剔除减免租金影响因素 2020 年年度营业收入与 2019 年、2018 年保持平稳,收入及利润较为稳定。根据《博时招商蛇口产业园封闭式基础设施证券投资基金 2021 年年度报告》,该项目 2021 年 6 月 7 日至 2021 年 12 月 31 日的总营业收入为 7691.43 万元,可供分配金额为 5283.79 万元。2022 年,该项目预计总营业收入为 14,531.76 万元,预计可供分配金额分别为 9280.00 万元,预计投资人净现金流分派率为 4.17%。

2. 蛇口产园 REIT 底层资产的基本情况

蛇口产园 REIT 对应的基础设施项目分别为位于深圳市南山区蛇口网谷

产业园的万融大厦和万海大厦。万融大厦项目和万海大厦项目的简况如表 5-6 所示。

表 5-6 万融大厦项目和万海大厦项目的简况

项目	万融大厦项目简况	万海大厦项目简况
所在地	深圳市南山区蛇口网谷产业园	深圳市南山区蛇口网谷产业园
产权证书号	粤(2020)深圳市不动产权第 0252616 号	粤(2020)深圳市不动产权第 0251900 号 粤(2020)深圳市不动产权第 0251901 号 粤(2020)深圳市不动产权第 0251902 号
建设内容和规模	土地面积:17,243.53 平方米 建筑面积:41,707.23 平方米 用途:工业、商业、食堂	土地面积:18,241.21 平方米 建筑面积:1 栋 20,308.3 平方米、2 栋 12,065.17 平方米、3 栋 21,219.37 平方米,合计 53,592.84 平方米 用途:1 栋工业、商业;2 栋工业、商业;3 栋工业、食堂、配套
用地性质	工业用地	工业用地
土地使用期限	土地使用期限 50 年,从 2012 年 7 月 17 日至 2062 年 7 月 16 日	土地使用期限 50 年,从 2012 年 9 月 30 日至 2062 年 9 月 29 日
开竣工时间	开工时间:2012 年 9 月 竣工时间:2014 年 1 月	开工时间:2013 年 3 月 竣工时间:2014 年 7 月
可租赁面积及车位	可租赁面积:41,610.68 平方米 车位数量:322 个	可租赁面积:52,646.25 平方米 车位数量:335 个
交通情况	毗邻主干道南海大道,距地铁一号线水湾站及海上世界站直线距离约 500 米,步行约 10 分钟;毗邻在建地铁 12 号线工业六路站(预计 2022—2023 年开通),直线距离约 400 米内,步行约 4 分钟	毗邻主干道南海大道,距地铁一号线水湾站及海上世界站直线距离约 500 米,步行约 10 分钟;毗邻在建地铁 12 号线工业六路站(预计 2022—2023 年开通),直线距离均在 150 米内,步行约 3 分钟
评估价值	人民币:103,500 万元 (基于 2020 年 12 月 31 日时点)	人民币:149,300 万元 (基于 2020 年 12 月 31 日时点)

3. 蛇口产园 REIT 的特殊关注点分析

(1)合规手续不全

对于报批报建手续,在开发建设阶段,万海大厦项目未根据当时适用的法规依法办理节能评估和审查手续。开发建设期间适用的《广东省固定资产投资项目节能评估和审查暂行办法》(已失效)第 2 条规定:"全省范围内需审批、核准的固定资产投资项目(含新建、改建、扩建项目)依照本办法进行节能评估和审查。"根据《深圳市社会投资项目核准通知书》,万海大厦项目为实行核准制的固定资产投资项目,应当办理节能评估和审查手续。但万海大厦项目未依法办理节能评估和审查手续。

为此,招商创业已委托第三方机构编制了《蛇口网谷万海大厦项目节能评估报告》。根据《关于蛇口网谷万海大厦项目节能评估工作的说明函》记载,万海大厦项目按照相关节能标准建设,符合建筑节能标准要求;招商创业也已就万海大厦项目取得《建筑节能专项验收意见书》,该意见书载明万海大厦项目"符合建筑节能标准要求"。此外,根据现行有效的法规,万海大厦不需要进行节能审查工作。万海大厦项目属于年综合能源消费量不满 1000 吨标准煤且年电力消费量不满 500 万千瓦·时的固定资产投资项目,根据现行有效的《固定资产投资项目节能审查办法》、《广东省发展和改革委员会、广东省经济和信息化委员会关于印发〈广东省固定资产投资项目节能审查实施办法〉的通知》、深圳市发改委《关于进一步做好节能审查工作的通知》的相关规定,该项目不需要进行节能审查工作,由招商创业自行编制或委托专业机构编制节能报告即可。

(2)土地相关手续瑕疵

该项目中,万融大厦、万海大厦均属于拆除重建类城市更新项目。招商创业在该地块上持有原有合法建筑的所有权。根据深圳市的规定,该类拆除重建项目需重新签订土地出让合同,且对原有合法建筑面积不再计收地价,增加部分按现行地价标准 0.5 倍计收。招商创业已缴清前述增加部分对应的地价款,但未取得就其原有合法建筑面积缴纳地价款的凭证。

为此,招商蛇口出具补足地价款承诺函,若存在因未足额缴纳地价款而被相关政府部门追缴并处以罚金的可能,招商蛇口承诺由其补足地价款并缴纳罚金作为风险缓释措施,承诺有效期截至万海大厦、万融大厦项目地块土地使用权到期之日。

(3)土地实际用途与规划用途不一致

对于土地用途,万融大厦土地出让合同、工程规划许可证记载用途为"土地:一类工业用地;房屋:工业、商业、食堂",不动产权证记载用途为"土地:工业用地;房屋:工业、商业、食堂",万海大厦土地出让合同、工程规划许可证记载用途为"土地:一类工业用地;房屋:工业用房及配套",不动产权证记载用途为"土地:工业用地;房屋:工业、商业、食堂",然而,万融大厦和万海大厦的实际用途为"作为研发办公及商业等配套用途出租予信息技术产业、文化创意产业等企业",存在规划用途与实际用途不一致的情况。

为此,根据深圳市规土委第二管理局核发的《宝耀片区专项规划批复》,该局同意通过拆除重建将包括万融大厦项目、万海大厦项目在内的宝耀片区更新单元升级改造为"蛇口网谷"互联网基地,宝耀片区内产业定位为互联网、电子商务基础及应用、物联网技术及应用示范三大核心主体园区及公共技术平台。根据律师对深圳市规划和自然资源局南山管理局的访谈,该局作出如下口头答复意见:"互联网产业等新型产业用途属于工业用途的一种,基础设施项目(万融大厦项目、万海大厦项目)实际可以用于互联网等新型产业的研发办公及商业等配套用途。"此外,就基础设施项目实际用途与其规划用途及其权证所载用途不一致的风险,已由招商蛇口承诺赔偿项目公司因此所遭受的全部损失(如有)作为风险缓释措施,承诺有效期截至各基础设施项目所在地块的土地使用权到期之日(包括土地使用权续期期间)。

(二)产业园区 REITs 的案例分析二:张江光大园 REIT[1]

以下案例的内容来源于《北京市汉坤律师事务所关于申请募集注册华安张江光大园封闭式基础设施证券投资基金的法律意见书》《华安张江光大园封闭式基础设施证券投资基金招募说明书(草案)》,最终以前述法律意见书、招募说明书的内容为准。

1. 张江光大园 REIT 基本情况

2021 年 6 月 21 日,华安张江光大园封闭式基础设施证券投资基金(以下

---

[1] 参见《北京市汉坤律师事务所关于申请募集注册华安张江光大园封闭式基础设施证券投资基金的法律意见书》《华安张江光大园封闭式基础设施证券投资基金招募说明书(草案)》,载上海证券交易所网站 2021 年 5 月 6 日,http://www.sse.com.cn/reits/info/index_detail.shtml?audit_id=16989。

简称张江光大园 REIT）成为在沪深交易所上市的首批 9 只基础设施公募 REITs，也是上海首单产业园区公募 REITs。

该基金为在上交所上市交易的封闭式契约型基金，基金管理人为华安基金管理有限公司，基金托管人为招商银行股份有限公司，计划管理人为上海国泰君安证券资产管理有限公司（以下简称国君资管），计划托管人为招商银行股份有限公司上海分行，运营管理机构为上海集挚咨询管理有限公司（以下简称集挚咨询）。

项目首次发行规模为人民币 14.95 亿元，募集资金最终用途主要是通过基础设施资产支持证券、项目公司等特殊目的载体穿透取得基础设施项目完全所有权或经营权利。由于集挚咨询旗下拥有较大规模的产业园区项目储备，该产品不排除在未来选择符合条件的资产进行扩募。

张江光大园 REIT 的资金来源主要是经营性租赁收入、物业管理服务收入及其他收入。截至 2020 年年末，张江光大园入驻企业租赁面积主要集中于 1000（含）至 5000 平方米（不含）的区间，入驻企业租赁面积占比达到已租赁面积的 47.36%，2020 年年度租金收入占比 60.01%。从行业分布、租约期限、租约面积、十大租户占比情况等方面来看，张江光大园现金流来源有一定的合理分散度，满足公募 REITs 分散度的要求。

张江光大园 REIT 发行招募文件显示该项目有较为稳健的历史现金流表现和预期，2017 年 5—12 月营业收入合计为 47,946,500 元，2018 年营业收入合计为 84,743,000 元，2019 年营业收入合计为 71,836,600 元，2020 年营业收入合计为 83,444,800 元。根据《华安张江光大园封闭式基础设施证券投资基金 2021 年年度报告》，2021 年 6 月 7 日至 2021 年 12 月 31 日，该项目的总营业收入为 5047.89 万元，可供分配现金流为 4226.25 万元。2022 年项目预计营业收入为 83,948,433.18 元，预计净现金流分派率为 4.11%。

2. 张江光大园 REIT 底层资产的基本情况

张江光大园 REIT 在基金存续期内主要投资于产业园区类型的基础设施资产支持证券，底层资产为张江光大园的房屋所有权及其占用范围内的国有建设用地使用权，张江光大园的简况如表 5-7 所示。

表 5-7 张江光大园的简况

项目	简况
所在地	地处中国(上海)自由贸易试验区盛夏路 500 弄,位于国家级高科技产业园区张江科学城集成电路产业园核心区,东临盛夏路,南临 895 创新基地、西临浦东新区星创科技广场,北临展想广场
规模	园区总建筑面积 50,947.31 平方米。截至 2020 年年末,张江光大园共有 267 个可用车位,其中地库机械车位 100 个,非机械车位 99 个,地面非机械停车位 68 个
用地属性	项目用地经出让取得,中京电子已于 2017 年 3 月 7 日取得了上海市不动产登记局核发的不动产权证,产证号为沪(2017)浦字不动产权第 026326 号,权利类型为国有建设用地使用权/房屋所有权,国有建设用地使用权使用期限为 2008 年 2 月 20 日至 2055 年 12 月 31 日,土地权利性质为出让,土地用途为工业
收入来源和依据	收入主要来源于张江光大园出租房屋或车位所得的经营性租赁收入、物业管理服务收入及其他收入
评估价值	人民币:147,000 万元(基于 2020 年 12 月 31 日时点)

3. 张江光大园 REIT 的特殊关注点分析

(1)合规手续不全

在张江光大园 REIT 公开披露的文件中,张江光大园 7 号项目在报送设计文件审查时,未一同报送已获通过的节能审查意见或节能登记备案意见。

对此,中京电子已于 2014 年 10 月 20 日取得了上海市浦东新区规划和土地管理局出具的编号为"沪浦规土许设张〔2014〕第 31 号"的《关于核发盛夏中京科技园〈建设工程规划设计要求通知单〉的决定》,未出现因缺少节能登记备案文件而不予受理的情形。

根据《国家发展改革委关于印发〈不单独进行节能审查的行业目录〉的通知》(发改环资规〔2017〕1975 号),7 号项目年综合能源消费量(增量)在 1000 吨标准煤以下且年电力消费量(增量)在 500 万千瓦・时以下,应按照相关节能标准、规范建设,不再单独进行节能审查,不需报请节能审查。

此外,本项目节能审查、验收事宜主管机关上海市张江科学城建设管理办公室已出函确认张江光大园项目(1—6 号项目及 7 号项目)的投资、报建及验收等固定资产投资建设手续合法合规。

(2)土地实际用途与规划用途不一致

在张江光大园 REIT 公开披露的文件中,存在张江光大园的部分租户未将承租房屋用作《建设工程规划许可证》规划的用途厂房的情形。

根据上海市人民政府网发布的《上海市人民政府关于由上海市张江科学城建设管理办公室接受市级部门委托实施一批行政审批等事项的通知》及后附《上海市张江科学城建设管理办公室接受市级部门委托实施的行政审批等事项目录》第 16 项,张江科建办有权在其管辖范围内自行审批《建设工程规划许可证》相关事宜,其系张江光大园规划用途事项的主管部门。

就上述房屋实际使用用途,张江科建办于 2020 年 8 月 31 日作出了《关于张江光大园项目情况的确认函》,认可"中京电子投资建设了张江光大园,并完成了相应的规划验收手续,项目投资、报建及验收等固定资产投资建设手续合法合规。目前,张江光大园的运营和管理符合上海市张江高科技园区集成电路产业区的产业导向和整体规划要求,中京电子可以在宗地使用年限内继续按照现状用途使用张江光大园"。

(3)资产转让限制与解除

第一,法规政策的限制:根据上海市人民政府办公厅于 2016 年 3 月 30 日印发的《上海市人民政府办公厅转发市规划国土资源局制订的〈关于本市盘活存量工业用地的实施办法〉的通知》,以及上海规划和国土资源管理局、上海市经济和信息化委员会、上海市科学技术委员会于 2018 年 11 月 16 日印发的《关于本市推进产业用地高质量利用的实施细则》的规定,项目公司股权转让需要获得土地出让人的同意。

对此,根据张江光大园 REITs 对应的法律意见书[1]作为基础设施项目所在地土地资源管理部门的上海市浦东新区规划和自然资源局(以下简称浦东新区规自局)于 2020 年 12 月 22 日出具了《关于同意以张江光大园资产申请试点发行公募 REITs 的无异议函》,明确在不改变张江光大园项目占用范围内土地用途、性质的前提下,浦东新区规自局对张江光大园项目以 100%股权转让方式发行基础设施 REITs 无异议。

第二,相关融资和担保合同对转让的限制:中京电子、安恬投资与工商银

---

〔1〕 参见《北京市汉坤律师事务所关于申请募集注册华安张江光大园封闭式基础设施证券投资基金的法律意见书》,载上海证券交易所网站 2021 年 5 月 6 日,http://www.sse.com.cn/reits/info/index_detail.shtml? audit_id=16989。

行上海虹口支行签订的借款合同、抵押合同与质押合同约定了发生股权变动时应当通知工商银行虹口支行，工商银行虹口支行与安恬投资签订的《并购借款合同》还规定需要经过虹口支行的书面同意或者就虹口支行的债权实现做出令其满意的安排。

对此，根据工商银行上海虹口支行出具的《提前还款同意函》，其同意基于发行公募 REITs 之目的转让项目公司 100%股权；在项目公司以发行公募 REITs 募集资金用于偿还工商银行上海虹口支行的借款后，工商银行上海虹口支行将及时配合办理编号抵押合同项下抵押权的注销登记、质押合同项下项目公司股权和应收账款质押的注销登记。

第三，环境保护的限制：上海市环境保护局、上海市规划和国土资源管理局于 2016 年 6 月 13 日公布的《上海市经营性用地和工业用地全生命周期管理土壤环境保护管理办法》第 7 条第 2 款规定："经营性用地和工业用地出让、转让前，土地储备机构或土地使用权人应组织完成土壤环境调查评估，需治理修复的，应组织实施修复并达到环保要求，并将相关材料报所在地区（县）环保局。土地出让人在土地出让前应征询土地所在地区（县）环保局意见。对于存在污染或治理修复未达环保要求的地块不得出让、转让。"

对此，张江集电和中京电子已于 2021 年 3 月 19 日出具了《关于张江光大园项目土壤环境评估事宜的说明及承诺函》，张江集电和中京电子承诺将在公募 REITs 发行前按照《上海市经营性用地和工业用地全生命周期管理土壤环境保护管理办法》第 7 条第 2 款规定组织完成土壤环境调查评估，如需治理修复的，将会组织实施修复并达到环保要求，并将相关材料报送所在地区（县）环保局，在未完成上述程序前不进行基础设施 REITs 基金份额的发售；张江集电承诺，如基础设施 REITs 发行前的原因导致张江光大园项目因土壤环境评估事宜而引发的任何行政处罚、赔偿和责任等将由张江集电承担。

（三）产业园区 REITs 的案例分析三：建信中关村产业园 REIT[1]

以下案例的内容来源于《北京市中伦律师事务所关于建信基金管理有限

---

〔1〕参见《北京市中伦律师事务所关于建信基金管理有限责任公司申请建信中关村产业园封闭式基础设施证券投资基金注册的法律意见书（申报稿）》《建信中关村产业园封闭式基础设施证券投资基金招募说明书（草案）》，载上海证券交易所网站 2021 年 10 月 15 日，http://www.sse.com.cn/reits/info/index_detail.shtml? audit_id=18465。

责任公司申请建信中关村产业园封闭式基础设施证券投资基金注册的法律意见书(申报稿)》《建信中关村产业园封闭式基础设施证券投资基金招募说明书(草案)》,最终以前述法律意见书、招募说明书的内容为准。

1. 建信中关村产业园 REIT 基本情况

2021 年 12 月,建信中关村产业园封闭式基础设施证券投资基金(以下简称建信中关村产业园 REIT)在上交所上市,为北京发行的首单公募 REITs。该基金的基金管理人为建信基金管理有限责任公司,基金托管人为交通银行股份有限公司,计划管理人为建信资本管理有限责任公司,计划托管人为交通银行股份有限公司北京市分行,运营管理机构为北京中关村软件园发展有限责任公司(以下简称中关村软件园公司)。

项目整体基金募集 28.8 亿元,发行份额 9 亿份,募集资金最终用途主要是通过基础设施资产支持证券、项目公司等特殊目的载体穿透取得基础设施项目完全所有权或经营权利,并投资于优质园区类基础设施项目资产。由于中关村软件园公司自成立以来一直专注于大信息产业组织和科技园区运营,具有丰富的运营经验,因此不排除在未来选择符合条件的资产进行扩募。

穿透来看,建信中关村产业园 REIT 的资金来源是中关村软件园内互联网创新中心 5 号楼、协同中心 4 号楼和孵化加速器的研发用房及配套和车位租赁产生的租金收入,项目依托于中关村软件园的产业聚集,向租户提供研发办公空间并获取租金收益。此外,为给租户提供必要的配套,也有出租物业底层部分面积给餐饮配套等企业,从而获得配套租金收入,并出租地下车位获得停车场租金收入。按穿透原则可以认定实质来源于入驻企业支付的租金,为市场化运营产生,不依赖第三方补贴等非经常性收入因此满足公募 REITs 分散度的要求。

2. 建信中关村产业园 REIT 底层资产的基本情况

建信中关村产业园 REIT 在基金存续期内主要投资于优质园区类基础设施项目资产,穿透取得包括互联网创新中心 5 号楼项目、协同中心 4 号楼项目和孵化加速器项目,互联网创新中心 5 号楼项目、协同中心 4 号楼项目和孵化加速器项目的简况如表 5-8 所示。

表 5-8 建信中关村产业园 REIT 底层资产的基本情况

项目	互联网创新中心 5 号楼项目基本情况	协同中心 4 号楼项目基本情况	孵化加速器项目基本情况
所在地	北京市海淀区上地区域,该区域以上地信息产业基地为中心,南至清河,北至后厂村路,西至西北旺东路,东至京藏高速		
规模	总可出租面积约为 66,317.71 平方米,折算为产证面积后的总可出租面积为 63,828.00 平方米,整体出租率约 90% 其中,研发用房位于地上一层至地上六层和地下一层局部,总可出租面积为 62,976.73 平方米,折算为产证面积后的总可出租面积为 60,511.73 平方米 产业配套位于地上一层局部和地下一层局部,总可出租面积为 3340.98 平方米,折算为产证面积后的总可出租面积为 3316.27 平方米 共有 414 个车位,其中地上车位 9 个,地下车位 405 个(位于地下一层及地下二层)	总可出租面积为 24,476.31 平方米 其中地上研发用房总可出租面积为 22,672.29 平方米,地下研发用房总可出租面积为 1804.02 平方米 地下二层为停车场,共有 130 个地下车位	研发用房及配套总可出租面积约为 42,227.85 平方米,整体出租率约 99% 其中,研发用房位于地上一层至地上五层,总可出租面积为 39,531.85 平方米 产业配套位于地上一层局部,总可出租面积为 2696.00 平方米 地下一层为停车场,共有 259 个地下车位
建筑面积/万平方米	8.22	3.18	5.28
土地权证期限	2013 年 8 月 23 日至 2063 年 8 月 22 日	2014 年 5 月 30 日至 2064 年 5 月 29 日	2013 年 7 月 10 日至 2063 年 7 月 9 日
证载土地用途	科教用地、地下车库	教育科研设计、地下教育科研设计、地下车库	科教用地、地下车库
收入来源和依据	向租户提供研发办公空间并获取租金收益。此外,为给租户提供必要配套,亦有出租物业底层部分面积给餐饮配套等企业,从而获得配套租金收入,并出租地下车位获得停车场租金收入		
评估价值	人民币:154,800 万元(基于 2021 年 6 月 30 日时点)	人民币:71,200 万元(基于 2021 年 6 月 30 日时点)	人民币:81,300 万元(基于 2021 年 6 月 30 日时点)

3. 建信中关村产业园 REIT 的特殊关注点分析

由于建信中关村产业园 REIT 的项目资产位于北京市海淀区且属于国有资产，各个层面均有限制性规定，根据《建信中关村产业园封闭式基础设施证券投资基金招募说明书》，该本项目的转让限制及解除情况如下。

（1）《中关村国家自主创新示范区条例》项下的转让限制及解除情况

标的基础设施项目的土地使用权的取得方式均为协议出让，根据《中关村国家自主创新示范区条例》（北京市第十三届人民代表大会常务委员会公告第 12 号）第 52 条[1]，以协议出让方式取得的国有土地使用权的转让，应报请北京市人民政府批准，土地所在地的区人民政府享有优先购买权。

为此，本项目的申报与发行取得了北京市人民政府的相应批准，以及北京市海淀区人民政府的相应批准，且北京市海淀区人民政府放弃了相应的优先购买权。

（2）《北京市人民政府关于加快科技创新构建高精尖经济结构用地政策的意见（试行）》项下的转让限制及解除情况

中关村软件园公司属于园区开发企业，北京市人民政府《关于加快科技创新构建高精尖经济结构用地政策的意见（试行）》（京政发〔2017〕39 号，以下简称“39 号文”）第 2 条第 2 项第 2 段[2]规定，园区开发企业不得转让园区产业用地，不得将建设并持有的产业用房及其各项配套服务用房整体或分割销售，不得转让公司股权。因此，园区产业用地和产业用房及其各项配套服务用房以及公司股权的转让应当取得“39 号文”的发文机关即北京市人民政府的批准。

---

〔1〕《中关村国家自主创新示范区条例》（北京市第十三届人民代表大会常务委员会公告第 12 号）第 52 条：示范区内高新技术产业、战略性新兴产业的研发和产业化项目用地，经报请市人民政府批准后，可以采取协议出让等方式。示范区内原以协议出让方式取得的国有土地使用权不得擅自转让、改变用途；确需转让的，须报请市人民政府批准，土地所在地的区人民政府根据国家有关规定享有优先购买权。示范区探索集体建设用地使用的流转机制，重大科技成果研发和产业化项目可以通过租赁、入股和联营联建等方式使用集体建设用地。

〔2〕《北京市人民政府关于加快科技创新构建高精尖经济结构用地政策的意见（试行）》（京政发〔2017〕39 号）第 2 条第 2 项第 2 段：经市、区政府授权，园区开发企业可依法使用园区产业用地，向入园企业出租，但不得转让；也可以建设并持有产业用房及其各项配套服务用房，出租给入园企业，但不得整体或分割销售，不得转让公司股权。园区与入园企业可采取共有建设用地使用权方式使用土地。

为此，本项目的申报与发行取得了北京市人民政府的相应批准，对于“39 号文”项下关于本次标的基础设施项目的土地使用权、房屋所有权、股权转让的限制条件，已因取得北京市人民政府的批准而解除。

(3)北京市已建成产业项目相关规定项下的转让限制及解除情况

原北京市国土资源局《关于进一步加强研发、工业项目监管有关问题的通知》(京国土〔2010〕480 号，以下简称“480 号文”)第 1 条第 4 项〔1〕规定研发、工业项目转让需要向市住房城乡建设委提出申请并经过市政府审批，但之后出台的《关于进一步完善已建成研发、工业项目转让管理有关问题的通知》(京建发〔2019〕216 号，以下简称“216 号文”)第 2 条〔2〕规定产业园区内的研发、工业项目转让由园区管理部门负责审核，第 5 条〔3〕规定市住房城乡建设委不再受理研发、工业项目转让申请，与前述“480 号文”的规定不一致。根据“216 号文”第 6 条〔4〕的规定，“480 号文”中有关规定与“216 号文”不一致的，以“216 号文”的规定为准。因此，就北京市产业项目的转让管理，“480 号文”第 1 条第 4 项〔5〕的规定与“216 号文”的规定不一致，应适用“216 号文”的规定。

---

〔1〕《关于进一步加强研发、工业项目监管有关问题的通知》(京国土用〔2010〕480 号)第 1 条第 4 项：如确需转让或销售的研发、工业项目，建设单位应向市住房城乡建设委提出申请。市住房城乡建设委会同发展改革、经济信息、规划、国土等相关部门审核通过后，报市政府审批。经审批的项目，建设单位在办理转让及销售时应补齐地价款、城市基础设施建设费后方可办理。

〔2〕《关于进一步完善已建成研发、工业项目转让管理有关问题的通知》(京建发〔2019〕216 号)第 2 条：国务院、市政府批准设立的开发区、产业园区内的研发、工业项目，由所在园区的园区管理部门负责审核。其他研发、工业项目，由区政府确定行业主管部门负责审核。

〔3〕《关于进一步完善已建成研发、工业项目转让管理有关问题的通知》(京建发〔2019〕216 号)第 5 条：市住房城乡建设委不再受理建设单位申请研发、工业项目的转让或销售。

〔4〕《关于进一步完善已建成研发、工业项目转让管理有关问题的通知》(京建发〔2019〕216 号)第 6 条：本通知自印发之日起执行，《关于进一步加强研发、工业项目监管有关问题的通知》(京国土用〔2010〕480 号)中有关规定与本通知不符的，以本通知为准。

〔5〕《关于进一步加强研发、工业项目监管有关问题的通知》(京国土用〔2010〕480 号)第 1 条第 4 项：如确需转让或销售的研发、工业项目，建设单位应向市住房城乡建设委提出申请。市住房城乡建设委会同发展改革、经济信息、规划、国土等相关部门审核通过后，报市政府审批。经审批的项目，建设单位在办理转让及销售时应补齐地价款、城市基础设施建设费后方可办理。

根据北京市已建成产业项目相关规定[包括“216 号文”第 2 条[1]的规定,以及《关于进一步明确已建成产业项目买受人审核有关问题的通知》(京建发〔2019〕217 号)第 1 条[2]及《北京市海淀区人民政府关于本区已建成产业项目转让事项办理工作流程的通知》第 1 条第 1 款[3]的规定,下同],在北京市海淀区行政区划范围内的规划用途为研发的已建成产业项目的转让,由园区管理部门海淀园管委会进行审核。

本项目的申报与发行取得了北京市海淀区人民政府和海淀园管委会的相应批准,对于北京市已建成产业项目相关规定项下关于本次标的基础设施项目的土地使用权、房屋所有权、股权转让的限制条件,已因取得北京市海淀区人民政府、海淀园管委会的批准而解除。

(四)产业园区 REITs 的案例分析四:东吴苏州工业园区产业园 REIT[4]

以下案例的内容来源于《北京市金杜律师事务所关于申请募集东吴—苏州工业园区产业园封闭式基础设施证券投资基金的法律意见书(申报稿)》《东吴-苏州工业园区产业园封闭式基础设施证券投资基金招募说明书(草案)》,最终以前述法律意见书、招募说明书的内容为准。

1. 东吴苏州工业园区产业园 REIT 基本情况

2021 年 6 月 21 日,东吴苏州工业园区产业园封闭式基础设施证券投资基金(以下简称东吴苏州工业园区产业园 REIT)成为在沪深交易所上市的首批 9 只基础设施公募 REITs 之一。该基金为在上交所上市交易的封闭式契约

---

〔1〕《关于进一步完善已建成研发、工业项目转让管理有关问题的通知》(京建发〔2019〕216 号)第 2 条:国务院、市政府批准设立的开发区、产业园区内的研发、工业项目,由所在园区的园区管理部门负责审核。其他研发、工业项目,由区政府确定行业主管部门负责审核。

〔2〕《关于进一步明确已建成产业项目买受人审核有关问题的通知》(京建发〔2019〕217 号)第 1 条:国务院、市政府批准设立的开发区、产业园区内的产业项目,由所在园区的园区管理部门负责审核。其他产业项目,由区政府确定行业主管部门负责审核。

〔3〕《北京市海淀区人民政府关于本区已建成产业项目转让事项办理工作流程的通知》第 1 条第 1 款:在海淀区行政区划范围内,规划用途为研发、工业、酒店、旅游、文化、娱乐的产业项目,由海淀园管委会对买受人准入资格进行初审,初审合格后经海淀区产业空间资源统筹联席工作组成员单位分别按照各自职能进行合规审查后,由海淀园管委会为项目买受人出具审核意见书。

〔4〕参见《北京市金杜律师事务所关于申请募集东吴—苏州工业园区产业园封闭式基础设施证券投资基金的法律意见书(申报稿)》《东吴—苏州工业园区产业园封闭式基础设施证券投资基金招募说明书(草案)》,载上海证券交易所网站 2021 年 5 月 6 日,http://www.sse.com.cn/reits/info/index_detail.shtml?audit_id=16980。

型基金,基金管理人为东吴基金管理有限公司,基金托管人为招商银行股份有限公司,计划管理人为东吴证券股份有限公司,计划托管人为招商银行股份有限公司苏州分行,运营管理机构为苏州工业园区科技发展有限公司(以下简称科技公司)、苏州工业园区建屋产业园开发有限公司(以下简称建屋产业)。

项目首次发行规模为人民币 34.92 亿元,本基金实际募集金额在扣除公募基金层面预留费用后,将全部用于认购东吴—苏州新建元 2.5 产业园资产支持专项计划和东吴—苏州国际科技园五期资产支持专项计划的全部资产支持证券份额。

专项计划设立后,资产支持证券管理人(代表专项计划)应按照专项计划文件的约定受让项目公司股权,并向项目公司提供借款,同时向资产支持证券托管人发出付款指令,指示资产支持证券托管人向原始权益人指定的账户支付基础资产购买价款。

东吴苏州工业园区产业园 REIT 的收入主要来源于国际科技园五期 B 区入池项目和 2.5 产业园一期、二期入池项目中的租金收入、物业费收入及停车费收入。

东吴苏州工业园区产业园 REIT 发行招募文件显示该项目有较为稳健的历史现金流表现和预期,2018—2020 年,项目公司苏州工业园区科智商业管理有限公司(以下简称科智商管)营业收入分别为 14,356.85 万元、14,518.39 万元和 11,862.43 万元,2020 年营业收入下降主要受疫情影响,国际科技园五期 B 区项目于 2020 年 2—4 月实行“一免两减半”的租金减免政策,即 2 月租金全免,3 月及 4 月租金减半。

2018—2020 年,项目公司苏州工业园区艾派科项目管理有限公司(以下简称园区艾派科)营业收入分别为 6612.84 万元、8070.86 万元和 6606.97 万元,2020 年现金流下降主要是由于 2.5 产业园一期、二期项目于 2020 年 2—4 月实行“一免两减半”的租金减免政策,基本保持稳定。

根据《东吴苏州工业园区产业园封闭式基础设施证券投资基金 2021 年年度报告》,该项目 2021 年 6 月 7 日至 2021 年 12 月 31 日的科智商管总营业收入 8863.98 万元,园区艾派科营业收入 5681.46 万元,可供分配金额 9261.58 万元。2022 年,该项目预计总营业收入为 24,444.96 万元,预计可供分配金额分别为 15,215 万元。

2. 东吴苏州工业园区产业园 REIT 底层资产的基本情况

东吴苏州工业园区产业园 REIT 对应的基础设施项目分别为位于苏州市苏州工业园区的国际科技园五期 B 区和 2.5 产业园一期、二期项目。国际科技园五期 B 区和 2.5 产业园一期、二期项目的简况如表 5-9 所示。

表 5-9　国际科技园五期 B 区和 2.5 产业园一期、二期项目的简况

项目	国际科技园五期 B 区项目简况	2.5 产业园一期、二期项目简况
所在地	苏州市苏州工业园区星湖街 328 号	苏州市苏州工业园区东长路 88 号
产权证书号	苏(2020)苏州工业园区不动产权第 0000200 号	苏(2020)苏州工业园区不动产权第 0000209 号
建设内容和规模	建筑面积合计 330,206.28 平方米,其中地上部分建筑面积 282,438.76 平方米,地下建筑面积 47,767.52 平方米,配有 1441 个地下车位	建筑面积合计 230,923.94 平方米,其中地上部分建筑面积 180,423.08 平方米,地下建筑面积 50,500.86 平方米
用地性质	科研设计用地	工业用地
土地使用期限	土地使用权将分别于 2055 年及 2060 年到期	
开竣工时间	B1 区和 B2 区于 2007 年开工 2009 年建成,B3 区于 2008 年开工 2011 年建成	一期开工于 2010 年,竣工于 2011 年;二期开工于 2011 年,竣工于 2013 年
可租赁面积及车位	车位数量:1441 个	可租赁面积:153,957.06 平方米
交通情况	地处新平街与崇文路交叉口,位于苏州工业园区独墅湖科教创新区版块;国际科技园五期 B 区一期北至崇文路,南至创苑路,西至新平街,东至崇文巷	北临中新大道东,西临方中街,南临东长路,东临凤里街
收入来源和依据	通过向租户出租获取租金收入,通过物业管理公司向租户提供物业管理服务收取物业费收入,配套停车设施每年可收取一定停车费收入	
评估价值	人民币:183,000 万元 (基于 2020 年 12 月 31 日时点)	人民币:152,000 万元 (基于 2020 年 12 月 31 日时点)

3. 东吴苏州工业园区产业园 REIT 底层资产的特殊关注点分析

(1)合规手续不全

①国际科技园 5 期 B 区未办理节能审查

国务院于 2006 年 8 月 6 日下发《关于加强节能工作的决定》,建立固定资产投资项目节能评估和审查制度,要求有关部门和地方人民政府对固定资产投资项目(含新建、改建、扩建项目)进行节能评估和审查。在东吴苏州工业园区产业园 REIT 公开披露的文件中,国际科技园 5 期 B 区项目并未办理节能评估与审查手续。

对此,根据项目申报募集的法律意见书[1]的披露,根据苏州工业园区经济贸易发展局出具的编号为"苏园经复字〔2006〕9 号"的《关于苏州工业园区科技发展有限公司建设苏州工业园区创意产业园项目的立项批复》,苏州工业园区经济贸易发展局已于 2006 年 2 月 24 日同意国际科技园五期 B 区项目立项,早于《关于加强节能工作的决定》发布日期,根据当时适用的法律无须办理节能审查。

此外,科技公司于 2020 年 8 月 7 日已填写《固定资产投资项目节能承诺表》,承诺其年电力消费量为 495 万千瓦·时,年能源消费总量为 638.70 吨标准煤。根据苏州工业园区管理委员会一网通办显示的办件信息,苏州工业园区行政审批局已正常办结前述"固定资产投资项目节能承诺"事项。

②苏州 2.5 产业园在项目核准时未能提供苏州 2.5 产业园一期、二期项目的节能分析的文件

根据江苏省经济和信息化委员会于 2007 年 3 月 2 日发布的《江苏省固定资产投资项目节能评估和审查管理暂行办法》第 3 条第 2 款和第 4 条第 1 款,新增年综合用能 3000 吨标准煤以下的固定资产投资项目,含新建、扩建和改建项目的可行性研究报告或项目申请报告必须包括节能分析篇(章);咨询评估单位的评估报告必须包括对节能分析篇(章)的评估意见;项目批复文件或请示文件必须包括对节能分析篇(章)的批复或请示内容;节能评估机构出具的节能评估意见(或报告)是项目审批部门对固定资产投资项目进行审批、

---

〔1〕 参见《北京市金杜律师事务所关于申请募集东吴—苏州工业园区产业园封闭式基础设施证券投资基金的法律意见书(申报稿)》,载上海证券交易所网站 2021 年 5 月 6 日,http://www.sse.com.cn/reits/info/index_detail.shtml?audit_id=16980。

核准、备案的重要依据。而在项目核准时,苏州 2.5 产业园一期、二期项目未能提供节能分析文件。

2010 年 3 月 11 日,根据项目申报募集的法律意见书[1]的披露,苏州工业园区管理委员会出具了文号为“苏园管核字〔2010〕10 号”的《关于核准苏州工业园区建屋产业园开发有限公司建设 DK20100023 号地块(苏州 2.5 产业园)项目的通知》,核准建屋产业公司建设 2.5 产业园项目,未出现因缺少节能分析文件而不予核准的情形,在项目核准时未能提供苏州 2.5 产业园一期、二期项目的节能分析的文件并未影响项目投资立项和后续建设。

此外,就苏州 2.5 产业园一期、二期项目,建屋产业公司已填写《固定资产投资项目节能承诺表》,承诺其年电力消费量为 498.4811 万千瓦·时,年能源消费总量为 612.6333 吨标准煤。根据苏州工业园区管理委员会一网通办显示的办件信息,苏州工业园区行政审批局已正常办结前述“固定资产投资项目节能承诺”事项。

此外,根据《不单独进行节能审查的行业目录》(发改环资规〔2017〕1975 号)第 5 条,年综合能源消费量(增量)1000 吨标准煤以下且年电力消费量(增量)500 万千瓦·时以下的固定资产投资项目应按照相关节能标准、规范建设,不再单独进行节能审查,不需报请节能审查。由于苏州 2.5 产业园一期、二期项目的能耗标准在上述范围之内,按照现行法规的要求也无须再单独进行节能审查。

(2)资产转让限制与解除

①土地出让合同关于土地使用权转让的约定

《科技园五期 B 区土地出让合同》第 20 条规定:“受让人按照本合同约定已经支付全部土地使用权出让金,领取《国有土地使用证》,取得出让土地使用权后,有权将本合同项下的全部或部分土地使用权转让、出租、抵押,但首次转让(包括出售、交换和赠与)剩余年期土地使用权时,应当经出让人认定符合下列第__款规定之条件:(一)按照本合同约定进行投资开发,完成开发投资总额的百分之二十五以上;(二)按照本合同约定进行投资开发,形成工业

---

〔1〕 参见《北京市金杜律师事务所关于申请募集东吴—苏州工业园区产业园封闭式基础设施证券投资基金的法律意见书(申报稿)》,载上海证券交易所网站 2021 年 5 月 6 日,http://www.sse.com.cn/reits/info/index_detail.shtml? audit_id=16980。

用地或其他建设用地条件。”

对此，国际科技园五期 B 区项目已经全部建成。此外，苏州工业园区国土环保局已于 2020 年 8 月 24 日就科技公司将国际科技园五期 B 区项目划转至科智商管涉及的土地使用权转让事宜出具了编号为“(2020)第 14 号”的《国有建设用地使用权转让备案表》，确认国际科技园五期 B 区项目占用范围内宗地国有建设用地使用权转让符合相关法律法规规定；且苏州工业园区国土环保局已就以国际科技园五期 B 区项目作为底层基础设施项目及转让科智商管 100%股权发行基础设施 REITs 事宜出具了《国土环保局无异议函》，前述《科技园五期 B 区土地出让合同》中约定的转让条件已获得满足。

《2.5 产业园一期、二期土地出让合同》第 21 条规定：“受让人按照本合同约定支付全部国有建设用地使用权出让价款，领取国有土地使用证后，有权将本合同项下的全部或部分国有建设用地使用权转让、出租、抵押。首次转让的，应当按照本合同约定进行投资开发，完成开发投资总额的 25%以上。”

对此，苏州 2.5 产业园一期、二期项目已经全部建成。此外，苏州工业园区国土环保局已于 2020 年 8 月 24 日就建屋产业公司将苏州 2.5 产业园一期、二期项目划转至园区艾派科涉及的土地使用权转让事宜出具了编号为“(2020)第 13 号”的《国有建设用地使用权转让备案表》，确认苏州 2.5 产业园一期、二期项目占用范围内宗地国有建设用地使用权转让符合相关法律法规规定；且苏州工业园区国土环保局已就以苏州 2.5 产业园一期、二期项目作为底层基础设施项目及转让园区艾派科 100%股权发行基础设施 REITs 事宜出具了《国土环保局无异议函》，前述《2.5 产业园一期、二期土地出让合同》中约定的转让条件已获得满足。

②地方政策法规中关于股权转让的规定

其一，实施意见的相关规定

根据项目申报募集的法律意见书〔1〕的披露，根据苏州工业园区管理委员会于 2018 年 10 月 25 日印发的《关于进一步加强存量工业用地管理促进企业转型升级的实施意见》(苏园管〔2018〕93 号)第 6 条第 2 款，涉及存量工业

---

〔1〕 参见《北京市金杜律师事务所关于申请募集东吴—苏州工业园区产业园封闭式基础设施证券投资基金的法律意见书(申报稿)》，载上海证券交易所网站 2021 年 5 月 6 日，http://www.sse.com.cn/reits/info/index_detail.shtml?audit_id=16980。

用地不动产权利人申请股权（结构）变更登记的，应启动合法性审查程序。

对此，该等合法性审查系办理股权变更的程序性要求，未限制股权转让。且经适当核查，未发现科智商管或园区艾派科存在被前述职能部门确认的在规划建设、环境保护、安全生产等方面的违法行为。此外苏州工业园区管委会作为上述意见的制定主体，已于 2020 年 11 月 27 日出具了编号为“苏园管函字（2020）4 号”的《关于对兆润控股以苏州工业园区产业园资产申请试点发行公募 REITs 的无异议函》，同意转让科智商管及园区艾派科 100%股权。

其二，《苏州工业园区优化产业项目用地出让管理的若干规定》的相关规定

根据项目申报募集的法律意见书[1]的披露，根据苏州工业园区管理委员会于 2017 年 6 月 15 日印发的《苏州工业园区优化产业项目用地出让管理的若干规定》（苏园管规字〔2017〕4 号，以下简称《产业项目用地出让管理规定》）第 9 条，产业用地使用权原则上不得转让，产业用地受让人股权结构或出资比例发生改变的，应当事先经管委会授权签订《产业发展协议》的单位同意。产业项目的土地、地上建筑物和构筑物确需转让的，应经出让人同意，具体按园区产业项目用地转让相关规定执行。

根据项目申报募集的法律意见书[2]的披露，对于《产业项目用地出让管理规定》中关于“产业用地受让人股权结构或出资比例发生改变的，应当事先经管委会授权签订《产业发展协议》的单位同意”的规定，鉴于独墅湖管委会（作为经苏州工业园区管委会授权签订《科智商管产业发展协议》的授权主体）已出具了《关于对以国际科技园五期 B 区资产申请试点发行公募 REITs 的无异议函》；高贸区管委会（作为经苏州工业园区管委会授权签订《园区艾派科产业发展协议》的授权主体）已出具了《关于对以苏州 2.5 产业园一期、二期资产申请试点发行公募 REITs 的无异议函》，前述《产业项目用地出让管理规定》所规定的有关产业用地受让人股权转让的条件或约定已满足。

对于《产业项目用地出让管理规定》中关于“产业项目的土地、地上建筑

---

〔1〕 参见《北京市金杜律师事务所关于申请募集东吴—苏州工业园区产业园封闭式基础设施证券投资基金的法律意见书（申报稿）》，载上海证券交易所网站 2021 年 5 月 6 日，http://www.sse.com.cn/reits/info/index_detail.shtml? audit_id=16980。

〔2〕 参见《北京市金杜律师事务所关于申请募集东吴—苏州工业园区产业园封闭式基础设施证券投资基金的法律意见书（申报稿）》，载上海证券交易所网站 2021 年 5 月 6 日，http://www.sse.com.cn/reits/info/index_detail.shtml? audit_id=16980。

物和构筑物确需转让的,应经出让人同意”的规定,鉴于苏州工业园区国土环保局已就以国际科技园五期 B 区项目、苏州 2.5 产业园一期、二期项目作为底层基础设施项目及转让科智商管、园区艾派科 100% 股权发行基础设施 REITs 事宜出具了《国土环保局无异议函》,前述《产业项目用地出让管理规定》所规定的有关项目土地、地上建筑物及构筑物转让应经出让人同意的条件已获得满足。

(五)产业园区 REITs 的案例分析五:临港产园 REIT〔1〕

以下案例的内容来源于《北京市汉坤律师事务所关于申请募集注册国泰君安临港创新智造产业园封闭式基础设施证券投资基金的法律意见书》《国泰君安临港创新智造产业园封闭式基础设施证券投资基金招募说明书(草案)》,最终以前述法律意见书、招募说明书的内容为准。

1. 临港产园 REITs 基本情况

2022 年 8 月 30 日,国泰君安临港创新智造产业园封闭式基础设施证券投资基金(以下简称临港产园 REIT)经中国证监会审查,准予通过。2022 年 9 月 15 日,临港产园 REIT 开始募集。该基金为在上交所上市交易的封闭式契约型基金,基金管理人为上海国泰君安证券资产管理有限公司,基金托管人为中国银行股份有限公司,计划管理人为上海国泰君安证券资产管理有限公司,计划托管人为中国银行上海分行,运营管理机构为上海临港奉贤经济发展有限公司(以下简称临港奉贤)。

项目募集资金用途主要是优先投资于包括但不限于临港集团持有的临港奉贤智造园七期和八期项目等位于临港新片区以及长江三角洲区域内的产业园区基础设施项目,预计总投资金额约为 9.24 亿元。

临港产园 REIT 的收入主要来源于提供劳务收入和让渡资产使用权收入,主要包括市场化租赁的产业类租户的租金收入。

临港产园 REIT 发行招募文件显示该项目有较为稳健的历史现金流表现和预期,2019 年至 2021 年、2022 年 1 月至 3 月,临港奉贤智造园一期项目主

---

〔1〕 参见《北京市汉坤律师事务所关于申请募集注册国泰君安临港创新智造产业园封闭式基础设施证券投资基金的法律意见书》《国泰君安临港创新智造产业园封闭式基础设施证券投资基金招募说明书(草案)》,载上海证券交易所网站 2022 年 8 月 30 日,http://www.sse.com.cn/reits/info/index_detail.shtml?audit_id=18458。

营业务收入分别为 1463.77 万元、1240.90 万元、1694.78 万元、419.08 万元，临港奉贤智造园三期项目主营业务收入分别为 1771.77 万元、1863.23 万元、2989.68 万元、767.63 万元。受疫情影响，临港奉贤及临港华平积极响应政策号召，针对临港奉贤智造园一期及三期项目中符合租金减免条件的中小企业，给予了 2020 年 2 月及 3 月的租金减免，其中临港奉贤智造园一期项目共计减免租金 2,623,420.54 元，临港奉贤智造园三期项目共计减免租金 3,345,753.14 元。当前，随着国内疫情得到有效控制，企业生产已恢复正常，疫情带来的负面影响已逐渐消除，基础设施项目在疫情期间也未发生租户受疫情影响退租的情况，整体抗风险能力较强。

2. 临港产园 REIT 底层资产的基本情况

临港产园 REIT 对应的基础设施项目分别为位于上海市奉贤区正琅路 19 号的临港奉贤智造园一期项目和位于上海市奉贤区新杨公路 1566 号的临港奉贤智造园三期项目。临港奉贤智造园一期项目和临港奉贤智造园三期项目的简况如表 5-10 所示。

表 5-10　临港产园 REIT 底层资产的基本情况

项目	临港奉贤智造园一期项目基本情况	临港奉贤智造园三期项目基本情况
所在区位	上海自由贸易试验区临港新片区内，项目地处上海奉贤区正琅路 19 号，拥有得天独厚的杭州湾海湾线码头资源，北接浦东地铁四团平站，与 G1501、S2、两港大道等高速公路相连，交通及区位优势明显	上海自由贸易试验区临港新片区内，项目位于上海市奉贤区新杨公路 1566 号，地处长江口和杭州湾的交汇处，周边 G15 上海绕城高速、S2 沪芦高速、两港大道等交通干线交汇，距离临港新城主城区 20 分钟车程，距离上海浦东国际机场 45 分钟车程
所属行业	产业园区	产业园区
资产类型	产业园（工业厂房）	产业园（工业厂房）
占地面积	68,780 平方米	93,805 平方米
建筑面积	40,799 平方米	72,900 平方米
可租面积	39,817 平方米	72,197 平方米
不动产权证号	沪（2020）奉字不动产权第 026831 号	沪（2020）奉字不动产权第 026834 号

续表

项目	临港奉贤智造园一期项目基本情况	临港奉贤智造园三期项目基本情况
用地性质	工业用地	工业用地
开工时间	2012年9月	2015年12月
竣工时间	2013年11月	2017年6月
收入来源	主要来自租户租金	主要来自租户租金
资产范围	包括6幢单层厂房、1幢设备间及1幢门卫	包括11幢单层厂房、1幢多层厂房、2幢配套用房及2幢门卫
项目定位	综合发展以工程机械为代表的现代装备制造业、新能源、新材料、节能环保等战略性新兴产业,以及配套服务业	园区注重能源、交通行业可持续发展的乘用车整车及零部件、大型船舶关键件、发电及输变电设备、海洋工程设备、民用航空产业配套等五大设备产业基地

3.临港产园REIT的特殊关注点分析

根据抵押合同和上海市不动产登记簿,临港奉贤智造园三期的房屋所有权及其占用范围内的国有建设用地使用权已抵押给中国银行上海自贸区新片区分行。

为此,原始权益人上海临港华平经济发展有限公司(以下简称临港华平)已承诺对在先抵押的解除作出安排。根据中国银行上海自贸区新片区分行出具的《关于同意提前清偿贷款及解除抵押的同意函》,同意临港华平提前偿还未清偿本金及其利息,且同意在临港华平偿还完毕临港华平贷款债权项下借款本金及应付利息后,与上述临港华平贷款债权相关的所有担保即告解除,同意配合临港华平在清偿完毕借款本金及应付利息之日起的10个工作日内办理抵押合同项下抵押财产的解除抵押手续,同时解除其他与上述贷款债权相关的所有担保手续,并向临港华平归还由中国银行上海自贸区新片区分行保管的与抵押权利相关的各项证照、材料(如有)。

(六)产业园区 REITs 的案例分析六:合肥高新创新产业园封闭式基础设施证券投资基金[1]

以下案例的内容来源于《北京市君合律师事务所关于华夏基金管理有限公司申请华夏合肥高新创新产业园封闭式基础设施证券投资基金注册的法律意见书》《华夏合肥高新创新产业园封闭式基础设施证券投资基金招募说明书(草案)》,最终以前述法律意见书、招募说明书的内容为准。

1. 合肥高新创新产业园封闭式基础设施证券投资基金基本情况

2022 年 9 月 10 日,华夏合肥高新创新产业园封闭式基础设施证券投资基金(以下简称合肥产园 REIT)开始募集。该基金为在深交所上市交易的封闭式契约型基金,基金管理人为华夏基金管理有限公司,基金托管人为中国工商银行股份有限公司,计划管理人为中信证券股份有限公司,计划托管人为中国工商银行股份有限公司安徽省分行,运营管理机构为合肥高创股份有限公司(以下简称合肥高创)。

对于项目募集资金用途,原始权益人所回收全部净回收资金将用于科大硅谷高新孵化园(KH7-2、KH8 地块)项目。

合肥产园 REIT 的收入主要来源于入驻企业支付的租金,为市场化运营产生,不依赖第三方补贴等非经常性收入,标的基础设施项目具备良好持续的经营能力。

合肥产园 REIT 发行招募文件显示该项目有较为稳健的历史现金流表现和预期,2019 年至 2021 年,2022 年 1 月至 3 月,基础设施项目收入分别为 7758.16 万元、6271.76 万元、7881.57 万元、2242.14 万元。2020 年经营净现金流大幅减少的原因是受疫情影响,对租户有租金减免政策。合肥市当地因疫情出台了租金减免政策,对承租区属国有企业经营性用房或产权为区行政事业单位房产的中小微企业、个体工商户,免收 2022 年 3 个月(2 月、3 月、4 月)房屋租金,免收从事批零住餐旅游行业的中小微企业、个体工商户(在合肥市登记注册从事批零住餐旅游行业)自 2022 年 2 月 1 日至 2022 年 6 月 30

[1] 参见《上海源泰律师事务所关于申请募集注册华夏合肥高新创新产业园封闭式基础设施证券投资基金之法律意见》《华夏合肥高新创新产业园封闭式基础设施证券投资基金招募说明书(草案)》,载上海证券交易所网站 2022 年 7 月 22 日,http://reits.szse.cn/projectdynamic/detail/index.html?id=5000014。

日期间的租金(含管理服务费)。

2. 合肥产园 REIT 底层资产的基本情况

合肥产园 REIT 对应的基础设施项目分别为坐落于安徽省合肥高新区望江西路 800 号的“合肥创新产业园一期项目”所有权及对应范围内的国有建设用地使用权。土地使用权面积为 146,759.30 平方米,总建筑面积为 35.68 万平方米,建设内容为研发办公楼、配套用房和车库。基础设施项目共 22 栋房屋和 3 个地下车库,分别由合肥高新睿成科技服务有限公司(以下简称合肥高新睿成)和合肥高新君道科技服务有限公司(以下简称合肥高新君道)持有。其中:合肥高新睿成持有 A1—A4、B4—B5、D2—D9 及 D2—D9 地下车库资产,合肥高新君道持有 B1—B3、C1—C4、D1 资产。基础设施项目基本情况如表 5-11 所示。

表 5-11 合肥产园 REIT 底层资产的基本情况

子项目名称	合肥高新创业园一期 A1—A4、B4—B5、D2—D9 及 D2—D9 地下车库项目基本情况	合肥高新创业园一期 B1—B3、C1—C4、D1 项目基本情况
所在地	合肥市蜀山区望江西路 800 号	合肥市蜀山区望江西路 800 号
资产范围	东至文曲路,北至潜水东路,南至望江西路,西至创新大道	东至文曲路,北至潜水东路,南至望江西路,西至创新大道
建设内容和规模	位于园区内的研发办公楼、配套用房和车库,房屋总建筑面积为 169,600.72 平方米	位于园区内的研发办公楼,房屋总建筑面积为 187,236.69 平方米
开竣工时间	开工时间 2009 年,竣工时间 2011—2012 年	开工时间 2009 年,竣工时间 2011—2012 年
评估值/万元	60,500.00	74,600.00
运营起始时间	2011 年	2011 年
证载土地用途	工业用地/工业/科研/车库	工业用房/办公用房/科研
项目权属起止时间及剩余年限	项目权属起止时间:2009/11/2—2059/12/29;剩余年限:约 37.5 年	项目权属起止时间:2009/11/2—2059/12/29;剩余年限:约 37.5 年

3. 合肥产园 REIT 的特殊关注点分析

(1)合规手续不全

根据《安徽省节约能源条例》和安徽省人民政府《关于加强节能工作的实施意见》(已失效),固定资产投资项目可行性研究报告或申请报告,应当进行合理用能专题论证,项目的设计和建设,应当遵守合理用能标准和节能设计规范。对未进行审查或审查未通过的项目,项目审批部门不得审批或核准。但合肥产园 REIT 基础设施项目资产未提供节能评估和审查文件。

为此,首先,鉴于基础设施项目资产于 2009 年已获得投资立项批复,基础设施项目资产已满足上述规定的节能要求。其次,鉴于基础设施项目资产获得投资立项批复的期限早于《固定资产投资项目节能评估和审查暂行办法》的施行日期(2010 年 11 月 1 日实施,已失效),根据获得立项批复时有效的法律法规,基础设施项目资产无须单独办理节能评估和审查手续。

(2)土地实际用途与规划用途不一致

基础设施项目资产中的规划用途为"工业类研发"或"研发",不动产权证书记载的用途为"工业"或"科研",但其实际用途主要是作为研发、办公及商业等配套用途出租予信息技术产业、高新技术产业、科技研发产业等企业,另有少量用于商业等配套,实际用途并非完全符合规划用途。

为此,合肥市自然资源和规划局向合肥高新股份有限公司(以下简称合肥高新)出具《关于合肥高新股份有限公司参与基础设施 REITs 试点申报意见的批复》,同意基础设施项目在宗地使用年限内应按相关政策要求结合区域经济发展需要开展招商运营工作,不得改变土地用途,具体由高新区管委会负责监督管理。高新区管委会向合肥高新出具《关于合肥高新股份有限公司参与基础设施 REITs 试点申报的批复》,同意基础设施项目在宗地使用年限内可以按现状使用,按照高新区产业发展要求开展招商引资工作,入驻企业可包括但不限于动漫类、服务外包类企业,并接受高新区管委会监督。此外,合肥高新也出具承诺函,承诺在本次基础设施公募 REITs 项目发行或存续期间,如规划和土地管理部门要求对土地及房屋的实际用途按照规划用途进行整改,因此给本基础设施公募 REITs 项目造成任何经济损失的,合肥高新将承担全部赔偿责任。

(3)资产转让限制

①不动产转让限制相关规定及批准、授权

根据合肥高新与原合肥市国土资源局于 2009 年 9 月 11 日就 KB4—3 地

块签署的《国有建设用地使用权出让合同》，双方在补充条款中约定如下：该项目建成后的房屋租售对象须为高新区管委会许可的动漫类、服务外包类企业，未经出让人同意不得分割出售，不得改变土地用途。根据合肥高新与原合肥市国土资源局 2009 年 9 月 11 日就 KB4—4 地块签署的《国有建设用地使用权出让合同》，双方在补充条款中约定如下：该项目建成后，不得分割出售，不得改变土地用途。

对此，根据《华夏合肥高新创新产业园封闭式基础设施证券投资基金招募说明书》的披露，2021 年 12 月 24 日，合肥市自然资源和规划局向合肥高新出具《关于合肥高新股份有限公司参与基础设施 REITs 试点申报意见的批复》，对合肥高新将基础设施项目资产分别转让给项目公司，并以届时持有的项目公司 100%股权按照股权转让方式发行基础设施公募 REITs 无异议。

②国有资产交易相关规定及批准授权

根据合肥高新的确认以及国家企业信用信息公示系统的公示信息，合肥高新为高新区管委会间接控股的国有控股企业，其向资产支持证券转让项目公司 100%股权，应适用"32 号令"的规定。根据"32 号令"第 13 条第 1 款第 1 句，产权转让原则上通过产权市场公开进行。合肥高新未来向资产支持证券转让所持项目公司股权的行为原则上应通过产权市场公开进行。鉴于基础设施公募 REITs 是通过证券交易所公开发行的金融产品，项目所涉国有资产按照中国证监会公布的证券监管制度要求，遵循等价有偿和公平公正的原则公开规范发行。同时，根据国务院国资委发布的《关于企业国有资产交易流转有关事项的通知》第 3 条，国家出资企业及其子企业通过发行基础设施 REITs 盘活存量资产，涉及国有产权非公开协议转让按规定报同级国有资产监督管理机构批准。

对此，根据《华夏合肥高新创新产业园封闭式基础设施证券投资基金招募说明书》的披露，高新区财政局于 2021 年 10 月 14 日已向合肥高新出具《关于同意合肥高新股份有限公司非公开协议方式转让项目公司股权的批复》，同意合肥高新作为发起人和原始权益人申报基础设施领域不动产投资信托基金（REITs）试点项目、以基础设施项目资产发行基础设施公募 REITs；同意合肥高新以非公开协议转让的方式将届时所持高新睿成和高新君道 100%股权全部转让给基础设施公募 REITs 控制的特殊目的载体。

(七)产业园区 REITs 的案例分析七:国泰君安东久新经济 REIT[1]

以下案例的内容来源于《北京市汉坤律师事务所关于申请募集注册国泰君安东久新经济产业园封闭式基础设施证券投资基金的法律意见书》《国泰君安东久新经济产业园封闭式基础设施证券投资基金招募说明书(草案)》,最终以前述法律意见书、招募说明书的内容为准。

1. 国泰君安东久新经济 REIT 基本情况

2022 年 9 月 1 日,东久工业地产投资有限公司作为发起人的"国泰君安东久新经济产业园封闭式基础设施证券投资基金"在上交所审批通过。2022 年 10 月 14 日,国泰君安东久新经济 REIT 正式在上交所挂牌上市,产品发行总规模 15.175 亿元。本项目是聚焦长三角"重点城市"和智能制造"重点行业"双聚焦的以标准工业厂房为底层资产的产业园类公募 REITs,网下投资者认购倍数高达 100.94 倍。

该基金为在上交所上市交易的封闭式契约型基金,发起人为东久工业地产投资有限公司,管理人为上海国泰君安证券资产管理有限公司,基金托管人为中国银行,运营管理机构为东久(上海)投资管理咨询有限公司。

2. 国泰君安东久新经济 REIT 底层资产的基本情况

国泰君安东久新经济 REIT 在基金存续期内主要投资于产业园区类型的基础设施资产支持证券,底层资产包括东久(金山)智造园、东久(常州)智造园、东久(无锡)智造园、东久(昆山)智造园。

东久(金山)智造园简况如表 5-12 所示。

表 5-12　东久(金山)智造园简况

项目	简况
所在地	位于上海市金山区亭林镇金舸路 288 号

〔1〕参见《北京市君合律师事务所关于华夏基金管理有限公司申请华夏合肥高新创新产业园封闭式基础设施证券投资基金注册的法律意见书》《华夏合肥高新创新产业园封闭式基础设施证券投资基金招募说明书(草案)》,载深圳证券交易所网站 2022 年 7 月 22 日,http://reits.szse.cn/projectdynamic/detail/index.html? id=5000014。

续表

规模	土地面积为 128,347.4 平方米;东久(金山)智造园的房屋用途为厂房,建筑面积合计为 85,573.79 平方米,包括 13 幢单层厂房、2 幢多层厂房、1 幢综合楼及 2 幢门卫
用地属性	出让
收入来源和依据	主要来自租户租金及管理费
评估价值	44,500 万元

东久(常州)智造园简况如表 5-13 所示。

表 5-13 东久(常州)智造园简况

项目	简况
所在地	位于常州市新北区黄河西路 585 号
规模	土地面积为 66,509 平方米;东久(常州)智造园的房屋用途为生产,建筑面积合计为 36,077.42 平方米,包括 11 幢单层厂房、1 幢设备用房、1 幢垃圾房及 1 幢门卫
用地属性	出让
收入来源	主要来自租户租金及管理费
评估价值	10,400 万元

东久(无锡)智造园简况如表 5-14 所示。

表 5-14 东久(无锡)智造园简况

项目	简况
所在地	位于无锡新区飞凤路 5(号)
规模	土地面积为 140,770.1 平方米,东久(无锡)智造园建筑面积合计为 83,609.97 平方米,包括 10 幢单层厂房、1 幢设备用房、1 幢垃圾房及 1 幢门卫
用地属性	出让
收入来源	主要来自租户租金及管理费
评估价值	41,500 万元

东久(昆山)智造园简况如表 5-15 所示。

表 5-15　东久(昆山)智造园简况

项目	简况
所在地	位于昆山市玉山镇南淞路 111 号
规模	土地面积为 133,322.3 平方米;东久(昆山)智造园的房屋用途为工业,建筑面积合计为 78,672.67 平方米,包括 11 幢单层厂房、2 幢设备用房、1 幢自行车棚及 2 幢门卫
用地属性	出让
收入来源	主要来自租户租金及管理费
评估价值	41,200 万元

3. 国泰君安东久新经济 REIT 的特殊关注点分析

汉坤律师事务所在法律意见书中分析了中国法律及土地出让合同、融资及担保合同等相关协议对东久(金山)智造园、东久(常州)智造园、东久(无锡)智造园、东久(昆山)智造园资产转让的规定和限制,本文仅摘录了东久(金山)智造园资产转让的规定和限制,以供参考。

(1)中国法律关于东久(金山)智造园资产转让的规定和限制

①上海市环境保护局、原上海市规划和国土资源管理局于 2016 年 6 月 13 日印发的《上海市经营性用地和工业用地全生命周期管理土壤环境保护管理办法》第 7 条第 1 款规定:"经营性用地和工业用地出让、转让前,土地储备机构或土地使用权人应组织完成土壤环境调查评估,需治理修复的,应组织实施修复并达到环保要求,并将相关材料报所在地区(县)环保局。土地出让人在土地出让前应征询土地所在地区(县)环保局意见。对于存在污染或治理修复未达环保要求的地块不得出让、转让。"

②《金山区产业用地实施细则》第 17 条规定:"建设用地使用权人需房屋土地转让的,应经属地工业园区及区产业部门同意后向土地出让人提出书面申请。区市场监督管理局登记部门和不动产登记部门在受理建设用地使用权人转让申请时,需申请人提供土地出让人的书面意见。"

③《金山区工业用地全生命周期管理实施细则》第 19 条规定,对于工业用地标准厂房类项目,建设用地使用权不得整体或分割转让;土地房屋整体转

让的,需经出让人同意,也可按照出让合同约定由出让人或园区管理机构优先收购。采取土地房屋整体转让的,应当纳入全市统一土地交易市场。

(2)土地出让合同中关于东久(金山)智造园资产转让的规定和限制

《东久(金山)智造园土地出让合同》第 23 条规定,受让人按照本合同约定支付全部国有建设用地使用权出让价款,领取国有土地使用证后,有权将本合同项下的全部或部分国有建设用地使用权转让、出租、抵押;首次转让的,应当符合本条第 1 项规定的条件:第一,按照本合同约定进行投资开发,完成开发投资总额的 20%以上。第二,按照本合同约定进行投资开发,已形成工业用地或其他建设用地条件。本合同项下出让的工业用地,由受让人按照本合同约定使用,不得分层分割转让、出租。产业类型为工业标准厂房的项目用地可按有关规定转让、出租。根据《东久(金山)智造园土地出让合同》附件 4 第 9 条,以及《东久(金山)智造园房地产权证》的附记记载:"本合同项下的土地使用权不得整体转让,不得分割转让。本合同项下宗地范围内房屋不得分幢、分层、分套转让,可以出租。本合同项下土地房屋整体转让,由出让人或园区管理机构优先收购。采取土地房屋整体转让的,应当纳入全市统一土地交易市场实施。"

(3)融资及担保合同中关于东久(金山)智造园资产转让的规定和限制

上海华靳与大华银行上海分行签署的《融资信函》(LOSH201807260001)第 7.2 条约定:"除融资信函签署之日已抵押/质押的资产外,未经银行事先书面同意,借款人不得出售、转让全部或部分其任何现有或将来拥有的财产和资产(因借款人正常经营活动而进行的出售或转让除外),或以任何形式在其之上设定或者允许设定抑或存在任何形式的抵押、质押(无论固定或浮动)、质权、留置、担保、转让或任何其他权利负担(为免疑义,该等权利负担也包括保证),或者以其所拥有的任何应收账款进行融资。"上海华靳与大华银行上海分行签署的《房地产抵押合同》第 4.1 条约定:"在本合同有效期内,未经抵押权人事先书面同意,抵押人不得出售、转让、出租、转借、处分或丧失占有或控制,或试图出售、转让、出租、转借(但因抵押人正常经营活动而进行的出租或转借除外)或处分抵押财产或其任何权利和利益。"

为解除上述限制,本项目取得了以下批准:

(1)金山规自局审批

东久上海和上海华靳于 2020 年 8 月 26 日向金山规自局递交了《关于华

平(金山)智造园申报基础设施 REITs 试点项目工作的相关申请》,申请将原股东持有的上海华靳 100%股权全部转让给基础设施 REITs 或其下设的特殊目的载体。2020 年 10 月 12 日,金山规自局作出回复,同意发行基础设施公募 REITs 中涉及的必要股权和/或资产转让。

(2)金山工业区管理委员会的同意

根据项目申报募集的法律意见书[1]的披露,上海金山工业区管理委员会于 2021 年 3 月 11 日出具了《关于华平(金山)智造园申报基础设施 REITs 试点项目工作的情况回复》,对东久(金山)智造园申报基础设施 REITs 试点项目予以支持,同意上海华靳注册资本金减资,股权变更或资产转让。

(3)金山区经济委员会的同意

东久上海及上海华靳向上海市金山区经济委员会递交了《关于华平(金山)智造园申报基础设施 REITs 试点项目工作的相关申请》:"为满足基础设施 REITs 试点项目要求,恳请贵办准予为发行基础设施 REITs 进行必要的注册资本金减资、股权和/或资产转让。在基础设施 REITs 成立时,上海华靳将进行如下股权变更:原股东持有的上海华靳 100%股权全部转让给基础设施 REITs 或其下设的特殊目的载体。"上海市金山区经济委员会于 2021 年 3 月 16 日作出了《关于华平(金山)智造园申报基础设施 REITs 试点项目工作的无异议函》,载明"关于华平(金山)智造园申报 REITs 事项,经研究,无异议"。

(4)大华银行上海分行的同意

根据大华银行上海分行于 2020 年 9 月 22 日出具的《关于同意上海华靳建设有限公司提前清偿贷款等相关事项的同意函》,大华银行上海分行同意上海华靳提前偿还未清偿本金及所有提前还款本金孳生的利息(利息计算至提前还款日当日),且同意在上海华靳偿还完毕上海华靳贷款债权项下借款本金及应付利息后,与上述上海华靳贷款债权相关的所有担保即告解除。

(5)其他

就《上海市经营性用地和工业用地全生命周期管理土壤环境保护管理办法》第 7 条规定,2021 年 4 月,格林曼公司接受上海华靳的委托并出具了项目

---

[1] 参见《北京市汉坤律师事务所关于申请募集注册国泰君安东久新经济产业园封闭式基础设施证券投资基金的法律意见书》,载上海证券交易所网站 2022 年 9 月 1 日,http://www.sse.com.cn/reits/info/index_detail.shtml? audit_id=21292。

号为 21114 的《华平金山智造园地块土壤污染状况初步调查报告》,格林曼公司认为,东久(金山)智造园地块的土壤和浅层地下水环境质量现状满足第二类用地的要求,可以继续作为第二类用地使用。

(6)上海华靳的内部批准及授权

缪氏律师事务所出具的《关于 FULL REGALIA LIMITED 的法律意见书》显示,FULL REGALIA LIMITED 为一间在香港注册成立,并截至 2020 年 9 月 28 日仍有效存续的有限责任公司。FULL REGALIA LIMITED 有权利和法律能力签署、交付并履行股权转让合同。根据 FULL REGALIA LIMITED 提供的日期为 2020 年 8 月 24 日的股东决定(以下简称 FULL 股东决定)及日期为 2020 年 8 月 24 日的董事决议(以下简称 FULL 董事决议),FULL REGALIA LIMITED 的股东及董事已同意上海华靳以其持有的东久(金山)智造园作为底层基础资产项目申请试点发行基础设施领域不动产投资信托基金等相关事项,同意将上海华靳全部股权及东久(金山)智造园转让予基础设施基金及其拟持有的基础设施资产支持证券等特殊目的载体(以下简称上海华靳转让事项);根据 FULL 股东决定及 FULL 董事决议,上海华靳转让事项获得其股东及董事的批准,且代表 FULL REGALIA LIMITED 签署转让协议合同的签署人已取得妥善的授权。FULL REGALIA LIMITED 的股东决定程序和内容不违反对其有约束力且一般对其适用的我国香港地区法律规定或 FULL REGALIA LIMITED 的公司章程。上海华靳转让事项不违反其适用的我国香港地区法律、公共规则或条例,亦无须我国香港特别行政区政府、管理或司法当局或者机构的同意、许可、授权、豁免或批准发出通知或者注册抑或采取任何其他行动。

鉴上,汉坤认为,上海华靳 100%股权转让已取得东久(金山)智造园土地出让人金山规自局、金山工业区管理委员会、金山区经济委员会的书面同意,在《融资信函》项下上海华靳贷款债权清偿完毕且合同解除后,上海华靳的股权可依法实施转让。

(八)产业园区 REITs 的案例分析八:华夏和达高科 REIT[1]

以下案例的内容来源于《浙江天册律师事务所关于申请募集华夏和达高科产业园封闭式基础设施证券投资基金的法律意见书(申报稿)》《华夏和达高科产业园封闭式基础设施证券投资基金招募说明书(草案)》,最终以前述法律意见书、招募说明书的内容为准。

1. 华夏和达高科 REIT 基本情况

2022 年 9 月 14 日,杭州和达高科技发展集团有限公司和杭州万海投资管理有限公司作为原始权益人的“华夏和达高科产业园封闭式基础设施证券投资基金”在深交所的审核状态为“已受理”。该项目的基础设施项目类型为产业园区,基金管理人为华夏基金管理有限公司,专项计划名称为中信证券—和达高科产业园 1 号资产支持专项计划,专项计划管理人为中信证券股份有限公司,托管人为兴业银行股份有限公司。

2. 华夏和达高科 REIT 底层资产的基本情况

本基金初始投资的基础设施项目包括和达药谷一期项目和孵化器项目。和达药谷位于杭州市经济技术开发区下沙街道福城路 291 号,项目总建筑面积 134,467 平方米,其中地上建筑面积 111,069 平方米、地下建筑面积 23,398 平方米,项目用地面积 53,321 平方米。项目的 3 幢、4 幢 1 层及 7 幢由于已对外销售,此次未入池,拟入池部分建筑面积合计为 84,744.23 平方米,土地使用权面积合计为 44,398.50 平方米。项目于 2017 年建成,并于 2017 年投入运营,权属起止时间 2014 年 8 月 27 日至 2064 年 8 月 26 日,剩余年限 42 年。

孵化器项目坐落于杭州市经济技术开发区白杨街道 6 号大街 452 号,项目总建筑面积 123,912.74 平方米,土地使用权面积合计为 35,141 平方米,孵化器一期项目于 2007 年建成,并于 2007 年投入运营,孵化器二期项目于 2012 年建成,并于 2012 年投入运营,权属起止时间 2005 年 12 月 16 日至 2054 年 2 月 2 日,剩余年限 32 年。

根据本项目的招募说明书,基础设施项目的基本情况如表 5-16 所示。

---

[1] 参见《浙江天册律师事务所关于申请募集华夏和达高科产业园封闭式基础设施证券投资基金的法律意见书(申报稿)》《华夏和达高科产业园封闭式基础设施证券投资基金招募说明书(草案)》,载深圳证券交易所网站 2022 年 9 月 14 日,http://reits.szse.cn/projectdynamic/detail/index.html?id=5000018。

表 5-16　基础设施项目的基本情况

项目名称	和达药谷一期项目基本情况	孵化器项目基本情况
所在地	杭州市经济技术开发区下沙街道福城路 291 号	杭州市经济技术开发区白杨街道 6 号大街 452 号
所处行业	产业园租赁经营行业	产业园租赁经营行业
资产范围	东至福城路,西至乔新路,南至围垦街,北至呈瑞街	东至科技园路,西至新加坡科技园,南至 6 号大街,北至新科街
用地性质	工业(标准厂房)	科教用地
建设内容和规模	位于园区内的办公楼、公寓及商铺配套、厂房,地上建筑面积 111,069 平方米、地下建筑面积 23,398 平方米,项目用地面积 53,321 平方米 本项目产权证可分割,项目的 3 幢、4 幢 1 层及 7 幢未纳入此次资产范围内,入池部分建筑面积合计 84,744.23 平方米,对应土地使用权面积为 44,398.50 平方米	位于园区内的办公楼、车库、商铺配套,房屋地上建筑面积为 123,912.74 平方米,对应的土地使用权面积为 35,141 平方米
开竣工时间	开工日期:2014 年 竣工日期:2017 年	孵化器一期:开工日期 2005 年,竣工日期 2006 年; 孵化器二期:开工日期 2009 年,竣工日期 2012 年
运营起始时间	2017 年	一期 2007 年,二期 2012 年
项目权属起止时间及剩余年限(剩余年限为权属到期年限与基准年限之差)	项目权属起止时间:2014/8/27—2064/8/26;剩余年限:42 年	项目权属起止时间:2005/12/16—2054/2/2;剩余年限:32 年

3. 华夏和达高科 REIT 的特殊关注点分析

(1)孵化器项目停车场经营资质

该项目的律师对于孵化器项目停车场经营资质审查如下:

根据杭州钱塘新区管理委员会为孵化器项目颁发的《设置收费停车场备案登记证》,孵化器项目停车场总面积为 15,000 平方米。该《设置收费停车场备案登记证》有效期自 2020 年 12 月 10 日至 2021 年 12 月 9 日。该登记证到期后，根据现行有效的《杭州市机动车停车场（库）建设和管理办法》（杭州市人民政府令第 326 号）第 17 条第 1 款的要求，孵化器项目停车场需根据该办法，同步配建停车场信息管理系统，并接入全市停车信息统一平台，无须办理备案登记。根据孵化器公司出具的承诺函，孵化器项目停车场已配建停车场信息管理系统，接入停车信息统一平台的停车位数量未发生变化。根据孵化器公司取得的《杭州市收费停车场变更全市停车信息统一平台信息登记表》，孵化器项目停车场已办理完成接入全市停车信息统一平台的相关手续。

（2）地方性法规中的相关限制及解除情况

关于基础设施项目及项目公司股权转让的限制，相关披露文件中涉及《国有土地使用权出让合同》及不动产权证中的相关限制及解除情况、地方性法规中的相关限制及解除情况、国有资产管理的相关限制及解除情况、金融机构融资合同的相关限制及解除情况。鉴于其他案例中已有不同程度地涉及《国有土地使用权出让合同》及不动产权证中的相关限制及解除情况、国有资产管理的相关限制及解除情况、金融机构融资合同的相关限制及解除情况，本文仅对本项目地方性法规中的相关限制及解除情况予以分析。

根据《杭州市土地管理规定》（2003 年 8 月 1 日施行）第 20 条第 1 项，以出让方式取得的土地使用权的首次转让（商品房预售除外）必须符合法律法规和土地使用权出让合同约定的条件，出让合同履行情况由市、县（市）土地行政主管部门审查。对此，项目律师对孵化器项目、和达药谷一期项目进行了现场踏勘，就项目律师现场踏勘所见，孵化器项目、和达药谷一期项目已经全部建成，已满足《国有土地使用权出让合同》中关于“按照本合同约定进行投资开发，完成开发投资总额的百分之二十五以上”的约定。同时，孵化器项目及和达药谷一期项目底层资产的规划与自然资源主管部门杭州市规划和自然资源局钱塘分局已出具无异议函，就孵化器项目、和达药谷一期项目作为底层资产发行基础设施 REITs、持有底层资产的项目公司的 100%股权以非公开协议转让方式最终转让至基础设施投资基金及其下设的基础设施资产支持证券等特殊目的载体以发行基础设施 REITs 事宜无异议。

综上所述，孵化器项目、和达药谷一期项目已满足《国有土地使用权出让合同》项下约定的首次转让的条件，且杭州市规划和自然资源局钱塘分局已就孵化器项目、和达药谷一期项目作为底层资产发行基础设施 REITs 出具无异议函。因此,在前述规定项下的转让条件已满足。

(九)产业园区 REITs 的案例分析九:中金湖北科投光谷 REIT[1]

以下案例的内容来源于《北京市汉坤律师事务所关于中金湖北科投光谷产业园封闭式基础设施证券投资基金的法律意见书》《中金湖北科技光谷产业园封闭式基础设施证券投资基金招募说明书(草案)》,最终以前述法律意见书、招募说明书的内容为准。

1. 中金湖北科投光谷 REIT 基本情况

2023 年 4 月 25 日,中金湖北科投光谷 REIT 的项目状态更新为“通过”。2023 年 6 月 30 日,发行规模达 15.75 亿元的中金湖北科投光谷 REIT 在上交所成功上市。

该基金为在上交所上市交易的封闭式契约型基金,原始权益人为湖北省科技投资集团有限公司,基金管理人为中金基金管理有限公司,基金托管人为中信银行股份有限公司,运营管理机构为武汉光谷资产投资管理有限公司。

2. 中金湖北科投光谷 REIT 底层资产的基本情况

中金湖北科投光谷 REIT 基础设施资产包括位于武汉市东湖新技术开发区(以下简称东湖高新区,又称中国光谷)关山大道 1 号的光谷软件园 1.1 期 A1、A2、A3、A4、A5、B、C 栋(以下简称光谷软件园 A1—A7 栋)、商界 2 栋(以下简称光谷软件园 C6 栋)、4.1 期 A3 栋(以下简称光谷软件园 E3 栋),光谷软件园 A1—A7 栋、光谷软件园 C6 栋、光谷软件园 E3 栋合称为光谷软件园;以及位于武汉市东湖高新区光谷大道 41 号的现代 · 国际设计城一期 2 栋(又称“现代光谷世贸中心 2 栋”)的 1 至 2 层、7 至 27 层(以下简称互联网+项目)。光谷软件园与互联网+项目距离不足 2 公里,均属于光谷八大产业园之一光谷光电子信息产业园内的核心物业。基础设施资产的基本情况如表 5-17 所示。

---

[1] 参见《北京市汉坤律师事务所关于中金湖北科投光谷产业园封闭式基础设施证券投资基金的法律意见书》《中金湖北科技光谷产业园封闭式基础设施证券投资基金招募说明书(草案)》,载上海证券交易所网站 2023 年 4 月 25 日,http://www.sse.com.cn/reits/info/index_detail.shtml?audit_id=22897。

表 5-17　中金湖北科投光谷基础设施资产的基本情况

项目	光谷软件园 A1—A7 栋基本情况	光谷软件园 C6 栋基本情况	光谷软件园 E3 栋基本情况	互联网+项目基本情况	合计
建筑面积/平方米	103,677.19	30,133.61	12,648.43	27,907.17	174,366.40
用地性质	工业用地	工业用地	工业用地	工业用地	
起始运营时间	2009 年 1 月	2009 年 1 月	2011 年 1 月	2017 年 5 月	
土地到期年限	2052 年 5 月 4 日	2052 年 5 月 4 日	2052 年 5 月 4 日	2051 年 8 月 16 日	
截至 2022 年 12 月 31 日评估值/亿元	10.24	2.40	0.78	1.98	15.40
截至 2022 年 12 月 31 日出租率/%	90.18	72.86	100.00	78.83	86.40
截至 2023 年 3 月 31 日出租率/%	90.24	90.98	100.00	87.92	90.72

3. 中金湖北科投光谷 REIT 的特殊关注点分析

中金湖北科投光谷 REIT 涉及如下交易安排：湖北省科技投资集团有限公司将基础设施资产划转至项目公司，并以资产重组完成后持有基础设施资产的项目公司 100%股权转让方式发行基础设施 REITs。鉴于目标基础设施资产范围内国有建设用地的土地用途均为工业用地，关于工业用地转让的相关规定及批准如下：

根据《城市房地产管理法》第 39 条："以出让方式取得土地使用权的，转让房地产时，应当符合下列条件：（一）按照出让合同约定已经支付全部土地使用权出让金，并取得土地使用权证书；（二）按照出让合同约定进行投资开发，属于房屋建设工程的，完成开发投资总额的百分之二十五以上……"

《湖北省城镇国有土地使用权出让和转让实施办法》（湖北省人民政府令第 378 号）第 20 条规定："土地使用权转让应同时具备下列条件：（一）已缴清土地使用权出让金并按照《条例》和本办法的规定办理了有关手续，取得了土地使用权；（二）不改变土地使用权出让合同规定的土地用途并符合城市建设规划要求；（三）已按出让合同规定的期限和要求完成建设工程及公共设施建设,且开发建设实际投资已达土地使用权出让合同规定的建设投资总额的25%以上。但继承赠与不受此限;(四)符合土地使用权出让合同规定的其他有关土地使用权转让的前提条件。”

《武汉市城镇土地使用权出让和转让实施办法》(市府令第 50 号)第 19 条规定:“转让土地使用权,应持有国有土地使用证和已付完全部出让金,并具备下列条件之一:(一)已按出让合同的规定完成包括公共设施建设在内的建设工程;(二)按出让合同规定完成的建设工程已达到出让合同规定的使用年限;(三)投入开发建设的资金已达投资总额的百分之二十五。”

武汉市人民政府《关于完善工业用地政策促进工业快速发展的意见》(武政〔2010〕52 号)第 4 条第 3 项规定:“按照《出让合同》约定的期限和条件投资开发、利用的工业用地,可以依法进行转让。工业园区的工业用地转让时,受让企业要符合该地块确定的产业要求。经公开出让的标准厂房建设用地,待其建成后方可按照出让文件的约定分割进行登记、转让和出租。”

根据项目申报募集的法律意见书〔1〕的披露,鉴于基础设施资产已经建设完成,已完成消防验收、环保验收及竣工验收,已缴纳其对应的全部土地出让金及取得对应的《不动产权证书》,且武汉东湖新技术开发区自然资源和规划局已通过作出《关于武汉市东湖新技术开发区光谷软件园及互联网+项目用地及规划相关事项的说明函》、东湖高新区管委会已通过作出《关于对基础设施项目资产重组及以 100%股权转让方式发行基础设施 REITs 的无异议函》的方式同意基础设施项目以 100%股权转让方式发行基础设施 REITs,关于工业用地转让的限制性规定已得到满足。

〔1〕参见《北京市汉坤律师事务所关于中金湖北科投光谷产业园封闭式基础设施证券投资基金的法律意见书》,载上海证券交易所网站 2023 年 4 月 25 日,http://www.sse.com.cn/reits/info/index_detail.shtml?audit_id=22897。

第六章

收费公路基础设施公募 REITs 的法律关注重点和案例分析

一、收费公路行业分析及相关法规

(一) 收费公路行业分析

我国对公路的划分存在不同维度:按技术等级分为高速公路、一级公路、二级公路、三级公路和四级公路;按其在公路路网中的地位还可以分为国道、省道、县道和乡道;按是否收费划分为非收费公路和收费公路(政府还贷公路及经营性公路)。较为适合作为基础设施公募 REITs 资产的是经营性高速公路。根据 2015 年 1 月 1 日实施的《公路工程技术标准》(JTG B01—2014)第 3.1.1 条第 1 款,高速公路为专供汽车分方向、分车道行驶,全部控制出入的多车道公路,高速公路的年平均日设计交通量宜在 15,000 辆小客车以上。

根据交通运输部于 2023 年 6 月 16 日公开发布的《2022 年交通运输行业发展统计公报》,[1] 2022 年年末全国公路里程 535.48 万公里,比上年末增加 7.41 万公里。二级及以上等级公路里程 74.36 万公里,占公路里程比重为 13.9%;高速公路里程 17.73 万公里,其中国家高速公路里程 11.99 万公里。2022 年全年完成公路固定资产投资 28,527 亿元,比上年增长 9.7%;其中,高速公路完成 16,262 亿元、增长 7.3%。2022 年全年高速公路车流量 95.32 亿

---

[1] 参见中华人民共和国交通运输部:《2022 年交通运输行业发展统计公报》,载中华人民共和国交通运输部网站 2023 年 7 月 13 日,https://xxgk.mot.gov.cn/2020/jigou/zhghs/202306/t20230615_3847023.html。

辆,比上年下降18.4%,其中9座及以下小客车69.74亿辆、下降20.6%。

就收费公路而言,根据交通运输部于2022年11月11日公开发布的《2021年全国收费公路统计公报》[1],2021年年末,全国收费公路里程18.76万公里,占公路总里程528.07万公里的3.55%。其中,高速公路16.12万公里,一级公路1.76万公里,二级公路0.75万公里,独立桥梁及隧道1329公里,占比分别为85.9%、9.4%、4.0%和0.7%。其中经营性高速公路里程9.26万公里;经营性高速公路占收费高速公路里程的57.4%。2021年度,全国收费公路车辆通行费收入6630.5亿元,经营性高速公路车辆通行费收入4030.8亿元,占收费公路通行费收入的60.8%。

从债务、支出角度来看,2021年年末,全国收费公路债务余额79,178.5亿元,其中,银行贷款余额64,546.9亿元,其他债务余额14,631.6亿元,占比分别为81.5%和18.5%。经营性公路债务余额43,605.7亿元,其中,高速公路41,788.5亿元,一级公路602.3亿元,二级公路43.3亿元,独立桥梁及隧道1171.6亿元,占比分别为95.8%、1.4%、0.1%和2.7%。2021年度全国收费公路支出总额中,偿还债务本金7164.8亿元,偿还债务利息3426.8亿元,养护支出739.1亿元,公路及附属设施改扩建工程支出307.3亿元,运营管理支出838.8亿元,税费支出432.5亿元,占比分别为55.5%、26.5%、5.7%、2.4%、6.5%和3.4%。

值得注意的是,收费公路权益为特许经营权,其收费受国家通行政策影响较大。2021年度,全国收费公路共减免车辆通行费1178.9亿元。其中,鲜活农产品运输"绿色通道"减免274.7亿元,重大节假日免收小型客车通行费380.7亿元,高速公路差异化收费、ETC通行费优惠、抢险救灾车辆免费通行等其他政策性减免523.5亿元,占比分别为23.3%、32.3%和44.4%。剔除2020年疫情防控免费因素后,2021年车辆通行费减免金额同比增加91.0亿元,增长8.4%。新冠疫情对收费公路车辆通行费收入短期产生了较大影响,但该等政策并非常态化措施,目前已恢复正常。随着收费公路恢复收费及经济复苏,业内企业财务指标有所改善,政府在注资、补贴等方面对行业企业

---

[1] 参见中华人民共和国交通运输部:《2021年全国收费公路统计公报》,载中华人民共和国交通运输部网站2023年7月13日,https://xxgk.mot.gov.cn/2020/jigou/glj/202211/t20221111_3707993.html。

的支持力度仍然较大。[1]

收费公路作为典型的基础设施，其投资额大、回收期长、债务占比高，但其收费来源分散、收费期较长、收费全周期内现金流较为平稳，以收费公路资产发行基础设施 REITs 项目确实可以实现有效盘活存量资产、提升直接融资比重、增强资本市场服务实体经济质效的目的。

（二）收费公路发展规划及法规体系

1. 公路发展规划

2022 年 7 月 4 日，国家发改委、交通运输部印发《国家公路网规划》。该文件中提出，改革开放特别是党的十八大以来，我国公路发展取得了举世瞩目的成就。《国家公路网规划（2013 年—2030 年）》明确，国家高速公路网由“7 射、11 纵、18 横”等路线组成（以下简称“71118”），总规模约 13.6 万公里；普通国道网由“12 射、47 纵、60 横”等路线组成，总规模约 26.5 万公里。经各方共同努力，截至 2021 年年底，国家高速公路建成 12.4 万公里，基本覆盖地级行政中心；普通国道通车里程达到 25.8 万公里，基本覆盖县级及以上行政区和常年开通的边境口岸。

《国家公路网规划》提出到 2035 年，国家高速公路全面连接地级行政中心、城区人口 10 万以上市县和重要陆路边境口岸，普通国道全面连接县级及以上行政区、国家重要旅游景区、陆路边境口岸的规划目标；国家公路网规划总规模约 46.1 万公里，由国家高速公路网和普通国道网组成，其中国家高速公路约 16.2 万公里（含远景展望线约 0.8 万公里），普通国道约 29.9 万公里。按照“保持总体稳定、实现有效连接、强化通道能力、提升路网效率”的思路，补充完善国家高速公路网。国家高速公路网由 7 条首都放射线、11 条北南纵线、18 条东西横线，以及 6 条地区环线、12 条都市圈环线、30 条城市绕城环线、31 条并行线、163 条联络线组成。近期建设重点是在“十四五”期间，有序推进对加强国际、区域、省际和城际联系具有重要作用的国家高速公路建设，优先打通主线和省际待贯通路段，实现“71118”国家高速公路主线基本贯通；推动实施京沪、京港澳、长深、沪昆、连霍等国家高速公路主线拥堵路段扩

[1] 参见张晨、王硕：《高速公路行业的“稳”与“不稳”》，载微信公众号“中证鹏元评级”2022 年 1 月 12 日，https://mp.weixin.qq.com/s/bmGo9KD-6YEzNVomyDCB0A。

容改造,提高主要公路通道的通行能力。

除高速公路本身的建设外,该《国家公路网规划》也表明需要积极盘活存量资产,鼓励在高速公路领域稳妥开展基础设施领域不动产投资信托基金(REITs)试点,形成存量资产与新增投资的良性循环。调整收费公路政策,适时修订公路法、收费公路管理条例等法律法规,促进公路可持续健康发展。

2. 收费公路法律法规体系

我国收费公路的法律法规体系以《公路法》为中心,存在多部配套行政法规、部门规章及其他政府规范性文件。表 6-1 对收费公路适用的法规进行了部分列举。

表 6-1　收费公路适用的法规

序号	名称	颁发机关	历次立法修订	主要内容
法律				
1	《公路法》	全国人大常委会	1997 年 7 月 3 日颁布;1999 年 10 月 31 日第一次修订;2004 年 8 月 28 日第二次修订;2009 年 8 月 27 日第三次修订;2016 年 11 月 7 日第四次修订;2017 年 11 月 4 日第五次修订	对公路规划、公路建设、公路养护、路政管理、收费公路、监督检查等做了规定
行政法规及国务院出台规定				
2	《公路管理条例》	国务院	1987 年 10 月 13 日颁布;2008 年 12 月 27 日第一次修订;2011 年 7 月 1 日被《公路安全保护条例》废止	为加强公路的建设和管理,对公路建设、公路养护、路政管理等内容进行了规定
3	《关于禁止在公路上乱设站卡乱罚款乱收费的通知》(国发〔1994〕41 号)	国务院	1994 年 7 月 20 日颁布	对在公路上乱设站卡、乱罚款、乱收费的行为必须坚决禁止,严肃查处

续表

序号	名称	颁发机关	历次立法修订	主要内容
4	《关于收费公路项目贷款担保问题的批复》(国务院国函〔1999〕28号文批复)	国务院	1999年4月26日颁布	规定收费公路的项目贷款担保及登记事宜
5	《收费公路管理条例》	国务院	2004年9月13日颁布	为了加强对收费公路的管理,规范公路收费行为,规定了收费公路建设和收费站的设置、收费公路权益的转让、收费公路的经营管理等内容
6	《公路安全保护条例》	国务院	2011年3月7日颁布;2022年7月30日被《关于取消和调整一批罚款事项的决定》(国发〔2022〕15号)部分修订	为了加强公路保护,保障公路完好、安全和畅通,对公路线路、公路通行、公路养护等做了规定
7	《关于印发深化收费公路制度改革取消高速公路省界收费站实施方案的通知》(国办发〔2019〕23号)	国务院办公厅	2019年5月16日颁布	进一步深化收费公路制度改革,加快取消全国高速公路省界收费站,实现不停车快捷收费
部门规章				
8	《公路管理条例实施细则》	交通运输部	1988年6月28日颁布;2009年6月13日第一次修订;2011年7月1日被《公路安全保护条例》废止	对机构与职责、公路建设、公路养护、路政管理、公路规费征收和使用管理等内容进行了规定

续表

序号	名称	颁发机关	历次立法修订	主要内容
9	《公路工程质量监督暂行规定》	原交通部	1992 年 6 月 10 日颁布;2005 年 6 月 1 日被《公路工程质量监督规定》废止	为加强政府对公路工程质量的监督管理,对机构与人员、职责、监督程序、管理与经费等内容进行了规定
10	《关于在公路上设置通行费收费站(点)的规定》	原交通部、国家发改委、财政部	1994 年 7 月 18 日颁布	对能够设置站(点)收取车辆通行费的工程项目范围、设置标准等内容进行了规定
11	《公路工程竣工验收办法》	原交通部	1995 年 11 月 15 日颁布;2004 年 10 月 1 日被《公路工程竣(交)工验收办法》废止	为了搞好公路工程竣工验收工作,对交工验收、竣工验收等内容进行了规定
12	《公路经营权有偿转让管理办法》	原交通部	1996 年 10 月 9 日颁布;2008 年 10 月 1 日被《收费公路权益转让办法》废止	规范公路经营权有偿转让,对公路经营权的界定、转让公路经营权的组织管理、公路经营权转让范围、公路经营权资产价值的评估、转让公路经营权的审批程序、公路经营权收益的使用等内容进行了规定
13	《公路建设项目后评价工作管理办法》	原交通部	1996 年 12 月 31 日颁布	对需用进行公路建设项目后评价的范围、条件、流程等内容进行了规定
14	《公路工程质量管理办法》	原交通部	1999 年 2 月 24 日颁布;2017 年 12 月 1 日被《公路水运工程质量监督管理规定》废止	为加强公路工程质量管理,对建立单位质量管理、设计单位质量管理、施工单位质量管理、监理单位质量管理、材料、设备采购单位质量管理、工程质量监督机构管理等内容做了规定

续表

序号	名称	颁发机关	历次立法修订	主要内容
15	《公路工程竣(交)工验收办法》	原交通部	2004 年 3 月 31 日颁布	为规范公路工程竣(交)工验收工作,对交工验收、竣工验收等内容进行了规定
16	《公路建设市场管理办法》	交通运输部	2004 年 12 月 21 日颁布;2011 年 11 月 30 日第一次修订;2015 年 6 月 26 日第二次修订	为加强公路建设市场管理,对管理职责、市场准入管理、市场主体行为管理、动态管理等内容进行了规定
17	《公路工程质量监督规定》	原交通部	2005 年 5 月 8 日颁布;2017 年 12 月 1 日被《公路水运工程质量监督管理规定》废止	为加强公路工程质量监督,对公路工程质量监督机构、质量监督内容、交通主管部门职责、质监机构条件、质监程序等内容进行了规定
18	《公路工程设计变更管理办法》	原交通部	2005 年 5 月 9 日颁布	为加强公路工程建设管理,对公路工程设计变更的责任机关、分类、流程等内容进行了规定
19	《公路建设监督管理办法》	交通运输部	2006 年 6 月 8 日颁布;2021 年 8 月 11 日第一次修订	为维护公路建设市场秩序,规定了监督部门的职责与权限、建设程序的监督管理、建设市场的监督管理、质量与安全的监督管理、建设资金的监督管理、社会监督等内容
20	《经营性公路建设项目投资人招标投标管理规定》	交通运输部	2007 年 10 月 16 日颁布;2015 年 6 月 24 日第一次修订	为规范经营性公路建设项目投资人招标投标活动,对招标、投标、开标与评标、中标与协议的签订等内容进行了规定

续表

序号	名称	颁发机关	历次立法修订	主要内容
21	《公路、水路交通实施〈中华人民共和国节约能源法〉办法》	交通运输部	2008年7月16日颁布;2021年8月11日第一次修订	为促进公路、水路交通节约能源,对加强节能管理、交通用能单位合理使用与节约能源等进行了规定
22	《收费公路权益转让办法》	交通运输部、国家发改委、财政部	2008年8月20日颁布;2016年2月3日被《关于第二批清理规范192项国务院部门行政审批中介服务事项的决定》(国发〔2016〕11号)部分修订	为了规范收费公路权益转让行为,对收费公路权益转让条件、收费公路权益转让程序、转让收入使用管理、收费公路权益转让后续管理及收回等内容进行了规定
23	《公路建设项目代建管理办法》	交通运输部	2015年5月7日颁布	为提高公路建设项目专业化管理水平,对代建单位选择及代建合同、代建管理等内容进行了规定
24	《公路工程建设项目招标投标管理办法》	交通运输部	2015年12月8日颁布	为规范公路工程建设项目招标投标活动,对招标、投标、开标、评标和中标、监督管理等内容进行了规定
25	《公路水运工程质量监督管理规定》	交通运输部	2017年9月4日颁布	为加强公路水运工程质量监督管理,对质量管理责任和义务、监督管理等内容进行了规定
26	《公路水路行业内部审计工作规定》	交通运输部	2019年2月5日颁布	各级交通运输主管部门及所属单位和国有企业(含驻外单位,以下统称交通运输单位)开展内部审计工作,规定了内部审计机构和人员、内部审计职责、内部审计结果运用、指导监督等内容

二、收费公路基础设施公募 REITs 的法律关注重点

我国传统基础设施和公用事业领域的特许经营包括能源、交通运输、水利、环境保护、市政工程等，收费公路作为其中的典型基础设施，其融资实践已有首次公开募股(IPO)、公司债、资产证券化等。在基础设施公募 REITs 领域，以高速公路权益为底层资产的基础设施项目属于典型的特许经营项目，已成功发行多单产品。中国证监会在 2023 年 3 月 7 日发布的《REITs 常态化发行通知》第 7 条也将收费公路作为实践较多的资产类型，要求按照"成熟一类、推出一类"的原则，细化完善审核和信息披露要点，对项目质量从严要求，并以适当方式向市场公开，加快成熟类型资产的推荐审核透明度和发行上市节奏。为了贯彻上述通知的要求，沪深交易所分别发布了《公募 REITs 指引 1 号(2023 年修订)》，明确了收费公路项目资产范围、经营权依据和范围、转让限制、收费标准等合规性关注事项，具体包括如下内容：

(1)收费公路项目资产应当包括收费公路经营权和归属于原始权益人的相关资产。其中，收费公路经营权应当包括收费公路收费权和符合指引要求的服务区等附属设施经营权，可以包括广告经营权；相关资产原则上应当包括收费公路土地使用权、收费站不动产所有权、附属设施所有权等。[1]

我国收费公路权益通常包括公路收费权、广告经营权和服务设施经营权三项权利，各项权利可以合并转让，也可以单独转让。收费公路及其附属广告位、服务设施的建设均需满足相关固定资产投资手续要求。

(2)管理人应当披露收费公路项目经营权依据和经营权范围。经营权依据包括有权机关的法律政策文件或者经营权协议等，经营权范围包括经营期限、收费安排等。[2]

(3)收费公路项目的转让应当符合有关法律法规和政策文件要求。收费

---

[1] 参见《上交所公募 REITs 指引 1 号(2023 年修订)》第 61 条：收费公路项目资产应当包括收费公路经营权和归属于原始权益人的相关资产。前款所称收费公路经营权，应当包括收费公路收费权和符合本指引第十一条要求的服务区等附属设施经营权，可以包括广告经营权。前款所称相关资产，原则上应当包括收费公路土地使用权、收费站不动产所有权、附属设施所有权等。

[2] 参见《上交所公募 REITs 指引 1 号(2023 年修订)》第 62 条：管理人应当披露收费公路项目经营权依据和经营权范围。前款所称经营权依据包括有权机关的法律政策文件或者经营权协议等，经营权范围包括经营期限、收费安排等。

公路项目所涉及的固定资产报建手续、特许经营权协议、不动产权证书、融资合同、主管机关政策文件、土地出让合同等应当不存在对基础设施项目的土地、资产、股权等转让限制。存在转让限制的,应当予以解除。[1]

(4)收费公路项目的通行费、广告费等收费标准应当符合主管机关的规定。[2] 我国收费公路权益通常包括公路收费权、广告经营权和服务设施经营权三项权利,各项权利可以合并转让,也可以单独转让。作为特许经营项目,收费公路的收费定价需执行政府批准的收费标准;收费公路及其附属广告位、服务设施的建设均需满足相关固定资产投资手续要求;收费公路权益的转让需注意相关行业限制及特许经营合同限制等。

(一)项目公司取得收费公路权益的合法性

收费公路资产的现金流来源主要为特许经营项下的收费公路权益,只有在项目公司合法取得收费公路权益的前提下,该收费公路资产产生合法、稳定、可预测的现金流才是可能的。

在项目公司作为收费公路初始建设者、后续直接运营收费公路的情况下,根据 2004 年 11 月 1 日起实施的《收费公路管理条例》(国务院令第 417 号)第 11 条第 3 款,“经营性公路建设项目应当向社会公布,采用招标投标方式选择投资者”。项目公司应当依法参与该收费公路的招标投标流程,并中标确认为该收费公路的建设与运营主体。若收费公路在前述《收费公路管理条例》实施前开工建设且未进行招标投标流程的,则需结合开工当时所适用的法律规定、后续有权部门对该等未招标投标情况的认可(如有)等判断项目公司取得收费公路权益的合法性[3]。

---

〔1〕 参见《上交所公募 REITs 指引 1 号(2023 年修订)》第 63 条:收费公路项目的转让应当符合有关法律法规和政策文件要求。收费公路项目所涉及的固定资产报建手续、特许经营权协议、不动产权证书、融资合同、主管机关政策文件、土地出让合同等应当不存在对基础设施项目的土地、资产、股权等转让限制。存在转让限制的,主管机关或者相关权利方应当对项目以转让全部股权方式发行基础设施基金无异议。管理人和律师应当对相关事项进行核查并发表明确意见。

〔2〕 参见《上交所公募 REITs 指引 1 号(2023 年修订)》第 64 条:收费公路项目的通行费、广告费等收费标准应当符合主管机关的规定。存在分路段、分车型、分时段、分出入口、分方向、分支付方式等差异性收费标准的,管理人应当合理评估并披露差异性收费对现金流的影响。

〔3〕 例如,交通部《关于简化公路建设项目法人审批程序的通知》(交公路发〔2003〕291 号)第 1 条规定:公路建设项目必须按《公路建设四项制度实施办法》的要求,实行项目法人审批制度。其中原规定由交通部进行项目法人审批的,现调整为由省级交通主管部门进行审批,审批结果报交通部备案。

在项目公司受让取得收费公路权益的情况下，需明确受让取得的收费公路权益具体内容，相关转让是否按照收费公路权益转让的要求履行了流程手续；[1] 若受让收费公路权益为政府还贷公路转化为经营性公路，还需审查政府还贷公路转变为经营性公路的流程是否完整合规。

值得注意的是，若项目公司存在对外转让部分收费公路权益的情况，由于该等转让需按照收费公路管理的相关规定履行核准、立项、审批、公开招标等程序，即使已转让部分不属于拟入池资产，也需审查其转让流程的合规性，对基础设施公募 REITs 存续期间项目公司可能受到的处罚风险作出充分提示。

（二）收费公路的收费标准、收费期限

根据规定可以进行收费的公路，其收费的标准需由省、自治区、直辖市人民政府交通主管部门会同同级物价行政主管部门批准。[2] 就收费期限而言，经营性公路的收费经营期限按照收回投资并有合理回报的原则由有关交通主管部门与投资者约定并按照国家有关规定办理审批手续，[3] 最长不超过 25 年，中西部地区的经营性公路不得超过 30 年；[4] 若项目公司持有的收费公路为有偿受让收费权的公路，则收费权的转让期限由出让、受让双方约定，但不得超过法律规定的年限。

收费期限届满后，公路由国家无偿收回，由有关交通主管部门管理；若项

[1] 参见《收费公路权益转让办法》第 43 条：违反本办法的规定，转让方应当通过招标选择受让方而未进行招标，或者招标的程序、内容不符合本办法的规定，按照《中华人民共和国招标投标法》的有关规定查处。

[2] 参见《公路法》（2017 年 11 月 5 日实施，现行有效）第 63 条：收费公路车辆通行费的收费标准，由公路收费单位提出方案，报省、自治区、直辖市人民政府交通主管部门会同同级物价行政主管部门审查批准。

[3] 参见《公路法》（2017 年 11 月 5 日实施，现行有效）第 60 条：县级以上地方人民政府交通主管部门利用贷款或者集资建成的收费公路的收费期限，按照收费偿还贷款、集资款的原则，由省、自治区、直辖市人民政府依照国务院交通主管部门的规定确定。有偿转让公路收费权的公路，收费权转让后，由受让方收费经营。收费权的转让期限由出让、受让双方约定，最长不得超过国务院规定的年限。国内外经济组织投资建设公路，必须按照国家有关规定办理审批手续；公路建成后，由投资者收费经营。收费经营期限按照收回投资并有合理回报的原则，由有关交通主管部门与投资者约定并按照国家有关规定办理审批手续，但最长不得超过国务院规定的年限。

[4] 参见《收费公路管理条例》第 14 条：收费公路的收费期限，由省、自治区、直辖市人民政府按照下列标准审查批准：（一）政府还贷公路的收费期限，按照用收费偿还贷款、偿还有偿集资款的原则确定，最长不得超过 15 年。国家确定的中西部省、自治区、直辖市的政府还贷公路收费期限，最长不得超过 20 年。（二）经营性公路的收费期限，按照收回投资并有合理回报的原则确定，最长不得超过 25 年。国家确定的中西部省、自治区、直辖市的经营性公路收费期限，最长不得超过 30 年。

目公司持有的收费公路为有偿受让收费权的公路，则受让时约定的收费期限届满后，收费权由出让方收回。[1]

在实践中，收费公路的收费期限并不是不可变动的，目前以下两种情况可能导致收费期限的延长：①转让政府还贷公路的收费权，经省级人民政府批准可以延长收费期限，但延长期限不得超过 5 年，且累计收费期限总和最长不得超过 20 年，中西部地区最长不超过 25 年；转让经营性公路收费是不可以延长收费期限的。②因国家政策变更导致的收费权短期延长。以 2020 年新冠疫情为例，全国收费公路因新冠疫情免收 79 天通行费，针对这部分通行费损失，可能以延长收费期限的方式补偿公路运营企业的损失。

值得注意的是，交通运输部于 2018 年 12 月 20 日发布了《交通运输部关于〈收费公路管理条例（修订草案）〉公开征求意见的通知》，该修订草案中明确了“实施收费高速公路改扩建工程，增加高速公路车道数量，可重新核定偿债期限或者经营期限”的内容，但目前尚无正式版本发布。

（三）收费公路权益、项目公司股权的转让限制

进行基础设施公募 REITs 项目势必会涉及项目公司股权转让，根据资产情况在内部重组过程中也可能直接涉及收费公路权益的转让。根据现行有效的交通运输行业法律规定，收费公路收费权[2]及收费公路项目公司股权[3]

---

[1] 参见《公路法》（2017 年 11 月 5 日实施，现行有效）第 65 条：有偿转让公路收费权的公路，转让收费权合同约定的期限届满，收费权由出让方收回。由国内外经济组织依照本法规定投资建成并经营的收费公路，约定的经营期限届满，该公路由国家无偿收回，由有关交通主管部门管理。

[2] 参见根据《公路法》（2017 年 11 月 5 日实施，现行有效）第 61 条第 1 款：本法第五十九条第一款第一项规定的公路中的国道收费权的转让，应当在转让协议签订之日起三十个工作日内报国务院交通主管部门备案；国道以外的其他公路收费权的转让，应当在转让协议签订之日起三十个工作日内报省、自治区、直辖市人民政府备案。根据《关于做好公路收费权转让备案工作的通知》（交财审函〔2018〕782 号，由交通运输部、国家发改委、财政部于 2018 年 11 月 13 日联合发布）第 1 部分：公路收费权转让由审批改为备案……各级交通运输主管部门必须认真贯彻执行，不得以任何理由继续保留该审批事项或者为备案设置前置条件。

[3] 参见根据《关于公路经营企业产权（股权）转让有关问题的通知》（交财发〔2010〕739 号）（以下简称“739 号文”，交通运输部、国家发改委、财政部于 2010 年 12 月 10 日联合发布）：“公路经营企业产权（股权）的转让，既要遵守国家有关企业产权（股权）转让的相关规定，又要执行国家有关收费公路权益转让的相关规定。”《关于进一步规范收费公路权益转让行为的通知》（交财审发〔2017〕80 号，交通运输部、国家发改委、财政部于 2017 年 5 月 17 日联合发布）废止了“739 号文”，后续未出台有关收费公路公司股权转让限制的文件。

的转让已不要求事先批准；收费公路广告经营权、服务设施经营权的转让审批，由各地方的地方性法规及省级人民政府规章进行规定。[1]

参考已发行 REITs 的项目实践情况，浙商证券沪杭甬杭徽高速封闭式基础设施证券投资基金（以下简称浙商沪杭甬高速 REIT）的信息披露文件未直接提及特许经营权协议是否存在转让限制[2]；根据平安广州交投广河高速公路封闭式基础设施证券投资基金（以下简称平安广河高速 REIT）、华夏越秀高速公路封闭式基础设施证券投资基金（以下简称华夏越秀高速 REIT）、华夏中国交建高速公路封闭式基础设施证券投资基金（以下简称华夏中交建高速 REIT）、华泰紫金江苏交控高速公路封闭式基础设施证券投资基金（以下简称华泰江苏交控高速 REIT）、中金安徽交控高速公路封闭式基础设施证券投资基金（以下简称中金安徽交控高速 REIT）、中金山高集团高速公路封闭式基础设施证券投资基金（以下简称中金山高高速 REIT）的信息披露文件，根据国家及地方层面现行有效的法律法规，收费公路项目公司的股权转让无须履行交通运输管理部门的审批或备案程序，但作为特许经营权协议签署方或有权主管机关的广州市交通运输局、武汉市交通运输局、咸宁市人民政府、江苏省交通运输厅、安徽省交通运输厅、山东省交通厅仍出具了相关同意函、确认函或无异议函；根据国金铁建重庆渝遂高速公路封闭式基础设施证券

---

〔1〕 参见《收费公路权益转让办法》第 26 条：转让国道（包括国道主干线和国家高速公路网项目，下同）收费权，应当经国务院交通运输主管部门批准。转让国道以外的其他公路收费权，应当经省级交通运输主管部门审核同意，报省级人民政府批准。将公路广告经营权、服务设施经营权与公路收费权合并转让的，由具有审批公路收费权权限的审批机关批准。单独转让公路广告经营权、服务设施经营权的审批，按照地方性法规和省级人民政府规章执行。

〔2〕 参见浙商沪杭甬 REIT《招募说明书》，载上海证券交易所网站 2022 年 7 月 13 日，http://www.sse.com.cn/assortment/fund/list/reits/basic/index.shtml?FUNDID=508001；根据《浙江省收费公路管理办法》第十七条的规定，收费公路经营企业股权（份）转让，致使对收费公路收费权具有控股地位的股东发生变化的，应当报省人民政府批准；国家另有规定的，从其规定。该规定目前仍现行有效。根据沪杭甬公司出具的《浙江沪杭甬高速公路股份有限公司关于项目公司股权转让的限制的承诺函》，沪杭甬公司将其持有的项目公司的股权转让给基于基础设施 REITs 需要设立的特殊目的载体后，承诺将在基础设施 REITs 发行时认购本次基金发售比例的 51.00%，确保杭徽高速公路（浙江段）收费权的具有控股地位的股东不发生变化，并将对项目公司进行并表管理；并承诺在基金发行后，如减持导致杭徽高速公路（浙江段）收费权的具有控股地位的股东发生变化的，将依据现行有效的法律法规的规定履行相应的报批程序。项目公司原股东均已同意将所持股权转让给基于公募 REITs 需要设立的特殊目的载体，在杭徽高速公路（浙江段）收费权的具有控股地位的股东不发生变化的情况下，项目公司的股权转让无需报浙江省人民政府批准。

投资基金(以下简称国金铁建渝遂高速REIT)的信息披露文件,项目组认为项目公司股权转让不存在法定或约定的转让限制,也并未取得相关政府部门的同意或无异议函件。

除法律法规的明确要求外,特许经营合同是否对项目公司股权转让进行限制需特别注意。根据国家发改委“958号文”,如协议对项目公司股权转让存在任何限定条件、特殊规定约定的,相关有权部门或协议签署机构应对项目以100%股权转让方式发行基础设施REITs无异议。交通运输部、国家发改委、财政部已发文要求各级交通运输主管部门不得以任何理由继续保留公路收费权转让的审批事项或者为备案设置前置条件,但并未对项目公司股权转让作同样的要求。因此,若特许经营合同就项目公司股权转让明确进行了限制,也仍需取得相关主体就项目公司股权转让的意见。

(四)权利限制及解除

对收费公路资产的权利限制核查,除常规的项目公司股权质押情况、项目土地和地上建筑物抵押情况等限制之外,也需关注收费公路权益及相应应收账款的质押情况。

对于投运时间较久、较早进行融资并进行相应收费权、应收账款质押担保的收费公路而言,其质押登记信息仅从中国人民银行征信中心动产融资统一登记公示系统查找可能难以覆盖完全,因为对收费公路项目的质押登记在不同时期有不同要求。

1999年4月26日国务院发布的《关于收费公路项目贷款担保问题的批复》(国函〔1999〕28号文批复)要求地市级以上交通主管部门为公路收费权质押的登记部门;2007年10月1日起实施的《物权法》[1]和《应收账款质押登记办法》[2]规定质权自信贷征信机构办理出质登记时设立、应收账款质押登记通过登记公示系统办理。因此,2007年10月1日之前即投运的高速公路资产,还应当前往当地交通主管部门核实收费权及应收账款质押的情况。

值得注意的是,各地方对于收费公路权益及应收账款质押登记变更登记

---

〔1〕 已被《民法典》(2021年1月1日起实施)废止,但关于应收账款质押登记的规定被《民法典》所沿用。

〔2〕 已被《动产和权利担保统一登记办法》(2022年2月1日起实施)废止,但关于应收账款质押登记应当与登记公示系统办理的要求被《动产和权利担保统一登记办法》所沿用。

机关的响应并不是统一的,如重庆市根据 2009 年 1 月 1 日起实施的重庆市人民政府《关于深化以建设领域为重点的行政审批制度改革的决定》和 2009 年 4 月 1 日起实施的重庆市交通委员会《关于公路收费权质押实行备案管理的通知》,将向市交通行政主管部门的公路收费权质押登记改为事后告知性备案。对于在 2007 年 10 月 1 日之后不久投运的高速公路资产,可继续前往交通主管部门进行收费公路权益及应收账款质押登记查询作为辅助。

(五)固定资产投资管理手续

公路建设在我国主要由交通运输部门主导,属于专业建设工程,其建设主要根据《公路建设监督管理办法》等公路建设相关规定进行。依据政府投资公路与企业投资公路的不同属性,收费公路的建设程序存在一些不同,但主要程序包含:前期工作(编制批准项目建议书、编制可行性研究报告等)、项目批准或核准(批准可行性研究报告或取得核准文件)、编制(批准)初步设计文件、编制(批准)施工图设计文件、项目招标、申报批准施工许可、项目交工验收及竣工验收等。为保护、养护公路和保障公路安全畅通所设置的公路防护、排水、养护、管理、服务、交通安全、渡运、监控、通信、收费等设施、设备以及专用建筑物、构筑物等,均属于公路附属设施,一般与公路一并设计、建设、验收〔1〕;若公路附属设施在公路投运后新建或改建、扩建,则需要履行单独的建设审批手续。

公路建设中的固定资产投资管理手续以如下几个典型问题为例(以下均以目前有效的法律法规为例,若收费公路建成较早,需结合建成当时适用的法律法规、以本书第四章列明的法规适用与说明函出具原则进行分析或要求相关有权部门出具合规性书面文件)。

1. 公路相关的管理、养护等附属房屋实际建筑面积超出批准面积

公路相关的管理、养护附属设施的设计标准由交通运输主管部门在初步设计的核准中进行明确。〔2〕 初步设计的变更按重大程度实行不同的审批流

---

〔1〕 以《四川省〈中华人民共和国公路法〉实施办法》为例,其第 16 条规定:新建公路的附属设施、公路客运站点应当与公路同步规划、同步设计、同步建设。

〔2〕 自 1987 年 1 月 12 日原交通部发布《公路工程基本建设项目设计文件编制办法》以来,公路沿线设施的位置、形式及结构类型就属于初步设计应当包含的内容;2007 年 7 月 3 日发布且现行有效的《公路工程基本建设项目设计文件编制办法》中,要求初步设计基本确定交通工程及沿线设施各项工程的位置、形式、类型及主要尺寸。

程，其中，重大设计变更与较大设计变更均实行审批制，前者由交通运输部进行，后者由省级交通主管部门进行。[1] 公路附属设施的建筑面积进行变更即属于较大设计变更，应当取得省级交通主管部门的批准。[2]

如应进行审批的设计变更未经审批，将被责令限期改正，可给予警告处罚。情节严重的，对全部或部分使用财政性资金的项目，可暂停项目执行或暂缓资金拨付。[3]

2. 水土保持方案编制及设施验收

对于在山区、丘陵区、风沙区以及水土保持规划确定的容易发生水土流失的其他区域开办可能造成水土流失的生产建设项目，生产建设单位应当编制

---

〔1〕 参见《公路建设监督管理办法》第 14 条：公路建设项目必须符合公路工程技术标准。施工单位必须按批准的设计文件施工，任何单位和人员不得擅自修改工程设计。已批准的公路工程设计，原则上不得变更。确需设计变更的，应当按照交通部制定的《公路工程设计变更管理办法》的规定履行审批手续。《公路工程设计变更管理办法》第 6 条：公路工程重大、较大设计变更实行审批制。公路工程重大、较大设计变更，属于对设计文件内容作重大修改，应当按照本办法规定的程序进行审批。未经审查批准的设计变更不得实施。任何单位或者个人不得违反本办法规定擅自变更已经批准的公路工程初步设计、技术设计和施工图设计文件。不得肢解设计变更规避审批。经批准的设计变更一般不得再次变更。《公路工程设计变更管理办法》第 7 条：重大设计变更由交通部负责审批。较大设计变更由省级交通主管部门负责审批。

〔2〕 参见《公路工程设计变更管理办法》第 5 条：公路工程设计变更分为重大设计变更、较大设计变更和一般设计变更。有下列情形之一的属于重大设计变更：（一）连续长度 10 公里以上的路线方案调整的；（二）特大桥的数量或结构型式发生变化的；（三）特长隧道的数量或通风方案发生变化的；（四）互通式立交的数量发生变化的；（五）收费方式及站点位置、规模发生变化的；（六）超过初步设计批准概算的。有下列情形之一的属于较大设计变更：（一）连续长度 2 公里以上的路线方案调整的；（二）连接线的标准和规模发生变化的；（三）特殊不良地质路段处置方案发生变化的；（四）路面结构类型、宽度和厚度发生变化的；（五）大中桥的数量或结构型式发生变化的；（六）隧道的数量或方案发生变化的；（七）互通式立交的位置或方案发生变化的；（八）分离式立交的数量发生变化的；（九）监控、通讯系统总体方案发生变化的；（十）管理、养护和服务设施的数量和规模发生变化的；（十一）其他单项工程费用变化超过 500 万元的；（十二）超过施工图设计批准预算的。一般设计变更是指除重大设计变更和较大设计变更以外的其它设计变更。

〔3〕 参见《公路建设监督管理办法》第 39 条：违反本办法第十四条规定，未经批准擅自修改工程设计，责令限期改正，可给予警告处罚；情节严重的，对全部或部分使用财政性资金的项目，可暂停项目执行或暂缓资金拨付。《公路工程设计变更管理办法》第 24 条：项目法人有以下行为之一的，交通主管部门责令改正；情节严重的，对全部或者部分使用国有资金的项目，暂停项目执行。构成犯罪的，依法追究刑事责任：（一）不按照规定权限、条件和程序审查、报批公路工程设计变更文件的；（二）将公路工程设计变更肢解规避审批的；（三）未经审查批准或者审查不合格，擅自实施设计变更的。

水土保持方案。[1] 水土保持设施需与主体工程同时设计、同时施工、同时投产使用；生产建设项目竣工验收，应当验收水土保持设施；水土保持设施未经验收或者验收不合格的，生产建设项目不得投产使用。[2]

水土保持设施未经验收或者验收不合格将生产建设项目投产使用的，由县级以上人民政府水行政主管部门责令停止生产或者使用，直至验收合格，并处 5 万元以上 50 万元以下的罚款。[3]

3. 消防设计及消防验收

特殊建设工程消防设计文件需住建主管部门审查；未经审查或审查不合格，不得施工。其他建设工程申请领取施工许可证或者申请批准开工报告时应当提供满足施工需要的消防设计图纸及技术资料；未提供相关图纸及资料的，不发放施工许可或批准开工报告。[4] 特殊建设工程竣工验收后，需申请

---

〔1〕 参见《水土保持法》（2011 年 3 月 1 日实施，现行有效）第 25 条：在山区、丘陵区、风沙区以及水土保持规划确定的容易发生水土流失的其他区域开办可能造成水土流失的生产建设项目，生产建设单位应当编制水土保持方案，报县级以上人民政府水行政主管部门审批，并按照经批准的水土保持方案，采取水土流失预防和治理措施。没有能力编制水土保持方案的，应当委托具备相应技术条件的机构编制。水土保持方案应当包括水土流失预防和治理的范围、目标、措施和投资等内容。水土保持方案经批准后，生产建设项目的地点、规模发生重大变化的，应当补充或者修改水土保持方案并报原审批机关批准。水土保持方案实施过程中，水土保持措施需要作出重大变更的，应当经原审批机关批准。生产建设项目水土保持方案的编制和审批办法，由国务院水行政主管部门制定。《开发建设项目水土保持方案编报审批管理规定》（2017 年 12 月 22 日实施，现行有效）第 4 条：水土保持方案分为"水土保持方案报告书"和"水土保持方案报告表"。凡征占地面积在一公顷以上或者挖填土石方总量在一万立方米以上的开发建设项目，应当编报水土保持方案报告书；其他开发建设项目应当编报水土保持方案报告表。水土保持方案报告书、水土保持方案报告表的内容和格式应当符合《开发建设项目水土保持方案技术规范》和有关规定。

〔2〕 参见《水土保持法》（2011 年 3 月 1 日实施，现行有效）第 27 条：依法应当编制水土保持方案的生产建设项目中的水土保持设施，应当与主体工程同时设计、同时施工、同时投产使用；生产建设项目竣工验收，应当验收水土保持设施；水土保持设施未经验收或者验收不合格的，生产建设项目不得投产使用。

〔3〕 参见《水土保持法》（2011 年 3 月 1 日实施，现行有效）第 54 条：违反本法规定，水土保持设施未经验收或者验收不合格将生产建设项目投产使用的，由县级以上人民政府水行政主管部门责令停止生产或者使用，直至验收合格，并处五万元以上五十万元以下的罚款。

〔4〕 参见《消防法》（2021 年 4 月 29 日实施，现行有效）第 10 条：对按照国家工程建设消防技术标准需要进行消防设计的建设工程，实行建设工程消防设计审查验收制度。《消防法》（2021 年 4 月 29 日实施，现行有效）第 11 条：国务院住房和城乡建设主管部门规定的特殊建设工程，建设单位应当将消防设计文件报送住房和城乡建设主管部门审查，住房和城乡建设主管部门依法对审查的结果负责。前款规定以外的其他建设工程，建设单位申请领取施工许可证或者申请批准开工报告时应当提供满足施工需要的消防设计图纸及技术资料。

消防验收。其他建设工程竣工验收合格之日起 5 个工作日内，应报消防设计审查验收备案。[1]（2020 年 6 月 1 日之前，其他建设工程在领取施工许可证之后就应当进行消防设计备案，并在竣工验收后进行竣工验收消防备案[2]）

特殊建设工程未审查或审查不合格擅自施工的、未验收或验收不合格擅自投入使用的，责令停止施工、停止使用或停产停业，并处罚款。[3] 其他建设工程验收后依法抽查不合格不停止使用的，责令停止使用或停产停业，并处罚款。[4]

由于历史原因，运营多年的高速公路项目可能或多或少存在个别手续不完备、完整的情形，但该类情形不必然构成项目障碍，需要结合各类批复文件判断、论证是否造成重大不利影响，如无重大不利影响，则项目一般可推进，但建议事先取得相关政府部门认可不构成重大违法违规的函件，并由原始权益

---

〔1〕 参见《消防法》(2021 年 4 月 29 日实施，现行有效）第 13 条：国务院住房和城乡建设主管部门规定应当申请消防验收的建设工程竣工，建设单位应当向住房和城乡建设主管部门申请消防验收。前款规定以外的其他建设工程，建设单位在验收后应当报住房和城乡建设主管部门备案，住房和城乡建设主管部门应当进行抽查。依法应当进行消防验收的建设工程，未经消防验收或者消防验收不合格的，禁止投入使用；其他建设工程经依法抽查不合格的，应当停止使用。

〔2〕 参见《建设工程消防监督管理规定》(2012 年 11 月 1 日实施，2020 年 6 月 1 日被废止）第 24 条：对本规定第十三条、第十四条规定以外的建设工程，建设单位应当在取得施工许可、工程竣工验收合格之日起七日内，通过省级公安机关消防机构网站进行消防设计、竣工验收消防备案，或者到公安机关消防机构业务受理场所进行消防设计、竣工验收消防备案。建设单位在进行建设工程消防设计或者竣工验收消防备案时，应当分别向公安机关消防机构提供备案申报表、本规定第十五条规定的相关材料及施工许可文件复印件或者本规定第二十一条规定的相关材料。按照住房和城乡建设行政主管部门的有关规定进行施工图审查的，还应当提供施工图审查机构出具的审查合格文件复印件。依法不需要取得施工许可的建设工程，可以不进行消防设计、竣工验收消防备案。

〔3〕 参见《消防法》(2021 年 4 月 29 日实施，现行有效）第 12 条：特殊建设工程未经消防设计审查或者审查不合格的，建设单位、施工单位不得施工；其他建设工程，建设单位未提供满足施工需要的消防设计图纸及技术资料的，有关部门不得发放施工许可证或者批准开工报告。

〔4〕 参见《消防法》(2021 年 4 月 29 日实施，现行有效）第 58 条：违反本法规定，有下列行为之一的，由住房和城乡建设主管部门、消防救援机构按照各自职权责令停止施工、停止使用或者停产停业，并处三万元以上三十万元以下罚款：（一）依法应当进行消防设计审查的建设工程，未经依法审查或者审查不合格，擅自施工的；（二）依法应当进行消防验收的建设工程，未经消防验收或者消防验收不合格，擅自投入使用的；（三）本法第十三条规定的其他建设工程验收后经依法抽查不合格，不停止使用的；（四）公众聚集场所未经消防救援机构许可，擅自投入使用、营业的，或者经核查发现场所使用、营业情况与承诺内容不符的。核查发现公众聚集场所使用、营业情况与承诺内容不符，经责令限期改正，逾期不整改或者整改后仍达不到要求的，依法撤销相应许可。建设单位未依照本法规定在验收后报住房和城乡建设主管部门备案的，由住房和城乡建设主管部门责令改正，处五千元以下罚款。

人承诺对由此给 REITs 造成的损失承担赔偿责任。

4. 收费公路中经营性用地的土地使用权取得方式

国家重点扶持的交通基础设施项目用地可采取划拨供地方式,但是,根据《划拨用地目录》(国土资源部令第 9 号),高速公路服务区内经营性用地不属于可以通过划拨方式取得的公路交通设施用地;根据该目录,以划拨方式取得的土地使用权,因改变土地用途等不再符合该目录的,应当实行有偿使用。

实践中,项目公司在建设时可能并未严格区分已获得土地使用权的土地的使用方式,在划拨取得的土地上既存在公路线路、通信、监控、安全设施等可采取划拨用地方式的工程项目,也存在对外经营加油、购物、餐饮及汽车维修等经营性设施的高速公路服务区。由于以营利为目的的建设用地应当以有偿方式提供土地使用权,前述情况存在被主管部门要求将服务区内的经营性用地改成有偿使用或相关经营收入(如租金)上缴相关土地收益的风险。

就该问题,可从瑕疵土地的面积占比、服务区经营收入占比等角度,论证对项目不构成重大不利影响,并优先采取转为有偿使用、上缴土地收益等方式进行整改;若存在困难,则至少由原始权益人出具承诺函,承诺对该类事项造成的损失承担赔偿责任。

除服务区的经营性用地外,实际上高速公路广告牌的基础占地也属于以营利为目的的用地,但由于广告牌基础占地小而分散,自然资源部门可能并不会倾向于将高速公路广告牌基础用地认定为划拨地出租或土地性质的变更。

5. 广告牌的建设与出租

收费公路的广告经营权属于高速公路权益的一部分,由项目公司享有,但是项目公司并不一定需要建设相关广告牌,实践中多为广告经营主体与项目公司签署相关协议,由广告经营主体得到项目公司的许可并建设经营高速公路广告牌,项目公司按年收取费用。

由于收费公路的广告经营权由项目公司享有,以收费公路来往车辆为受众的广告牌建设必然需要取得项目公司的同意并向项目公司支付费用,在广告牌设置于收费公路规划土地范围内时,因需要使用项目公司持有的土地,也必须经过项目公司的同意。此外,收费公路广告牌的建设也会涉及公路用地范围内设置除公路标志以外的其他标志、户外广告设置等内容,广告牌的建设需要取得相应城市管理、交通运输、自然资源和规划、市场监督管理等各部门的审批或同意。对于收费公路广告牌的建设使用多规定于地方规范性文件中,具体核查时需就当地的规定进行检索分析。

对于广告牌的出租,需要根据项目公司与对应主体签署的协议实质判断是否属于广告经营权的转让。2008 年 10 月 1 日(不含)前,根据《公路经营权有偿转让管理办法》及《收费公路管理条例》的规定,公路广告经营权作为收费公路权益的一种,需要相关交通主管部门或人民政府的审批,[1]并且采取招投标方式;[2]2008 年 10 月 1 日(含)《收费公路权益转让办法》实施之后,公路广告经营权的转让需根据地方性法规和省级人民政府规章执行,且仅转让政府还贷公路收费权益和有财政性资金投入的经营性公路收费权益应当采取招投标方式,[3]该等转让是否需要相关交通主管部门的备案,需根据地区情况咨询判断。

6. 新建服务区、停车区

服务区与停车区均属高速公路服务设施,高速公路经营管理企业享有高速公路服务设施经营权。

根据《高速公路交通工程及沿线设施设计通用规范》(交通部公告 2006 年第 33 号)第六章第 6. 2、6. 3 条对服务区、停车区的定义,对于两者建设标准、规范内容比较如表 6-2 所示。

---

[1] 参见《公路经营权有偿转让管理办法》(1996 年 11 月 1 日实施,2008 年 10 月 1 日被废止)第 7 条:对含有中央车辆购置附加费或中央财政性资金投资建成的公路及国道公路经营权的转让,由省级交通主管部门报交通部审批;全部由地方规费或地方财政性资金投资及自筹资金等建成的省道以下公路经营权的转让,由省级交通主管部门报省级人民政府审批,并负责办理向交通部报备事宜。

[2] 参见《收费公路管理条例》第 19 条:依照本条例的规定转让收费公路权益的,应当向社会公布,采用招标投标的方式,公平、公正、公开地选择经营管理者,并依法订立转让协议。

[3] 参见《收费公路权益转让办法》第 26 条:转让国道(包括国道主干线和国家高速公路网项目,下同)收费权,应当经国务院交通运输主管部门批准。转让国道以外的其他公路收费权,应当经省级交通运输主管部门审核同意,报省级人民政府批准。将公路广告经营权、服务设施经营权与公路收费权合并转让的,由具有审批公路收费权权限的审批机关批准。单独转让公路广告经营权、服务设施经营权的审批,按照地方性法规和省级人民政府规章执行。《收费公路权益转让办法》第 19 条:转让政府还贷公路收费权益和有财政性资金投入的经营性公路收费权益,应当采用公开招标的方式,公平、公正、公开选择受让方。

表 6-2　服务器、停车区建设标准规范内容比较

规范内容	服务区	停车区
配套设施	停车场、公共厕所、加油站、车辆维修、餐饮与小卖部等配套设施	应设置停车场、公共厕所、长凳、只给用路者提供最低限度的服务
布设距离	服务区的平均间距不宜大于 50 千米;最大间距不宜大于 60 千米	停车区可在服务区之间布设一处或多处,其平均间距不宜大于 15 千米,最大间距不宜大于 25 千米
建筑规模	用地面积: 4—5.3333 公顷/处 建筑面积: 5500—6500 平方米/处	用地面积: 1—1.2 公顷/处 公共厕所面积:60—110 平方米/处
布设要求	宜采用分离式,可对称可非对称,亦可采用集中式或其他形式	宜采用分离式,无须对称布置
其他要求	功能区分工、布设、排污等均有要求,应因地制宜	因地制宜,适合休息

服务区、停车区对满足旅客和车辆需求,提高交通安全,提供应急服务等具有重要作用,应与公路主体工程同步规划、同步设计、同步施工,新建服务区、停车区应提前征求运营单位或其主管部门意见,确保设计符合实际运营需求;其日常管养由服务区、停车区所属高速公路运营管理单位负总责。[1]

根据项目实操经验,新建服务区、停车区在高速公路增设开口需取得相关交通主管部门的批准,但后续服务区、停车区立项、建设、施工均由发改、住建等相关部门负责。在服务区、停车区建成后,其运营可以由高速公路经营管理者自主经营,也可以对外承包经营。以湖北省为例,湖北省高速公路服务区对

〔1〕 参见交通运输部《关于进一步提升高速公路服务区服务质量的意见》:高速公路服务区(含停车区,以下简称"服务区")是交通运输行业服务群众的重要"窗口"……二、加强服务区建设和改造,不断强化基础保障(一)加强服务区规划与设计……新建服务区,应提前征求运营单位或其主管部门意见,确保设计符合实际运营需求。(二)加强服务区建设和改造。服务区应与公路主体工程同步规划、同步设计、同步施工……三、规范服务区运营管理,不断提升服务质量。(四)加强服务设施日常管养。服务区日常管养由服务区所属高速公路运营管理单位负总责……

外承包经营的,应当采取服务质量招投标的方式确定经营者。[1]

三、收费公路基础设施公募 REITs 的案例分析[2]

截至 2023 年 6 月 30 日,已发行的收费公路基础设施公募 REITs 主要为浙商沪杭甬高速 REIT、平安广河高速 REIT、华夏越秀高速 REIT、华夏中交建高速 REIT、国金铁建渝遂高速 REIT、华泰江苏交控高速 REIT 和中金安徽交控高速 REIT 等七个项目;另有,中金山高高速 REIT 于 2023 年 4 月 25 日获得证监会核准注册,工银瑞信河北高速 REIT 于 2023 年 6 月 8 日获得证监会和交易所受理。

(一)收费公路 REITs 案例分析一:浙商沪杭甬高速 REIT

1. 浙商沪杭甬高速 REIT 基本情况

浙商沪杭甬高速 REIT 是我国首批上市的公募 REIT 产品之一,其基金合同于 2021 年 6 月 7 日生效,有效净募集资金总额为人民币 4,360,000,000.00 元,于 2021 年 6 月 21 日开始在上交所上市交易。

浙商沪杭甬高速 REIT 是契约型封闭式基金,基金存续期为基金合同生效之日起 20 年。其原始权益人为浙江沪杭甬高速公路股份有限公司、杭州市交通投资集团有限公司、杭州市临安区交通投资有限公司、杭州余杭交通集团有限公司,其中浙江沪杭甬高速公路股份有限公司为主要原始权益人。其基金管理人为浙江浙商证券资产管理有限公司,财务顾问为中国国际金融股份有限公司。

浙商沪杭甬高速 REIT 主要投资于浙江浙商证券资产管理有限公司设立的杭徽高速资产支持专项计划,规模 43.6 亿元,预期到期日为 2031 年 12 月 31 日。

---

[1] 参见《湖北省高速公路管理条例》第 25 条第 1、2 款:省人民政府交通运输主管部门应当制定全省统一的服务区经营管理规范,加强监督管理工作。高速公路经营管理者负责所属高速公路服务区的建设、经营管理工作。高速公路服务区可以由高速公路经营管理者自主经营,也可以对外承包经营,对外承包经营的,应当采取服务质量招投标的方式确定经营者,经营者应当按照承诺的服务内容、标准提供服务。

[2] 本部分具体项目情况均根据公开披露文件引述或总结。

2. 浙商沪杭甬高速 REIT 底层资产的基本情况

浙商沪杭甬高速 REIT 资产范围为杭徽高速公路浙江段及其相关构筑物资产组的收费权,其中杭徽高速公路(浙江段)包含三段,分别为杭徽高速公路昌化至昱岭关段、杭徽高速公路汪家埠至昌化段和杭徽高速公路留下至汪家埠段(见表 6-3)。

表 6-3　浙商沪杭甬高速 REIT 基础设施项目的基本情况

项目	基本情况
杭徽高速公路(浙江段)昌昱段	
所在地	杭州市临安区
产权证书号	临国用(2008)第 04726 号
起止地点	起自临安区昌化镇,终于浙皖两省交界昱岭关
建设内容和规模	高速公路,36.537 公里
用地性质	公路用地
开竣工时间	于 2002 年 9 月 29 日开工,至 2004 年 12 月 25 日完工
决算总投资	98,718.10 万元
运营开始时间	2004 年 12 月 26 日
特许经营年限	浙江省人民政府批复收费期限为 25 年,从 2004 年 12 月 26 日至 2029 年 12 月 25 日
杭徽高速公路(浙江段)汪昌段	
所在地	杭州市临安区
产权证书号	临国用(2010)第 05464 号
起止地点	起自临安区汪家埠,终于临安区昌化镇
建设内容和规模	高速公路,67.41 公里
用地性质	公路用地
开竣工时间	于 2004 年 12 月 1 日开工,至 2006 年 12 月 23 日完工
决算总投资	285,690.01 万元
运营开始时间	2006 年 12 月 26 日
特许经营年限	浙江省人民政府批复收费期限为 25 年,从 2006 年 12 月 26 日至 2031 年 12 月 25 日
杭徽高速公路(浙江段)留汪段	
所在地	杭州市余杭区

续表

项目	基本情况
产权证书号	杭余国用(2013)第116—62号、杭余国用(2013)第116—949号、杭余国用(2013)第119—18号、杭余国用(2013)第120—16号、杭余国用(2013)第120—17号、杭余国用(2013)第120—19号、杭余国用(2013)第120—20号、杭余国用(2013)第120—61号、杭余国用(2013)第120—950号、杭余国用(2014)第119—987号
起止地点	起自杭州市留下镇境内的杭州绕城高速,终于余杭区与临安区交界的汪家埠
建设内容和规模	高速公路,18.298公里
用地性质	公路用地
开竣工时间	于2004年9月1日开工,至2006年12月22日完工
决算总投资	143,071.14万元
运营开始时间	2006年12月26日
特许经营年限	浙江省人民政府批复收费期限为25年,从2006年12月26日至2031年12月25日

在评估机构的假设条件下,上述基础设施项目在2020年12月31日的市场价值为456,300.00万元。

3. 浙商沪杭甬高速 REIT 特殊关注点分析

(1)划拨地使用

项目公司存在以经营服务委托经营、房屋及经营性项目租赁经营的方式利用划拨土地使用权以及其上建成的房屋的情况。根据项目组分析,项目公司存在被相关主管部门主动审查后要求上缴前述租赁收入中的土地收益的风险,也存在《服务区经营协议》被认定为无效后,项目公司已收取的租赁费用中所含土地收益被依法上缴国家的可能性。

即便未来出现上述风险,项目公司也仅需上缴租赁费用中的土地收益部分,在租赁收入占比相对较小的情况下,该部分土地收益占项目全年收入的比例相对更小。如后续项目公司不想面临被追缴土地收益的风险,也可考虑不将该等房屋建筑出租给任何第三方而自行对服务区进行运营管理,届时,项目公司虽无法直接收取租赁收入,但有权基于对服务区的自行管理而获得与服务区运营相关的多项收益。

(2)未办理房屋权属登记

杭徽高速公路(浙江段)的项目公司在依法取得的国有土地使用权的土地上,根据浙江省发展计划委员会、浙江省交通运输厅批复同意的设计方案建设,取得投资建设相关的批准文件,通过合法建设的方式取得了昌昱段房屋建筑、汪昌段房屋建筑和留汪段房屋建筑的所有权,但未完成权属登记。

杭徽高速基础设施项目的权属清晰,资产范围明确,虽杭徽高速基础设施的公路资产未完成权属登记,但杭徽高速基础设施项目的项目公司在依法取得的国有土地使用权的土地上依据合法建设已取得所建房屋的所有权。

(二)收费公路 REITs 案例分析二:平安广河高速 REIT

1. 平安广河高速 REIT 基本情况

平安广河高速 REIT 是我国首批上市的公募 REIT 产品之一,其基金合同于 2021 年 6 月 7 日生效,净认购金额为 9,114,000,000.00 元,于 2021 年 6 月 21 日开始在深交所上市交易。

平安广河高速 REIT 是契约型封闭式基金,基金合同期限为 99 年。其原始权益人为广州交通投资集团有限公司,其基金管理人为平安基金管理有限公司,财务顾问为平安证券股份有限公司。

平安广河高速 REIT 主要投资于平安证券股份有限公司设立的平安广州交投广河高速公路基础设施资产支持专项计划。

2. 平安广河高速 REIT 底层资产的基本情况

平安广河高速 REIT 的底层资产为广河高速(广州段),全长 70.754 公里,投资批准概算 69.81 亿元,于 2011 年 12 月 30 日开通,由项目公司 100% 持有。项目基本情况见表 6-4。

表 6-4　平安广河高速 REIT 基础设施项目的基本情况

项目	基本情况
所在地	起于广州市天河区龙洞春岗立交,对接华南快速干线(三期),与华南快速干线(二期)相交,路线呈东西走向,穿越广州市天河区、白云区、黄埔区(萝岗)、增城区,终于增城区九龙江与广河高速公路惠州段相接
行业	高速公路
建设规模	项目新建双向六车道高速公路,路线全长 70.754 公里,全线设春岗、八斗、九龙、中新、二龙、腊圃、黄岭香、正果、梳脑河(预留)互通立交共 9 处

续表

项目	基本情况
建设内容	广河高速(广州段)的特许经营权及基于特许经营权而投资建设和拥有的广河高速(广州段)资产
用地性质	高速公路用地
开工时间	2008 年 4 月先行工程开工,2008 年 9 月全线开工
交工时间	2011 年 12 月 17 日
竣工日期	2015 年 12 月 29 日
竣工决算	693,372.27 万元
收入来源	广河高速通行费收入等高速公路运营收入
所有权人	广州交投广河高速公路有限公司

在评估机构的假设条件下,上述基础设施项目在 2020 年 12 月 31 日的评估价值为 967,416.02 万元。

3. 平安广河高速 REIT 特殊关注点分析

(1)未办理土地权属登记

就基础设施项目的用地批复事宜,原国土资源部已于 2010 年 7 月 16 日作出了《关于广州至河源高速公路广州段工程建设用地的批复》(国土资函〔2010〕546 号),原广东省国土资源厅已于 2010 年 8 月 30 日作出了《关于广州至河源高速公路广州段项目建设用地的批复》[粤国土资(建)字〔2010〕664 号],批准了基础设施项目的用地事宜,但广河项目尚未取得国有土地使用证或不动产权证书。

根据《民法典》第 349 条,"设立建设用地使用权的,应当向登记机构申请建设用地使用权登记。建设用地使用权自登记时设立。登记机构应当向建设用地使用权人发放权属证书"。由于广河高速项目尚未办理建设用地使用权登记,尚未取得土地使用证,建设用地使用权尚未设立,存在被主管部门要求尽快完成整改、规范等风险,将可能对基础设施项目的运营造成实质影响,从而影响本基金的运作和收益。

2020 年 12 月 21 日,广州市规划和自然资源局作出了《广州市规自局复函》,复函载明,广州市规划和自然资源局对新设广河项目公司在特许经营期内合法使用广河高速划拨土地无异议。

(2)基础设施项目存在权利负担

基础设施项目收费权对应的应收账款已按比例分别向中国工商银行股份有限公司广州庙前直街支行(以下简称工商银行庙前支行)、招商银行股份有限公司广州分行(以下简称招商银行广州分行)、上海浦东发展银行股份有限公司广州分行(以下简称浦发银行广州分行)设置了质押担保,并办理了质押登记手续。

就上述权利负担,项目公司已取得债权人/质权人关于相关债务提前清偿并解除权利负担的同意,具体而言:第一,根据工商银行庙前支行、项目公司与原始权益人签署的补充协议,工商银行庙前支行已同意并确认项目公司在基础设施基金发行后提前归还欠付的部分或全部债务,在取得中国证监会同意基础设施基金注册的文件后,工商银行庙前支行按照项目公司通知在指定时间内(但不晚于基础设施基金发行前)配合办理完毕全部质押担保注销手续并解除账户监管;第二,根据项目公司与招商银行广州分行签署的《固定资产借款合同补充合同》,招商银行广州分行知悉并同意项目公司在基础设施基金发行后提前归还欠付的全部债务,债务清偿后配合办理完毕全部质押担保注销手续并解除账户监管;第三,根据项目公司与浦发银行广州分行签署的《固定资产借款合同补充合同》,浦发银行广州分行知悉并同意项目公司在基础设施基金发行后提前归还欠付的部分或全部债务,在取得中国证监会同意基础设施基金注册的文件后,浦发银行广州分行按照项目公司通知在指定时间内(但不晚于基础设施基金发行前)配合办理完毕全部担保注销手续并解除账户监管。

(三)收费公路 REITs 案例分析三:华夏越秀高速 REIT

1. 华夏越秀高速 REIT 基本情况

华夏越秀高速 REIT 基金合同于 2021 年 12 月 3 日生效,净认购金额为人民币 2,130,000,000.00 元,于 2021 年 12 月 14 日开始在深交所上市交易。

华夏越秀高速 REIT 是契约型封闭式基金,基金合同期限为 50 年。其原始权益人为越秀(中国)交通基建投资有限公司,其基金管理人为华夏基金管理有限公司,财务顾问为中信证券股份有限公司。

华夏越秀高速 REIT 主要投资于中信证券股份有限公司设立的中信证券—越秀交通高速公路 1 号资产支持专项计划,预期到期日为 2036 年 12 月 9 日。

2. 华夏越秀高速 REIT 底层资产的基本情况

华夏越秀高速 REIT 底层资产为汉孝高速公路，由汉孝高速公路主线及汉孝高速公路机场北连接线（以下简称机场北连接线）两部分组成。具体情况见表 6-5。

表 6-5 华夏越秀高速 REIT 基础设施项目的基本情况

项目	汉孝高速公路主线路基本情况	机场北连接线基本情况
所在地（明确到县区级）	起于武汉市黄陂区桃园集，在横店镇南部上跨武汉绕城公路，在张家店接孝天公路，在祝家店上跨孝天公路，在京广铁路 K1150+400 附近上跨铁路，止于孝感市华楚湾，与孝襄高速公路相接	起于汉孝高速主线路甘夏湾，止于武汉天河机场北门
行业	交通运输、仓储和邮政业—道路运输业	交通运输、仓储和邮政业—道路运输业
产权证书号	鄂直国用（2007）第 007、008、009 号的三本《国有土地使用权证》、黄陂国用（2009）第 3303 号的《国有土地使用权证》	鄂（2017）武汉市黄陂不动产权第 0009408 号、第 0009413 号的两份《不动产权证书》
资产四至范围	起于武汉市黄陂区，止于孝感市华楚湾	起于汉孝高速主线路甘夏湾，止于武汉天河机场北门
建设内容和规模	33.528 公里高速公路及附属建筑物	2.468 公里高速公路及附属建筑物（收费里程为 4.968 公里，其中：主线里程 2.468 公里，甘夏湾互通、集散车道折算里程 2 公里，跃进互通折算里程 0.5 公里）
开竣工时间	2004 年 4 月至 2006 年 12 月	2009 年 10 月至 2011 年 11 月
决算总投资	约 10.55 亿元	约 3.54 亿元
运营开始时间	2006 年 12 月 10 日	2011 年 10 月 30 日
特许权到期日	2036 年 12 月 9 日	2036 年 12 月 9 日
公路类型	经营性高速公路	
特许经营（或 PPP）年限及剩余年限（如有）	项目特许经营权年限：30 年 剩余年限：15 年	

根据评估机构的评估结果,汉孝高速公路特许经营权在 2021 年 6 月 30 日的评估结果为 228,600 万元。

3. 华夏越秀高速 REIT 特殊关注点分析

(1)土地用途与规划用途不一致

黄陂国用(2009)第 3303 号土地使用权证项下的 20,000 平方米土地部分用于存放高速公路设施,部分曾用作种菜、鱼塘、家禽养殖,其产生的农产品供公司内部使用。该部分土地属于批准的划拨用地范围内,对应的土地证所载明的土地用途为公路用地,但基于上述事实,该部分土地可能涉及非交通设施用途,存在实际用途与规划用途不一致的风险。根据《土地管理法》(2019 年修正)第 56 条、第 81 条、《土地管理法实施条例》(2021 年修订)第 59 条,可能存在被处以罚款等处罚的风险。

目前,项目公司已就前述问题进行整改,该部分土地未继续用作种菜、鱼塘、家禽养殖,并承诺依法使用土地,不用于规划以外的用途。根据项目公司的确认,截至尽调基准日,项目公司未因此受到任何处罚、被采取任何行政监管措施或被要求承担任何责任等。原始权益人已出具承诺函,承诺在公募基金成立后,项目公司如因前述土地实际用途与规划用途不一致问题而被相关单位处罚等情形给项目公司带来的损失由原始权益人承担。截至尽调基准日,该等情形对基础设施项目主体部分运营未造成重大不利影响。

(2)未办理房屋权属登记

就汉孝高速机场北连接线而言,项目公司尚未办理完毕其沿线相关管理、养护等房屋建筑的《房屋所有权证》等不动产权属证书。根据项目公司的说明,服务区及管理中心所涉房屋建筑的《房屋所有权证》等不动产权属证书正在补办过程中。

根据原始权益人和项目公司分别出具的承诺函并经项目组核查,汉孝高速项目房屋建筑系项目公司根据主管机关审批同意的设计文件合法建设,并取得投资建设相关的批准文件,项目公司作为土地使用权人通过合法建设的方式取得了汉孝高速机场北连接线沿线房屋建筑的所有权。项目公司未因此受到任何处罚、被采取任何行政监管措施或被提出异议或权利主张,基础设施项目的该等建筑物不存在任何纠纷或潜在纠纷,该等情形对基础设施项目主体部分运营未造成重大不利影响。

(3)未办理水土保持设施验收

项目公司未能提供汉孝高速主线路相关水土保持设施验收等文件。

根据当时适用的《水土保持法》第 19 条、《开发建设项目水土保持方案编报审批管理规定》(2005 年修改)第 4 条、《开发建设项目水土保持设施验收管理办法》(2005 年修改,已失效)第 2 条、第 4 条的规定,汉孝高速主线路应当属于需要编制水土保持方案报告书的建设项目,汉孝高速主线路竣工验收时,应当同时验收水土保持设施。根据《水土保持法》(2010 年修订)第 54 条、《生产建设项目水土保持监督管理办法》第 5 条、第 8 条、第 9 条,项目公司作为汉孝高速主线路水土保持设施验收的责任主体,应当自主开展水土保持设施验收,向相关水行政主管部门完成报备并取得报备回执;水土保持设施未经验收或者验收不合格将生产建设项目投产使用的,存在被责令停止使用,处以罚款的风险。但是,考虑到项目公司已经就汉孝高速主线路完成整体竣工验收手续,且项目公司尚未就该等事宜收到相关行政处罚或监管措施,主管部门亦未对此提出异议,且原始权益人已出具承诺函,承诺在基金合同生效后,项目公司如因前述手续未办理完毕而被相关单位处罚,或标准不符合监管要求被责令整改等情形给项目公司带来的损失由原始权益人承担。对此《招募说明书》披露,缺少水土保持设施验收文件不影响汉孝高速主线路的正常运营。

(4)未办理完毕消防竣工验收核准、备案文件

项目公司未能提供与汉孝高速机场北连接线管理、养护等附属房屋建筑物(含加油站)相关的消防竣工验收核准、备案文件。根据当时适用的《消防法》(2008 年修订)第 10 条、第 11 条、第 12 条、第 13 条,《建设工程消防监督管理规定》(2012 年修订,已失效)第 14 条、第 24 条第 1 款等规定,机场北连接线管理、养护等附属房屋建筑物中加油站此类特殊建设工程,需要向公安机关消防机构申请消防设计审核,并在建设工程竣工后向出具消防设计审核意见的公安机关消防机构申请消防验收;机场北连接线管理、养护等附属房屋建筑物中的其他建设工程,属于应分别在施工许可、工程竣工验收合格之后进行消防设计、消防竣工验收备案的建设工程。根据《消防法》(2021 年修正)第 13 条、第 58 条和《建设工程消防设计审查验收管理暂行规定》第 15 条、第 26 条、第 32 条和第 33 条等规定,对前述应办理消防设计审查、消防验收的工程,如该等工程实际未办理相关消防设计审查、消防竣工验收手续的,存在被

责令停止施工、停止使用或停产停业并处罚款等行政处罚风险；对前述需进行备案的工程，如该等建设工程实际未办理相关消防设计、消防竣工验收备案手续的，存在被处以罚款的处罚风险。

根据项目公司的说明，该等手续正在补办过程中。考虑到汉孝高速机场北连接线已竣工并投入使用，项目公司已经就汉孝高速机场北连接线完成整体竣工验收手续，且项目公司尚未就该等事宜收到相关行政处罚或监管措施，主管部门亦未对此提出异议，且原始权益人已出具承诺函，承诺在基金合同生效后，项目公司如因前述手续未办理完毕而被相关单位处罚，或标准不符合监管要求被责令整改等情形给汉孝公司带来的损失由原始权益人承担。因此，消防竣工验收手续尚未办理完毕不影响汉孝高速机场北连接线的正常运营。

（四）收费公路 REITs 案例分析四：华夏中交建高速 REIT

1. 华夏中交建高速 REIT 基本情况

华夏中交建高速 REIT 基金合同于 2022 年 4 月 13 日生效，净认购金额为人民币 9,398,997,794.02 元，于 2022 年 4 月 28 日开始在上交所上市交易。

华夏中交建高速 REIT 是契约型封闭式基金，基金存续期间为自基金合同生效之日起 40 年。其原始权益人为中交投资有限公司、中交第二航务工程局有限公司、中交第二公路勘察设计研究院有限公司，其中中交投资有限公司为主要原始权益人；其基金管理人为华夏基金管理有限公司。

华夏中交建高速 REIT 主要投资于中信证券股份有限公司设立的中信证券—中交投资高速公路 1 号资产支持专项计划。

2. 华夏中交建高速 REIT 底层资产的基本情况

华夏中交建高速 REIT 底层资产为武汉至深圳高速公路嘉鱼至通城段及其附属设施（见表 6-6）。

表 6-6　华夏中交建高速 REIT 基础设施项目的基本情况

项目	基本情况
所在地	嘉通高速项目为南北走向，起于湖北省咸宁市嘉鱼县新街镇三畈村，对接武汉至深圳高速公路嘉鱼北段，止于湖北省咸宁市通城县大坪乡达凤村，对接通城至界上高速公路

续表

项目	基本情况
所处行业	高速公路行业
建设内容和规模	嘉通高速项目公路主线全长 90.975 公里,设互通式立交 8 处,其中,枢纽互通 3 座(嘉鱼、赤壁西、通城西),一般互通 5 处(嘉鱼东、嘉鱼南、车埠、茶庵岭、崇阳西);设匝道收费站 5 处、服务区 2 处、停车区 2 处、管理分中心 1 处、养护工区 2 处;嘉鱼连接线长 5.0415 公里,崇阳连接线长 4.7 公里
资产范围	项目公司享有嘉通高速及其附属设施的特许经营权;以及基于特许经营权而投资建设和拥有的嘉通高速公路资产
用地性质	划拨用地和经营性用地
开竣工时间	2013 年 10 月正式开工,2019 年 10 月通过竣工验收
决算总投资	决算总投资 88.18 亿元
产品或服务内容	提供车辆通行、服务区经营权承包、收费站灯箱广告位出租等服务
收入来源	嘉通高速项目的收入来源为通过享有《特许权协议》约定的权利,收取车辆通行费收入、服务区经营权承包费收入、收费站灯箱广告位出租收入
运营开始时间	武深高速嘉鱼至通城段的南段和北段分别于 2016 年 2 月 6 日和 2016 年 8 月 28 日通车收费
特许经营(或 PPP)年限及剩余年限(如有)	依据《特许权协议》,嘉通高速收费期限为 30 年,南段和北段的收费截止日期分别为 2046 年 2 月 5 日和 2046 年 8 月 27 日[根据湖北省交通运输厅发布的《关于延长收费公路期限的通知》(鄂交发〔2021〕213 号),嘉通高速的收费期在上述批准的收费期限基础上顺延 79 天。在原收费经营期限到期前,若国家出台具体指导意见,从其规定。由于股权转让对价未考虑疫情补偿的潜在收益,嘉通高速延长的 79 天收费期内所产生的运营收益归属于转让方(原始权益人)]。特许经营期届满后,由中交嘉通将嘉通高速项目无偿移交至咸宁市政府

根据评估机构的评估结果,嘉通高速项目在 2021 年 9 月 30 日的评估价值为 983,200.00 万元。

3. 华夏中交建高速 REIT 特殊关注点分析

(1)历史行政处罚及整改情况

咸宁市环境保护局于 2016 年 11 月 2 日作出了《责令改正违法行为决定书》(咸环责改字〔2016〕033 号),认定项目公司在嘉通高速环境影响报告书批复后,擅自对建设项目作出 3 项重大变更:第一,将嘉鱼县新街镇至赤壁西相段双向四车道变更为双向六车道;第二,总线路横向位移超出 200 米的长度累计达到原线路长度的 30%;第三,由原环评线位的不穿越崇阳县沙坪镇鹭鸟栖息繁殖地省级自然保护小区至小范围穿越保护区边缘;要求项目公司于 2016 年 11 月 30 日前重新报批建设项目环境影响评价文件。咸宁市环境保护局于 2017 年 1 月 5 日作出《行政处罚决定书》(咸环罚字〔2017〕001 号),就《责令改正违法行为决定书》(咸环责改字〔2016〕033 号)提及的三项重大变更,对项目公司处以罚款人民币 200,000 元。

原嘉鱼县国土资源局于 2017 年 2 月 13 日作出《行政处罚决定书》(嘉土资执罚〔2017〕3 号),因项目公司变更了嘉鱼东收费站管理中心和嘉鱼南停车区工程设计,未办理相关用地手续,对项目公司作出如下行政处罚:第一,责令项目公司退还非法占用的嘉鱼县官桥镇石鼓岭村 7318.91 平方米和嘉鱼县官桥镇观音寺村 11,280.15 平方米土地,没收在该土地上新建的建筑物和其他设施;第二,对项目公司处罚 371,981.2 元。

嘉鱼县自然资源和规划局于 2020 年 8 月 11 日作出《行政处罚决定书》,就嘉鱼东服务区和嘉鱼南停车区两处配套服务设施,对项目公司作出如下行政处罚:第一,责令将非法占用的 7625 平方米土地退还给嘉鱼县土地收购储备中心;第二,对非法占用的 7625 平方米土地并处每平方米 5 元的罚款,计人民币 38,125 元。

上述行政处罚涉及的罚款已由项目公司缴纳完毕,且项目公司已就行政处罚事项进行了如上文所述的整改措施,考虑到嘉通高速已完成相关专项验收、竣工验收手续并正式并网运营,上述行政处罚不会对项目公司已取得的嘉通高速的特许经营权及嘉通高速的运营和收费造成重大影响。

(2)未办理房屋权属登记

项目公司尚未就嘉通高速的房屋建筑物办理房屋所有权登记。根据原始权益人出具的《确认及说明函》以及项目公司出具的《确认及说明函》并经基金管理人和律师适当核查,项目公司作为嘉通高速的土地使用权人和建设单位,已按照主管机关审批同意的设计文件建设并已完成嘉通高速房屋建筑物的交工验收、竣工验收手续。根据《民法典》第 352 条,该等房屋建筑物的所有权应归属于项目公司,暂未办理不动产权登记不会对嘉通高速的运营造成重大法律障碍。

(3)基础设施项目存在权利负担

根据 2014 年 7 月签订的《武深高速公路嘉通段项目人民币资金银团贷款合同》(编号 WSGSYTDKHT—2014—01)、2014 年 12 月签订的《武深高速公路嘉通段项目人民币资金银团贷款合同补充协议》及《武深高速公路嘉通段项目人民币资金银团贷款合同补充协议二》、2015 年 12 月签订的《武深高速公路嘉通段项目人民币资金银团贷款合同补充协议三》和 2020 年 8 月签订的《武深高速公路嘉通段项目人民币资金银团贷款合同补充协议四》,项目公司就武深高速公路嘉鱼至通城段项目向中国农业银行股份有限公司湖北省分行、中国工商银行股份有限公司北京市分行、中国进出口银行取得借款。为担保项目公司与银团在《银团贷款合同》项下的借款,项目公司与农业银行湖北省分行、工商银行北京市分行及进出口银行组成的银团于 2014 年 12 月 12 日签署了编号为“WSGS-SFQZYHT—2014—01”的《权利质押合同》,将嘉通高速项目建成后的全部通行费收费权及其项下的全部收益出质给银团,为总额为 660,000 万元的银团贷款提供质押担保。

农业银行湖北省分行、工商银行北京市分行、进出口银行及农业银行咸宁市分行组成的银团已作出《关于同意湖北中交嘉通高速公路发展有限公司提前还款等相关事宜的决议》,同意项目公司在基础设施 REITs 发行后提前一次性偿还《银团贷款合同》项下的全部应付本息,办理完毕提前还款手续之日,银团贷款对应的质押担保权利同时消灭,债权银行将配合办理质押登记的注销手续。

(五)收费公路 REITs 案例分析五:国金铁建渝遂高速 REIT

1. 国金铁建渝遂高速 REIT 基本情况

国金铁建渝遂高速 REIT 基金合同于 2022 年 6 月 27 日生效,有效净认购金额为人民币 4,792,999,565.42 元,于 2022 年 7 月 8 日开始在上交所上市交易。

国金铁建渝遂高速 REIT 是契约型封闭式基金,基金存续期间为自基金合同生效之日起 40 年。其原始权益人为中铁建重庆投资集团有限公司、重庆高速公路股份有限公司，其基金管理人为国金基金管理有限公司，财务顾问为中信证券股份有限公司。

国金铁建渝遂高速 REIT 主要投资于国金证券股份有限公司设立的国金证券—渝遂高速资产支持专项计划。

2. 国金铁建渝遂高速 REIT 底层资产的基本情况

国金铁建渝遂高速 REIT 底层资产为渝遂高速（重庆段）项目（见表 6-7）。

表 6-7　国金铁建遂高速 REIT 基础设施项目的基本情况

项目	基本情况
所处行业	收费公路
所在地	基础设施项目位于重庆市，路段途径重庆市沙坪坝区、璧山区、铜梁区、潼南区
建设内容和规模	基础设施项目为渝遂高速（重庆段），涉及高速公路 93.26 公里。全线采用四车道高速公路标准建设。该项目采用 BOT 模式投资建设，决算总投资 422,980.3882 万元
资产范围	基础设施项目为项目公司享有特许经营权的渝遂高速（重庆段），高速公路起于 G93 沙坪坝收费站，途径沙坪坝区、璧山区、铜梁区、潼南区四区，止于重庆市与四川省遂宁市交界处
用地性质	高速公路工程用地、交通运输用地、公路用地、公路交通运输用地
开竣工时间	工程建设共分为两期，一期工程高滩岩至西永段于 2003 年 12 月 30 日开工，2006 年 6 月 28 日交工；一期工程西永至土主段于 2004 年 10 月 19 日开工，2007 年 4 月 26 日开工；二期项目于 2004 年 12 月 9 日正式开工，2007 年 12 月 27 日交工验收；项目整体于 2011 年 10 月 25 日竣工
产品或服务内容	提供车辆高速行驶的基础设施
收入来源	车辆通行费、租金等收入
运营开始时间	项目于 2007 年 12 月 29 日开通运营
特许经营年限及剩余年限	基础设施项目涉及的特许经营权年限共计 30 年，自 2004 年 12 月 9 日起至 2034 年 12 月 8 日。项目剩余年限约 13 年

在持续经营前提下,渝遂高速(重庆段)项目资产组在 2021 年 12 月 31 日的评估结果为 461,247 万元。

3. 国金铁建渝遂高速 REIT 特殊关注点分析

(1)已取得土地使用权的土地由他人占用

根据项目公司的说明,项目公司存在两块已办理相应不动产权证但被其他主体所占有和使用且未用于基础设施项目的土地,该等土地均属于建设时占用相应主体名下土地、后项目公司以自己取得土地使用权的土地进行置换的情况,项目公司正在推进解决中。

上述土地对应的不动产权证均独立于基础设施项目其他用地的不动产权证。经核查,截至尽调基准日,项目公司未因此受到任何处罚、被采取任何行政监管措施或被要求承担任何责任等。原始权益人已承诺,因前述情形对渝遂高速公路重庆段正常运行造成不利影响的,原始权益人应承担赔偿责任。项目组认为,截至尽调基准日,该等情形对基础设施项目主体工程运营未造成重大不利影响。

(2)划拨地使用

根据项目公司的说明,3 处服务区中的大路服务区、潼南服务区建设在项目公司通过划拨方式取得的土地(用途为高速公路工程用地、公路交通设施用地或公路用地等)上;铜梁服务区建设在项目公司通过出让取得的 840. 30 平方米土地(用途为其他商服用地)及项目公司通过划拨方式取得的土地(用途为公路用地)上。

项目组认为,服务区(含加油站)中的部分建筑物建设在项目公司通过划拨取得使用权的建设用地上,存在被主管部门要求将服务区内的经营性用地改成有偿使用或相关经营收入(如租金)被抵交土地使用权出让金的风险。

鉴于服务区建设在高速公路的沿线范围内,系基础设施项目主体工程的正常运营而应当配套建设、经营的服务设施;另经核查,服务区内的加油站和购物、餐饮等对应土地的面积占基础设施项目土地总用地面积的比例较低;项目公司自基础设施项目投入运营以来,未因此被主管部门要求改成有偿使用或受到任何行政处罚等。

综上,项目组认为,截至尽调基准日,上述情形对基础设施项目主体工程的正常运行和项目公司所享有的特许经营权未造成重大不利影响。

(3)土地实际用途与规划用途不一致

根据项目公司的说明,项目公司持有合计 1083.39 亩土地未用于基础设施项目建设或未被项目公司实际使用,系由于基础设施项目建设实际用地面积少于相关部门划拨用地面积。经核查,截至尽调基准日,项目公司未因此受到任何处罚、被采取任何行政监管措施或被要求承担任何责任等。项目组认为,截至尽调基准日,该等情形对基础设施项目主体工程运营未造成重大不利影响。

(4)未办理环保验收及竣工验收

截至尽调基准日,项目公司就 G93 沙坪坝收费站建设工程未提供环评验收、建设工程竣工验收等文件。根据《公路工程竣(交)工验收办法》(交通部令 2004 年第 3 号)等规定,如未就 G93 沙坪坝收费站建设工程通过竣工验收的,项目公司存在被责令改正的风险。

经核查,截至尽调基准日,项目公司已就 G93 沙坪坝收费站取得交工验收质量检测报告,并已取得相应重庆市交通主管部门和价格主管部门出具的收费批复文件;另根据项目公司出具的相关说明文件,项目公司未因 G93 沙坪坝收费站遭受任何处罚、被采取任何行政监管措施或被要求补办相关手续等。项目组认为,上述情形不会对项目占有和使用 G93 沙坪坝收费站造成重大不利影响,亦未对基础设施项目的运营造成重大不利影响。

(5)未取得房屋权属证明

项目公司就璧山北、大路、铜梁东、铜梁北、少云、田家、潼南、潼南西、G93 沙坪坝收费站等九个收费站、G93 沙坪坝收费站区域内建设的“执法队办公楼”、大路服务区、铜梁服务区和潼南服务区三个服务区均未取得相关建筑物的不动产权证书。

就上述璧山北、大路、铜梁东、铜梁北、少云、田家、潼南、潼南西 8 个收费站,其作为基础设施项目附属设施,仅用于基础设施项目运营管理且项目公司未因上述 8 个收费站未办理相应不动产权证书被提出异议或任何权利主张,未办理权属证书未影响项目公司正常使用上述 8 个收费站。

就上述 G93 沙坪坝收费站,已履行相应审批、规划、施工、交工验收等手续,项目公司未因 G93 沙坪坝收费站未办理权属证书被提出异议或任何权利主张、受到任何处罚、被采取任何行政监管措施或被要求补办权属证书等;上述情形尚未影响项目公司正常使用 G93 沙坪坝收费站,未影响基础设施项目收费经营。

就上述三处服务区,均已履行用地手续和初步设计文件批准、施工图设计文件批准、交工验收、竣工验收等手续。经核查,截至尽调基准日,上述服务区系由项目公司自行建设后作为基础设施项目附属设施使用、管理和运营,项目公司未因上述三处服务区被提出异议或任何权利主张。

项目组认为,截至尽调基准日,前述事项对项目公司运营、管理基础设施项目未构成重大法律障碍。

就上述执法队办公楼,经与监理单位、施工单位、设计单位共同完成竣工验收后由高速执法十大队作为交通行政执法办公业务用房使用,未被项目公司用于其他用途;截至尽调基准日,项目公司未因上述情形遭受任何处罚、被采取任何行政监管措施或被要求补办相关手续等。项目组认为,截至尽调基准日,执法队办公楼的上述情形未对基础设施项目的运营造成重大不利影响。

(6)不享有收费站占地的土地使用权和建筑物产权

据项目公司的说明、项目公司和铜梁区人民政府于 2008 年 7 月 5 日签订的《关于建设渝遂高速公路铜梁东互通式立交的协议》和重庆市铜梁区交通局于 2019 年 8 月 7 日作出并于 2019 年 8 月 14 日经重庆市铜梁区人民政府办公室批示抄告的《关于解决政府投资建设的渝遂高速公路互通口权属移交有关问题的请示》(铜交通文〔2019〕95 号),铜梁互通为铜梁区政府全额投资新建项目,由原龙腾大道指挥部建设,交工验收合格、移交项目公司运营使用(使用权移交);铜梁互通所在土地已整体划拨区城投公司,产权划归区城投公司,由城投公司作为铜梁互通的入账主体。因此,项目公司不享有铜梁互通和铜梁收费站占地的土地使用权和建筑物产权。

经核查,截至尽调基准日,项目公司未因铜梁收费站被提出异议或任何权利主张。鉴于项目公司已与重庆市人民政府签署《特许经营权协议》,项目公司对渝遂高速公路重庆段及公路服务设施享有经营、管理权,因此,项目组认为,截至尽调基准日,前述事项对项目公司运营、管理基础设施项目未构成重大法律障碍。

(六)收费公路 REITs 案例分析六:华泰江苏交控高速 REIT

1. 华泰江苏交控高速 REIT 基本情况

华泰江苏交控高速 REIT 基金合同于 2022 年 11 月 3 日生效,净认购金额为人民币 3,053,999,761.94 元,于 2022 年 11 月 15 日开始在上交所上市交易。

华泰江苏交控高速 REIT 是契约型封闭式基金,基金存续期间为自基金合同生效后 12 年。其原始权益人为江苏沿江高速公路有限公司,其基金管理人为华泰证券(上海)资产管理有限公司,财务顾问为中信证券股份有限公司。

华泰江苏交控高速 REIT 主要拟投资于华泰证券(上海)资产管理有限公司设立的华泰资管—江苏交控沪苏浙高速公路资产支持专项计划。

2. 华泰江苏交控高速 REIT 底层资产的基本情况

华泰江苏交控高速 REIT 初始投资的基础设施项目为沪苏浙高速公路(G50 沪渝高速江苏段)及其附属设施(见表 6-8)。

表 6-8　华泰江苏交控高速 REIT 基础设施项目的基本情况

项目	基本情况
所在地	江苏省苏州市吴江区
所处行业	高速公路行业
资产范围(起止地点)	起于:上海市青浦区与江苏省苏州市吴江区的交界处 止于:江苏省苏州市吴江区与浙江省湖州市的交界处
建设内容和规模	高速公路 49.947 公里,特大桥、大桥 19 座,互通式立交 7 处,分离式立交 5 处,服务区 1 处,收费站 8 处,通道 40 道、涵洞 91 道,收费、监控、通讯系统一套、安全设施,供电、照明等设施及绿化工程
开竣工时间	开工时间:2005 年 7 月 通车时间:2008 年 1 月 通过竣工验收时间:2011 年 1 月
决算总投资	约 37.90 亿元
运营起始时间	2008 年 1 月 12 日开通试运营
特许经营年限及剩余年限	收费起始时间:2008 年 1 月 12 日 收费停止时间:2033 年 1 月 11 日 剩余年限:约 10.54 年(距离尽职调查基准日 2022 年 6 月 30 日)

根据评估机构的评估,沪苏浙高速公路收费经营权及相关资产组在 2022 年 6 月 30 日的评估价值为 212,595.568426 万元。

3. 华泰江苏交控高速 REIT 特殊关注点分析

(1)服务区用地中的经营性设施用地

针对沪苏浙高速项目附属平望服务区用地中的经营性设施用地,经江苏省财政厅、江苏省国有资产监督管理委员会、江苏省交通厅、江苏省自然资源厅及江苏省政府办公厅的同意及支持,将该等用地以作价出资(入股方式)进行配置。江苏省政府将在为沪苏浙高速公路服务区的经营性用地办理不动产权证书后将该等经营性用地按评估价值注入江苏交通控股有限公司,[1]作为江苏省政府对江苏交通控股有限公司的出资,由江苏交通控股有限公司取得该等经营性用地的土地使用权。江苏交通控股有限公司确认将在江苏省政府作价出资手续办理完成后办理沪苏浙高速公路平望服务区经营性用地的土地使用权证,并承诺在基础设施 REITs 发行前完成上述土地使用权证办理。

平望服务区经营性用地土地使用权证的办理流程主要包括房屋建筑物处置、土地收储、地价评估、申请材料审核、签署作价出资(入股)协议、办理土地使用权证等事项。华泰江苏交控高速 REIT 发行前,该等经营性设施用地不动产权证已办理完成。

(2)未取得房屋权属证明

截至华泰江苏交控高速 REIT《招募说明书》出具之日,项目公司尚未就沪苏浙高速公路范围内房屋办理房屋所有权证或不动产权证书。但是,江苏省交通厅和江苏省自然资源厅已分别确认沪苏浙高速公路的服务设施、管理设施等建筑物属于沪苏浙高速公路的附属配套设施,上述附属配套设施已由项目公司完成建设,项目公司依法享有上述附属配套设施的相关权益。

(七)收费公路 REITs 案例分析七:中金安徽交控高速 REIT

1. 中金安徽交控高速 REIT 基本情况

中金安徽交控高速 REIT 基金合同于 2022 年 11 月 11 日生效,净认购金额为人民币 10,880,000,000.00 元,于 2022 年 11 月 22 日开始在上交所上市交易。

中金安徽交控高速 REIT 是契约型封闭式基金,基金存续期间为自基金合同生效之日起 17 年。其原始权益人为安徽省交通控股集团有限公司,其基

[1] 江苏交通控股有限公司为原始权益人沿江高速公司的控股股东。

金管理人为中金基金管理有限公司，财务顾问为招商证券股份有限公司。

中金安徽交控高速 REIT 主要拟投资于中国国际金融股份有限公司设立的中金—安徽交控高速公路基础设施资产支持专项计划。

2. 中金安徽交控高速 REIT 底层资产的基本情况

中金安徽交控高速 REIT 目标基础设施资产为沿江高速公路芜湖（张韩）至安庆（大渡口）段公路收费权及对应公路资产，不含沿江高速公路路段内的服务区及停车区（指天门服务区、千军服务区、马衙服务区、牛头山服务区、顺安停车区，下同）等配套资产（见表 6-9）。

表 6-9　中金安徽交控高速 REIT 基础设施项目的基本情况

项目	基本情况
所在地	安徽省芜湖市三山区、弋江区、繁昌区、铜陵市铜官区、义安区、池州市贵池区、池州市东至县
资产范围	起于芜湖市（张韩），终于池州大渡口镇。沿江高速公路可分为三个路段，分别为沿江高速公路东段、沿江高速公路中段、沿江高速公路西段。其中，沿江高速公路东段起于芜湖市（张韩），终于铜陵市（朱村）；沿江高速公路中段起于铜陵（朱村），经天门镇、上水桥、大通镇、梅龙镇、观前镇、九华河、马衙镇，终于池州（毛竹园）；沿江高速公路西段起于池州（毛竹园），经双桥、殷家汇、牛头山，终于池州大渡口镇
建设内容和规模	建设规模：沿江高速公路为新建双向四车道公路，全长 161.153 公里，其中，沿江高速公路东段全长 56.6 公里，沿江高速公路中段全长 55.25 公里，沿江高速公路西段全长 49.303 公里。建设主要内容：路基土石方 2188.626 万平方米，路面面层 370.1069 万平方米；桥梁总长 29,647 米/93 座、分离立交 71 座、涵洞、通道 571 道、互通式立交 9 处；隧道 6 座，总长 3130 米；全线共设七个收费站，分别为峨桥、繁昌、铜陵东（原钟鸣）、九华山北、池州（原杏花村）、殷汇、大渡口收费站
开竣工时间	沿江高速公路东段于 2004 年 6 月 28 日开工，2007 年 6 月 18 日完工；沿江高速公路中段于 2005 年 9 月 16 日开工，2008 年 6 月 24 日完工；沿江高速公路西段于 2004 年 4 月 13 日开工，2006 年 12 月 17 日完工
决算总投资	根据《沿江高速公路芜湖（张韩）至安庆（池州大渡口）段竣工验收鉴定书》，项目竣工决算金额为 544,657.93 万元

续表

项目	基本情况
当期目标不动产评估值	111.98 亿元(评估基准日为 2022 年 6 月 30 日)
运营起始时间	沿江高速公路东段收费经营期限起始时间为 2007 年 6 月 28 日; 沿江高速公路中段收费经营期限起始时间为 2008 年 6 月 28 日; 沿江高速公路西段收费经营期限起始时间为 2006 年 12 月 24 日
项目权属起止时间及剩余年限	沿江高速公路东段收费经营期限为 2007 年 6 月 28 日至 2037 年 6 月 27 日,截至 2022 年 6 月末,剩余年限约为 15 年; 沿江高速公路中段收费经营期限为 2008 年 6 月 28 日至 2038 年 6 月 27 日,截至 2022 年 6 月末,剩余年限约为 16 年; 沿江高速公路西段收费经营期限为 2006 年 12 月 24 日至 2036 年 12 月 23 日,截至 2022 年 6 月末,剩余年限约为 14.5 年

3. 中金安徽交控高速 REIT 特殊关注点分析

(1)未取得建设用地批准书、划拨决定书

根据原国土资源部下发的《关于芜湖至安庆(池州大渡口)高速公路工程建设用地的批复》(国土资函〔2006〕602 号)及安徽省人民政府下发的《关于芜湖至安庆(大渡口)高速公路工程建设用地的批复》(皖政地〔2006〕399 号),原国土资源部及安徽省人民政府已明确建设用地以划拨方式提供至原项目公司,[1]用于芜湖至安庆(大渡口)高速公路工程建设,原项目公司已就沿江高速公路用地办理不动产登记手续,取得国有建设用地使用权证。此外,原始权益人承诺本项目未因建设用地批准书、沿江高速公路其余用地划拨决定书缺失受到过行政处罚,且未来也不会因此影响项目合法使用土地,若基础设施 REITs 存续期间因建设用地批准书、沿江高速公路其余用地划拨决定书的缺失导致项目公司受到任何处罚、被采取任何行政监管措施或被要求承担任何责任,由此导致的一切损失均由原始权益人承担。

(2)未取得房屋权属证明

原项目公司作为建设用地使用权人,已在建设完毕收费站房屋建筑后初始取得对应房屋所有权。

[1] 指已根据《关于同意撤销安徽省沿江高速公路有限公司等四户子公司的批复》(皖国资改革函〔2010〕494 号)办理完毕注销登记的原基础设施项目的项目公司。

原始权益人依据《关于同意撤销安徽省沿江高速公路有限公司等四户子公司的批复》(皖国资改革函〔2010〕494 号)、《关于安徽省高速公路控股集团有限公司与安徽省交通投资集团有限责任公司重组方案的批复》(皖政秘〔2014〕189 号)取得原项目公司名下的全部资产,从而取得沿江高速公路项下收费站房屋建筑所有权。

根据《民法典》第 356 条,建设用地使用权转让、互换、出资或者赠与的,附着于该土地上的建筑物、构筑物及其附属设施一并处分。项目公司已就沿江高速公路土地使用权办理完毕转移登记并取得对应不动产权证书,项目公司已依法持有沿江高速公路项下收费站等房屋建筑。

原始权益人已出具承诺函,确认若基础设施 REITs 存续期间因沿江高速公路对应不动产权证书所附建筑物等未办理房屋所有权登记导致项目公司无法正常使用该等建筑物或因此受到任何处罚、被采取任何行政监管措施或被要求承担任何责任,由此导致的一切损失均由原始权益人承担。

(八)收费公路 REITs 案例分析八:中金山高高速 REIT

1. 中金山高高速 REIT 基本情况

中金山高高速 REIT 于 2022 年 11 月 14 日向上海证券交易所提交申报材料,于 2023 年 4 月 25 日取得证监会注册批复。

中金山高高速 REIT 是契约型封闭式基金,基金存续期间为自基金合同生效之日起 19 年。原始权益人为山东高速集团有限公司,基金管理人为中金基金管理有限公司,财务顾问为中国国际金融股份有限公司。

中金山高高速 REIT 主要拟投资于中国国际金融股份有限公司设立的中金—山高集团鄄菏高速资产支持专项计划。

2. 中金山高高速 REIT 底层资产的基本情况

中金山高高速 REIT 初始投资的基础设施资产包括:①鄄菏高速项目的建设管理权、运营管理权和车辆通行费收费权;②鄄菏高速项目的全线路基、路面、防护和排水工程;特大桥、大桥、中桥、通道、涵洞、天桥、互通式立交、分离立交;监控通信分中心与养护工区、匝道收费站以及全线的交通安全设施、机电工程、环保设施和绿化工程(见表 6-10)。

表 6-10 中金山高高速 REIT 基础设施项目的基本情况

项目	基本情况
资产范围	基础设施资产位于山东省菏泽市鄄城县、牡丹区，起点位于鄄城县李进士堂以北，与鄄城黄河大桥南端相接，终点位于菏泽市牡丹区，与日东高速公路日东枢纽互通主线连接
建设内容和规模	公路全长 43.149 公里，工程建设主要内容包括：全线路基、路面、防护和排水工程；特大桥 1109.4 米/1 座、大桥 2092.4 米/8 座、中桥 270 米/6 座、通道 48 道、涵洞 72 道、天桥 112.88 米/1 座、互通式立交 4 处、分离立交 3 处；监控通信分中心与养护工区 1 处、匝道收费站 4 处；全线的交通安全设施、机电工程、环保设施和绿化工程
开竣工时间	2007 年 10 月 17 日开工，2015 年 12 月 26 日交工
决算总投资(万元)	232,548.74
当期目标不动产评估值(万元)	283,686.76
运营开始时间	2015 年 12 月 28 日
项目权属起止时间及剩余年限(剩余年限为权属到期年限与基准年限之差)	收费期自 2015 年 12 月 28 日起至 2040 年 12 月 27 日止。截至 2022 年 12 月 31 日，剩余年限约为 18 年

3. 中金山高高速 REIT 特殊关注点分析

(1)因未办理不动产登记手续等原因，将公路服务区与广告设施剥离

鄄荷高速原本含 1 处服务区(鄄城服务区)，并由项目公司持有广告设施等相关资产。项目公司与山东高速服务开发集团有限公司(以下简称服务开发集团)已于 2022 年 3 月 30 日签署《鄄荷高速公路服务区划转协议》，将鄄荷高速项目的鄄城服务区相关资产转让予服务开发集团；项目公司与山东高速新实业开发集团有限公司(以下简称新实业开发集团)已于 2022 年 3 月 31 日签署《鄄荷高速公路广告设施划转协议》，将鄄荷高速项目的广告设施相关资产转让予新实业开发集团。

原始权益人已出具承诺函，确认在具备办理鄄城服务区内房屋以及占地范围内建设用地使用权的不动产权登记手续的条件时，将积极办理相关不动

产权登记手续；在鄄城服务区和广告设施满足基础设施基金项下底层基础设施资产的准入标准的前提下，原始权益人将协助基金管理人通过基础设施基金扩募等方式适时将鄄城服务区和鄄菏高速广告设施纳入基础设施基金的底层基础设施资产范围。

(2)未取得房屋权属证明

鄄菏高速项下四处收费站及一处监控养护中心未办理房屋所有权登记。《民法典》第 352 条规定，建设用地使用权人建造的建筑物、构筑物及其附属设施的所有权属于建设用地使用权人，但是有相反证据证明的除外。四处收费站及一处监控养护中心占用土地范围内的划拨土地使用权和作价出资土地使用权的权利人均为项目公司。经核查，四处收费站及一处监控养护中心已取得主管部门出具的投资建设相关批准文件，系依法建设。因此，项目公司在其拥有土地使用权的建设用地上通过建造方式合法取得了鄄菏高速项目地上建筑物、构筑物及其附属设施的所有权。

原始权益人与项目公司已出具函件，确认截至该函出具之日，原始权益人和项目公司未曾就未办理鄄菏高速项目房屋建筑的房屋所有权登记事宜受到任何主管部门处罚、被采取任何监管措施或被提出异议和权利主张；同时，原始权益人承诺，在基础设施 REITs 存续期间，如因鄄菏高速项目相关房屋建筑未办理房屋所有权登记而导致相关主管部门对项目公司作出任何处罚、采取任何监管措施，或发生任何法律纠纷等情形，相关损失由原始权益人依法承担。

(3)未单独办理选址意见书、用地预审、建设用地批准书、建设用地规划许可证及建设工程规划许可证

鄄菏高速未单独办理选址意见书、建设用地规划许可证及建设工程规划许可证。根据鄄菏高速开工建设时适用的《城市规划法》(已失效)、《建制镇规划建设管理办法》，在城市规划区内或建制镇规划区内进行工程项目建设，应取得选址意见书、建设用地规划许可证及建设工程规划许可证，上述法规未规定城市规划区外和建制镇规划区外的工程建设项目需取得选址意见书、建设用地规划许可证及建设工程规划许可证。菏泽市自然资源和规划局已向原始权益人出具确认函，确认鄄菏高速公路于 2007 年 10 月开工建设时不在菏泽市城市规划区或建制镇规划区范围内，鄄菏高速公路无须办理选址意见书、建设用地规划许可证及建设工程规划许可证。鄄菏高速项目开工建

设时应适用的规范公路建设基本程序的法律法规未将办理取得选址意见书、建设用地规划许可证及建设工程规划许可证作为公路建设程序的必要环节。山东省交通厅已出具确认函,确认鄄荷高速项目已依法依规履行高速公路基本建设程序。

根据自然资源部《关于以“多规合一”为基础推进规划用地“多审合一、多证合一”改革的通知》(自然资规〔2019〕2 号,以下简称《规划用地改革通知》),适用已经依法批准的建设用地进行建设的项目,不再办理用地预审;将建设用地规划许可证、建设用地批准书合并,不再单独核发建设用地批准书。鄄荷高速项目的建设用地已获批准,且办理了不动产权登记,已取得相应《不动产权证书》。菏泽市自然资源和规划局确认,鄄荷高速公路的用地手续总体符合相关规定,可不用再另行补办用地预审意见、建设用地批准书相关手续。

原始权益人承诺,如因鄄荷高速项目缺少选址意见书、用地预审、建设用地规划许可证及建设工程规划许可证的问题导致相关主管政府部门对项目公司作出任何处罚、采取任何行政监管措施,或发生任何法律纠纷等情况的,原始权益人将承担相应责任并赔偿项目公司、基础设施 REITs 因此遭受的全部损失。

(九)收费公路 REITs 案例分析九:工银瑞信河北高速 REIT

1. 工银瑞信河北高速 REIT 基本情况

工银瑞信河北高速 REIT 于 2023 年 6 月 8 日获得证监会和交易所受理。

工银瑞信河北高速 REIT 是契约型封闭式基金,基金存续期间为自基金合同生效之日起 40 年。原始权益人为河北高速公路集团有限公司,基金管理人为工银瑞信基金管理有限公司。

工银瑞信河北高速 REIT 主要投资于工银瑞投河北高速公路 1 期资产支持专项计划,并持有其全部份额;通过资产支持证券全部份额,最终取得相关基础设施项目经营权利。

2. 工银瑞信河北高速 REIT 底层资产的基本情况

工银瑞信河北高速 REIT 底层资产为荣乌高速公路(大王店枢纽互通至冀晋界段)(见表 6-11)。

表 6-11　工银瑞信河北高速 REIT 基础设施项目的基本情况

项目	基本情况
所在地	荣成—乌海高速公路，国家编号为 G18，是国家高速公路网“7 射、11 纵、18 横”等路线的组成部分，途经山东、天津、河北、山西、内蒙古五省市，是横穿雄安新区的第一条高速公路，也是“一带一路”的重要组成部分
所处行业	高速公路行业
建设内容和规模	具体包括：大王店互通至狼牙山互通段（对应桩号 K906.883～K928.993）、狼牙山互通至坡仓互通段（对应桩号 K928.993～K951.701）、坡仓互通至黄土岭互通段（对应桩号 K951.701～K964.650）、黄土岭互通至涞源东互通段（对应桩号 K964.650～K987.388）、涞源西互通（张石高速）至驿马岭隧道（冀晋界）段（对应桩号 K995.646～K1012.209），总里程合计为 97.068 公里的相关路段 包括但不限于标的公路（包括路段范围内的公路、桥梁、隧道等相关建筑物、构筑物）、相关收费站（包括满城北收费站、狼牙山收费站、坡仓收费站、黄土岭收费站）及综合楼或宿办楼等房屋、相关公路设施（包括公路安全设施、公路通信设施、公路监控设施、公路收费设施）及相关通信管道设施；但标的公路资产范围不包括：标的公路路段内的服务区、停车区、养护工区（具体指狼牙山服务区、黄土岭服务区、桑岗停车区、涞源停车区、涞源养护工区、坡仓养护工区）以及标的公路路段内相关的生活、办公等动产附属设施
资产范围	项目公司从河北高速集团承接并享有的标的公路收费权（不包含标的公路所对应的广告经营权和服务设施经营权），以及基于该等标的公路收费权划转而附随一并转移移交项目公司进行经营使用的标的公路资产经营权、西黑山收费站经营权以及相关通信管道设施经营权
用地性质	划拨用地
开竣工时间	2010 年 5 月开工建设，分别自 2011 年 12 月 30 日起至 2018 年 1 月 30 日期间依次陆续进行交工验收
决算总投资	决算总投资 111.42 亿元
产品或服务内容	提供车辆通行、管道租赁等服务

续表

项目	基本情况
收入来源	荣乌高速公路(大王店枢纽互通至冀晋界段)的主要收入来源为车辆通行费收入和管道租赁收入
运营开始时间	2018 年 12 月 28 日该项目交工通车,全线进入试运营阶段
特许经营(或 PPP)年限及剩余年限(如有)	依据《关于同意荣乌高速公路(大王店枢纽互通至冀晋界段)转为经营性公路并延长收费期限的复函》,收费期限在原收费期限 15 年的基础上延长 5 年,延长后累计收费期限为 20 年。车辆通行费收费标准不变 综合各批复文件,荣乌高速(大王店枢纽互通至冀晋界段)收费期限为 20 年,再加上由于新冠疫情影响顺延的 79 天,各路段收费期限如下:涞源西互通(张石高速)至驿马岭隧道(冀晋界)段,收费期限为 2015 年 7 月 24 日至 2035 年 10 月 11 日;大王店互通至狼牙山互通段,收费期限为 2015 年 12 月 30 日至 2036 年 3 月 19 日;狼牙山互通至坡仓互通段,收费期限为 2016 年 6 月 20 日至 2036 年 9 月 7 日;坡仓互通至黄土岭互通段,收费期限为 2018 年 9 月 15 日至 2038 年 12 月 3 日;黄土岭互通至涞源东互通段,收费期限为 2018 年 12 月 28 日至 2039 年 3 月 17 日

根据评估机构的评估结果,2022 年 12 月 31 日为基准日,采用收益法对市场价值进行评估,荣乌高速公路(大王店枢纽互通至冀晋界段)及其附属设施的公路收益权的市场价值为 641,600.00 万元。

3. 工银瑞信河北高速 REIT 特殊关注点分析

(1)标的公路里程的相关情况

标的公路所对应相关批复与验收文件,标的公路里程存在不完全一致的情况,在标的公路运营的过程中,可能发生标的公路里程减少的不利情形从而给项目公司造成损失。对此,河北高速集团出具承诺函承诺:在标的公路收费权以及相关资产、负债、人员转移至项目公司之后,如因标的公路里程减少等相关事宜而导致项目公司的任何损失由其承担赔偿责任。

(2)标的公路所涉划拨用地的授权使用安排

在项目公司依法承接标的公路收费权之后,河北高速集团无条件不可撤销地以授权使用的方式将相关土地使用权提供给项目公司进行使用。就标的公路所涉划拨用地的授权使用事宜,河北高速集团拟与项目公司签署《土地授权使用合同》,约定由河北高速集团以授权使用的方式将荣乌高速公路(大王店枢纽互通至冀晋界段)相关土地使用权提供给项目公司进行使用,并于资产交割日(《收费权及相关资产、负债、人员转移合同》所约定的办理完成目标收费权、标的公路资产及相关事项的交割事宜之日)以地块现状交付,双方签署交付确认书。

对此:第一,涞源县自规局已于 2022 年 10 月 17 日、保定市自规局满城分局已于 2022 年 10 月 19 日、保定市自规局徐水分局已于 2022 年 10 月 20 日、易县自规局已于 2022 年 10 月 11 日分别出具相关批复函件,确认:在项目公司受让标的公路收费权后,对于标的公路在涞源县、保定市满城区、保定市徐水区、易县境内涉及的土地及其建筑物、构筑物、附属设施,如项目公司未取得登记权利人为项目公司的不动产权证书,对项目公司在标的公路收费权的收费期内使用荣乌高速涞源县、保定市满城区、保定市徐水区、易县境内涉及的国有划拨建设用地使用权及其建筑物、构筑物、附属设施无异议。

第二,河北高速集团在河北高速集团与项目公司签署的《收费权及相关资产、负债、人员转移合同》项下承诺:“在本合同期间内,河北高速集团不得将标的公路、标的公路资产、标的公路的土地使用权以任何方式再次进行直接或间接的处置,不得在上述各项资产上设立或者允许设立任何权利负担,包括但不限于转让、出售、对外投资、借贷、担保、抵押或质押或者其他任何资产处置。河北高速集团保证项目公司在本合同期间内对标的公路资产持续、稳定、独占、排他的经营使用,河北高速集团保证第三人不能对项目公司就标的公路资产主张任何有碍于公路持续稳定运营的权利。若第三方就标的公路资产提出相关权利主张的,由河北高速集团独立负责妥善解决并承担全部支出,如因此影响到标的公路稳定、正常、持续的经营、运营、养护的,河北高速集团应承担相应的赔偿责任。在本合同约定的划转期限内,对于标的公路资产范围不包括的事项以及西黑山收费站相关事宜,河北高速集团承诺:在目标收费权期间内,河北高速集团不得随意处置,将确保标的公路路段内养护工区、服务区、停车区、监控分中心及一切未划转至项目公司的附属设施均依法依规运营,并采取必要保障措施促使该等附属设施持续健康平稳运营;若河北高速集团违反前述承诺对标的公路运营产生不利影响的，将就项目公司因此所遭受的损失承担赔偿责任。”

第三，标的公路对应土地的国有建设用地划拨决定书对标的公路所涉及土地存在以下限制性规定：本决定书项下的划拨建设用地使用权未经批准不得擅自转让、出租。需转让、出租的，划拨建设用地使用权人应当持本决定书等资料向市、县国土资源行政主管部门提出申请，报有批准权的人民政府批准。河北高速集团将标的公路相关土地使用权提供给项目公司进行使用已取得保定市人民政府于2022年11月1日、徐水区人民政府于2022年10月21日、满城区人民政府于2022年10月25日、易县人民政府于2022年10月24日、涞源县人民政府于2022年10月25日出具的同意函。

（3）线路工程、房屋（收费站及综合楼等）尚未办理建设用地规划许可、建设工程规划许可文件

荣乌高速公路徐水至涞源（冀晋界）段线路工程、房屋（收费站及综合楼等）未办理建设用地规划许可文件、建设工程规划许可文件。根据当时适用的2007年《城乡规划法》第37条，在城市、镇规划区内以划拨方式提供国有土地使用权的建设项目，应取得建设用地规划许可证，建设单位在取得建设用地规划许可证后，方可向县级以上地方人民政府土地主管部门申请用地，经县级以上人民政府审批后，由土地主管部门划拨土地。根据河北高速集团的书面确认，荣乌高速公路（大王店枢纽互通至冀晋界段）作为重点建设项目，相关用地已纳入《保定市土地利用总体规划》（2006—2020年）。同时，保定市自规局已于2022年10月31日出具了《关于支持河北高速公路集团有限公司申报基础设施领域不动产投资信托基金（REITs）试点相关事项的函》，确认“荣乌高速（大王店枢纽互通至冀晋界段）（包括涞源主线收费站、满城北收费站、狼牙山收费站、坡仓收费站、黄土岭收费站）的用地选址、用地性质、用地面积等符合当地建设用地及建设工程相关政策，荣城至乌海高速保定段项目属于单独选址的建设项目，已纳入《保定市土地利用总体规划》（2006—2020年）的重点项目建设用地规划表，符合规划和相关政策，该项目不在城市、镇规划区内，不属于依法办理《建设用地规划许可证》《建设工程规划许可证》的范围。无须另行办理《建设用地规划许可证》《建设工程规划许可证》，且不影

响公路的运营和收费”。

(4)划拨土地作价出资事宜

2022 年 2 月 22 日,河北省人民政府办公厅出具批复文件,“经研究,省政府同意你委提出的河北高速公路集团有限公司和河北交通投资集团有限公司划拨土地采取作价出资方式处置的意见。你委要指导企业依法依规做好划拨土地作价出资工作”。2022 年 8 月 22 日,河北省自然资源厅《关于核准河北高速公路集团有限公司改制涉及的第一批土地资产处置具体方案的复函》(冀自然资审〔2022〕114 号),“同意将荣乌高速所对应国有划拨土地使用权按原用途以国家作价出资方式投入改制后的公司,根据当地地价水平和出让金标准,将一定金额用于转增国家资本金,由河北高速公路集团有限公司代表国家行使出资人权利。由河北高速公路集团有限公司取得上述作价出资土地使用权后,可以依法转让、出租、抵押,如改变土地用途,应符合规划,报经土地所在市、县自然资源管理部门批准,并补缴土地价款”。河北省人民政府办公厅、河北省自然资源厅已批复同意将标的公路所对应的国有划拨土地使用权按原用途以国家作价出资并转增国家资本金的方式投入河北高速集团,目前已办理完毕相关工商变更登记,正在办理相关不动产权变更登记和不动产权证书变更换发工作。

根据河北高速集团提供的《河北高速公路集团有限公司关于相关事项的说明与承诺》,河北高速集团未因土地的不动产权证办理、用途等相关事宜受到任何处罚、被采取任何行政监管措施或被要求承担任何责任等。河北高速集团已出具《河北高速公路集团有限公司关于荣乌高速基础设施 REITs 项目相关事项的承诺函》,承诺“若河北瑞投高速因标的基础设施项目在本公募 REITs 发行之前的相关报批报建手续、规划用途、标的公路收费权历史沿革及权属的合法合规性以及其他各方面的原因而受到相关政府主管部门给予罚款等行政处罚措施或因此遭受其他损失的,由我公司进行最终承担”。

(十)收费公路 REITs 案例之特别交易安排的分析

就上述收费公路基础设施 REITs 项目而言,除已经列示的各项目特殊关注点,在以下方面由于收费公路资产的特殊性,存在一些特别安排。

1. 股权转让价款的构成

基础设施 REITs 需要通过持有项目公司全部股权获得高速公路的全部经营权利，项目公司股权转让价款的确定一般与项目公司基准日审计报告中载明的相关财务数据[1]或基础设施项目评估值[2]等挂钩。

收费公路收费受国家政策影响较大，最典型的例子即为新冠疫情对收费公路通车费的影响。对该等情况的处理原则一般为：若在交割日后因交割日前的原因使得基础设施项目取得了相关政策补偿的，由于产生该等政策补偿时尚由项目公司股权转让方持有项目公司，该等政策补偿应归属于转让方；当然，转让方可以不主张该等内容以简化交易事项。在就新冠疫情补贴做了额外约定的项目中，补充约定：已确定的股权转让价款并未考虑项目公司未来获得潜在新冠疫情补偿的价值，若后续因基准日（不同项目确定的基准日不同，如交割日、工商变更登记完成日等）前的原因获得相关补偿，则该等补偿

[1] 参见浙商沪杭甬高速公路 REIT《招募说明书》，载上海证券交易所网站 2022 年 7 月 13 日，http://www.sse.com.cn/assortment/fund/list/reits/basic/index.shtml? FUNDID = 508001：《股权转让协议》约定根据交割审计基准日审计报告中载明的净资产与应付减资款确定标的股权的转让总价款。参见华夏中交建高速 REIT《招募说明书》，载上海证券交易所网站 2022 年 7 月 13 日，http://www.sse.com.cn/assortment/fund/list/reits/basic/index.shtml? FUNDID = 508018：中信证券（代表资产支持专项计划）（简称"受让方"）投资于项目公司所支付的总价款（"项目公司总投资款"）= 基础设施基金的募集资金规模－基础设施基金需预留的全部费用－专项计划需预留的全部费用。项目公司总投资款包括项目公司股权转让价款（"项目公司股权转让价款"）和由受让方向项目公司提供借款及进行增资用于其偿付各项债务的其他投资款（"项目公司其他投资款"）。其中，项目公司股权转让价款 = 项目公司总投资款＋募集配套贷款规模－预留项目公司营运资金＋项目公司经交割审计确定的流动资产－项目公司经交割审计确定的（负债总额－因大修基金产生的预计负债）（"股权转让价款"）；项目公司其他投资款 = 项目公司总投资款－股权转让价款。

[2] 参见平安广河高速 REIT《招募说明书》，载深圳证券交易所网站 2022 年 7 月 13 日，https://reits.szse.cn/disclosure/index.html：本次转让中，广州交投将广河项目公司 100%股权转让予基础设施基金项下的专项计划，同时将获得以基础设施项目评估值为基础确定的股权转让对价，对广州交投净资产应无实质不利影响。参见华夏越秀高速 REIT《招募说明书》，载深圳证券交易所网站 2022 年 7 月 13 日，https://reits.szse.cn/disclosure/index.html：基础设施项目股权转让对价参考项目公司于 2021 年 6 月 30 日评估价值厘定。参见国金铁建渝遂高速 REIT《招募说明书》，载上海证券交易所网站 2022 年 12 月 13 日，http://www.sse.com.cn/assortment/fund/list/reits/basic/index.shtml? FUNDID = 508008：评估假设基金募集规模与评估基准日的估值保持一致；项目公司股权转让价款计算公式已基金最终募集规模为基础。

价值应归属于原始权益人。〔1〕 除新冠疫情外，有的项目将基准日前发生的节假日 7 座及以下小客车免费、鲜活农产品运输车辆免费等可能引发政策补偿的事件均纳入前述价值可归属于原始权益人的情况中。〔2〕

特别地，在华夏中交建高速 REIT 项目中，由于项目公司就高速公路持有部分出让取得的建设用地使用权，而该等建设用地使用权到期日晚于高速公路特许经营权到期日，且股权转让价款并未考虑项目公司未来获得潜在出让地补偿的价值，因此，若特许经营权到期后有关部门提前收回出让地并提供出让地补偿的，该等补偿由原始权益人享有；若特许经营权到期后有关部门同意项目公司继续享有出让地使用权及相应服务区、加油站经营权的，该等属于特许经营期正常到期日后的权益及由此产生的收益应归属于原始权益人所有。

---

〔1〕 参见平安广河高速 REIT《招募说明书》，载深圳证券交易所网站 2022 年 7 月 13 日，https://reits. szse. cn/disclosure/index. htm：鉴于基础设施项目评估时并未考虑未来获得潜在疫情补偿的价值，因此若项目公司收费期在股权交割日后因疫情补偿予以延期的，该期间对应的特许经营收益应归属于原始权益人所有。参见华夏中交建高速 REIT《招募说明书》，载上海证券交易所网站 2022 年 7 月 13 日，http://www. sse. com. cn/assortment/fund/list/reits/basic/index. shtml? FUNDID=508018：根据湖北省交通运输厅发布的《省交通运输厅关于延长收费公路期限的通知》（鄂交发〔2021〕213 号），嘉通高速的收费期在上述批准的收费期限基础上顺延 79 天。在原收费经营期限到期前，若国家出台具体指导意见，从其规定。由于股权转让对价未考虑疫情补偿的潜在收益，嘉通高速延长的 79 天收费期内所产生的运营收益归属于转让方（原始权益人）。

〔2〕 参见平安广河高速 REIT《招募说明书》，载深圳证券交易所网站 2022 年 7 月 13 日，https://reits. szse. cn/disclosure/index. htm：不排除将来政府会因鲜活农产品运输车辆免费、节假日 7 座及以下小客车免费等对收费公路经营者进行补偿的可能，如政府进行补偿，因股权交割日前的鲜活农产品运输车辆免费和节假日 7 座及以下小客车免费金额导致政策予以延期的，该期间对应的特许经营收益应归属于原始权益人所有。参见华夏越秀高速 REIT《招募说明书》，载深圳证券交易所网站 2022 年 7 月 13 日，https://reits. szse. cn/disclosure/index. html：本基金初始拟投资的基础设施项目评估未考虑未来可能获得因标的股权转让工商变更登记完成之日前新冠肺炎疫情防控期间车辆免费、鲜活农产品运输车辆免费、节假日 7 座及以下小客车免费等而产生的政策补偿的价值，因此若项目公司收费期在标的股权转让工商变更登记完成之日后因该等政策补偿予以延期的，该期间对应的特许经营收入扣除相关运营成本、开支及税费后应归属于转让方所有；若项目公司在标的股权转让工商变更登记完成之日后因该等事项获得政府现金补偿，该资金应扣除相关税费（如有）后归属于转让方所有。参见国金铁建渝遂高速 REIT《招募说明书》，载上海证券交易所网站 2022 年 12 月 13 日，http://www. sse. com. cn/assortment/fund/list/reits/basic/index. shtml? FUNDID=508008：基础设施项目评估未考虑因发生政策补偿事件或将获得的潜在政策补偿的价值，若在交割日及交割日后因交割日前的政策补偿事件取得了相关政策补偿的，该等政策补偿应归属于转让方所有。特别地，2020 年因新冠肺炎疫情防控而存在免收收费公路车辆通行费之安排，若基础设施项目的经营权期限在交割日后因 2020 年新冠肺炎疫情补偿予以延期的，该期间对应的特许经营收益应归属于转让方所有。

2. 改扩建导致的扩募安排

如前文所述,高速公路的收费期限除特定情况无法予以延长,对高速公路改扩建可重新核定经营期限的规定尚未正式发布。但在实际运营中,高速公路因改扩建而延长收费期是较为普遍的现象。

根据国金铁建渝遂高速 REIT《招募说明书》的披露,该项目底层资产渝遂高速公路扩能改造已纳入重庆市"十四五"期间多个相关规划,虽在招募说明书公告之日,重庆市人民政府相关部门尚未批复渝遂高速(重庆段)扩能改造工程的工程项目可行性研究报告,但在基金存续期有可能开展该扩能改造工程,进而对国金铁建渝遂高速 REIT 项目产生影响。

由于高速公路属于必须招标的基础设施和公用事业项目,项目公司需参与招投标确认是否能作为该扩能改造工程的社会资本方,并在中标后融资、建设、实施高速公路的扩能改造工程。国金铁建渝遂高速 REIT 就该等事宜设置了两次基金份额持有人大会,第一次基金份额持有人大会决定是否参与该扩能改造工程的投标、是否与中国铁建关联方组成联合体进行投标等,第二次基金份额持有人大会在中标后就基金扩募事项进行决议。任何一次基金份额持有人大会不通过决议或项目公司未参与投标、未中标,都将启动原始权益人回购程序,由原始权益人实际回购高速公路基础设施项目。

若顺利中标并通过扩募决定,则后续国金铁建渝遂高速 REIT 将会按照通过的扩募方案履行扩募程序、信息披露安排等,并按照中标内容进行扩能改造工程的建设实施,并与重庆市人民政府签订新的特许经营协议,就特许经营期限作出新的约定。

3. 运营管理机构服务内容

根据《公募 REITs 指引》的规定,基金管理人可以将部分基础设施运营管理职责委托外部管理机构,收费公路类基础设施 REITs 中运营管理机构的受托服务内容大多参照该规定进行约定;同时,运营管理机构作为行业专业机构,也会协助基金管理人就印章证照、账册档案管理等其他事宜进行日常管理。

参考高速公路运营管理的特殊性,运营管理机构多提供如下专项服务:

(1)服务区、停车区的管理;

(2)申请、维持、更新、补办高速公路依法合规运营需持有的证照及需履行的手续;

(3)与政府相关部门沟通协调,确保高速公路技术等级和标准符合要求,对接交通运输部门的鉴定和验收工作,确保资产合规运营;

(4)申请相关政府补贴、补助及奖励金等款项;

(5)了解行业政策及可能影响到基础设施资产运营的情况、提供咨询服务及建议;

(6)收费期届满时协助向交通运输部门办理移交手续。

第七章

市政基础设施公募 REITs 的法律关注重点

一、供水项目开展公募 REITs 的法律关注重点

（一）供水行业概述

根据“958”号文，城镇供水行业属于发行公募 REITs 的重点行业。供水行业属于一类水务行业，整体上看，行业发展较为成熟，普及率较高。根据住建部公布的《2020 年城市建设统计年鉴》[1]，截至 2020 年年底，我国城市供水设施普及率已高达 98.99%，城市供水设施建设固定资产投资为 749.4 亿元，城市供水生产能力达 32,072.7 万立方米/日。

水务行业是指由原水、供水、节水、排水、污水处理及水资源回收利用等形成的产业链，包括供水、污水设备制造，原水收集与制造、存储、输送，水的生产和销售，水的供应网管、中水回用，污水排放，污水收集与处理、污泥处理等。[2] 其中，供水行业一般包括原水供水和城市公共供水。原水供水主要是指原水供水企业以原水引水管渠及其附属设施，向自来水供水企业提供水源。[3] 江河湖库的运营方将天然原水供应给水厂，原水在水厂通过水处理设施处理后成为净水。城市公共供水是指城市自来水供水企业以公共供水管

---

〔1〕 参见《2020 年城市建设统计年鉴》，载中华人民共和国住房和城乡建设部网站 2021 年 10 月 12 日，https://www.mohurd.gov.cn/gongkai/fdzdgknr/sjfb/tjxx/jstjnj/index.html。

〔2〕 参见赵甜：《NX 水务投资集团公司发展战略研究》，西安理工大学 2019 年硕士学位论文，第 1 页。

〔3〕 参见《上海市供水管理条例》（2018 年修正）第 46 条第 2 款：原水供水，是指原水供水企业以原水引水管渠及其附属设施，向自来水供水企业提供水源。

道及其附属设施向单位和居民的生活、生产和其他各项建设提供用水。[1]城市公共供水主要为水厂将净化消毒后的净水供应给城市居民或生产企业。此外,污水处理是污水处理企业对通过排污管道所收集的污废水,通过一定的技术方法,将污水中所含污染物质分离或将其转化为无害物质,从而使污水得到净化,或进一步达到用水标准回用。原水供水、城市公共供水、污水处理即为水务行业的上、中、下游 3 个环节。实践中,前述 3 个环节可能由不同的企业在分别运营。

(二)供水行业监管情况

从监管部门来看,由于供水行业影响地区的经济发展、财政收支、城市建设规划、环境保护等不同领域,因此中央和地方的发改委、建设部门、环保部门、物价管理部门、水利部门等会进行指导、管理与监督。根据《城市供水条例》(国务院令第 726 号)第 7 条的规定[2],住建部主管全国城市供水工作。

从法律法规来看,国家有关部门制定了一系列供水行业相关政策法规,涉及资质管理、产品和服务质量、项目建设标准、价格管理等诸多方面。国家有关部门颁布相关的法律法规主要包括《水法》(主席令第 48 号)、《城市供水条例》(国务院令第 726 号)、《取水许可和水资源费征收管理条例》(国务院令第 676 号)、《取水许可管理办法》(水利部令第 49 号)、《市政公用事业特许经营管理办法》(建设部令第 126 号)、《城市供水水质管理规定》(建设部令第 156 号)、《城镇供水价格管理办法》(国家发改委、住建部令第 46 号)等。

---

[1] 参见《城市供水条例》第 2 条:本条例所称城市供水,是指城市公共供水和自建设施供水。本条例所称城市公共供水,是指城市自来水供水企业以公共供水管道及其附属设施向单位和居民的生活、生产和其他各项建设提供用水。本条例所称自建设施供水,是指城市的用水单位以其自行建设的供水管道及其附属设施主要向本单位的生活、生产和其他各项建设提供用水。

[2] 《城市供水条例》第 7 条:国务院城市建设行政主管部门主管全国城市供水工作。省、自治区人民政府城市建设行政主管部门主管本行政区域内的城市供水工作。县级以上城市人民政府确定的城市供水行政主管部门(以下简称城市供水行政主管部门)主管本行政区域内的城市供水工作。

(三)供水项目公募 REITs 的法律关注要点

1. 供水项目的资产范围、权属认定问题

(1)供水项目一般的必要工程内容、资产组成

①必要工程内容

供水项目的产业链涉及从水源地取水、按照自来水处理工艺对水源净化、将符合国家质量标准的自来水通过输水管网输送到终端用户。具体而言,根据《城市给水工程项目建设标准》,给水工程由取水、净水、输水与配水工程等生产构筑物和相应的辅助生产配套设施与行政生活福利设施构成。取水工程主要包括地下水或地表水取水构筑物以及取水需要的防洪、拦蓄水、引水设施,取水泵站,供电、变电设施,通信设施,交通运输以及行政管理与生活福利设施等。净水工程的常规地表水净水工艺构筑物由投药、混合、絮凝、沉淀(或澄清)、过滤以及消毒、化验、检测设施,二级泵房,清水池等构成。当原水为高浊度水、低温低浊度水、含藻水以及微污染水时,宜设置预沉或其他处理设施。输水工程主要包括输水管(渠)、穿越工程及其附属设施、中途加压站、调蓄设施、供变电设施、公路工程等。配水工程主要包括配水管道及其附属闸阀、消防设施、加压站、调节水池、供变电设施以及管网调度检测设施等。

②资产组成

供水项目类型包括单独开展水厂投资的项目和附带管网的水厂投资项目,主要区别在于是否在建设自来水厂外,还一并投资建设配套管网作为水厂辅助性设施。单独水厂项目所需要的管网一般由政府部门或其他单位负责投资、维护,而厂网一体化项目中,管网及相关设施属于企业的资产,由企业进行运营、维护、维修,此类设施的投资成本往往较高。

对于单独水厂项目,资产主要包括房屋及建筑物、专用设备、办公设备、运输工具等,其中,房屋及建筑物主要为房产、取/送水泵房、砂水分离间、加矾加氯加药间、机房、变电所、仓库及辅助生产与行政管理用房(行政办公、调度、化验、维修等)、生活福利设施用房(厂区食堂、浴室、托儿所、宿舍等),构筑物包括预沉池、沉淀池、清水池等。对于厂网一体项目,其资产还包括管网资产。根据住建部联合国家发改委发布的《关于加强公共供水管网漏损控制的通知》(建办城〔2022〕2 号)的规定,鼓励符合条件的城市和县城供水管网项目申报基础设施领域 REITs 试点项目。供水管网项目本身发行 REITs 在政策

上不存在实质障碍。

（2）权属认定方面的难点

在权属认定上，一般泵房、砂水分离间、加药间等建筑物均可以办理产权证，但对于预沉池、沉淀池、清水池等构筑物以及管网，可能存在未办理产权证或者无法办理产权登记的情况。但若公司前期用地、规划等手续齐备，从权属认定上并不存在实质障碍，根据《民法典》第 352 条[1]、第 355 条[2]、第 356 条[3]、第 357 条[4]的规定，企业作为土地使用权人，如不存在相反证据，在合法建造的前提下可以直接取得对建筑物、构筑物及其附属设施的所有权，不进行产权登记并不影响所有权的取得。如果涉及剥离重组，预沉池、沉淀池、清水池等构筑物及管网在公司具有土地使用权的前提下，可以随土地使用权一并转移。

2. 供水项目在建设阶段的特别合规性手续

供水项目作为一类固定资产投资项目，需要依法依规取得固定资产投资管理相关手续，在项目审批、核准或备案，规划、用地、环评、施工许可、竣工验收等环节均需要满足合规性要求。供水项目除了共性方面的合规性要求之外，还涉及直接从江河、湖泊或地下取水，因此存在一些特别合规性手续。

（1）水工程需取得规划同意书

根据《水法》第 19 条[5]的规定，建设水工程，必须符合流域综合规划。在国家确定的重要江河、湖泊和跨省、自治区、直辖市的江河、湖泊上建设水工程，需要取得有关流域管理机构签署的符合流域综合规划要求的规划同意

---

[1] 《民法典》第 352 条规定：建设用地使用权人建造的建筑物、构筑物及其附属设施的所有权属于建设用地使用权人，但是有相反证据证明的除外。

[2] 《民法典》第 355 条规定：建设用地使用权转让、互换、出资或者赠与的，应当向登记机构申请变更登记。

[3] 《民法典》第 356 条规定：建设用地使用权转让、互换、出资或者赠与的，附着于该土地上的建筑物、构筑物及其附属设施一并处分。

[4] 《民法典》第 357 条规定：建筑物、构筑物及其附属设施转让、互换、出资或者赠与的，该建筑物、构筑物及其附属设施占用范围内的建设用地使用权一并处分。

[5] 《水法》第 19 条：建设水工程，必须符合流域综合规划。在国家确定的重要江河、湖泊和跨省、自治区、直辖市的江河、湖泊上建设水工程，未取得有关流域管理机构签署的符合流域综合规划要求的规划同意书的，建设单位不得开工建设；在其他江河、湖泊上建设水工程，未取得县级以上地方人民政府水行政主管部门按照管理权限签署的符合流域综合规划要求的规划同意书的，建设单位不得开工建设。水工程建设涉及防洪的，依照防洪法的有关规定执行；涉及其他地区和行业的，建设单位应当事先征求有关地区和部门的意见。

书,未取得前述规划同意书的,建设单位不得开工建设;在其他江河、湖泊上建设水工程,需要取得县级以上地方人民政府水行政主管部门按照管理权限签署的符合流域综合规划要求的规划同意书,未取得前述规划同意书的,建设单位不得开工建设。因此,如供水项目的建设涉及在江河、湖泊上建设水工程〔1〕,则需要取得相关主体签署的规划同意书。

(2)节水设施

根据《水法》第 53 条〔2〕的规定,新建、扩建、改建建设项目,应当制订节水措施方案,配套建设节水设施。节水设施应当与主体工程同时设计、同时施工、同时投产。建设项目的节水设施没有建成或者没有达到国家规定的要求,擅自投入使用的,由县级以上人民政府有关部门或者流域管理机构依据职权,责令停止使用,限期改正,处 5 万元以上 10 万元以下的罚款。〔3〕

(3)编制项目水资源论证报告书

根据《建设项目水资源论证管理办法》第 2 条〔4〕、第 7 条〔5〕的规定,供水项目在建设阶段应当编制项目水资源论证报告书。水资源论证报告书需要在申请取水许可时向有审批权限的取水许可审批机关提交,作为取水许可审批的重要依据。未提交该报告书的,视为放弃取水许可申请,企业无法取得取水许可证。但在建设项目取水量较少且对周边影响较小时,可以不编制该报告。〔6〕

〔1〕 参见《水法》第 79 条:本法所称水工程,是指在江河、湖泊和地下水源上开发、利用、控制、调配和保护水资源的各类工程。

〔2〕 《水法》第 53 条:新建、扩建、改建建设项目,应当制订节水措施方案,配套建设节水设施。节水设施应当与主体工程同时设计、同时施工、同时投产。供水企业和自建供水设施的单位应当加强供水设施的维护管理,减少水的漏失。

〔3〕 参见《水法》第 71 条:建设项目的节水设施没有建成或者没有达到国家规定的要求,擅自投入使用的,由县级以上人民政府有关部门或者流域管理机构依据职权,责令停止使用,限期改正,处五万元以上十万元以下的罚款。

〔4〕 《建设项目水资源论证管理办法》第 2 条:对于直接从江河、湖泊或地下取水并需申请取水许可证的新建、改建、扩建的建设项目(以下简称建设项目),建设项目业主单位(以下简称业主单位)应当按照本办法的规定进行建设项目水资源论证,编制建设项目水资源论证报告书。

〔5〕 《建设项目水资源论证管理办法》第 7 条:业主单位在向具有审批权限的取水许可审批机关提交取水许可申请材料时,应当一并提交建设项目水资源论证报告书,作为取水许可审批的重要依据。未提交建设项目水资源论证报告书且经一次告知仍不补正的,视为放弃取水许可申请。

〔6〕 参见《建设项目水资源论证管理办法》第 14 条:建设项目取水量较少且对周边影响较小的,可不编制建设项目水资源论证报告书。具体要求由省、自治区、直辖市人民政府水行政主管部门规定。

3. 供水项目运营模式的合法合规

(1)供水项目的经营模式

就供水行业而言,在国家层面,《市政公用事业特许经营管理办法》[1]《基础设施和公用事业特许经营管理办法》[2]等规定鼓励采取特许经营;在地方层面,各地规定存在差异,福建省、陕西省、四川省等地要求供水企业必须采取特许经营的方式[3];而北京市、上海市、湖北省等地则规定供水企业可以采取特许经营的形式,但并未强制要求。[4] 基于以上规定,对于具体供水项目之经营模式的合规性,尤其是是否必须采取特许经营模式,需要具体结合当地规定判断。

(2)采取特许经营模式的合规性关注要点

若相关供水项目采取特许经营或政府和社会资本合作(PPP)模式,就相关经营模式本身合规性关注要点,以及在发行公募 REITs 环节的监管审核特别关注要点包括以下两点。

①经营模式本身合规关注要点

根据《基础设施和公用事业特许经营管理办法》第 18 条第 1 款[5]的规

[1] 参见《市政公用事业特许经营管理办法》第 2 条:本办法所称市政公用事业特许经营,是指政府按照有关法律、法规规定,通过市场竞争机制选择市政公用事业投资者或者经营者,明确其在一定期限和范围内经营某项市政公用事业产品或者提供某项服务的制度。城市供水、供气、供热、公共交通、污水处理、垃圾处理等行业,依法实施特许经营的,适用本办法。

[2] 参见《基础设施和公用事业特许经营管理办法》第 2 条:中华人民共和国境内的能源、交通运输、水利、环境保护、市政工程等基础设施和公用事业领域的特许经营活动,适用本办法。

[3] 参见《福建省城乡供水条例》第 32 条:城镇供水由政府主导,依法实行特许经营制度。城镇供水单位应当依法取得供水项目所在地设区的市或者县级人民政府城乡供水主管部门颁发的特许经营许可证,并签订特许经营协议。对本条例实施前已经设区的市、县级地方人民政府或者其供水主管部门批准从事城镇供水经营的单位,设区的市、县级地方人民政府城乡供水主管部门经审查,可以授予特许经营权,按照规定签订特许经营协议并颁发特许经营许可证。《陕西省城乡供水用水条例》第 28 条第 1 款:公共供水实行特许经营制度。《四川省城市供水条例》第 36 条第 1 款:城市供水应当由国有资产控股经营,实行政府特许经营制度。

[4] 参见《北京市城市基础设施特许经营条例》第 3 条第 2 款:下列城市基础设施项目可以实施特许经营:(一)供水、供气、供热……《上海市城市基础设施特许经营管理办法》第 3 条:下列城市基础设施项目的建设和运营,可以实施特许经营:(一)供水、供气、污水处理、垃圾处理、城市道路、公路、城市轨道交通和其他公共交通项目;(二)市人民政府认为有必要实施特许经营的其他城市基础设施项目。《湖北省城镇供水条例》第 28 条:城镇公共供水应当由政府主导,可以依法实行特许经营。特许经营实施办法由省人民政府制定。

[5] 《基础设施和公用事业特许经营管理办法》第 18 条第 1 款:实施机构应当与依法选定的特许经营者签订特许经营协议。

定,实施机构应当与依法选定的特许经营者签订特许经营协议。如运营主体通过签署特许经营协议而获得相关收费权,可以认为运营主体的收费权具有法律基础,需关注以下要点:第一,签署特许经营协议的政府方是否为有权签署协议的主体;如签署主体并非有权签署主体,则运营主体收费权的来源将存在合规瑕疵。第二,政府方选择运营主体的方式。根据《基础设施和公用事业特许经营管理办法》和《市政公用事业特许经营管理办法》等相关法规的规定,特许经营者应当通过招标等竞争方式选择产生;[1]如非通过竞争方式产生,需要结合当时、当地的法规和运营主体所取得的批文等来判断运营主体担任实施主体的选择过程是否合法合规。第三,采用特许经营模式但未签署特许经营协议,该等情形通常属于历史遗留问题,一般发生于早些年地方政府招商引资的情形中,运营主体通常与当地政府签署相关投资协议,建议补办特许经营手续、补充签署特许经营协议。

②发行公募REITs环节的监管审核特别关注要点

根据"958号文"等监管规则的规定,对于涉及PPP(含特许经营)项目,还需满足如下特别监管要求:第一,2015年6月以前采用BOT(Build-Operate-Transfer,建设—运营—移交)、TOT(Transfer-Operate-Transfer,转让—运营—移交)、股权投资等模式实施的特许经营类项目,应符合当时国家关于特许经营管理相关规定。2015年6月以后批复实施的特许经营类项目,应符合《基础设施和公用事业特许经营管理办法》(国家发改委等6部委第25号令)有关规定。第二,2015年6月以后批复实施的非特许经营类PPP项目,应符合国家关于规范有序推广PPP模式的规定,已批复PPP项目实施方案,通过公开招标等竞争方式确定社会资本方,并依照法定程序规范签订PPP合同。第

[1] 参见《基础设施和公用事业特许经营管理办法》第15条:实施机构根据经审定的特许经营项目实施方案,应当通过招标、竞争性谈判等竞争方式选择特许经营者。特许经营项目建设运营标准和监管要求明确、有关领域市场竞争比较充分的,应当通过招标方式选择特许经营者。《市政公用事业特许经营管理办法》第8条:主管部门应当依照下列程序选择投资者或者经营者:(一)提出市政公用事业特许经营项目,报直辖市、市、县人民政府批准后,向社会公开发布招标条件,受理投标;(二)根据招标条件,对特许经营权的投标人进行资格审查和方案预审,推荐出符合条件的投标候选人;(三)组织评审委员会依法进行评审,并经过质询和公开答辩,择优选择特许经营权授予对象;(四)向社会公示中标结果,公示时间不少于20天;(五)公示期满,对中标者没有异议的,经直辖市、市、县人民政府批准,与中标者(以下简称"获得特许经营权的企业")签订特许经营协议。

三,PPP(含特许经营)类项目,需要取得 PPP(含特许经营)协议签署机构、行业主管部门应对项目以 100%股权转让方式发行基础设施 REITs 无异议的书面同意文件。

4. 供水项目运营阶段的特别合规性手续

(1)取水许可证

供水项目需要根据《水法》与《取水许可和水资源费征收管理条例》的要求办理取水许可证。[1] 取水许可权限属于县级以上地方人民政府水行政主管部门的,供水企业应当向县级以上地方人民政府水行政主管部门或者流域管理机构提出取水许可申请。取水许可权限属于流域管理机构的,供水企业应当向取水口所在地的省、自治区、直辖市人民政府水行政主管部门提出申请,由省、自治区、直辖市人民政府水行政主管部门转报流域管理机构,[2] 由相应机构审核后核发取水许可证。

(2)依法缴纳水资源费或水资源税

根据《取水许可和水资源费征收管理条例》第 2 条第 2 款[3] 的规定,取用水资源的单位和个人,除该条例第 4 条规定的情形外,都应当申请领取取水许可证,并缴纳水资源费。水资源费由取水审批机关负责征收;其中,流域管理机构审批的,水资源费由取水口所在地省、自治区、直辖市人民政府水行政

---

〔1〕 参见《水法》第 7 条:国家对水资源依法实行取水许可制度和有偿使用制度。《取水许可和水资源费征收管理条例》第 2 条第 2 款:取用水资源的单位和个人,除本条例第四条规定的情形外,都应当申请领取取水许可证,并缴纳水资源费。《取水许可和水资源费征收管理条例》第 4 条:下列情形不需要申请领取取水许可证:(一)农村集体经济组织及其成员使用本集体经济组织的水塘、水库中的水的;(二)家庭生活和零星散养、圈养畜禽饮用等少量取水的;(三)为保障矿井等地下工程施工安全和生产安全必须进行临时应急取(排)水的;(四)为消除对公共安全或者公共利益的危害临时应急取水的;(五)为农业抗旱和维护生态与环境必须临时应急取水的。

〔2〕 参见《取水许可和水资源费征收管理条例》第 10 条:申请取水的单位或者个人(以下简称申请人),应当向具有审批权限的审批机关提出申请。申请利用多种水源,且各种水源的取水许可审批机关不同的,应当向其中最高一级审批机关提出申请。取水许可权限属于流域管理机构的,应当向取水口所在地的省、自治区、直辖市人民政府水行政主管部门提出申请。省、自治区、直辖市人民政府水行政主管部门,应当自收到申请之日起 20 个工作日内提出意见,并连同全部申请材料转报流域管理机构;流域管理机构收到后,应当依照本条例第十三条的规定作出处理。

〔3〕《取水许可和水资源费征收管理条例》第 2 条第 2 款:取用水资源的单位和个人,除本条例第四条规定的情形外,都应当申请领取取水许可证,并缴纳水资源费。

主管部门代为征收。[1] 水资源费缴纳数额根据取水口所在地水资源费征收标准和实际取水量确定。[2] 另外,根据《资源税法》第 14 条的规定,国务院根据国民经济和社会发展需要,依照该法的原则,对取用地表水或者地下水的单位和个人试点征收水资源税。征收水资源税的,停止征收水资源费。目前,我国在河北、北京、天津、山西、内蒙古、山东、河南、四川、陕西、宁夏 10 个省、自治区、直辖市开展了水资源税的试点。试点省、自治区、直辖市暂停征收水资源费,改为征收水资源税。[3] 因此,在试点省、自治区、直辖市内,应当向税务部门缴纳水资源税,并不再缴纳水资源费。

(3)供水企业应当依法办理卫生许可证

根据《城市供水条例》第 20 条[4]的规定,供水企业应当建立、健全水质检测制度,确保城市供水的水质符合国家规定的饮用水卫生标准。因此,供水企业需要符合国家相应卫生标准并取得卫生许可证。

(4)供水企业员工应当持有健康证

为了保障供水的卫生与安全,《城市供水条例》对供水企业的员工也进行了规范。[5] 供水企业的员工需要取得健康证,方可参与供水企业的工作。

(5)2018 年之后,国家和多地已取消供水经营许可证

根据 1994 年生效的《城市供水条例》要求供水企业必须经资质审查合格,取得供水经营许可证后方可从事经营活动。[6] 但 2018 年修订的《城市供水条例》取消了相关资质审查,且各地陆续取消了供水经营许可证。

---

[1] 参见《取水许可和水资源费征收管理条例》第 31 条:水资源费由取水审批机关负责征收;其中,流域管理机构审批的,水资源费由取水口所在地省、自治区、直辖市人民政府水行政主管部门代为征收。

[2] 参见《取水许可和水资源费征收管理条例》第 32 条:水资源费缴纳数额根据取水口所在地水资源费征收标准和实际取水量确定。

[3] 参见《资源税法》第 14 条:国务院根据国民经济和社会发展需要,依照本法的原则,对取用地表水或者地下水的单位和个人试点征收水资源税。征收水资源税的,停止征收水资源费。

[4] 《城市供水条例》第 20 条:城市自来水供水企业和自建设施对外供水的企业,应当建立、健全水质检测制度,确保城市供水的水质符合国家规定的饮用水卫生标准。

[5] 参见《城市供水条例》第 23 条:城市自来水供水企业和自建设施对外供水的企业应当实行职工持证上岗制度。

[6] 参见《城市供水条例》(1994)第 19 条:城市自来水供水企业和自建设施对外供水的企业,必须经资质审查合格并经工商行政管理机关登记注册后,方可从事经营活动。资质审查办法由国务院城市建设行政主管部门规定。

5. 供水项目的现金流之界定与法律关注要点

(1)关于水费及其性质的界定

根据《水法》第 55 条[1]的规定,使用水工程供应的水,应当按照国家规定向供水单位缴纳水费。对此,供水收费权益主要来自用水单位和个人缴纳的水费。水费的收取不实行"财政收支两条线"。用水单位与个人直接将水费缴纳给供水企业,无须缴纳至财政,属于供水企业的合法经营收入,此项收益直接来源于使用者,可作为公募 REITs 的直接现金流。特别说明的是,本书所述供水项目仅针对供水企业向用水单位供水而收取的税费,若涉及厂、网分离模式下的供水管道本身所产生的租金或服务费等情况,则需另作分析。

(2)关于水费定价的合规性

根据《城镇供水价格管理办法》第 5 条的规定,城镇供水价格原则上实行政府定价,具体定价权限按地方定价目录的规定执行。供水价格由各省、自治区、直辖市定价目录确定的定价部门制定或者调整。[2] 制定城镇供水价格应当遵循覆盖成本、合理收益、节约用水、公平负担的原则,以成本监审为基础,按照"准许成本加合理收益"的方法,先核定供水企业供水业务的准许收入,再以准许收入为基础分类核定用户用水价格。[3] 水价应当按照生活用水保本微利、生产和经营用水合理计价的原则制定。[4] 具体而言,城镇供水实行分类水价,根据使用性质分为居民生活用水、非居民用水、特种用

[1] 《水法》第 55 条:使用水工程供应的水,应当按照国家规定向供水单位缴纳水费。供水价格应当按照补偿成本、合理收益、优质优价、公平负担的原则确定。具体办法由省级以上人民政府价格主管部门会同同级水行政主管部门或者其他供水行政主管部门依据职权制定。

[2] 《城镇供水价格管理办法》第 26 条:供水价格由各省、自治区、直辖市定价目录确定的定价部门制定或者调整。

[3] 参见《城镇供水价格管理办法》第 6 条:制定城镇供水价格应当遵循覆盖成本、合理收益、节约用水、公平负担的原则。《城镇供水价格管理办法》第 7 条第 1 款:制定城镇供水价格,以成本监审为基础,按照"准许成本加合理收益"的方法,先核定供水企业供水业务的准许收入,再以准许收入为基础分类核定用户用水价格。

[4] 参见《城市供水条例》第 26 条第 1 款:城市供水价格应当按照生活用水保本微利、生产和经营用水合理计价的原则制定。

水 3 类,[1]其中,居民生活用水实行阶梯价格制度,非居民用水及特种用水实行超定额累进加价制度。[2]

二、供电项目开展公募 REITs 的法律关注重点

(一)供电行业概述

根据“958 号文”,将城镇供电行业纳入试点行业范围。根据《电力业务许可证管理规定》第 4 条[3]的规定,供电业务属于电力业务的一种,包括配电业务和售电业务。从电力业务整体来看,首先由发电企业通过电能生产设备将能源转变为电能(发电业务),电网企业将电能输送到消费电能区域(输电业务),再分配至具体用户(配电业务),并收取电费(售电业务)。[4] 市政供电项目主要涉及输电、配电和售电环节。根据国家能源局公布的 2022 年 1 月至 8 月全国电力工业统计数据,[5]全国供电量 50,127 亿千瓦·时,同比增长 4.6%,电网工程投资完成 2667 亿元,同比增长 10.7%。

市政供电行业为高度垄断的行业,根据《电力体制改革方案》(国发〔2002〕5 号)的规定,电力行业实施厂网分开的政策,并将国家电力公司管理

[1] 参见《城镇供水价格管理办法》第 15 条:城镇供水实行分类水价。根据使用性质分为居民生活用水、非居民用水、特种用水三类。(一)居民生活用水主要指城镇居民住宅家庭的日常生活用水。(二)非居民用水主要指工业、经营服务用水和行政事业单位用水、市政用水(环卫、绿化)、生态用水、消防用水等。学校教学和学生生活用水、养老机构和残疾人托养机构等社会福利场所生活用水、宗教场所生活用水、社区组织工作用房和居民公益性服务设施用水等,按照居民生活类用水价格执行。(三)特种用水主要包括洗车、以自来水为原料的纯净水生产、高尔夫球场用水等。各类用水具体范围的划分,由省级城镇供水行政主管部门会同同级价格主管部门结合当地实际情况确定。

[2] 参见《城镇供水价格管理办法》第 16 条:居民生活用水实行阶梯价格制度。《城镇供水价格管理办法》第 17 条:非居民用水及特种用水实行超定额累进加价制度。

[3] 《电力业务许可证管理规定》第 4 条:在中华人民共和国境内从事电力业务,应当按照本规定取得电力业务许可证。除电监会规定的特殊情况外,任何单位或者个人未取得电力业务许可证,不得从事电力业务。本规定所称电力业务,是指发电、输电、供电业务。其中,供电业务包括配电业务和售电业务。

[4] 参见《电力业务许可证监督管理办法》第 16 条:输电、供电企业(以下简称电网企业)因故需要停业、歇业的,应当在停业、歇业之前以书面形式向发证机关提出申请,经批准后方可停业、歇业。未经批准,电网企业不得擅自停业、歇业。电网企业被撤销的,其上级单位应当在撤销之前以书面形式将实施方案报告发证机关。

[5] 参见《国家能源局发布 1-8 月份全国电力工业统计数据》,载国家能源局网,http://www.nea.gov.cn/2022-09/21/c_1310664624.htm。

的资产按照发电和电网两类业务划分并分别进行重组，以发电资产组建若干个独立的发电企业，以电网资产设立了国家电网公司（华北、东北、西北、华东、华中电网公司，南方电网公司）。目前电网企业主要包括国家电网有限公司（供电范围占国土面积的 88%）、南方电网公司（覆盖广东、广西、云南、贵州、海南）、内蒙古电力集团有限责任公司。

（二）市政供电行业监管情况

从监管部门来看，电力行业涉及发电、输电、变电、配电、售电、用电多个环节，涉及的监管部门包括国家发改委、国家能源局、国资委等。其中，国家发改委主要负责核准重大项目投资，国家能源局负责监管电力市场运行，规范电力市场秩序，监督检查有关电价等事宜，国资委负责履行出资人职责、监管国有资产。此外，中国电力企业联合会为全国电力行业企事业单位的联合组织，主要职能为提出电力改革与发展的政策建议，参与电力行业立法、规划、产业政策、行业指南等。

从法律法规来看，国家有关部门颁布相关的法律法规主要包括《电力法》《电力监管条例》《供电监管办法》《电力供应与使用条例》《电力设施保护条例》《电网调度管理条例》《电力业务许可证管理规定》，涉及电力建设、生产、供应、使用、业务许可、价格管理等诸多方面。

（三）市政供电项目公募 REITs 的法律关注要点

1. 市政供电项目的资产范围、权属认定问题

（1）市政供电项目一般的必要工程内容、资产组成

①必要工程内容

电力工程主要包括电源工程和电网工程两大部分，电源工程涉及发电厂的建设，包括传统电力建设及新能源电力建设，包括水电、火电、核电、风电、太阳能发电，此部分不展开分析；电网工程涉及输电线路、变电设备的建设，以及对传统输配电网的智能化升级改造。根据《电力工程基本术语标准》，输变电工程项目为将电能的特性（主要指电压、交流或直流）进行变换，并从电能供应地输送至电能需求地的工程项目。根据《电力供应与使用

条例》第 13 条[1]的规定,城乡建设部门对供电线路走廊、电缆通道、变电所、配电所和营业网点的用地统筹规划,供电企业可以在规划的用地上架线、敷设电缆和建设公用供电设施。

②资产组成

市政供电项目会涉及输电、变电、配电、售电环节,主要涉及的资产为输电线路、变电站[2]、架空线路、电缆线路、配电变压器、配电开关等。在不动产方面,主要包括变电站、供电所、变电房、开关室、营业网点等产权及其范围内的土地使用权。其他关键的固定资产包括传导设备、配电设备、通讯及微机设备等。

(2)权属认定方面的难点

除常规的土地、房屋等资产,可能需要予以特别关注的是电力铁塔等电力设施是否需要办理产权登记。《不动产登记暂行条例》第 5 条[3]并未明确电力设施是否需要办理不动产登记。现行有效的法律中也并未对这一点作出明确规定,实操中能否进行登记具有不确定性。

2. 市政供电项目在建设阶段的特别合规性手续

电力建设工程包括发电建设工程、电网建设工程及其他电力设施建设工程。[4] 根据《电力法》第 15 条[5]的规定,输变电工程、调度通信自动化工程等电网配套工程和环境保护工程,应当与发电工程项目同时设计、同时建设、

---

[1] 《电力供应与使用条例》第 13 条:地方各级人民政府应当按照城市建设和乡村建设的总体规划统筹安排城乡供电线路走廊、电缆通道、区域变电所、区域配电所和营业网点的用地。供电企业可以按照国家有关规定在规划的线路走廊、电缆通道、区域变电所、区域配电所和营业网点的用地上,架线、敷设电缆和建设公用供电设施。

[2] 参见《电力工程基本术语标准》2. 5. 10 变电站 电网中的线路连接点,用以变换电压、交换功率和汇集、分配电能的设施。

[3] 《不动产登记暂行条例》第 5 条:下列不动产权利,依照本条例的规定办理登记:(一)集体土地所有权;(二)房屋等建筑物、构筑物所有权;(三)森林、林木所有权;(四)耕地、林地、草地等土地承包经营权;(五)建设用地使用权;(六)宅基地使用权;(七)海域使用权;(八)地役权;(九)抵押权;(十)法律规定需要登记的其他不动产权利。

[4] 《电力建设工程施工安全监督管理办法》第 2 条:本办法适用于电力建设工程的新建、扩建、改建、拆除等有关活动,以及国家能源局及其派出机构对电力建设工程施工安全实施监督管理。本办法所称电力建设工程,包括火电、水电、核电(除核岛外)、风电、太阳能发电等发电建设工程,输电、配电等电网建设工程,及其他电力设施建设工程。本办法所称电力建设工程施工安全包括电力建设、勘察设计、施工、监理单位等涉及施工安全的生产活动。

[5] 《电力法》第 15 条,输变电工程、调度通信自动化工程等电网配套工程和环境保护工程,应当与发电工程项目同时设计、同时建设、同时验收、同时投入使用。

同时验收、同时投入使用。市政供电项目主要涉及电网建设工程,其作为一类固定资产投资项目,在建设阶段也要取得规划、土地、环评、施工、竣工验收等环节的合规手续。此外,供电设施、受电设施还应当符合国家标准或者电力行业标准。[1]

(1)立项阶段

在市政供电项目立项阶段,主要涉及企业投资项目核准手续。根据《政府核准的投资项目目录(2016 年本)》,电网工程属于需要政府核准的投资项目,涉及跨境、跨省(区、市)输电的±500 千伏及以上直流项目,涉及跨境、跨省(区、市)输电的 500 千伏、750 千伏、1000 千伏交流项目,由国务院投资主管部门核准,其中±800 千伏及以上直流项目和 1000 千伏交流项目报国务院备案;不涉及跨境、跨省(区、市)输电的±500 千伏及以上直流项目和 500 千伏、750 千伏、1000 千伏交流项目由省级政府按照国家制定的相关规划核准,其余项目由地方政府按照国家制定的相关规划核准。

(2)单项审批

对于位于山区、丘陵区、风沙区并由国家电力公司及其子公司(其电网资产组建为国家电网公司和南方电网公司)投资的电力建设项目,必须在项目可行性研究阶段编报水土保持方案,作为环境影响报告书的重要组成部分单独成册,专项审批。[2] 其他电力建设项目可参照执行。

(3)规划阶段

根据《电力规划管理办法》的规定,电力规划包括全国电力规划和省级电力规划,全国电力规划由国家能源局负责编制,国家发改委审定。省级电力规划由省级能源主管部门负责编制,报国家能源局衔接并达成一致后,由省级人

---

[1] 参见《电力供应与使用条例》第 15 条:供电设施、受电设施的设计、施工、试验和运行,应当符合国家标准或者电力行业标准。

[2] 参见《电力建设项目水土保持工作暂行规定》第 2 条:本规定适用于我国境内位于山区、丘陵区、风沙区,由国家电力公司及其子公司投资(包括独资、控股、参股)的电力建设项目。其他电力建设项目可参照执行。……三、新建(含改建、扩建)电力建设项目,必须在项目可行性研究阶段编报水土保持方案,作为环境影响报告书的重要组成部分单独成册,专项审批。

民政府批准。[1] 根据该办法第 29 条[2]、第 30 条[3]的规定,电力项目需要纳入电力规划或符合规划布局。如电力项目未纳入电力规划或不符合规划布局,不予核准。

(4)建设阶段

根据《电力建设工程施工安全监督管理办法》(国家发改委令第 28 号)第 13 条[4]的规定,电力建设工程开工报告批准之日起 15 日内,建设单位应将保证安全施工的措施,包括电力建设工程基本情况、参建单位基本情况、安全组织及管理措施、安全投入计划、施工组织方案、应急预案等内容向建设工程所在地国家能源局派出机构备案。

根据《电力建设工程施工安全监督管理办法》(国家发改委令第 28 号)第 8 条[5]的规定,安全生产费用应当在电力建设工程概算中单独计列,不得在投标中列入竞争性报价。建设单位未按规定提取和使用安全生产费用的,会被责令限期改正、停止施工。[6]

---

〔1〕 参见《电力规划管理办法》第 3 条:电力规划主要包括全国电力规划(含区域电力规划,下同)和省级电力规划。全国电力规划由国家能源局负责编制,经国家发展和改革委员会审定后,由国家能源局公开发布(保密内容除外)。省级电力规划由省级能源主管部门负责编制,报国家能源局衔接并达成一致后,由省级人民政府批准并公开发布(保密内容除外)。全国电力规划指导省级电力规划,省级电力规划服从全国电力和能源规划及省级能源发展规划,全国电力规划和省级电力规划应做到上下衔接,协调统一。

〔2〕 《电力规划管理办法》第 29 条:已经纳入电力规划或符合规划布局的项目,业主单位可依据审定的规划向国土、城建、环保、水利等部门申请支持性文件;需要核准的,由相应主管部门按程序核准。核电项目相关规定另行制定。

〔3〕 《电力规划管理办法》第 30 条:未纳入电力规划的重大项目、不符合规划布局的电力项目不予核准。特殊情况下,应先调整规划后再行核准。省级能源主管部门年度核准的新能源发电规模不应超过年度开发方案确定的当年开工规模。需要超过时,应及时调整规划并报告主管部门审定。未经核准的电力项目,不得进入电力市场交易,不得纳入电网准许成本并核定输配电价,不得享受电价补贴、税收减免等扶持政策。

〔4〕 《电力建设工程施工安全监督管理办法》第 13 条:建设单位应在电力建设工程开工报告批准之日起 15 日内,将保证安全施工的措施,包括电力建设工程基本情况、参建单位基本情况、安全组织及管理措施、安全投入计划、施工组织方案、应急预案等内容向建设工程所在地国家能源局派出机构备案。

〔5〕 《电力建设工程施工安全监督管理办法》第 8 条:按照国家有关安全生产费用投入和使用管理规定,电力建设工程概算应当单独计列安全生产费用,不得在电力建设工程投标中列入竞争性报价。根据电力建设工程进展情况,及时、足额向参建单位支付安全生产费用。

〔6〕 参见《电力建设工程施工安全监督管理办法》第 43 条:建设单位未按规定提取和使用安全生产费用的,责令限期改正;逾期未改正的,责令该建设工程停止施工。

3. 市政供电项目运营模式的合法合规

《市政公用事业特许经营管理办法》第 2 条[1]与《基础设施和公用事业特许经营管理办法》第 2 条[2]中均未明确规定市政供电业务实施特许经营模式。实践中，电网企业与发电企业签订购售电合同，购买其出售的电力，与用户签订供用电协议向其收取电费。市政供电企业主要为国家电网与南方电网，一般并不涉及特许经营模式。但根据国家发改委《关于加快配电网建设改造的指导意见》（发改能源〔2015〕1899 号）的精神，[3]政府鼓励社会资本参与配电网投资，允许 PPP 建设经营配电网基础设施。因此，在核查市政供电基础设施项目时，需要结合项目的具体情况、当地的法律法规来判断是否适用特许经营模式。

4. 市政供电项目运营阶段的特别合规性手续

（1）电力业务许可证

根据《电力业务许可证管理规定》第 4 条[4]的规定，从事电力业务，应当取得电力业务许可证，未取得许可证不得从事电力业务。根据该规定第 7 条[5]的规定，电业务许可证根据电力业务的类型进行区分，输电、供电企业需要分别取得输电类、供电类电力业务许可证。未取得电力业务许可证非法从事电力业务的，会被责令改正，没收违法所得，可以并处以违法所得 5 倍以

---

〔1〕《市政公用事业特许经营管理办法》第 2 条：本办法所称市政公用事业特许经营，是指政府按照有关法律、法规规定，通过市场竞争机制选择市政公用事业投资者或者经营者，明确其在一定期限和范围内经营某项市政公用事业产品或者提供某项服务的制度。城市供水、供气、供热、公共交通、污水处理、垃圾处理等行业，依法实施特许经营的，适用本办法。

〔2〕《基础设施和公用事业特许经营管理办法》第 2 条：中华人民共和国境内的能源、交通运输、水利、环境保护、市政工程等基础设施和公用事业领域的特许经营活动，适用本办法。

〔3〕参见《关于加快配电网建设改造的指导意见》（发改能源〔2015〕1899 号）（二十五）鼓励社会资本参与配电网投资。开展试点示范，逐步向符合条件的市场主体放开增量配电投资业务，充分发挥市场机制作用，调动社会资本参与配电网建设的积极性。研究出台社会资本投资配电业务、政府和社会资本合作（PPP）建设经营配电网基础设施的具体措施。

〔4〕《电力业务许可证管理规定》第 4 条：在中华人民共和国境内从事电力业务，应当按照本规定取得电力业务许可证。除电监会规定的特殊情况外，任何单位或者个人未取得电力业务许可证，不得从事电力业务。本规定所称电力业务，是指发电、输电、供电业务。其中，供电业务包括配电业务和售电业务。

〔5〕《电力业务许可证管理规定》第 7 条：电力业务许可证分为发电、输电、供电三个类别。从事发电业务的，应当取得发电类电力业务许可证。从事输电业务的，应当取得输电类电力业务许可证。从事供电业务的，应当取得供电类电力业务许可证。从事两类以上电力业务的，应当分别取得两类以上电力业务许可证。从事配电或者售电业务的许可管理办法，由电监会另行规定。

下的罚款;构成犯罪的,依法追究刑事责任。[1] 根据《电力业务许可证监督管理办法》第 3 条[2] 的规定,国家能源局及其派出机构负责电力业务许可证的监督管理工作。

(2)输电类电力业务许可证

从事跨区域,跨省、自治区、直辖市,省、自治区、直辖市电网企业应当申请输电类电力业务许可证。[3] 除了需要具备法人资格、相应财务能力、专业技术人员外,申请输电类电力业务许可证,还需要输电项目建设经有关主管部门审批或者核准、具有相应的输电网络、按规定竣工验收、符合环保要求。[4]

(3)供电类电力业务许可证

从事省辖市、自治州、盟、地区、县、自治县、县级市等供电业务的供电企业应当申请供电类电力业务许可证。[5] 除了需要具备法人资格、相应财务能力、专业技术人员外,申请供电类电力业务许可证,还需要经有关主管部门批准的供电营业区、具备相应的供电网络和营业网点、承诺履行电力社会普遍服

---

〔1〕 参见《电力业务许可证管理规定》第 40 条:未依法取得电力业务许可证非法从事电力业务的,应当责令改正,没收违法所得,可以并处以违法所得 5 倍以下的罚款;构成犯罪的,依法追究刑事责任。

〔2〕 《电力业务许可证监督管理办法》第 3 条:国家能源局负责全国电力业务许可证的监督管理工作。国家能源局派出机构(以下简称派出机构)负责辖区内电力业务许可证的监督管理工作。

〔3〕 参见《电力业务许可证管理规定》第 9 条:下列从事输电业务的企业应当申请输电类电力业务许可证:(一)跨区域经营的电网企业;(二)跨省、自治区、直辖市经营的电网企业;(三)省、自治区、直辖市电网企业;(四)电监会规定的其他企业。

〔4〕 参见《电力业务许可证管理规定》第 13 条:申请输电类电力业务许可证的,除具备本规定第十一条所列基本条件外,还应当具备下列条件:(一)输电项目建设经有关主管部门审批或者核准;(二)具有与申请从事的输电业务相适应的输电网络;(三)输电项目按照有关规定通过竣工验收;(四)输电项目符合环境保护的有关规定和要求。《电力业务许可证管理规定》第 11 条:申请电力业务许可证的,应当具备下列基本条件:(一)具有法人资格;(二)具有与申请从事的电力业务相适应的财务能力;(三)生产运行负责人、技术负责人、安全负责人和财务负责人具有 3 年以上与申请从事的电力业务相适应的工作经历,具有中级以上专业技术任职资格或者岗位培训合格证书;(四)法律、法规规定的其他条件。

〔5〕 参见《电力业务许可证管理规定》第 10 条:下列从事供电业务的企业应当申请供电类电力业务许可证:(一)省辖市、自治州、盟、地区供电企业;(二)县、自治县、县级市供电企业;(三)电监会规定的其他企业。

务义务、符合环保要求。其中，根据《电力法》第 25 条[1]、《电力供应与使用条例》第 8 条[2]的规定，一个供电营业区内只设立一个供电营业机构。

5. 市政供电项目的现金流

市政供电项目中所产生的现金流主要为用户所支付的电费，电费作为供电企业的现金流，能够满足持续稳定且来源合理分散，直接或穿透后来源于多个现金流提供方的申报要求。

根据《电力法》第 33 条第 1 款[3]、第 35 条[4]、第 40 条[5]，第 41 条[6]，《供电监管办法》第 19 条[7]的规定，销售电价不能由供电企业自行决定，而是按照国家核准的电价进行收费，供电企业不得擅自变更电价，也不得擅自收取其他费用。电价由电网经营企业提出方案，报相应的物价部门核准。物价部门每年在对售、供电价格进行核准时，会根据当年的市场用电需求和整体价格趋势进行相应调整。

销售电价依据行业、用途进行分类，主要包括居民生活用电、农业生产用

---

〔1〕《电力法》第 25 条：供电企业在批准的供电营业区内向用户供电。供电营业区的划分，应当考虑电网的结构和供电合理性等因素。一个供电营业区内只设立一个供电营业机构。供电营业区的设立、变更，由供电企业提出申请，电力管理部门依据职责和管理权限，会同同级有关部门审查批准后，发给《电力业务许可证》。供电营业区设立、变更的具体办法，由国务院电力管理部门制定。

〔2〕《电力供应与使用条例》第 8 条：供电企业在批准的供电营业区内向用户供电。供电营业区的划分，应当考虑电网的结构和供电合理性等因素。一个供电营业区内只设立一个供电营业机构。

〔3〕《电力法》第 33 条第 1 款：供电企业应当按照国家核准的电价和用电计量装置的记录，向用户计收电费。

〔4〕《电力法》第 35 条：本法所称电价，是指电力生产企业的上网电价、电网间的互供电价、电网销售电价。电价实行统一政策，统一定价原则，分级管理。

〔5〕《电力法》第 40 条：跨省、自治区、直辖市电网和省级电网的销售电价，由电网经营企业提出方案，报国务院物价行政主管部门或者其授权的部门核准。独立电网的销售电价，由电网经营企业提出方案，报有管理权的物价行政主管部门核准。

〔6〕《电力法》第 41 条：国家实行分类电价和分时电价。分类标准和分时办法由国务院确定。对同一电网内的同一电压等级、同一用电类别的用户，执行相同的电价标准。

〔7〕《供电监管办法》第 19 条：电力监管机构对供电企业执行国家规定的电价政策和收费标准的情况实施监管。供电企业应当严格执行国家电价政策，按照国家核准电价或者市场交易价，依据计量检定机构依法认可的用电计量装置的记录，向用户计收电费。供电企业不得自定电价，不得擅自变更电价，不得擅自在电费中加收或者代收国家政策规定以外的其他费用。供电企业不得自立项目或者自定标准收费；对国家已经明令取缔的收费项目，不得向用户收取费用。供电企业应用户要求对产权属于用户的电气设备提供有偿服务时，应当执行政府定价或者政府指导价。没有政府定价和政府指导价的，参照市场价格协商确定。

电和工商业及其他用电价格 3 个类别。[1] 因此,在运营阶段,要关注供电企业收取的各类别电费价格是否符合当地的具体物价政策,要结合监管部门出台的物价核准文件进行判断。若供电企业收取的各类别电费价格不符合国家或当地政府的核准价格,则有重大合规风险。

6. 电费收益权质押

供电企业享有的对电力用户收取电费的债权,根据《动产和权利担保统一登记办法》第 3 条[2] 的规定,供电产生的债权可以被设定应收账款质押。根据上交所和深交所的指引,明确要求项目不存在抵押、质押等权利限制,基础设施基金成立后能够解除相关限制的除外。因此,在市政供电项目中,需要重点关注电费收费权是否被质押给银行等债权人,已经质押的,需要提前清偿贷款,或者取得银行等债权人的书面同意。

三、供热项目开展公募 REITs 的法律关注重点

(一)供热项目的经营模式

根据"958 号文",将城镇供热行业纳入试点行业范围,城市供热是利用集中热源,通过供热管网等设施向热能用户供应生产或生活用热能的供热方式。根据住建部公布的《2020 年城市建设统计年鉴》,截至 2020 年年底,我国城市燃气普及率平均已达到 97.87%,其中,人工煤气管道长度约为 9859.56 公里;天然气管道长度约为 850,552.13 公里;液化石油气管道长度约为 4010 公里。因此,以城镇供热行业为基础开展 REITs 项目试点具有广阔的市场前景。

---

[1] 参见《国家发展改革委关于调整销售电价分类结构有关问题的通知》(发改价格[2013]973 号):一、调整销售电价分类结构。(一)将销售电价由现行主要依据行业、用途分类,逐步调整为以用电负荷特性为主分类,逐步建立结构清晰、比价合理、繁简适当的销售电价分类结构体系。(二)将现行销售电价逐步归并为居民生活用电、农业生产用电和工商业及其它用电价格三个类别。(三)销售电价分类结构调整,要考虑用户及电网企业承受能力,分步实施,平稳过渡。

[2] 《动产和权利担保统一登记办法》第 3 条:本办法所称应收账款是指应收账款债权人因提供一定的货物、服务或设施而获得的要求应收账款债务人付款的权利以及依法享有的其他付款请求权,包括现有的以及将有的金钱债权,但不包括因票据或其他有价证券而产生的付款请求权,以及法律、行政法规禁止转让的付款请求权。本办法所称的应收账款包括下列权利:(一)销售、出租产生的债权,包括销售货物,供应水、电、气、暖,知识产权的许可使用,出租动产或不动产等;(二)提供医疗、教育、旅游等服务或劳务产生的债权;(三)能源、交通运输、水利、环境保护、市政工程等基础设施和公用事业项目收益权;(四)提供贷款或其他信用活动产生的债权;(五)其他以合同为基础的具有金钱给付内容的债权。

就法律法规而言，在国家层面，《市政公用事业特许经营管理办法》《基础设施和公用事业特许经营管理办法》规定城市供热可以实施特许经营制度、采取特许经营模式进行经营，原建设部制定了《城镇供热特许经营协议示范文本》〔1〕；在地方层面，各地规定存在差异，其中，西安市〔2〕、青岛市〔3〕、洛阳市〔4〕等地要求城市供热必须采取特许经营的方式；北京市〔5〕规定城市供热可以实施特许经营制度；河南省〔6〕通过招标、竞争性谈判等竞争方式选择热经营企业；山东省〔7〕规定可以采取招标投标方式确定符合条件的供热企业并与其签订供热特许经营协议。

基于以上规定，对于具体供热项目之经营模式的合规性，需要具体结合当地规定判断。相关供热项目采取特许经营或 PPP 模式的，就相关经营模式本身合规性关注要点，以及在发行公募 REITs 环节的监管审核特别关注要点，如取得特许经营协议签署机关无异议函等，属于相对共性问题，具体可参考本书第十章关于污水处理项目的相关分析，不再赘述。

（二）供热项目开展公募 REITs 的法律关注要点

1. 供热项目的资产范围、权属认定问题

（1）供热项目的必要工程内容

供热项目涉及城镇燃气、燃煤供热厂的新建、改建和扩建工程。具体而

---

〔1〕参见《城镇供热、城市污水处理特许经营协议示范文本》（建城〔2006〕126 号）。

〔2〕参见《西安市城市集中供热管理条例》第 13 条：城市集中供热实行特许经营，供热经营权应当通过招标方式确定。

〔3〕参见《青岛市供热条例》（2015 年修正）第 3 条：供热应当纳入国民经济和社会发展计划，实行统一规划、特许经营。

〔4〕参见《洛阳市城市集中供热管理暂行办法》第 17 条：城市集中供热实行特许经营制度。供热主管部门同供热经营企业签订特许经营协议。供热经营企业的管理按《市政公用事业特许经营管理办法》（建设部令第 126 号）有关规定执行。

〔5〕参见《北京市城市基础设施特许经营条例》第 3 条第 2 款："下列城市基础设施项目可以实施特许经营：（一）供水、供气、供热……"《北京市供热采暖管理办法》第 11 条："供热单位与用户订立供热采暖合同应当符合国家和本市的有关规定。未签订书面供热采暖合同，供热单位已经向用户供热一个或者一个以上采暖期的，用户与供热单位之间视为存在事实供热采暖合同关系。"

〔6〕参见《河南省集中供热管理试行办法》第 15 条："市、县级人民政府及其供热主管部门应当按照国家有关规定通过招标、竞争性谈判等竞争方式选择热经营企业。"

〔7〕参见《山东省供热条例》（2021 年修正）第 18 条："县级以上人民政府可以根据国家和省有关规定，采取招标投标方式确定符合条件的供热企业，并与其签订供热特许经营协议，准予其在一定范围和期限内的供热特许经营权。"

言,根据《城镇供热厂工程项目建设标准》的规定,城镇供热厂工程建设项目由主体工程、配套工程、生产管理与生活服务设施构成。

燃气供热厂的主体工程包括生产建(构)筑物(包括主厂房等生活用房、烟囱、消防水池等)、热力系统(包括锅炉本体、汽水系统,化学水处理、除氧设施、补给水系统、烟气余热利用系统、疏放水、排污系统以及供热泵站等)、燃气供应系统(燃气调压和燃气计量系统)、烟风系统(包括烟道、风道系统)、污染物处理系统(包括低氮燃烧和脱硝系统)、供配电系统(包括变电、配电、照明、防雷接地等)、监测与自动控制系统(包括监测和自动控制系统、视频监控、热计量系统、可燃气体报警系统)。[1]

燃煤供热厂的主体工程与燃气供热厂基本一致,但燃气供热厂中的燃气供应系统在燃煤供热厂中为燃煤储运系统,具体包括卸煤、储煤、输煤、筛碎处理及相关的辅助设施,此外燃煤供热厂还增加了除灰渣系统,具体包括炉渣处理系统与飞灰处理系统及灰渣综合利用方案;此外,燃煤供热厂的热力系统中不含烟气余热利用系统;二者的污染物处理系统也不一致,在燃煤供热厂中污染物处理系统具体为除尘、脱硫、脱硝系统。

(2)供热项目的资产组成

供热基础设施分热源基础设施和热网基础设施。其中,热源基础设施主要包括负责产热的设备及工程等。热网设备则主要包括负责传热的一级管网、二级管网和换热站设备。

发起机构在建设热源基础设施的过程中,所有的报批报建手续均需完备并符合法律法规和监管规定、建设标准的要求。就热网基础设施而言,热网基础设施可能由房地产开发企业在房地产项目建设过程中自行建设。在房地产开发企业自建的情况下,发起机构应当在供热合同中与房地产开发企业就热网基础设施的权属进行明确约定。

2. 供热项目在建设阶段的合规性手续特别关注要点

供热项目因主要存在于北方地区,不同于供水项目存在效力级别较高的上位法规定,其法律关注要点需以地方的特别规定为主。

---

[1] 参见王淮:《〈城镇供热厂工程项目建设标准〉建标 1122018 解读》,2021 供热工程建设与高效运行研讨会会议论文,2021 年 4 月于成都。

(1)供热主管部门

各地一般不设置单独的供热主管部门,实践中以地方政府发布的规定中确定的相关部门为供热主管部门。例如,北京市市政管理行政部门主管北京市供热采暖管理工作;〔1〕山东省县级以上人民政府住房城乡建设主管部门或者县级以上人民政府确定的供热管理部门负责相应行政区域的供热工作。〔2〕

(2)审批、设计、规划和建设全过程环节

在城镇供热厂工程项目(包括城镇燃气、燃煤供热厂新建、改建和扩建工程〔3〕)的审批、核准、设计和建设过程中,要遵循《城镇供热厂工程项目建设标准(修订)》的相关规定。〔4〕

(3)规划环节

就规划环节而言,各地适用不同的规定。例如,山东规定新建、改建、扩建工程需要接入供热管网的,供热主管部门应当参与规划设计方案联合审查,并对建设单位编制的规划设计方案提出意见,明确供热分项设计技术要求。〔5〕北京规定,规划行政管理部门在对建设项目提出规划条件时,涉及热源设施建设的,应当征求市政管理行政部门的意见。〔6〕

---

〔1〕 参见《北京市供热采暖管理办法》第 4 条:市市政管理行政部门主管本市供热采暖管理工作。区县市政管理行政部门负责本行政区域内的供热采暖管理工作。

〔2〕 参见《山东省供热条例(2021 年修正)》第 5 条:县级以上人民政府住房城乡建设主管部门或者县级以上人民政府确定的供热管理部门(以下统称供热主管部门)负责本行政区域内供热及相关活动的监督管理工作。

〔3〕 参见《城镇供热厂工程项目建设标准(修订)》第 3 条:本建设标准适用于城镇燃气、燃煤供热厂新建、改建和扩建工程。

〔4〕 参见《城镇供热厂工程项目建设标准(修订)》:在城镇供热厂工程项目的审批、核准、设计和建设过程中,要严格遵守国家相关规定,认真执行本建设标准,坚决控制工程造价。

〔5〕 参见《山东省供热条例(2021 年修正)》第 10 条:"新建、改建、扩建工程需要接入供热管网的,供热主管部门应当参与规划设计方案联合审查,并对建设单位编制的规划设计方案提出意见,明确供热分项设计技术要求。"

〔6〕 参见《北京市供热采暖管理办法》第 7 条:本市新建、改建、扩建供热设施,应当符合供热规划。列入规划的供热设施建设用地,未经法定程序调整规划,不得改变用途。规划行政管理部门在对建设项目提出规划条件时,涉及热源设施建设的,应当征求市政管理行政部门的意见。居住建设项目竣工验收时,建设单位应当组织供热单位参加,供热单位应当查验是否具备供热条件。在竣工验收后,建设单位应当向供热单位提供有关工程档案资料。

(4)竣工验收环节

西安[1]规定供热工程未经验收或者验收不合格的不得投入使用,建设单位自验收合格之日起 15 个工作日内将相关资料报供热行政管理部门备案;黑龙江[2]、山东[3]等地同样规定供热工程应当组织竣工验收,未经验收或者验收不合格的供热工程,不得交付使用,但并未要求进行备案。

(5)采用特许经营模式的项目,部分手续和流程可能会相应简化,避免重复审查

《基础设施和公用事业特许经营管理办法》第 22 条规定,特许经营者根据特许经营协议,需要依法办理规划选址、用地和项目核准或审批等手续的,有关部门在进行审核时,应当简化审核内容,优化办理流程,缩短办理时限,对于项目提出部门会同发展改革、财政、城乡规划、国土、环保、水利等有关部门对特许经营项目实施方案进行审查并出具书面审查意见已经明确的事项,不再作重复审查。

3. 供热项目在运营阶段的特别合规性手续

(1)热价方案应经人民政府批准并报相关部门备案

根据《城市供热价格管理暂行办法》的规定,制定和调整热价的方案需经人民政府批准,并报上级人民政府价格主管部门和供热行政主管部门备案。[4]

(2)部分地区要求供热企业经营供热需取得供热经营许可

根据《关于城镇供热体制改革试点工作的指导意见》第 14 条[5]的规

---

[1] 参见《西安市城市集中供热管理条例》第 11 条:新建、改建、扩建的城市集中供热工程竣工后,建设单位应当及时组织竣工验收,自验收合格之日起十五个工作日内将相关资料报供热行政管理部门备案,并在三个月内向城市建设档案馆报送工程竣工档案。

[2] 参见《黑龙江省城市供热条例(2021 年修正)》第 9 条:供热主管部门应当根据供热专项规划,统筹安排热源建设和管网布局。国土空间规划主管部门依法对涉及供热设施的建设工程进行规划许可审查时,应当征求同级供热主管部门的意见。工程竣工后,建设单位应当组织供热单位参加专项验收。未经验收或者验收不合格的,不得投入使用。

[3] 参见《山东省供热条例(2021 年修正)》第 14 条:供热工程竣工后,供热企业、房地产开发企业等建设单位应当组织竣工验收;未经验收或者验收不合格的供热工程,不得交付使用。

[4] 参见《城市供热价格管理暂行办法》第 23 条:制定和调整热价的方案经人民政府批准后,由政府价格主管部门向社会公告,并报上级人民政府价格主管部门和供热行政主管部门备案。《城市供热价格管理暂行办法》第 29 条:热力企业(单位)应当严格执行政府制定的供热价格,不得擅自提高热价或变相提高热价。

[5] 《关于城镇供热体制改革试点工作的指导意见》第 14 条:实行城镇供热特许经营制度。在统一管网规划、统一服务标准、统一市场准入、统一价格监管的前提下,引导和鼓励国有、私有和合作经营企业通过公开竞标的方式,与城市政府签定合同,参与城镇热源厂、供热管网的建设、改造和经营,取得规定范围和规定时限的特许经营权。

定,我国实行城镇供热特许经营制度。目前,各地供热特许经营具体管理办法由各省、自治区、直辖市自行制定相应的管理办法。如《河北省供热用热办法》第 16 条[1]规定,从事供热经营活动应当取得省住房城乡建设主管部门核发的供热企业经营许可证,并按供热企业经营许可证规定的范围供热;吉林规定成立热经营企业,由县级以上人民政府供热主管部门审查批准,颁发《经营许可证》,未取得《经营许可证》擅自经营供热的,由县级以上人民政府城市供热主管部门责令停止经营,并处以罚款;[2]西安规定,取得供热经营权的供热企业,应当向市供热行政管理部门提出申请,领取西安市供热经营许可证;[3]山东规定,供热企业应取得供热主管部门核发的供热经营许可证后方可从事供热经营活动。[4]

(3)各地颁发的供热经营许可证有效期不一致,同时关注公募 REITs 期限内的展期安排

黑龙江省供热许可证有效期为 3 年,[5]山东省供热经营许可证的有效期为 5 年,吉林、西安没有明确规定供热经营许可证的有效期限。基于此,供热项目运营主体的供热经营许可证有效期限可能无法完整覆盖基础设施 REITs 项目的期限,需关注展期安排。

就供热项目而言,市场上尚未发行供热公募 REITs 项目,具体可以参考

[1] 《河北省供热用热办法》第 16 条:从事供热经营活动应当取得省住房城乡建设主管部门核发的供热企业经营许可证,并按供热企业经营许可证规定的范围供热。

[2] 参见《吉林省城市供热条例(2021 年修正)》第 13 条:成立热经营企业,由县级以上人民政府供热主管部门审查批准,颁发《经营许可证》。供热主管部门应当自收到申请材料之日起,十五日内审查完毕。经审查不予批准的,应当书面向申请人说明理由。第 32 条:热经营企业违反本条例第十三条第一款规定,未取得《经营许可证》擅自经营供热的,由县级以上人民政府城市供热主管部门责令停止经营,并处以五万元以上十万元以下的罚款。

[3] 参见《西安市城市集中供热管理条例》第 13 条:城市集中供热实行特许经营,供热经营权应当通过招标方式确定。取得供热经营权的供热企业,应当向市供热行政管理部门提出申请,领取《西安市供热经营许可证》。已经从事供热经营的供热企业,应当向市供热行政管理部门提出经营许可申请,经审核后,领取《西安市供热经营许可证》。

[4] 参见《山东省供热条例(2021 年修正)》第 16 条:供热企业应当具备下列条件,并取得供热主管部门核发的供热经营许可证后,方可从事供热经营活动:(一)有可靠、稳定的热源和符合要求的供热设施;(二)有与供热规模相适应的资金和经培训具有相应资格的从业人员;(三)有规范的经营管理制度、操作规程、服务标准和应急保障措施;(四)供热能耗指标和污染物排放指标达到国家和省规定的标准;(五)法律、法规规定的其他条件。

[5] 参见《黑龙江省城市供热条例(2021 年修正)》第 17 条:供热经营实行许可证制度。供热单位未取得供热主管部门核发的《供热许可证》,不得经营供热。《供热许可证》有效期为三年。

污水处理项目的处理方法：在“富国首创水务 REITs”项目中，入池项目的排污许可证的期限均为 3 年，在项目发行时均平稳运行且未到期，对此，首创股份（原始权益人/运营管理机构）说明并承诺，上述资质到期前，将根据运营管理安排协助合肥首创按照相关规定或主管部门要求办理展期手续。供热项目也可以参考相应做法出具相应承诺或说明并按规定办理展期手续。

4. 供热项目在建设、运营阶段可能存在的合规性手续瑕疵

由于历史原因，运营多年的供热项目可能存在个别手续不完备、完整的情形，但该类情形不必然构成项目障碍，需要结合各类批复文件判断、论证是否造成重大不利影响，如无重大不利影响，则项目一般可推进，但建议事先取得相关政府部门认可不构成重大违法违规的函件，并由原始权益人承诺对由此给 REITs 造成的损失承担赔偿责任。其中，可能存在并建议重点关注的相关合规性手续瑕疵包括但不限于：（1）建设用地规划许可证、建设工程规划许可证、建筑工程施工许可证、选址意见等手续缺失；（2）采用特许经营模式但未签署《特许经营协议》，该等情形通常属于历史遗留问题，一般发生于早些年地方政府招商引资的情形中，运营主体通常与当地政府签署相关投资协议，建议补办特许经营手续、补充签署特许经营协议；（3）竣工验收备案手续不齐备，实践中，相关土地资产需要根据《特许经营协议》进行划转，存在政府土地划转审批程序延误导致建设用地规划许可证等及竣工验收备案进度受到影响的情况；（4）相关房屋等建筑物未办理不动产权属证书（如房屋产权证、不动产权证等）。

（三）关于供热项目公募 REITs 入池现金流的界定

1. 供热费的收取不实行“收支两条线”，其属于相关企业的经营收入，可以作为公募 REITs 的直接现金流

《城市供热价格管理暂行办法》（发改价格〔2007〕1195 号）第 30 条规定：“用户应当按照规定的热价按时交纳供热费用。对无正当理由拒交供热费用的用户，供热企业可以按有关规定加收滞纳金。”对此，结合北京[1]、

---

〔1〕 参见《北京市供热采暖管理办法》第 16 条：供热单位应当直接向用户收取采暖费。供热单位委托金融机构或者其它服务单位代收采暖费的，应当向用户公告受委托的收费单位，受委托单位不得向用户收取任何额外费用；未经供热单位委托，任何单位和个人不得向用户收取采暖费。收取采暖费应当提供本市国税机关统一印制的发票。

山东[1]、河南[2]等地方规定，供热单位应当直接向用户收取供热费用，无须缴纳至财政，该费用属于供热单位的合法经营收入，此项收益直接来源于使用者，可以作为公募 REITs 的直接现金流。

2. 供热项目的现金流主要由市场化运营产生，不属于依赖第三方补贴的情形

根据《公募 REITs 指引》第 8 条之规定，基础设施项目现金流主要由市场化运营产生，不依赖第三方补贴等非经常性收入。[3]《上交所公募 REITs 指引 1 号（2023 年修订）》和《深交所公募 REITs 指引 1 号（2023 年修订）》第 14 条[4]也作出了类似规定。PPP 项目收入来源含地方政府补贴的，需在依法依规签订的 PPP 合同或特许经营协议中有明确约定[5]。虽然根据《城市供热

〔1〕 参见《山东省供热条例》（2021 年修正）第 24 条："供热企业应当向最终用户收取热费。用户应当按照供用热合同的约定及时足额交纳热费。供热企业可以自行向用户收取热费，也可以委托金融机构或者其他单位代收；用户选择向供热企业直接交纳热费的，供热企业不得拒绝。供热企业和受委托的收费单位应当向用户出具供热企业统一专用发票。受委托的收费单位不得向用户收取任何额外费用。"

〔2〕 参见《河南省集中供热管理试行办法》第 19 条："对具备分户用热计量条件的热用户，热经营企业应当按照分户计量的用热量收费。对不具备分户用热计量条件的热用户，按照供热面积和实际供热天数收费。热用户应当按照用热合同的约定及时交纳热费。热经营企业应当利用现代技术手段为热用户提供多种便捷交款方式；委托金融机构或者其他单位代收热费的，应当告知热用户。代收热费的单位不得向热用户收取手续费等额外费用，不得设置限制条件。收取额外费用或者设置限制条件的，热经营企业应当及时给予处理。"

〔3〕 参见《公募 REITs 指引》第 8 条：基础设施基金拟持有的基础设施项目应当符合下列要求：（一）原始权益人享有完全所有权或经营权利，不存在重大经济或法律纠纷，且不存在他项权利设定，基础设施基金成立后能够解除他项权利的除外；（二）主要原始权益人企业信用稳健、内部控制健全，最近 3 年无重大违法违规行为；（三）原则上运营 3 年以上，已产生持续、稳定的现金流，投资回报良好，并具有持续经营能力、较好增长潜力；（四）现金流来源合理分散，且主要由市场化运营产生，不依赖第三方补贴等非经常性收入；（五）中国证监会规定的其他要求。

〔4〕 《上交所公募 REITs 指引 1 号（2023 年修订）》第 14 条/《深交所公募 REITs 指引 1 号（2023 年修订）》第 14 条：基础设施项目现金流应当符合下列条件：（一）基于真实、合法的经营活动产生，价格或者收费标准符合相关规定（如有）。（二）符合市场化原则，不依赖第三方补贴等非经常性收入。（三）具有持续性和稳定性，最近 3 年（不满 3 年的，自开始运营起，下同）未出现不合理的异常波动。（四）来源合理分散，直接或者穿透后来源于多个现金流提供方。因商业模式或者经营业态等原因，现金流提供方较少的，重要现金流提供方应当资信情况良好，财务状况稳健。（五）最近 3 年平均净利润或者经营性净现金流为正。（六）中国证监会和本所规定的其他条件。

〔5〕 参见"958 号文"附件《REITs 试点项目申报要求》第 5 条第 8 项第 3 点：收入来源以使用者付费（包括按照穿透原则实质为使用者支付费用）为主。收入来源含地方政府补贴的，需在依法依规签订的 PPP 合同或特许经营协议中有明确约定。

价格管理暂行办法》第 25 条之规定，热价不足以补偿正常的供热成本但又不能及时调整热价的地区，省级人民政府和城市人民政府可以对热力企业（单位）实行临时性补贴。[1] 但供热单位取得供热费主要基于供热合同产生的债权，不依赖政府临时补贴。

3. 收取供热费的基础是供热合同债权

供热合同债权一般系指供热企业依据特定供热合同的约定，对特定供热用户享有的特定期间内按期收取热费的合同债权及其从权利。根据《城市供热价格管理暂行办法》第 7 条[2]的规定，城市供热实行分类热价，用户分类标准及各类用户热价之间的比价关系由城市人民政府价格主管部门会同城市供热行政主管部门结合实际情况确定。其中，供热合同一般包括居民用热与非居民用热两类，二者实行不同的热价标准。

4. 关于供热费定价的合规性

根据《城市供热价格管理暂行办法》第 5 条之规定，城市供热价格原则上实行政府定价或者政府指导价，由省（区、市）人民政府价格主管部门或者经授权的市、县人民政府制定，经授权的市、县人民政府制定热价的具体工作由其所属价格主管部门负责。供热行政主管部门协助价格主管部门管理热价。具备条件的地区，热价可以由热力企业（单位）与用户协商确定。根据《城市供热价格管理暂行办法》第 10 条之规定，热价的制定和调整应当遵循合理补偿成本、促进节约用热、坚持公平负担的原则。制定和调整居民供热价格时，应当举行听证会；[3] 因燃料价格下跌、热力生产企业利润明显高于规定利润率时，价格主管部门可以直接提出降价方案报当地人民政府审批。[4] 城市供热实行分类热价，用户分类标准及各类用户热价之间的比价关系由城

[1] 参见《城市供热价格管理暂行办法》第 25 条：热价不足以补偿正常的供热成本但又不能及时调整热价的地区，省级人民政府和城市人民政府可以对热力企业（单位）实行临时性补贴。

[2] 《城市供热价格管理暂行办法》第 7 条：城市供热实行分类热价。用户分类标准及各类用户热价之间的比价关系由城市人民政府价格主管部门会同城市供热行政主管部门结合实际情况确定。

[3] 参见《城市供热价格管理暂行办法》第 18 条：制定和调整居民供热价格时，应当举行听证会听取各方面意见，并采取对低收入居民热价不提价或少提价，以及补贴等措施减少对低收入居民生活的影响。

[4] 参见《城市供热价格管理暂行办法》第 21 条：政府价格主管部门商供热行政主管部门对调价建议进行统筹研究，拟定调价方案。因燃料价格下跌、热力生产企业利润明显高于规定利润率时，价格主管部门可以直接提出降价方案报当地人民政府审批。

市人民政府价格主管部门会同城市供热行政主管部门结合实际情况确定。因此，基础资产项下供热合同的收费定价应符合当地物价管理部门的定价规定。

(四)关于供热项目涉及的法律风险

1. 基础资产现金流无法继续产生的法律风险

供热合同属于供热企业、用热单位和居民之间均未履行完毕的双务合同，项目公司在供热合同项下对用热单位和居民主张支付热费请求权的产生和实现依赖于项目公司持续地享有在特定区域供热特许经营权且稳定经营并按照法律规定和合同约定向用热单位供热，这也是项目公司有权要求用热单位支付热费的基础。根据《企业破产法》第 18 条[1]之规定，破产管理人对破产申请受理前成立且双方未履行完毕的双务合同享有选择权，有权决定解除或者继续履行合同。因此，供热企业破产，破产管理人决定停止经营并解除基础资产项下供热合同的，根据《民法典》第 566 条[2]之规定，供热合同因被解除而终止，供热单位和居民无须继续履行支付热费的义务，则基础资产项下的现金流将无法继续产生。

2. 供热合同不能正常履行的法律风险

(1)用热单位和居民拖欠热费的违约风险

实践中，尤其是向居民小区供热的情况下，由于用热居民数量庞大、构成复杂等，会存在部分居民以不需要供热、对供热服务不满意等理由拒绝按时、足额支付热费。从部分已发行的供热合同债权证券化项目公开披露信息看，部分地区的供热费收费率保持在 95%左右，即有 5%左右的违约率。

(2)供热期部分用户申请停止供热的风险

对于非居民类供热合同而言，如作为用热用户的企业出现停业、破产等情形，则可能申请停止供热；对于居民类供热合同而言，用热居民可能以长期在

---

[1] 《企业破产法》第 18 条：人民法院受理破产申请后，管理人对破产申请受理前成立而债务人和对方当事人均未履行完毕的合同有权决定解除或者继续履行，并通知对方当事人。管理人自破产申请受理之日起二个月内未通知对方当事人，或者自收到对方当事人催告之日起三十日内未答复的，视为解除合同。

[2] 《民法典》第 566 条：合同解除后，尚未履行的，终止履行；已经履行的，根据履行情况和合同性质，当事人可以请求恢复原状或者采取其他补救措施，并有权请求赔偿损失。合同因违约解除的，解除权人可以请求违约方承担违约责任，但是当事人另有约定的除外。主合同解除后，担保人对债务人应当承担的民事责任仍应当承担担保责任，但是担保合同另有约定的除外。

外、自供热等,申请停止供热。发生前述用户申请停止供热的情形,会导致基础资产项下的现金流减少。

(3)丧失特许经营资质的风险

如前所述,项目公司供热经营许可有效期届满或项目公司丧失《供热经营许可证》等特许经营资质会存在基础资产灭失的风险。

(五)供热项目资产以及相关经营权益权利负担、权利限制的解除

1. 供热收费收益权权利负担的解除

(1)供热收费收益权质押后,未经质权人同意,不得转让,属于基础资产权利负担

根据沪深交易所的相关规定,基础设施项目应当"不存在抵押、质押等权利限制,基础设施基金成立后能够解除相关限制的除外"。根据《民法典》第445条[1]之规定,除经出质人与质权人协商同意外,应收账款出质后,不得转让,同时,出质人转让应收账款所得的价款,应当向质权人提前清偿债务或者提存。因此,如相应供热收费收益权已被质押给第三方,则构成基础资产的权利负担。另外,如原始权益人已与相关方达成了就供热收费收益权项下现金流进行资金和/或账户监管的协议,则会对专项计划项下的资金监管安排构成限制。

(2)解除供热收费收益权存在质押、资金监管等权利负担的建议措施

就供热收费收益权存在质押、资金监管等权利负担解除安排,建议如下:在专项计划设立之前,应由质权人出具关于同意接受原始权益人提前还款并解除质押、资金监管等权利负担的书面承诺;可采取以募集资金先行偿还既有质押债权并以此作为基础资产转移生效条件的方案,具体而言,公募基金管理人同意并指示计划管理人以专项计划募集资金作为应支付给原始权益人的基础资产转让对价,受原始权益人的委托直接向质权人提前偿还完毕相应债务,则作为从权利的质权相应消灭,权利负担随之解除,并以此作为基础资产转移生效的前提条件。

---

[1] 《民法典》第455条:以应收账款出质的,质权自办理出质登记时设立。应收账款出质后,不得转让,但是出质人与质权人协商同意的除外。出质人转让应收账款所得的价款,应当向质权人提前清偿债务或者提存。

2. 供热设备、土地、厂房权利负担的解除

(1) 基础资产对应的供热设备、土地、厂房被抵押后，如发生处置抵押物情形，会影响基础资产现金流的产生

如原始权益人所持有的相应供热设备、土地和厂房已被抵押给第三方，则根据《民法典》第 394 条[1]的规定，抵押权人对于抵押财产享有优先受偿权。如抵押权人对该等抵押物进行处置之后，原始权益人不再享有供热设备、土地、厂房的所有权，则无法正常供热，进而无权要求用热用户支付相应的热费，会对基础资产现金流产生较大不利影响。

(2) 解除基础资产对应的供水设备、土地、厂房存在抵押等权利负担的方案建议

就解除基础资产对应的供热设备、土地、厂房存在抵押等权利负担的方案建议，具体可参考关于“解除供热收费收益权存在质押、资金监管等权利负担的建议措施”部分的分析方案进行。

(六) 供热项目开展公募 REITs 试点的其他关注要点

供热项目开展公募 REITs 试点的，在其法律关注要点方面，与其他市政基础设施等项目存在较多共性之处，具体可参考污水处理部分的分析，不再赘述，具体包括但不限于如下方面：(1) 关于供热项目采取特许经营或 PPP 模式的合法合规性；(2) 关于供热项目涉及的土地问题与处理；(3) 关于供热项目的历史运营期限要求。

四、供气项目开展公募 REITs 的法律关注重点

(一) 供气行业概述

供气市政基础设施公募 REITs，一般指将下游燃气公司收取供气费的债权及其产生的稳定现金流权益转化为流动性较强的公开上市交易的标准化金融产品，以供气项目持续、稳定的运营收益或租金收益作为每年派息来源。截

[1] 《民法典》第 394 条：为担保债务的履行，债务人或者第三人不转移财产的占有，将该财产抵押给债权人的，债务人不履行到期债务或者发生当事人约定的实现抵押权的情形，债权人有权就该财产优先受偿。前款规定的债务人或者第三人为抵押人，债权人为抵押权人，提供担保的财产为抵押财产。

至2021年年底,市场已发行供气资产证券化10余单。《国民经济和社会发展第十四个五年规划和2035年远景目标纲要》将推动基础设施REITs健康发展,有效盘活存量资产,形成存量资产和新增投资的良性循环列为了"十四五"期间的重要发展目标,明确了基础设施REITs在国民经济发展中的重要战略地位。

2020年4月,中国证监会与国家发改委联合印发"40号文",明确规定基础设施REITs试点项目要聚焦重点行业。优先支持基础设施补短板行业,包括仓储物流、收费公路等交通设施,水电气热等市政工程。2021年6月,国家发改委发布"985号文",其中附件第1条第2款明确规定"试点主要包括下列行业:……3.市政基础设施。包括城镇供水、供电、供气、供热项目,以及停车场项目"。"40号文"和"985号文"的颁布表明了国家对基础设施公募REITs的重视,面对我国百万亿元存量基建资产急需盘活和整合的市场环境,亟须加快推进基础设施REITs试点,构建基础设施项目的"二级市场",为企业投资基础设施提供新的融资手段,增加基础设施项目融资能力,带动基础设施投资增长,推动形成市场主导的投资内生增长机制,构建投资领域新发展格局。

供气市政基础设施本身具有项目投资负债占比高、回收期长的问题,导致该领域的企业长期面临融资难、融资成本高的困境,严重阻碍行业健康发展。推进供气公募REITs试点,能够降低企业负债率,提升资本市场服务实体经济的质效,促进良性投资循环,充分发挥供气项目的社会公共效益。

(二)供气项目公募REITs的法律关注重点之手续合规性

1.供气项目的资产范围及权属认定

天然气供应系统分为上、中、下游三部分,其中上游指天然气开采、集气、净化,中游指长输管道输送和大规模储存,下游指天然气的分配、储存和应用。市政供气基础设施属于下游系统,其必要工程内容为气源工程、输配工程、(室内)应用工程和配套工程。气源工程可以是石油液化气站、天然气输气管网或燃气场站;输配工程包括门站前进气管网、用以储存运送来的天然气的储气站、燃气调压站、不同压力等级的燃气输送管网、配气管道的燃气输配管网;应用工程包括居民小区、商业、工业区燃气管网引入管、室内燃气管道、用气设备、通风设备和电器系统等;配套工程包括电器设备、防雷设施、消防设施、工艺管道、电器与仪表和安全保护设施等。

《不动产登记暂行条例》第 5 条规定："下列不动产权利，依照本条例的规定办理登记：（一）集体土地所有权；（二）房屋等建筑物、构筑物所有权；（三）森林、林木所有权；（四）耕地、林地、草地等土地承包经营权；（五）建设用地使用权；（六）宅基地使用权；（七）海域使用权；（八）地役权；（九）抵押权；（十）法律规定需要登记的其他不动产权利。"因此，在认定供气基础设施 REITs 项目的资产权属时，除了常规的房屋、土地，还需要特别关注供气管道等设施是否需要办理产权登记以及在不需要办理的前提下，如何明确产权归属。现行有效的法律均未明确规定供气管道等设施是否需要办理不动产登记，建议在实操中与监管部门具体沟通。

《城镇燃气管理条例》第 19 条规定："管道燃气经营者对其供气范围内的市政燃气设施、建筑区划内业主专有部分以外的燃气设施，承担运行、维护、抢修和更新改造的责任。管道燃气经营者应当按照供气、用气合同的约定，对单位燃气用户的燃气设施承担相应的管理责任。"依据《城镇燃气管理条例》第 19 条的规定，管道燃气经营者是市政燃气设施管理责任的承担者，但如何界定管道燃气经营者，法律并未作进一步明确规定。因此，若供气基础设施 REITs 项目涉及剥离重组，需要重点关注资产产权转移后市政燃气设施的运行、维护、抢修、更新改造等管理责任由谁承担。

2. 履行专项审批、核准或者备案手续，省级政府审批或批准的，需抄报国家发改委

《天然气基础设施建设与运营管理办法》第 11 条规定："天然气基础设施项目建设应当按照有关规定履行审批、核准或者备案手续。申请审批、核准或者备案的天然气基础设施项目应当符合本办法第九条所述规划。对未列入规划但又急需建设的项目，应当严格规范审查程序，经由规划编制部门委托评估论证确有必要的，方可履行审批、核准或者备案手续。未履行审批、核准或者备案手续的天然气基础设施项目不得开工建设。由省、自治区、直辖市人民政府审批或者核准的天然气基础设施项目的批复文件，应当抄报国家发展改革委。"

在审查供气基础设施 REITs 项目批准手续的合规性时，需要特别关注天然气基础设施项目是否进行专项审批、核准或者备案手续。若是省、自治区、直辖市人民政府审批或者核准的天然气基础设施项目的批复文件，还应当抄报国家发改委。

3. 征求燃气管理部门的意见

《城镇燃气管理条例》第 11 条第 1 款、第 2 款规定:“进行新区建设、旧区改造,应当按照城乡规划和燃气发展规划配套建设燃气设施或者预留燃气设施建设用地。对燃气发展规划范围内的燃气设施建设工程,城乡规划主管部门在依法核发选址意见书时,应当就燃气设施建设是否符合燃气发展规划征求燃气管理部门的意见;不需要核发选址意见书的,城乡规划主管部门在依法核发建设用地规划许可证或者乡村建设规划许可证时,应当就燃气设施建设是否符合燃气发展规划征求燃气管理部门的意见。”

在审查供气基础设施 REITs 项目建设手续的合规性时,除常规的建设工程施工许可证、建设工程规划许可证外,还需要特别关注是否就燃气设施建设符合燃气发展规划征求燃气管理部门的意见。

4. 由原审批、核准或备案部门组织竣工验收,并将竣工情况报燃气管理部门备案

《天然气基础设施建设与运营管理办法》第 13 条规定:“经审批的天然气基础设施项目建成后,原审批部门应当按照国家有关规定进行竣工验收。经核准、备案的天然气基础设施项目建成后,原核准、备案部门可以自行组织或者以委托方式对核准、备案事项进行核查,对不符合要求的书面通知整改。项目单位应当按照国家有关规定组织竣工验收,并自竣工验收合格之日起三十日内,将竣工验收情况报原核准、备案部门备案。”《城镇燃气管理条例》第 11 条第 3 款规定:“燃气设施建设工程竣工后,建设单位应当依法组织竣工验收,并自竣工验收合格之日起 15 日内,将竣工验收情况报燃气管理部门备案。”

在审查供气基础设施 REITs 项目竣工验收手续的合规性时,除了常规的交工验收证书和竣工验收鉴定书,还需特别关注竣工验收情况是否由原审批部门按照国家有关规定进行竣工验收,或由原核准、备案部门自行组织或以委托方式对核准、备案事项进行核查,并报燃气管理部门备案。

5. 是否符合关于燃气管道的特别规范

《特种设备安全法》第 21 条规定:“特种设备出厂时,应当随附安全技术规范要求的设计文件、产品质量合格证明、安装及使用维护保养说明、监督检验证明等相关技术资料和文件,并在特种设备显著位置设置产品铭牌、安全警示标志及其说明。”该法第 33 条规定:“特种设备使用单位应当在特种设备投

入使用前或者投入使用后三十日内，向负责特种设备安全监督管理的部门办理使用登记，取得使用登记证书。登记标志应当置于该特种设备的显著位置。”该法第 35 条规定：“特种设备使用单位应当建立特种设备安全技术档案。安全技术档案应当包括以下内容：(一)特种设备的设计文件、产品质量合格证明、安装及使用维护保养说明、监督检验证明等相关技术资料和文件；(二)特种设备的定期检验和定期自行检查记录；(三)特种设备的日常使用状况记录；(四)特种设备及其附属仪器仪表的维护保养记录；(五)特种设备的运行故障和事故记录。”该法第 40 条规定：“特种设备使用单位应当按照安全技术规范的要求，在检验合格有效期届满前一个月向特种设备检验机构提出定期检验要求。特种设备检验机构接到定期检验要求后，应当按照安全技术规范的要求及时进行安全性能检验。特种设备使用单位应当将定期检验标志置于该特种设备的显著位置。未经定期检验或者检验不合格的特种设备，不得继续使用。”

《特种设备安全监察条例》第 15 条规定：“特种设备出厂时，应当附有安全技术规范要求的设计文件、产品质量合格证明、安装及使用维修说明、监督检验证明等文件。”第 25 条规定：“特种设备在投入使用前或者投入使用后 30 日内，特种设备使用单位应当向直辖市或者设区的市的特种设备安全监督管理部门登记。登记标志应当置于或者附着于该特种设备的显著位置。”第 26 条规定：“特种设备使用单位应当建立特种设备安全技术档案。安全技术档案应当包括以下内容：(一)特种设备的设计文件、制造单位、产品质量合格证明、使用维护说明等文件以及安装技术文件和资料；(二)特种设备的定期检验和定期自行检查的记录；(三)特种设备的日常使用状况记录；(四)特种设备及其安全附件、安全保护装置、测量调控装置及有关附属仪器仪表的日常维护保养记录；(五)特种设备运行故障和事故记录；(六)高耗能特种设备的能效测试报告、能耗状况记录以及节能改造技术资料。”第 28 条规定：“特种设备使用单位应当按照安全技术规范的定期检验要求，在安全检验合格有效期届满前 1 个月向特种设备检验检测机构提出定期检验要求。检验检测机构接到定期检验要求后，应当按照安全技术规范的要求及时进行安全性能检验和能效测试。未经定期检验或者检验不合格的特种设备，不得继续使用。”

依据《国家质量监督检验检疫总局公告 2014 年第 114 号——关于修订〈特种设备目录〉的公告》，燃气管道属于特种设备，应当适用特种设备相关的监管规范。因此,在审查供气基础设施 REITs 项目建设手续和运营手续的合规性时,应特别关注燃气管道作为特种设备是否符合《特种设备安全法》《特种设备安全监察条例》的相关规定。

6. 是否办理燃气经营许可证

《燃气经营许可管理办法》第 2 条规定:"从事燃气经营活动的,应当依法取得燃气经营许可,并在许可事项规定的范围内经营。城镇燃气经营许可的申请、受理、审查批准、证件核发以及相关的监督管理等行为,适用本办法。"《城镇燃气管理条例》第 15 条规定:"国家对燃气经营实行许可证制度。从事燃气经营活动的企业,应当具备下列条件:(一)符合燃气发展规划要求;(二)有符合国家标准的燃气气源和燃气设施;(三)有固定的经营场所、完善的安全管理制度和健全的经营方案;(四)企业的主要负责人、安全生产管理人员以及运行、维护和抢修人员经专业培训并考核合格;(五)法律、法规规定的其他条件。符合前款规定条件的,由县级以上地方人民政府燃气管理部门核发燃气经营许可证。"

在审查供气基础设施 REITs 项目运营手续的合规性时,应审查其是否持有县级以上地方人民政府燃气管理部门核发的燃气经营许可证。

(三)供气项目运营模式的合法合规

2015 年 5 月实施的《市政公用事业特许经营管理办法》第 2 条第 2 款规定:"城市供水、供气、供热、公共交通、污水处理、垃圾处理等行业,依法实施特许经营的,适用本办法。"2015 年 6 月实施的《基础设施和公用事业特许经营管理办法》第 2 条规定:"中华人民共和国境内的能源、交通运输、水利、环境保护、市政工程等基础设施和公用事业领域的特许经营活动,适用本办法。"上述办法均属于部门规章,法律位阶较低,且并非强制性法律规定,因此关于燃气特许经营权的制度各省级地方性法规之间规定存在差异,与上述办法之间亦存在差异,应基于不同地方性法规审查供气基础设施 REITs 项目合规性。关于供气基础设施 REITs 项目合规性,需要结合当地是否要求供气项目采用特许经营制度以及通过招投标程序确定经营权主体等规定进行判断,当地存在招投标等要求而实际未遵守的,可能构成合同无效之情形。

2020 年 12 月,国务院办公厅发布的国务院办公厅转发国家发改委等部门《关于清理规范城镇供水供电供气供暖行业收费促进行业高质量发展意见的通知》(国办函〔2020〕129 号)第 6 条第 2 款规定:“加快放开经营服务市场。深化供水供电供气供暖行业体制机制改革,进一步放开市场准入限制,推动向规模化、集约化、跨地区经营方向发展,促进行业提质增效。支持通过政府和社会资本合作(PPP)、混合经营等方式,引导社会资本有序进入,增加市场供给。创新项目投资运营管理方式,实行投资、建设、运营和监管分开,促进设计施工、工程验收、运行维护等环节公平竞争……”

综上所述,我国现行有效的部门规章仅规定供气行业可以实施特许经营,并未作出强制性规定,但少部分省级地方性法规明确规定燃气行业实施特许经营制度。同时国家发展改革委支持通过 PPP 模式、混合经营等方式引导社会资本有序进入。因此,在审查供气基础设施 REITs 项目运营模式的合规性时,应关注地方性法规或其他规范性文件是否有特别规定。

(四)供气项目的资产转让限制相关法律关注要点

《燃气经营许可管理办法》第 11 条规定:“已取得燃气经营许可证的燃气经营企业需要变更企业名称、登记注册地址、法定代表人的,应向原发证部门申请变更燃气经营许可,其中变更法定代表人的,新法定代表人应具有燃气从业人员专业培训考核合格证书。未经许可,不得擅自改变许可事项。”第 12 条规定:“已取得燃气经营许可证的燃气经营企业,有下列情形的,应重新申请经营许可。(一)燃气经营企业的经营类别、经营区域、供应方式等发生变化的;(二)燃气经营企业发生分立、合并的。”

《基础设施和公用事业特许经营管理办法》第 37 条规定:“在特许经营协议有效期内,协议内容确需变更的,协议当事人应当在协商一致基础上签订补充协议。如协议可能对特许经营项目的存续债务产生重大影响的,应当事先征求债权人同意。特许经营项目涉及直接融资行为的,应当及时做好相关信息披露。特许经营期限届满后确有必要延长的,按照有关规定经充分评估论证,协商一致并报批准后,可以延长。”

因此,在审查供气基础设施 REITs 项目基础资产是否具有可转让性时,需要关注燃气经营许可和特许经营协议的变更。燃气经营企业发生分立的,应当重新申请经营许可。若供气项目采取特许经营模式,应当就特许经营权转移事宜取得特许经营协议项下的特许经营实施机构同意。

(五)供气项目的现金流相关法律关注要点

2020 年 12 月,国务院办公厅发布的国务院办公厅转发国家发改委等部门《关于清理规范城镇供水供电供气供暖行业收费促进行业高质量发展意见的通知》(国办函〔2020〕129 号)第 3 条第 3 款规定:“完善配气价格机制。城镇配气价格应纳入地方定价目录,实行政府定价或政府指导价。加快核定独立配气价格,由燃气企业投资建设的市政管网、市政管网至建筑区划红线外的管网,企业自用的储气设施,以及其他与配气业务相关的设备设施等,纳入配气价格有效资产。建筑区划红线内按法律法规规定由燃气企业承担运行维护的成本,以及燃气表后至燃具前由燃气企业为排除安全隐患而开展的上门服务、安全检查、设施修理、材料更换等服务成本,纳入企业经营成本。”

《城镇燃气管理条例》第 29 条第 1 款规定:“燃气用户有权就燃气收费、服务等事项向燃气经营者进行查询,燃气经营者应当自收到查询申请之日起 5 个工作日内予以答复。”

因此,城镇供气价格实行政府定价或政府指导价。供气费用由燃气经营者收取,不实行财政“收支两条线”。

第八章

清洁能源发电基础设施公募 REITs 的法律关注重点和案例分析

目前,我国正处于加速推进能源结构转型的新时期,2021 年 3 月十三届全国人大四次会议表决批准《国民经济和社会发展第十四个五年规划和 2035 年远景目标纲要》。"十四五"时期要构建现代能源体系,推进能源革命,加快发展非化石能源。在实现"碳中和、碳达峰"目标的大背景下,2021 年 6 月,国家发改委发布了"958 号文",在原有基础上拓宽了试点基础设施范围,将"风电、光伏发电、水力发电、天然气发电、生物质发电、核电等清洁能源发电基础设施项目"纳入基础设施公募 REITs 试点范围。

在此背景下,清洁能源发电基础设施公募 REITs 迎来发展的新机遇,发电企业可以通过发行公募 REITs 产品,盘活存量资产,拓宽资金来源。下文将对清洁能源发电基础设施公募 REITs 的法律关注问题进行探讨,在梳理国内清洁能源发电项目发展现状及发展趋势的基础上,重点聚焦于用地手续等清洁能源发电项目建设阶段相关合规手续关注要点、运营资质许可、可再生能源补贴等法律问题,并对已发行的清洁能源发电基础设施公募 REITs 进行介绍分析。

一、清洁能源发电基础设施公募 REITs 的法律关注重点

(一)我国清洁能源发电项目的发展现状及发展趋势

随着《可再生能源法》在 2005 年颁布施行,我国可再生能源发展进入了新的历史时期。在 10 余年的高速发展后,我国已建成全球最大的清洁能源发

电体系，清洁能源正逐步取代传统化石能源。根据“国网新能源云”（http://sgnec. esgcc. com. cn/）的统计数据，[1]截至 2023 年 3 月末，我国除传统燃煤发电以外的清洁能源发电项目的总装机容量已达 13. 14 亿千瓦（占整体电源结构的 49. 55%），清洁能源已基本占据我国电源结构的“半壁江山”。在全部清洁能源发电项目中，风力发电项目（总装机容量 3. 76 亿千瓦、占整体电源结构的 14. 16%）、光伏发电项目（总装机容量 4. 26 亿千瓦、占整体电源结构的 16. 04%）、水力发电项目（总装机容量 4. 15 亿千瓦、占整体电源结构的 15. 62%）等可再生能源项目的规模占比较大。

虽然可再生能源等清洁能源发电项目在国内已经历了 10 余年的高速发展，但从全球数据上来看，现阶段我国碳减排仍面临紧迫压力。为此，国家已密集出台政策，作出了“力争 2030 年前实现碳达峰，2060 年前实现碳中和”的重大战略决策。如国务院在 2021 年 2 月发布的国务院《关于加快建立健全绿色低碳循环发展经济体系的指导意见》便明确要求加快基础设施绿色升级，推动能源体系绿色低碳转型，提升可再生能源利用比例，大力推动风电、光伏发电发展，因地制宜发展水能、地热能、海洋能、氢能、生物质能、光热发电。

在此背景下，通过盘活优质的清洁能源资产发行基础设施公募 REITs，企业可以通过权益性融资募集资金支撑主业发展，投资于新的清洁能源项目，形成良性循环模式，从而助力国家“双碳”政策目标的实现。

（二）我国清洁能源发电相关政策概况

为大力发展清洁能源项目，支持能源体系绿色低碳转型，截至目前国家层面就清洁能源发电项目的发展出台了多个政策性文件，如表 8-1 所示：

表 8-1　我国清洁能源发电相关政策概况

文件名称	发文主体	发文时间	主要内容
国务院《关于加快培育和发展战略性新兴产业的决定》（国发〔2010〕32 号）	国务院	2010 年 10 月 10 日	积极研发新一代核能技术和先进反应堆，发展核能产业。加快太阳能热利用技术推广应用，开拓多元化的太阳能光伏光热发电市场。提高

[1] 参见《全国装机容量》，载国网新能源云网 2023 年 7 月 21 日，https://sgnec. sgcc. com. cn/renewableEnergy/developmentSituation。

续表

文件名称	发文主体	发文时间	主要内容
			风电技术装备水平，有序推进风电规模化发展，加快适应新能源发展的智能电网及运行体系建设。因地制宜开发利用生物质能
国务院《关于促进光伏产业健康发展的若干意见》（国发〔2013〕24 号）	国务院	2013 年 7 月 4 日	从价格、财政补贴、税收、项目管理和并网管理等多个层次提出了促进光伏产业健康发展的各项举措
“5 号文”（国土资规〔2015〕5 号）	原国土资源部、国家发改委、科技部、工信部、住建部、商务部	2015 年 9 月 18 日	明确了风力、光伏等新能源项目的用地政策
国家能源局《关于建立可再生能源开发利用目标引导制度的指导意见》（国能新能〔2016〕54 号）	国家能源局	2016 年 2 月 29 日	充分认识建立可再生能源开发利用目标的重要性，建立明确的可再生能源开发利用目标，制定科学的可再生能源开发利用规划，明确可再生能源开发利用的责任和义务，建立可再生能源开发利用监测和评价制度，研究完善促进可再生能源开发利用的体制机制，分步开展可再生能源开发利用目标引导工作
《可再生能源发电全额保障性收购管理办法》（发改能源〔2016〕625 号）	国家发改委	2016 年 3 月 24 日	首次提出保障性收购电量和市场交易电量的划分，再通过计划方式优先安排一部分保障性发电量，保障可再生能源项目合理收益的同时，使其超出保障性范围的发电量参与市场交易
“8 号文”（国土资规〔2017〕8 号）（现已失效）	原国土资源部、国务院扶贫办、国家能源局	2017 年 9 月 25 日	对光伏复合项目、光伏扶贫项目等光伏发电项目的用地作了进一步政策规定

续表

文件名称	发文主体	发文时间	主要内容
国家能源局《关于贯彻落实"放管服"改革精神优化电力业务许可管理有关事项的通知》(国能发资质〔2020〕22号)	国家能源局	2020年3月23日	继续对分布式发电、可再生能源发电等项目实施电力业务许可豁免、简化政策,并将余气发电、煤矿瓦斯发电等资源综合利用项目纳入豁免、简化范围
财政部办公厅《关于加快推进可再生能源发电补贴项目清单审核有关工作的通知》(财办建〔2020〕70号)	财政部办公厅	2020年11月18日	对于符合我国可再生能源发展相关规划的陆上风电、海上风电、集中式光伏电站、非自然人分布式光伏发电、光热发电、地热发电、生物质发电等项目,明确2006年及以后年度按规定完成核准(备案)手续并且完成全容量并网的所有项目均可申报进入补贴清单
国务院《关于加快建立健全绿色低碳循环发展经济体系的指导意见》(国发〔2021〕4号)	国务院	2021年2月2日	推动能源体系绿色低碳转型。坚持节能优先,完善能源消费总量和强度双控制度。提升可再生能源利用比例,大力推动风电、光伏发电发展,因地制宜发展水能、地热能、海洋能、氢能、生物质能、光热发电
国家发改委《关于2021年新能源上网电价政策有关事项的通知》(发改价格〔2021〕833号)	国家发改委	2021年6月7日	2021年起,对新备案集中式光伏电站、工商业分布式光伏项目和新核准陆上风电项目,中央财政不再补贴,实行平价上网。2021年新建项目上网电价,按当地燃煤发电基准价执行;新建项目可自愿通过参与市场化交易形成上网电价。2021年起,新核准(备案)海上风电项目、光热发电项目上网电价由当地省级价格主管部门制定,具备条件的可通过竞争性配置方式形成,上网电价高于当地燃煤发电基准价的,基准价以内的部分由电网企业结算

续表

文件名称	发文主体	发文时间	主要内容
“12 号文”(自然资办发〔2023〕12 号)	自然资源部办公厅、国家林业和草原局办公室、国家能源局综合司	2023 年 3 月 20 日	“12 号文”在“8 号文”的基础上,对光伏方阵用地占用农用地规定了更为严格的要求,明确禁止光伏方阵占用耕地,光伏方阵仅能使用除耕地以外的其他农用地;并对林光互补、草光互补项目提出进一步建设要求。“12 号文”明确规定,在 2023 年 3 月 20 日“12 号文”正式发布实施前已经按照“8 号文”规定批准立项的光伏项目,无论项目是否开工建设,均可按立项时用地预审和用地有关意见执行,但是项目用地必须限定在项目申报时的用地范围内,不得扩大项目用地面积和占用耕地林地草地的面积;项目虽然通过用地预审或取得地方用地意见但未立项的,应当按照“12 号文”的要求执行

(三)清洁能源发电基础设施项目的固定资产投资及运营手续概述

根据“958 号文”及其附件的规定,所有类别的基础设施资产的试点项目均需取得固定资产投资管理相关手续,包括项目审批、核准或备案手续,规划、用地、环评、施工许可手续,竣工验收等有关手续。与传统燃煤发电项目等基础设施项目类似,新能源等清洁能源发电项目需要在立项阶段、建设阶段、验收阶段、运营阶段满足不同阶段的固定资产投资及运营手续要求。各阶段所需的主要合规手续文件,详见表 8-2。

表 8-2 清洁能源发电基础设施项目的固定资产投资及运营手续

项目阶段		相关手续
项目立项阶段	前期准备	前期申请的备案文件、项目选址意见、固定资产投资立项审批、可行性研究报告批复等
	土地取得	用地预审意见、用地意见、建设用地批准书、土地征收协议、土地招拍挂、土地出让合同、足额缴付土地使用权出让价款、不动产权证书、土地租赁合同、土地使用权性质符合要求
	项目核准/备案	项目核准/备案文件、环境影响评价文件、节能评估报告批复、可行性研究报告审查意见、建设工程安全预评价/安全报告及其备案文件、水土保持方案批复、项目是否涉及文物保护的复函、项目涉及军事设施的复函、不压覆重要矿产资源证明、洪水警戒说明函、地质灾害危险性评估报告备案登记表等
项目规划建设阶段		用地规划许可证、工程规划许可手续、建设施工许可手续、施工图审查合格书等
项目验收阶段		规划、水土保持、环评、消防、节能、人防等专项验收手续,竣工验收手续,机组启动验收手续,电网接入意见、电力并网验收手续等
项目运营阶段		电力业务许可、电价批复、电价补贴(如涉及)、并网协议/并网调度协议、购售电合同等

由表 8-2 可见,除了常规基础设施项目均涉及的立项、规划、建设、验收相关合规手续外,清洁能源项目基于其行业特点,还需在建设运营阶段及时办理电网接入意见、电力并网验收手续、电力业务许可、电价批复、电价补贴(如涉及)、并网协议/并网调度协议、购售电合同等合规性文件。

当然,不同类型的清洁能源发电项目有其侧重点。例如,水电项目还需取得水工程建设规划同意书、取水许可证、水资源论证报告书审查意见、流域规划等相关手续文件,风电项目还需取得选址测风、风能资源评价等相关手续文件,光伏复合项目还需取得渔光互补、林光互补、农光互补等相关手续文件;需结合特定项目的所在地区、建设运营时间等因素确定其立项、建设、验收、运营环节适用的合规手续要求。

在筛选、审查拟参与公募 REITs 清洁能源发电资产时,一方面需要关注上文列示的监管部门对所有类别基础设施项目的固定资产投资及运营手续的共性合规性要求，另一方面还应结合清洁能源发电资产的特点，重点对用地手续、送出线路、经营资质、容量超装、可再生能源补贴等重要法律节点的合规性进行特别关注，下文将分别进行重点介绍。

（四）清洁能源发电基础设施项目的用地手续合规性

清洁能源项目作为基础设施建设项目，和其他基础设施项目一样，应遵守《土地管理法》所确定的基本用地原则。我国《土地管理法》第 4 条第 1 款、第 2 款规定："国家实行土地用途管制制度。国家编制土地利用总体规划，规定土地用途，将土地分为农用地、建设用地和未利用地。严格限制农用地转为建设用地，控制建设用地总量，对耕地实行特殊保护。"

风电、光伏、水电等清洁能源项目，基于项目自身需求和地理位置等因素，普遍存在土地使用规模较大、使用土地类型复杂、土地利用功能分区多样等特点；实践中，也有部分清洁能源项目存在土地利用的合规瑕疵问题，如存在批复外占地、土地租赁手续存在瑕疵、未依法使用农用地等。

由于违法用地可能面临责令退还土地、限期拆除地上新建建筑物和其他设施、恢复土地原状等行政处罚，如涉及非法占用农用地甚至可能承担刑事责任，不可避免会对发电项目持续稳定经营产生重大不利影响；且"958 号文"已将"土地使用依法合规"单独列为试点项目基本条件。因此，用地手续的合法合规是清洁能源项目开展基础设施公募 REITs 项目需首要关注的核心法律事项。

下文我们将从土地使用方式（出让、划拨、租赁）、特殊类型用地、项目各功能分区用地要求等方面，分别介绍清洁能源项目需关注的用地手续合规性要点。

1. 土地使用方式

清洁能源项目可以通过出让、划拨的方式取得国有建设用地使用权；此外，基于项目特点的国家政策支持，风力发电、光伏发电等新能源项目，也可通过租赁方式进行土地利用。

（1）出让方式取得

根据《土地管理法》第 54 条的规定，清洁能源等基础设施项目需使用国有土地的，原则上应当以出让等有偿使用方式取得。出让是国有建设用地供应的主要方式。“5 号文”亦进一步明确对于新能源发电项目“出让土地依法需以招标拍卖挂牌方式供应的,在公平、公正、不排除多个市场主体竞争的前提下,可将投资和产业主管部门提出的产业类型、生产技术、产业标准、产品品质要求作为土地供应前置条件”。

清洁能源项目涉及出让方式取得土地使用权的,应重点关注和审查土地招拍挂程序的合规性、土地使用权出让合同的履行情况(包括但不限于土地出让金、税费缴纳情况等),以及是否存在限制转让等特殊约定。

(2)划拨方式取得

根据《土地管理法》第 54 条的规定,国家重点扶持的能源基础设施用地,经县级以上人民政府依法批准,可以以划拨方式取得。此外,《划拨用地目录》中规定的可采取划拨方式供地的“电力设施用地”,也包括:发(变)电主厂房设施及配套库房设施,发(变)电厂(站)的专用交通设施,新能源发电工程电机,厢变、输电(含专用送出工程)、变电站设施,资源观测设施,配套环保、安全防护设施等用地。由此可见,清洁能源项目可依法通过划拨方式取得土地使用权。

清洁能源项目涉及划拨方式取得土地使用权的,应重点关注和审查《国有土地划拨决定书》等有权主管部门签发的同意划拨的批复文件、建设用地批准书等程序的合规性。

(3)租赁方式取得

除了通过出让和划拨方式取得土地使用权以外,基于清洁能源项目(特别是光伏、风力发电项目)的自身特点,部分项目的占地系由发电企业向土地所有权人等有权出租主体租赁取得。

《规范国有土地租赁若干意见》(国土资发〔1999〕222 号)、《产业用地政策实施工作指引(2019 年版)》、“5 号文”等规定,清洁能源项目可通过租赁方式使用土地。根据土地权属的不同,以租赁方式使用土地可分为国有土地的租赁和集体土地的租赁。

国有土地租赁是指国家将国有土地出租给使用者使用,由使用者与主管部门签订一定年期的土地租赁合同,并支付租金的行为。根据《产业用地政策实施工作指引(2019 年版)》第 16 条的规定,产业用地可以采取长期租赁、先租后让、租让结合方式由政府供应。如项目涉及国有土地租赁,应重点核查是否根据《土地管理法实施条例》的规定通过公开交易平台进行交易、是否与市/县土地行政主管部门签订租赁合同、土地租赁期限是否超过 20 年法定最长期限等。

在实践中，部分发电项目的国有土地租赁合同是与乡镇政府部门签署的，由于乡镇一级政府并非《土地管理法实施条例》规定的国有土地有权出租主体，该等土地租赁合同存在被认定为无效的风险；如土地租赁合同被认定为无效合同，则发电企业还面临责令退还土地、限期拆除地上新建建筑物和其他设施、恢复土地原状等行政处罚。除此之外，部分土地租赁合同的租赁期限设置与发电机组预期寿命相匹配，租赁合同约定的租赁期限可能超过 20 年的法定最长期限，对于超出法定最长期限的租赁合同，存在部分无效的风险。

就集体土地租赁而言，需要根据租赁土地是否已对外承包，明确有权出租的主体。

对于尚未承包到户的集体土地，需由享有土地所有权的主体（集体经济组织、村民委员会）与发电企业签订土地租赁合同，且根据《农村土地承包法》和《村民委员会组织法》的规定，集体土地租赁的法律后果实质等同于土地承包经营权的发包承包关系，因此对于尚未发包的集体土地的租赁，须履行民主决策程序，取得村民会议 2/3 以上成员或者 2/3 以上村民代表的同意，并报乡（镇）人民政府批准。实践中，由于部分项目的用地事宜系由当地乡（镇）人民政府牵头与各村集体进行协调，并由乡（镇）人民政府作为见证方一并签署集体土地租赁合同；由于发电企业并未直接与各村集体对接，发电企业可能并未直接取得村民会议 2/3 以上成员或者 2/3 以上村民代表的同意文件。对于该等情形，建议发电企业及时与各村集体及当地政府部门沟通确认是否取得村民会议 2/3 以上成员或者 2/3 以上村民代表的同意；如集体土地租赁未履行法定民主决策程序，土地租赁合同存在被认定为无效的风险。

对于已经承包到户的集体土地，有权出租主体应为土地承包人，发电企业应与承包人签署租赁合同并由承包人向发包人备案，或在村集体取得承包人的书面授权后与村集体签署相应租赁合同。如集体土地租赁并未履行前述法定程序，租赁合同存在被认定为无效的法律风险。

2. 新能源项目使用未利用地、农用地的要求

清洁能源发电项目属于建设项目，根据《土地管理法》的规定原则上应当根据土地利用总体规划的要求，使用建设用地进行开发建设；或者将相应农用地或未利用地办理建设用地审批手续后再进行开发建设。

但对于光伏发电等新能源项目,其光伏方阵等区域需占用较大面积土地,且在实践操作中,地方政府向发电企业提供存量建设用地或者将未利用地、农用地转征为建设用地存在较大困难,因此,“5 号文”“8 号文”“12 号文”等规范性文件对于新能源项目作了一定程度的放宽,允许在满足相关要求的前提下,依法使用未利用地、农用地。

(1)未利用地

未利用地是《土地管理法》规定的除建设用地和农用地以外的法定土地分类类型。原国土资源部编制的《土地利用现状分类》(GB/T 21010—2017)中规定未利用地主要包括盐碱地、沼泽地、沙地、裸土地、裸岩石砾地、其他草地、河流水面、水库水面、沿海滩涂、内陆滩涂等。

根据“5 号文”和“8 号文”的规定,光伏、风力发电等项目使用戈壁、荒漠、荒草地等未利用土地的,对不占压土地、不改变地表形态的用地部分,可按原地类认定,不改变土地用途,在年度土地变更调查时作出标注,用地允许以租赁等方式取得,双方签订好补偿协议,用地报当地县级国土资源部门备案,其他用地部分应当办理建设用地审批手续。此外,国务院办公厅转发的国家发改委、国家能源局《关于促进新时代新能源高质量发展的实施方案》(国办函〔2022〕39 号)中,亦载明“充分利用沙漠、戈壁、荒漠等未利用地,布局建设大型风光电基地”。但是,对于光伏发电项目中按未利用地管理的土地,除桩基用地外,不得硬化地面、破坏耕作层,否则应当依法办理建设用地审批手续。此外,2023 年 3 月出台的“12 号文”亦明确鼓励利用未利用地发展光伏发电产业。

需特别提示的是,根据《产业用地政策实施工作指引(2019 年版)》的规定,农用地、未利用地按照土地调查成果认定。目前,第三次全国国土调查成果已经出台。考虑到未利用地与农用地往往交错排布,且部分集体土地租赁合同签署时基于租金补偿的考量,实践中存在将未利用地按照“耕地”的标准计算租金并对出租方进行补偿的情形。因此对于存在利用未利用地的光伏、风力发电等项目,建议调取当地土地利用总体规划文件和第三次全国国土调查成果文件,并与当地土地主管部门进一步核实项目占地是否涉及农用地,避免潜在法律风险。

(2)一般农用地

根据《土地管理法》等土地用途管制法规的规定,农用地原则上不能用于非农业建设,除非依法经批准将农用地转为建设用地。但为了鼓励新能源发电行业的发展,2017 年颁布的“8 号文”(已于 2022 年 9 月 25 日失效)正式对光伏复合项目和光伏扶贫项目设置了例外情形,允许在符合特定条件下依法使用除永久基本农田以外的一般农用地。

根据“8 号文”的规定,对于符合本地区省级能源、国土资源主管部门确定的建设要求和认定标准的光伏复合项目(具体包括渔光互补、农光互补、林光互补、牧光互补等多种形式),其场内道路用地可按农村道路用地管理;利用农用地布设的光伏方阵可不改变原用地性质;采用直埋电缆方式敷设的集电线路用地,实行与项目光伏方阵用地同样的管理方式。

此外,“8 号文”进一步明确对深度贫困地区脱贫攻坚中建设的光伏发电项目,以及国家能源局、国务院扶贫办确定下达的全国村级光伏扶贫电站建设规模范围内的光伏发电项目,其场内道路用地可按农村道路用地管理;光伏方阵使用永久基本农田以外的农用地的,在不破坏农业生产条件的前提下,可不改变原用地性质;采用直埋电缆方式敷设的集电线路用地,实行与项目光伏方阵用地同样的管理方式。

在“8 号文”出台后,实践中大量的光伏复合项目和光伏扶贫项目依法通过租赁方式使用了农用地。需特别提示的是,目前部分省份已出台关于光伏复合项目认定标准的地方性规定,对光伏组件高度、桩基间距等作了规定。因此对于光伏复合项目,需重点核查项目是否满足当地关于光伏复合项目认定标准的规定。此外,“8 号文”还要求光伏复合项目严禁抛荒、撂荒,因此,对于农光互补等光伏复合项目,应重点关注在项目建成投产后,农业种植部分是否存在未继续耕种、抛荒撂荒状态。如农光互补等光伏复合项目在投产后其农业种植部分处于抛荒撂荒状态,不排除存在被土地行政主管部门责令停止使用农用地的法律风险。

但需重点关注的是,“8 号文”已于 2022 年 9 月 25 日有效期届满而失效,根据 2023 年 3 月颁布的“12 号文”的最新规定,主管部门对光伏方阵用地占用农用地规定了更为严格的要求,明确禁止光伏方阵占用耕地,光伏方阵仅能使用除耕地以外的其他农用地,且占用其他农用地的,应根据实际合理控制,节约集约用地,尽量避免对生态和农业生产造成影响。

(3)林地和草地的使用

除了一般农用地以外,新能源发电项目也可能涉及占用林地和草地这两类特殊农用地的情况。相比于一般农用地，基于生态保护和行政管理的需要，占用林地和草地有着更为严格的使用审批手续。

根据《草原法》《草原征占用审核审批管理规范》《国家林业和草原局公告2021年第2号——关于委托实施建设项目使用林地、草原及在森林和野生动物类型国家级自然保护区建设行政许可的公告》的规定，如果永久使用草地，应当由省级草原行政主管部门出具准予使用草地的批复文件，且需要完成农用地转用审批程序；临时使用草地的，需要取得县级以上草原行政主管部门同意使用草地的批复。征收集体所有的草原的，按照《土地管理法》的规定给予补偿，使用国家所有的草原的，按照规定对草原承包经营者给予补偿；除此之外，还应缴纳草原植被恢复费。

此外，"12号文"中最新要求光伏方阵用地涉及使用林地的，须采用林光互补模式，且仅能使用年降水量400毫米以下区域的灌木林地以及其他区域覆盖度低于50%的灌木林地，不得采伐林木、割灌及破坏原有植被，不得将乔木林地、竹林地等采伐改造为灌木林地后架设光伏板，并对光伏支架的设置规定了具体的要求。光伏方阵按规定使用灌木林地的，施工期间应办理临时使用林地手续，运营期间相关方签订协议，项目服务期满后应当恢复林地原状。光伏方阵用地涉及占用基本草原外草原的，地方林草主管部门应科学评估本地区草原资源与生态状况，合理确定项目的适建区域、建设模式与建设要求，并鼓励采用"草光互补"模式。

关于"12号文"与"8号文"的政策衔接事项，根据"12号文"的规定，在"12号文"施行之前(2023年3月20日前)已按照"8号文"规定批准立项的光伏发电项目(包括动工和未动工建设)，可按批准立项时用地预审和用地有关意见执行，但不得扩大项目用地面积和占用耕地林地草地面积；已经通过用地预审或地方明确用地意见但项目未立项的，按"12号文"的规定要求执行。

3. 光伏发电、风力发电项目的功能分区用地要求

不同于传统火力发电项目用地多集中在某一宗地项下，光伏发电和风力发电项目因其自身特殊性，涉及不同的功能分区，各功能分区亦存在不同的法定用地要求。在筛选、审查拟参与公募 REITs 的光伏发电、风力发电资产时，需分别核查其不同功能分区的用地实际情况是否符合法定用地要求。

(1)光伏发电项目的功能分区用地要求

根据"12号文"的规定，光伏发电项目用地包括光伏方阵用地(含光伏面

板、采用直埋电缆敷设方式的集电线路等用地）和配套设施用地（含变电站及运行管理中心、集电线路、场内外道路等用地。

光伏阵列即为多片光伏模组的连接，此部分用地由太阳板覆盖，包括组件用地、逆变器室及箱变用地、方阵场内道路用地等，为非永久性建筑用地。

变电站及运行管理中心包括变电站用地和生活服务设施用地，为永久性建筑用地。变电站用地包括生产建筑用地和辅助生产建筑用地。

集电线路用地可分为直埋电缆和集电线路杆塔两种类型。对于以直埋电缆方式建设的集电线路，其用地面积与光伏方阵用地已经合并，参照光伏方阵的用地手续。对于以集电线路杆塔方式建设的集电线路，采用架空线路架设时，只计算杆塔基础用地，杆塔基础用地为永久用地，其面积按基础外轮廓尺寸计算，并办理建设用地审批手续。实践中各地存在相关规定，对工程走廊原则上不征地，只对输电线路塔基用地作一次性经济补偿。

就场内道路，根据“12 号文”最新规定，符合光伏用地标准，位于方阵内部和四周，直接配套光伏方阵的道路，可按农村道路用地管理，涉及占用耕地的，按规定落实进出平衡。其他道路按建设用地管理。

在实践中，部分光伏项目的功能分区用地实际情况与法定要求存在差异，如对于架空杆塔的场内集电线路并未办理建设用地审批手续或一次性经济补偿等。在筛选、审查拟参与公募 REITs 的光伏发电、风力发电资产时，应及时补办相关用地手续，确保项目用地的合法合规性。

（2）风力发电项目的功能分区用地要求

根据《电力工程项目建设用地指标（风电场）》的规定，风力发电项目具体可分为 4 个功能分区，分别为风电机组及机组变电站、集电线路、升压变电站及运行管理中心、交通工程用地。

风电机组及机组变电站用地以及升压变电站及运行管理中心用地，均为永久用地，应当通过出让或划拨的方式取得相应建设用地使用权。虽然根据《城市用地分类与规划建设用地标准》（GB 50137—2011）的界定，作为“公用设施用地”小类的“供电用地”不包括电厂用地，电厂用地应归入“工业用地”，但根据“5 号文”和《产业用地政策实施工作指引（2019 年版）》的规定，新能源发电运营维护，可按公用设施用途落实用地。因此，风电机组、升压变电站及运行管理中心的用地类型，既可以为工业用地，也可以为公用设施用地。

集电线路可分为电缆沟敷设、直埋电缆敷设和架空线路架设 3 种方式。

对于以电缆沟敷设方式建设的集成线路,该用地为永久用地;对于以直埋电缆敷设方式建设的集成线路,该用地为临时用地,不计算在用地指标范围内;对于以架空线路架设方式建设的集成线路,只计算杆塔基础用地,该用地为永久用地,应当取得相应建设用地使用权。

交通工程用地指标包括对外交通的道路和场内交通道路用地。场内交通道路包括运行期检修道路和施工期施工道路。交通工程用地范围包括路面、路肩、排水设施、挡墙用地。交通工程用地分为永久用地和临时用地。对外交通道路和运行期检修道路为永久用地,需要取得相应建设用地使用权,施工期施工道路用地为临时用地,无须取得建设用地使用权。

(五)送出线路工程建设手续合规性

送出线路工程是指将发电项目的发电量送入电网的工程,其连接发电基础设施项目和电网。在资产范围界定上,送出线路工程原则上并不属于发电基础设施项目的范围内。

但在实践中,部分地区的电网企业存在配套建设新能源项目送出线路工程困难的实际情况,因此部分光伏、风电类发电项目的送出线路工程,事实上是由发电企业自行投资建设,而非有电网企业配套建设。为此,国家能源局于2018 年 4 月发布的国家能源局《关于减轻可再生能源领域企业负担有关事项的通知》(国能发新能〔2018〕34 号)中规定,电网企业负责投资建设接网工程。各类接入输电网的可再生能源发电项目的接网及输配电工程,全部由所在地电网企业投资建设,保障配套电网工程与项目同时投入运行;之前相关接网等输配电工程由可再生能源发电项目单位建设的,电网企业按协议或经第三方评估确认的投资额在 2018 年底前完成回购。但在实践操作中,前述送出线路工程的回购在各地仍存在执行落实差异的情况。

针对这一实际情况,2021 年发布的国家发改委办公厅、国家能源局综合司《关于做好新能源配套送出工程投资建设有关事项的通知》(发改办运行〔2021〕445 号)中进一步规定,对电网企业建设有困难或规划建设时序不匹配的新能源配套送出工程,允许发电企业投资建设,缓解新能源快速发展并网消纳压力;发电企业建设的新能源配套工程,经电网企业与发电企业双方协商同意,可在适当时机由电网企业依法依规进行回购。但前述新规仅规定“可在适当时机由电网企业依法依规进行回购”,实际执行力度有待进一步明确。

由此可见，由新能源发电企业自行投资建设且目前尚未由电网企业回购的送出线路工程，实际上属于发电企业享有的资产范围；如不对发电企业进行相关资产剥离重组，送出线路工程将一并属于清洁能源基础设施公募 REITs 项目的入池资产。因此，该等送出线路工程亦需按照“958 号文”等监管规则的要求，依法取得项目核准、用地手续和开发建设手续等固定资产投资及运营手续文件。

（六）新能源发电项目的容量超装问题

在我国新能源发电项目快速发展阶段，由于可再生能源补贴资金与项目实际并网装机容量相挂钩，因此容量超装（实际并网装机容量超过发改委核准/备案的容量）是实践中个别存在的问题。

为此，财政部等《关于〈关于促进非水可再生能源发电健康发展的若干意见〉有关事项的补充通知》（财建〔2020〕426 号）、《关于开展可再生能源电价附加补助资金核查工作的通知》等文件中进一步明确，“实际并网装机容量与核准（备案）容量不一致”系重点检查内容；在核查中发现申报容量与实际容量不符的，将按不符容量的 2 倍核减补贴资金。

此外，国家发改委、国家能源局及财政部于 2022 年 3 月专门下发的《关于开展可再生能源发电补贴自查工作的通知》中进一步明确“项目规模”是可再生能源发电补贴自查工作的重点核查内容，包括项目并网容量是否核准容量或年度建设规模，项目分批并网时间和对应容量以及全部容量并网时间与实际是否一致等。目前正在开展的可再生能源发电补贴核查工作，也将项目容量是否超装作为重点核查内容。

因此，在筛选、审查拟参与公募 REITs 的新能源发电资产时，对于已进入补贴目录/补贴清单的存量新能源发电项目，应重点核查项目规模是否符合相关要求，是否存在容量超装等问题。

（七）项目现金流的合法合规性

根据“958 号文”附件《REITs 试点申报要求》第 2 条第 4 款的相关规定，试点项目需有持续、稳定的现金流作为底层支撑。清洁能源发电基础设施项目的底层资金来源于电费收费权，保障电费收费权的合法有效性是发展清洁能源发电基础设施项目的底层现金流要求。

1. 资质许可

对于电力业务的概念，根据《电力业务许可证管理规定》第 4 条的规定，电力业务是指发电、输电、供电业务，供电业务包括配电业务和售电业务，从事电力业务，应当取得电力业务许可证。根据《电力业务许可证监督管理办法》第 7 条的规定，发电企业原则上应在项目完成启动试运工作后 3 个月内（风电、光伏发电项目应当在并网后 6 个月内）取得电力业务许可证，分批投产的发电项目可分批申请；超过规定时限仍未取得电力业务许可证的，有关机组不得继续发电上网。

基于上述规定，对于发电企业而言，清洁能源发电基础设施项目需获得相应的电力业务许可证，以保证发电企业电费收费权的合法来源。

需特别说明的是，虽然《电力业务许可证管理规定》第 7 条规定，从事两类以上电力业务的，应当分别取得两类以上电力业务许可证，但对于发电企业自行投资建设送出线路工程的情形，并不意味着发电企业同时从事发电类和输电类业务且需同时取得发电类和输电类的电力业务许可证。根据国家发改委办公厅、国家能源局综合司《关于做好新能源配套送出工程投资建设有关事项的通知》（发改办运行〔2021〕445 号）第 5 条的规定，送出线路工程投资建设承建主体转变仅涉及产权变化，调度运行模式保持不变，即尽管送出线路的建造主体为发电企业，但送出线路的实际调度运行，仍由电网企业负责。

2. 权利限制

《上交所公募 REITs 指引 1 号（2023 年修订）》第 11 条第 3 项规定，基础设施项目应当不存在抵押、质押等权利限制，基础设施基金成立后能够解除相关限制的除外。

基于上述规定，在开展清洁能源发电基础设施项目时，需关注项目是否存在权利限制。实践中较为普遍的情况为以电费收费权为借款合同设置质押，此类质押属于应收账款质押，应向相关登记部门予以核实，并通过采取在项目发行后以募集资金提前偿还借款等措施，确保清洁能源发电基础设施基金成立后，该电费收费权质押能够解除。

3. 购售电合同等协议

项目公司与电网企业签订并网协议、购售电合同等协议，确定并网期限、电价标准与电力电量购销等事宜，为电费收费提供合法性依据。实践中，可能存在部分购售电合同到期未及时续签，但购售电双方仍按原合同执行的情况。

如存在该等情况，为确保购售电合同项下电费收入的合法有效性，建议购售电双方在项目申报阶段尽快完成购售电合同的续签工作。

4. 关于新能源项目的政府补贴问题

根据《可再生能源电价附加资金管理办法》的规定，符合相关条件的项目获得政府补助。例如，根据财政部《关于分布式光伏发电实行按照电量补贴政策等有关问题的通知》的规定，满足按照程序完成备案、项目建成投产，符合并网相关条件，并完成并网验收等电网接入工作两个条件的分布式光伏发电项目可以申请补贴。

新能源项目中最受关注的事项，莫过于上网电价的补贴情况，数十年间发展过程中，经历了由项目申报后的事前建设补贴到项目建成并网后的目录式事后补贴（2013 年后），再到清单式事后补贴（2020 年后），2021 年后实现新建项目的平价上网。

自 2022 年以来，国家发改委、国家能源局、财政部等部委牵头在全国范围内开展可再生能源发电补贴的自查/核查工作。对截至 2021 年 12 月 31 日已并网、有补贴需求的风电、集中式光伏和生物质发电项目，从项目合规性、项目规模、项目电量、项目电价、项目补贴资金、项目环境保护等 6 大方面进行核查。需要特别说明的是，由于国家在不同阶段对可再生能源补贴退坡作了关键时间节点进行全容量并网的要求，个别发电企业事实上存在以少量机组并网代替全部机组并网投产的情况。对于该等情形，发电企业存在被暂停补贴资金发放、核减补贴资金，甚至移出补贴清单的风险。

因此，在筛选、审查拟参与公募 REITs 的新能源发电资产时，对于存量含补的新能源项目，需重点关注其可再生能源补贴取得程序的合法合规性，且项目组需进行实质性的自查工作，以避免潜在的法律风险。

二、清洁能源发电基础设施公募 REITs 的案例分析

截至 2023 年 6 月 30 日，已申报/发行的风电、光伏发电、水力发电、天然气发电、生物质等清洁能源发电基础设施公募 REIT 项目，包括：以天然气发电项目作为底层资产的鹏华深圳能源清洁能源封闭式基础设施证券投资基金（以下简称鹏华深圳能源 REIT）、以海上风力发电项目作为底层资产的中信建投国家电投新能源封闭式基础设施证券投资基金（以下简称国家电投 REIT）、以光伏发电项目作为底层资产的中航京能光伏封闭式基础设施证券

投资基金（以下简称京能光伏 REIT），以及以垃圾处理及生物质发电项目作为底层资产的中航首钢生物质封闭式基础设施证券投资基金（以下简称中航首钢生物质 REIT）。其中，中航首钢生物质 REIT 的底层资产同时包含生物质能源项目、残渣暂存场项目、餐厨项目 3 个子项目，关于中航首钢生物质 REIT 的案例分析，详见本书第十章“固废危废医废处理公募 REITs 的案例”。

（一）鹏华深圳能源 REIT 项目

以下案例的内容来源于《北京市汉坤律师事务所关于申请募集注册鹏华深圳能源清洁能源封闭式基础设施证券投资基金的法律意见书》《鹏华深圳能源清洁能源封闭式基础设施证券投资基金招募说明书（草案）》，最终以前述法律意见书、招募说明书的内容为准。

1. 项目基本信息

2022 年 7 月 26 日，鹏华深圳能源 REIT 在交易所正式上市，也是国内能源行业首单基础设施公募 REIT 项目。

该基金为在深交所上市交易的封闭式契约型基金，基础设施项目类型为发电类，基金管理人为鹏华基金管理有限公司，基金托管人为招商银行股份有限公司，计划管理人为国信证券股份有限公司，主要原始权益人为深圳能源集团股份有限公司。

项目首次发行规模为人民币 35.38 亿元，募集资金在扣除公募基金层面预留费用后，将全部用于认购国信证券深圳能源清洁能源第一期基础设施资产支持专项计划的全部份额，并通过该专项计划和项目公司等载体取得基础设施项目完全所有权或经营权利。鹏华深圳能源 REIT 的收入来源主要是项目公司通过提供电力生产及相关服务所收取的电费收入。

鹏华深圳能源 REIT 发行招募文件显示该项目有较为稳健的历史现金流表现和预期，2020 年至 2021 年的收入约为 17 亿元，2021 年净利润为 3.81 亿元，同比增长 52.4%；根据招募说明书的预测，2022 年可供分配金额达 3.8 亿元，净现金流分派率达 11.7%。

2. 底层资产基本情况

根据募集说明书的披露，鹏华深圳能源 REIT 项目的资产范围为东部电厂一期项目，包括东部电厂一期项目占用的 G16201-0297 号宗地上的建筑物、构筑物、重要生产设备及其占用范围内的国有土地使用权、电费收费权。东部电厂一期项目基本情况如表 8-3 所示。

表 8-3　东部电厂一期项目基本情况

项目	基本情况
所在地	位于广东省深圳市大鹏新区大鹏下沙秤头角，地处大鹏湾，毗邻广东大鹏液化天然气（Liquefied Natural Gas，LNG）接收站和深圳迭福LNG 接收站
资产范围	资产范围包括东部电厂一期项目的 1#、2#、3#机组、地上建筑面积共计约 3.16 万平方米房屋（含附属设施设备）及其占用范围内的约3.96 万平方米的国有土地使用权等资产，建设内容包括装机容量为3×390MW 的 9F 燃气蒸汽联合循环发电机组、主厂房及集中控制楼、启动锅炉房、炉后废水泵房、余热锅炉辅助生产工艺楼、氮气瓶站等
用地性质	工业用地
土地取得方式	出让取得
土地使用年限	2005 年 12 月 28 日至 2055 年 12 月 27 日
房屋规划用途	生产用房
开竣工时间	2004 年 9 月 15 日开工，2008 年 2 月 3 日竣工
售电销售模式	基数售电模式+市场售电模式

3. 鹏华深圳能源 REIT 项目的主要法律关注要点

（1）基础设施项目的权属

根据招募说明书的披露，深圳能源、深圳能源东部电厂和项目公司已于 2021 年 7 月 9 日签署了《划转协议》，协议约定将东部电厂一期划转至项目公司且项目公司已取得了对应的不动产权证书。项目公司为有效存续的企业法人，具备独立法人资格，项目公司不存在根据中国法律或公司章程的规定需要终止的情形。深圳能源持有项目公司 100%的股权，深圳能源持有的项目公司股权不存在质押、被法院查封或被采取其他司法强制措施的情形。项目公司拥有目标基础设施资产的不动产权属证书，为目标基础设施资产的合法使用权人和/或所有权人。目标基础设施资产的房屋所有权及其对应的土地使用权均不存在抵押、质押、查封、扣押、冻结等他项权利限制，目标基础设施资产权属清晰。

（2）固定资产投资管理手续

根据招募说明书的披露，鹏华深圳能源 REIT 项目的底层资产东部电厂一期项目的固定资产投资管理手续办理文件齐全，手续办理合法合规，已取得项目审批、土地使用、用地规划、工程规划、环评、施工、验收等手续文件。对于节能审查，由于东部电厂一期项目批准建设时间早于《国务院节能工作通知》发布日期，因此该项目无须办理节能评估及审查。

(3)关于深圳市国资委就国有资产转让问题的书面确认

针对国有资产转让安排问题，在鹏华深圳能源 REIT 项目中，根据招募说明书的披露，深圳市国资委已于 2020 年 10 月 28 日书面反馈“基础设施 REITs 是通过证券交易所公开发行的金融产品，……无需另行履行国有资产交易程序。深圳能源与基金管理人等中介机构应严格按照证券监督制度要求，……按照市场化方式通过公开询价确定基金份额认购价格，进而确定基础设施资产交易价格……”

(4)关于土地使用权转让的无异议函

2021 年 4 月 28 日，深圳市规划和自然资源局大鹏管理局已出具市规划和自然资源局大鹏管理局《关于〈为深圳能源东部电厂(一期)项目申报基础设施公募 REITs 试点出具无异议函的请示〉的复函》，文件中明确“该项目土地使用权出让合同中未对股权转让进行限制，我局对该项目以 100%股权转让方式发行基础设施 REITs 无异议”。

(5)关于天然气机组运营寿命及延寿问题

根据申报稿招募说明书的披露，鹏华深圳能源 REIT 项目的基础设施资产项下 3 台机组设计寿命为 30 年，机组于 2007 年投产，按照机组正常设计寿命到期日为 2037 年。参照亚临界煤电机组延寿技术标准和燃机延寿案例，评估机构基于审慎性原则，在评估过程中将本项目机组寿命延寿 10 年，即项目运营期限延长至 2047 年。对天然气机组的运营寿命及验收处理，深交所在审核问询函中亦要求对天然气机组相关延寿处理的依据作进一步论证，并提出切实可行的风险缓释措施。

在审核问询函答复中，项目组认为基于天然气机组在未来新型电力系统的重要作用、燃煤机组延寿政策、国内外天然气机组延寿案例等技术分析，天然气机组延寿在技术层面具有合理性；但因目前我国天然气机组未批量到期，相关延寿政策暂未正式出台，为确保投资人利益优先，经过审慎考虑后，估值模型中天然气机组延寿 10 年的假设取消。由此可见，清洁能源发电类项目的机组运营寿命及延寿合理性问题，将是未来清洁能源发电基础设施公募 REITs 项目审核的重点关注要点。

(二) 国家电投 REIT 项目

以下案例的内容源于《北京市汉坤律师事务所关于申请募集注册中信建投国家电投新能源封闭式基础设施证券投资基金的法律意见书》《中信建投国家电投新能源封闭式基础设施证券投资基金招募说明书(草案)》,最终以前述法律意见书、招募说明书的内容为准。

1. 项目基本信息

国家电投 REIT 为全国首单海上风电公募 REIT,基金管理人为中信建投基金管理有限公司,基金托管人为中国工商银行股份有限公司,计划管理人为中信建投证券股份有限公司,原始权益人为国家电投集团江苏电力有限公司,发起人为国家电力投资集团有限公司。

2. 底层资产基本情况

根据募集说明书的披露,国家电投 REIT 的资产范围包括国家电投集团滨海海上风力发电有限公司(项目公司)持有的 H1 风电场项目、H2 风电场项目、运维驿站项目 3 个项目。项目基本情况如表 8-4 所示。

表 8-4　国家电投 REIT 底层资产基本情况

项目	H1 风电场项目基本情况	H2 风电场项目基本情况	运维驿站项目基本情况
地址	盐城市滨海北部中山河口至滨海港之间的近海海域		滨海县滨海港港区(原二洪盐场)2010-2 号、3 号地块
入池资产范围	(1)陆上升压站综合楼、配电楼、附属楼等建筑占用范围内的国有建设用地使用权;(2)综合楼、配电楼、附属楼等房屋建筑物的房屋所有权;(3)风电机组及海底电缆等建设用海的海域使用权;(4)风力机组、35 电压海底电缆、升压设备、变配电设备、逆变器、箱变等重要设施设备的所有权	(1)2#配电楼房屋所有权及其占用范围内国有建设用地使用权;(2)海上升压站、风电机组及海底电缆等建设用海的海域使用权;(3)风力机组、220 电压海上升压站、220 电压送出海底电缆、35 电压海底电缆、升压设备、变配电设备、逆变器、箱变等重要设施设备的所有权	(1)驿站楼占地范围内的建设用地;(2)驿站楼等房屋建筑物

续表

项目	H1 风电场项目 基本情况	H2 风电场项目 基本情况	运维驿站项目 基本情况
开竣工时间	开工时间:2015 年 10 月 竣工时间:2017 年 3 月	开工时间:2015 年 10 月 竣工时间:2020 年 12 月	开工时间:2019 年 3 月 竣工时间:2020 年 5 月
并网容量	100 毫伏	300 毫伏	
运营起始时间	2016 年 6 月 30 日	2018 年 6 月 30 日	2020 年 5 月
上网电价	0.8 元/(千瓦·时) 其中,标杆电价 0.391 元/(千瓦·时),补贴电价 0.459 元/(千瓦·时),补贴比例 54%		
补贴纳入	2018 年 6 月纳入国补目录第七批	2020 年 7 月纳入国补清单第二批	

3. 国家电投 REIT 项目的主要法律关注要点

(1)土地规划用途与实际用途不一致

根据招募说明书的披露,运维驿站对应的《建设用地规划许可证》《不动产权证书》载明的土地用途为工业用地,但运维驿站作为风电项目的配套设施,用于生产物资存放、办公场所及员工食堂、宿舍等运维、生产及生活用途,存在运维驿站土地实际用途与规划用途不完全一致的风险。根据项目公司于 2022 年 3 月 18 日出具的国家电投集团滨海海上风力发电有限公司《关于运维驿站地块用途的说明函》,运维驿站系为解决项目公司运维人员在基础设施项目所在地的运维、生产、生活需要所需的运维备件、维修工具等生产物资存放、办公场所及员工食堂、宿舍等运维、生产及生活相关配套建筑设施。经项目公司向滨海县自然资源和规划局递交该说明,滨海县自然资源和规划局于 2022 年 3 月 21 日出具了《关于国家电投集团滨海海上风力发电有限公司运维驿站地块用途的无异议函》,其对前述《建设用地规划许可证》《不动产权证书》上载明的土地用途及实际用途无异议。

(2)未取得海底电缆铺设施工许可

根据招募说明书的披露,项目公司未取得 H1 风电场项目、H2 风电场项目海底电缆铺设施工许可。盐城海警局滨海工作站于 2022 年 6 月 24 日对项目公司作出《行政处罚决定书》,对项目公司给予 15 万元的行政罚款。同日,盐城海警局滨海工作站向项目公司下发通知书,明确“在根据《行政处罚决定书》完成罚款缴纳后,请项目公司根据相关法律法规要求,完善 H1 风电场项目、H2 风电场项目海底电缆铺设施工相关报备手续。在项目公司在规定期限内缴纳罚款后,盐城海警局滨海工作站对 H1 风电场项目、H2 风电场项目维持现有状态和项目正常运营无异议”。经项目律师核查项目公司提供的缴款凭证,上述罚款已缴纳完毕。同时,原始权益人已承诺,项目公司因未取得上述施工许可而被主管部门处以罚款的,原始权益人将承担由此为项目带来的全部损失。

(3)未办理驿站楼土地预审意见

根据招募说明书的披露,项目公司未办理驿站楼占用范围内的建设用地的土地预审意见,但滨海县自然资源和规划局于 2022 年 5 月 24 日出具了《关于国家电投集团滨海海上风力发电有限公司运维驿站用地情况的说明》,确认运维驿站占用范围内的国有建设用地在其建设当时不需要办理用地预审意见,该情况不影响项目公司持有的运维驿站的用地合规性。

(4)发行前 220kV 配套送出工程的剥离

根据招募说明书的披露,项目公司自建 220kV 配套送出工程,涉及 19 个塔基及架空线路。根据国家能源局《关于减轻可再生能源领域企业负担有关事项的通知》(国能发新能〔2018〕34 号)的规定,“电网企业负责投资建设接网工程。各类接入输电网的可再生能源发电项目的接网及输配电工程,全部由所在地电网企业投资建设,保障配套电网工程与项目同时投入运行。之前相关接网等输配电工程由可再生能源发电项目单位建设的,电网企业按协议或经第三方评估确认的投资额在 2018 年底前完成回购”。由于国网江苏省电力有限公司尚未启动江苏省内可再生能源发电项目接网及输配电工程的回购,目前相关配套送出工程仍为项目公司持有,为减少基础设施 REITs 发行后相关配套送出工程面临回购的不确定性,项目公司拟将 220kV 配套送出工程按照评估价值有偿转让给运营管理机构江苏海风公司,且双方与基金管理人在《运营管理协议》中约定,项目公司未来可继续无偿使用该配套送出工程,不另外向运营管理机构支付租金。上述发行前资产相关安排均在基金注册前完成。

(5)对国补现金流的保理安排及流动性支持安排

根据招募说明书的披露,本基础设施项目含税上网电价为每千瓦·时 0.85

元,上网电价与标杆上网电价的差价部分纳入全国征收的可再生能源电价附加(国补)解决,国补占收入的比重约为 54%,占比相对较高。为降低国补回款波动风险,提高投资者收益稳定性,项目公司拟与中国工商银行股份有限公司南京分行(以下简称工商银行南京分行)签署《保理业务合作协议》,项目公司应当最晚于基金每年第一个兑付日前 30 个工作日将对应保理合作基准日账龄满 1.5 年的国补应收账款转让予工商银行南京分行下属新街口支行(保理银行)开展保理业务合作。为此,江苏电力公司、上海电力及国家电投集团分别出具流动性支持函,承诺对账龄满 4.5 年仍未回款的国补应收账款,启动流动性支持。

(三)京能光伏 REIT 项目

以下案例的内容来源于《北京市汉坤律师事务所关于申请募集注册中航京能光伏封闭式基础设施证券投资基金的法律意见书》《中航京能光伏封闭式基础设施证券投资基金招募说明书(草案)》,最终以前述法律意见书、招募说明书的内容为准。

1. 项目基本信息

京能光伏 REIT 为全国首单光伏发电公募 REIT,基金管理人为中航基金管理有限公司,基金托管人为华夏银行股份有限公司,计划管理人为中航基金管理有限公司,原始权益人为京能国际能源发展(北京)有限公司、联合光伏(常州)投资集团有限公司。

2. 底层资产基本情况

根据募集说明书的披露,京能光伏 REIT 的资产范围包括榆林市江山永宸新能源有限公司持有的榆林市榆阳区 300MWp 光伏发电项目(以下简称榆林光伏项目)、湖北晶泰光伏电力有限公司持有的湖北随州 100MWp 光伏发电项目(以下简称晶泰光伏项目)。项目基本情况如表 8-5 和表 8-6 所示。

(1)榆林光伏项目

表 8-5 榆林光伏项目基本情况

项目	基本情况
公司	榆林市江山永宸新能源有限公司
地址	陕西省榆林市榆阳区小壕兔乡

续表

项目	基本情况
入池资产范围	包括用于光伏发电的多晶硅电池组件、升压站等建筑物及其占地范围的用地、设施设备等。主要建设内容包括安装单个容量为 250 瓦的多晶硅电池组件 132 万块及其支架,35 千伏箱式升压变 300 台,500 千瓦的并网逆变器 600 台,敷设电力、控制、通讯电缆,以及发电设备基础、综合办公楼、配电室、电缆等工程
部分资产权属情况	榆林光伏项目的组件、箱变、集装箱式逆变房等设备及建筑安装工程(合称租赁物)已进行融资租赁融资,目前前述租赁物的所有权归属国银租赁,融资租赁期限至 2030 年 12 月 26 日届满。但榆林市江山永宸新能源有限公司有权在租赁期间届满并且榆林市江山永宸新能源有限公司全部履行完毕《融资租赁合同》约定的义务或经国银租赁同意提前还款并转移租赁物后取得该等资产的所有权
开竣工时间	开工时间:2016 年 10 月 竣工时间:2017 年 11 月
并网容量	300MW
全容量并网日期	2017 年 6 月 28 日
上网电价	0.8 元/(千瓦·时) 标杆电价 0.3345 元/(千瓦·时),补贴电价 0.4655 元/(千瓦·时),补贴比例 58%
补贴纳入	2020 年 7 月 31 日纳入 2020 年补贴清单第二批

(2)晶泰光伏项目

表 8-6　晶泰光伏项目基本情况

项目	基本情况
公司	湖北晶泰光伏电力有限公司
名称	湖北随州 100MWp 光伏发电项目
地址	湖北省随州市曾都区淅河镇
入池资产范围	包括湖北晶星科技股份有限公司地面 70MW 太阳能光伏发电项目(以下简称晶泰光伏一期项目)及湖北晶星公司随州高新区淅河二期 30MWp 光伏电站项目(以下简称晶泰光伏二期项目)。晶泰光伏一期项目主要建设内容包括 70MW 太阳能光伏发电组件铺设、逆变器安装及电网接入等配套工程建设;包括一座 110kV 升压站,以及发电

续表

项目	基本情况
	设备基础、综合办公楼、配电室等工程。晶泰光伏二期项目主要建设内容包括 30MWp 太阳能光伏发电组件、逆变器的安装及电网接入等配套工程建设;晶泰光伏一期项目与晶泰光伏二期项目共用一个升压站并网
开竣工时间	开工时间:2014 年 7 月 竣工时间:2016 年 9 月
并网容量	100MW
全容量并网日期	2015 年 5 月 18 日
上网电价	1.00 元/(千瓦·时) 标杆电价 0.4161 元/(千瓦·时),补贴电价 0.5839 元/(千瓦·时),补贴比例 58%
补贴纳入	2016 年 8 月 24 日纳入 2016 年国补目录第六批

3. 京能光伏 REIT 项目的主要法律关注要点

(1)榆林光伏项目建设期变更投资主体所涉相关问题

根据招募说明书的披露,项目公司原股东比亚迪汽车有限公司于 2014 年 9 月 25 日将其持有的项目公司 90%股权转让给江山新能源投资(扬州)有限公司。上述股权转让发生在榆林光伏项目的建设期。国家能源局于 2015 年 10 月 28 日下发国家能源局《关于印发新建电源项目投资开发秩序监管报告(新能源部分)及工作要求的通知》(国能监管〔2015〕384 号),认定榆林光伏项目倒卖项目备案文件,涉嫌违反《光伏电站项目管理暂行办法》第 33 条等规定,要求相关投资主体积极主动整改。对此问题,陕西省发改委、榆林市发改委于 2017 年相继发函,同意项目建设单位名称变更,且项目已并网运行。据此项目律师认为,榆林光伏项目已完成整改,建设期倒卖项目备案文件事项不影响项目正常运营。

(2)榆林光伏项目光伏方阵租用农村集体土地,租赁合同期限超过 20 年

根据招募说明书的披露,《榆林农村集体土地租赁合同》约定的光伏方阵用地性质为未利用荒地,经项目组现场勘查并根据榆林市江山永宸新能源有限公司出具的承诺及声明,榆林光伏项目光伏方阵未占压土地,未改变地表形

态，符合“5 号文”“8 号文”关于光伏方阵用地性质的规定。此外，榆林市自然资源和规划局榆阳分局于 2022 年 3 月 29 日出具了《关于榆阳区小壕兔乡早留太村 300MWp 光伏发电项目相关情况的说明》（榆政资规榆函〔2022〕67 号），确认截至 2022 年 3 月 29 日，榆林光伏项目光伏方阵不占用永久基本农田，不涉及榆阳区生态保护红线评估调整成果。

根据《民法典》第 705 条的规定，租赁期限不得超过 20 年。超过 20 年的，超过部分无效。因此，上述《榆林农村集体土地租赁合同》约定的租赁期超过法定最长租期，租期超过 20 年部分的期限无效，20 年租赁期限届满，榆林市江山永宸新能源有限公司和早留太村可以续订租赁合同。

（3）晶泰光伏项目光伏方阵租用农村集体土地，租赁合同期限超过 20 年，部分租赁费用无支付凭证

根据招募说明书的披露，晶泰光伏项目的光伏方阵用地系租赁集体土地。项目公司已与相应村委会分别签订了农村集体土地租赁合同，租赁期限自 2022 年至 2044 年或 2045 年，合同约定的土地性质为未利用荒地；合同约定，双方确认项目公司已一次性向各村民委员会支付全部土地租赁费用。但项目组经查，尚有 500，000 元土地租赁费用无对应的支付凭证。

就前述《湖北农村集体土地租赁合同》的签署，高新区淅河镇梨园村、邵家岗村、先觉庙村已分别于 2022 年 3 月 30 日作出了村民代表会议决议，同意项目公司租赁该村集体所有土地用于晶泰光伏项目。

关于光伏方阵的用地性质，《湖北农村集体土地租赁合同》约定的光伏方阵用地性质为未利用荒地，经现场勘查并根据湖北晶泰光伏电力有限公司出具的承诺及声明，晶泰光伏项目光伏方阵未占压土地，未改变地表形态，符合“5 号文”“8 号文”关于光伏方阵用地性质的规定。此外，根据随州市国土资源局高新技术产业园区分局于 2022 年 4 月 12 日出具的《关于申请核查“湖北晶泰光伏电力有限公司光伏方阵”用地相关事项的复函》，经随州市国土资源局高新技术产业园区分局核实，晶泰光伏项目光伏方阵占用范围内的土地未占用基本农田。

《民法典》第 705 条规定，租赁期限不得超过 20 年。超过 20 年的，超过部分无效。因此，上述《湖北农村集体土地租赁合同》约定的租赁期超过法定最长租期，租期超过 20 年部分的期限无效，20 年租赁期限届满，湖北晶泰光伏电力有限公司和高新区淅河镇梨园村民委员会、邵家岗村民委员会、先觉庙村

民委员会可以续订租赁合同。

(4)送出线路未纳入基础设施资产范围

根据招募说明书的披露,榆林市江山永宸新能源有限公司已将陕西110kV送出线路及乌素站工程份额划转至京能国际能源发展(北京)有限公司、湖北晶泰光伏电力有限公司已将湖北110kV送出线路划转至联合光伏(常州)投资集团有限公司,不作为该项目的底层基础设施项目。

电站送出线路工程一般由电网企业投资建设,但由于光伏等新能源项目建设周期短、速度快,而电网企业受中长期及年度电网规划、年度投资计划与预算管理限制、招标及建设管理等影响,两个项目投产之前,电网企业无法在短时间内投资建设新能源配套送出线路工程。这将导致发电站和配套送出线路工程的建设不同步,继而影响电站竣工后的试运行与并网投产,甚至可能导致光伏项目无法在前期已办理手续批复有效期内建成并网。因此在新能源行业由发电企业自建送出工程较为普遍,但送出线路工程并不是新能源项目必备的建设内容。基于这一行业背景,榆林市江山永宸新能源有限公司、湖北晶泰光伏电力有限公司均自建此项目送出工程,但是送出工程与电站部分分别立项,为独立工程。项目公司将国补应收账款以不低于账面原值95%的价格转让给原始权益人。

经核查,两个项目的送出工程建设用地规划许可证、建设工程规划许可证、建筑工程施工许可证等报建手续欠缺。经现场咨询相关主管部门,回复称此为新能源发电行业普遍情况,当地也无为光伏电站自建送出线路办理上述证件的实践,但相关主管部门无法出具书面文件就送出工程的建设合规性进行确认。

综上,考虑到送出线路工程独立立项,不在光伏投资项目核准(备案)审批的建设内容范围内,且报建手续欠缺较多,因此在基金发行前将送出线路从两个项目公司持有资产范围中剥离。该等剥离活动与行业内发电企业不持有送出线路的主流状况一致,且送出线路的设计寿命与项目公司及原始权益人已签订的关于送出线路租赁相关协议的租赁期限均覆盖基金的存续期,剥离活动并不影响此项目的独立运营。项目公司将国补应收账款以不低于账面原值95%的价格转让给原始权益人。

两个项目送出线路均以有偿剥离的形式划转至原始权益人,且京能国际能源发展(北京)有限公司作为原始权益人的实际控制人,已履行送出线路剥离的决议程序。剥离的对价为送出线路在两个项目公司的账面价值。两个项目的送出线路均以有偿剥离的形式划转至原始权益人,原始权益人持有期间,按约定每年收取一定的租金。电网企业按政策要求收购上述送出线路后,两个项目公司无需向原始权益人或电网企业支付送出线路租金。因截至招募说明书发布之日,两个项目均未与电网企业签订关于送出线路售出的协议,因此此次评估资产价值时已考虑基金存续期内所需支付的送出线路租金。

(5)基金存续期国补应收账款的处理

根据招募说明书的披露,考虑到国补应收账款回款周期较长,此基金存续期内,将于每年 12 月份前将当年 1 月至 10 月及上一年度项目公司将国补应收账款以不低于账面原值 95%的价格转让给原始权益人使得此基金每年可供分配金额相对平稳,降低因国补回款不确定性对基金分红的影响。具体而言,每年底前,项目公司将国补应收账款以不低于账面原值 95%的价格转让给原始权益人/京能国际能源发展(北京)有限公司(或其指定关联方),并由受让方以国补应收账款为基础资产发行相关资产支持证券。

第九章

仓储物流公募 REITs 的法律关注重点和案例分析

一、仓储物流行业分析及相关法规

(一)仓储物流行业分析

现代仓储物流行业是指在经济全球化与供应链一体化背景下,利用自建或租赁库房、场地,集储存、保管、装卸搬运、配送货物的行业。[1] 国家标准化管理委员会发布的《物流术语》(GB/T 18354—2021)将"物流设施"定义为"用于物流活动所需的、不可移动的建筑物、构筑物及场所",包括物流园区、物流中心、配送中心,各类运输枢纽、场站港、仓库等。

2021 年,我国社会物流总额超 330 万亿元,较 2012 年翻了近一番,货运量、货物周转量、快递业务量等居世界前列,物流业总收入近 12 万亿元,成为全球最大的物流市场。[2] 2022 年 7 月,中国仓储指数为 53.1%,物流业景气指数为 48.6%,均保持在较高水平。中国物流与采购联合会数据显示,[3] 2023 年 3 月,中国仓储指数为 50.2%,物流业景气指数为 55.5%。随着政策

---

〔1〕 参见孙多娇:《仓储物流企业消防安全问题剖析与对策研究》,载《消防界》2022 年第 7 期。

〔2〕 参见《现代物流领域首份国家级五年规划提出——构建国际国内物流大通道》,载中华人民共和国中央人民政府网站 2023 年 1 月 3 日,https://www.gov.cn/xinwen/2023-01/03/content_5734669.htm。

〔3〕 参见中国物流与采购联合会:仓储指数为、物流业景气指数,载中国物流与采购网 2023 年 4 月 21 日,http://www.chinawuliu.com.cn/xsyj/tjsj/。

的逐步落实,商品流通趋于顺畅,仓储物流业仍将保持向好势头。[1] 仓储物流基础设施是商贸流通与物流活动的基础性设施,也是支撑国民经济发展的基础性、战略性产业。得益于国家政策的持续鼓励,我国仓储物流行业发展较快,目前呈现设施规模总量较大、人均面积偏小、区域分布不平衡、市场集中度较高等特点。[2]

仓储物流行业市场分为现代仓储物流设施(高标准仓库或高标库)和常规仓储物流设施(非高标库)。根据项目主要用途的不同,高标库可以进一步细分为:标准库、高温冷库、低温冷库、危险品仓库、自动化分拣立体仓库等。

仓储物流的主要租户包括第三方物流企业(快递、快运、城市配送)、电商公司、批发零售企业、制造业以及其他行业企业,主要的收入来源为租金和管理费收入,主要运营支出为物业管理费、市场营销费、租赁佣金、行政管理费、保险费、设施维护所需的资本性支出、税费等。

我国仓储物流行业整体仍处于发展期,人均存量依然明显低于发达国家,未来居民消费能力的提高,城镇化的发展,以及电商行业、零售行业、第三方物流、制造业等相关行业的持续发展,将驱动仓储物流行业整体需求的增长。

同时,仓储物流行业也面临激烈的市场竞争。仓储市场上的企业主要分为外资企业,大型国有企业和新兴的民营企业 3 种,外资企业携资本优势和技术优势,并承接传统客户以及国内国际两个市场对接优势,进入中国仓储领域并跑马占地大肆扩张,大型国有企业凭借资本和政策性优势,也在加快全国布局和发展,新兴的民营企业则利用自己的灵活性扩大业务。[3]

总体来看,优质的仓储物流基础设施资产通过市场化的运营管理,可以获得稳定的现金流,运营风险可控,是基础设施基金理想的投资标的。

(二)仓储物流政策概况

1. 国家重点政策

为大力发展仓储物流行业,支持传统仓储企业转型升级,截至 2022 年 9

[1] 参见《2022 年中国仓储物流行业市场现状及发展前景预测分析》,载中商情报网 2022 年 9 月 15 日,https://3g.163.com/dy/article/HG8IVMP3051481OF.html。

[2] 参见李建辉:《REITs:我国仓储物流业发展的加速器》,载中国发展网 2022 年 9 月 15 日,https://baijiahao.baidu.com/s?id=1719295367315454105&wfr=spider&for=pc。

[3] 参见《2022 年仓储物流行业现状及发展前景分析》,载中研网 2022 年 9 月 15 日,https://www.chinairn.com/news/20211124/110535884.shtml。

月国家层面就仓储物流发展出台了多个政策文件,表 9-1 列举了相关重点政策。

表 9-1　国家层面就仓储物流发展的政策

法规名称	颁发机关	颁发时间	主要内容
《物流业调整和振兴规划》(国发〔2009〕8号)	国务院	2009年3月	对物流业发展现状与面临形势进行了分析,明确物流业发展主要任务、重点工程、政策措施
国务院《关于加快发展生产性服务业促进产业结构调整升级的指导意见》(国发〔2014〕26号)	国务院	2014年7月	明确指出应从完善财税政策、强化金融创新、有效供给土地、健全价格机制和加强基础工作等方面提供政策支持,为生产性服务业发展创造良好环境,最大限度地激发企业和市场活力
《物流业发展中长期规划(2014—2020年)》(国发〔2014〕42号)	国务院	2014年9月	提出了物流业发展的三大重点:一是降低物流成本;二是提升物流企业规模化、集约化水平;三是加强物流设施网络建设
商务部《关于促进商贸物流发展的实施意见》(商流通函〔2014〕790号)	商务部	2014年9月	明确提出应重视商务物流工作,加强组织领导,完善保障措施,提供社会化水平、专业化水平、标准化水平、信息化水平、组织化水平、国际化水平
国家标准化管理委员会、商务部《关于加快推进商贸物流标准化工作的意见》	国家标准化管理委员会、商务部	2014年5月	明确规定应完善商贸物流标准体系,加快重点领域标准制修订,加强商贸物流标准实施和推广,开展标准化试点示范工作,完善保障措施
《商贸物流标准化专项行动计划》(商办流通函〔2014〕752号)	国家标准化管理委员会、商务部	2014年11月	明确了主要任务是完善托盘共用体系,提升物流综合信息服务平台

续表

法规名称	颁发机关	颁发时间	主要内容
国务院《关于改进口岸工作支持外贸发展的若干意见》(国发〔2015〕16 号)	国务院	2015 年 4 月	明确应优化口岸服务,促进外贸稳定增长;加强口岸建设,推动外贸转型升级;深化口岸协作,改善外贸发展环境;扩大口岸开放,提升对外开放水平;夯实口岸基础,提高服务经济社会发展能力;加强对口岸工作的组织领导
国务院办公厅《关于推进线上线下互动加快商贸流通创新发展转型升级的意见》(国办发〔2015〕72 号)	国务院办公厅	2015 年 9 月	鼓励线上线下互动创新,激发实体商业发展活力,健全现代市场体系,完善政策措施
《"互联网+"高效物流实施意见》(发改经贸〔2016〕1647 号)	发改委	2016 年 7 月	明确应推动大数据、云计算、物联网等先进信息技术与物流活动深度融合,推进"互联网+"高效物流与大众创业万众创新紧密结合,创新物流资源配置方式,大力发展商业新模式、经营新业态
《商贸物流发展"十三五"规划》(商流通发〔2017〕29 号)	商务部、发改委、原国土资源部(已撤销)、交通运输部、国家邮政局	2017 年 1 月	提出要加强物流节点建设、加强基础设施建设、加强商贸物流标准化建设、加强商贸物流信息化建设、推动商贸物流集约化发展、推动电子商务等专业物流发展,通过信息技术优化物流资源配置和仓储配送管理,提高物流园区、仓储中心、配送中心的物流供需匹配制度

续表

法规名称	颁发机关	颁发时间	主要内容
国务院办公厅《关于推进电子商务与快递物流协同发展的意见》(国办发〔2018〕1号)	国务院办公厅	2018年1月	明确应强化制度创新、优化协同发展政策法规环境,强化规划引领、完善电子商务快递物流基础设施,强化规范运营、优化电子商务配送通行管理,强化服务创新、提升快递末端服务能力,强化标准化智能化、提高协同运行效率,强化绿色理念、发展绿色生态链
《国家物流枢纽布局和建设规划》(发改经贸〔2018〕1886号)	国家发改委、交通部	2018年12月	分析了规划背景,制定了发展目标,明确应合理布局国家物流枢纽,优化基础设施供给结构,构建国家物流枢纽网络体系,加强政策支持保障
国家发改委等《关于推动物流高质量发展促进形成强大国内市场的意见》(发改经贸〔2019〕352号)	国家发改委、中共中央网络安全和信息化委员会办公室、工信部、公安部、财政部、自然资源部、生态环境部、住建部、交通运输部、农业农村部、商务部、应急管理部、中国人民银行、海关总署、国家市场监督管理总局、国家统计局、中国气象局、原银保监会、证监会、国家能源局、国家铁路局、中国民用航空局、国家邮政局、原中国铁路总公司(已变更)	2019年2月	要求构建高质量物流基础设施网络体系、提升高质量物流服务实体经济能力、增强物流高质量发展的内生动力、完善促进物流高质量发展的营商环境、建立物流高质量发展的配套支撑体系、健全物流高质量发展的政策保障体系

续表

法规名称	颁发机关	颁发时间	主要内容
财政部、税务总局《关于继续实施物流企业大宗商品仓储设施用地城镇土地使用税优惠政策的公告》(财政部、税务总局公告 2020 年第 16 号)	财政部、国家税务总局	2020 年 3 月	就物流企业大宗商品仓储设施用地城镇土地使用税政策进行了公布,提出对物流企业自有或承租的大宗商品仓储设施用地,减按所属土地登记适用税额标准的 50% 计征城镇土地使用税
《关于开展首批国家骨干冷链物流基地建设工作的通知》	国家发改委	2020 年 3 月	提出要以构建国家层面的骨干冷链物流基础设施网络为目标,建设一批国家骨干冷链物流基地,并规定了基地申报条件、申报流程、政策支持
国务院办公厅转发国家发改委交通运输部《关于进一步降低物流成本的实施意见》(国办发〔2020〕10 号)	国务院办公厅	2020 年 5 月	明确规定应深化关键环节改革、降低物流制度成本,加强土地和资金保障、降低物流要素成本,深入落实减税降费措施、降低物流税费成本,加强信息开放共享、降低物流信息成本,推动物流设施高效衔接、降低物流联运成本,推动物流业提质增效、降低物流综合成本
《国民经济和社会发展第十四个五年规划和 2035 年远景目标纲要》	全国人民代表大会	2021 年 3 月	提出应加强农产品仓储保鲜和冷链物流基础设施,强化乡村物流等基础设施建设推进城乡融合发展,鼓励完善国家物流枢纽、骨干冷链物流基地等物流基础设施,加快形成内外联通、安全高效的物流网络
《商贸物流高质量发展专项行动计划(2021—2025 年)》	商务部等 9 部门	2021 年 8 月	优化商贸物流网络布局,建设城乡高效配送体系,促进区域商贸物流一体化。提升商贸物流标准化水平,推广应用现代

续表

法规名称	颁发机关	颁发时间	主要内容
			信息技术,发展商贸物流新业态新模式。提升供应链物流管理水平,加快推进冷链物流发展,健全绿色物流体系。保障国际物流畅通,推进跨境通关便利化,培育商贸物流骨干企业
《综合运输服务"十四五"发展规划》(交运发〔2021〕111号)	交通运输部	2021 年 11 月	提出到加快构建"全球 123 快货物流圈"(国内 1 天送达、周边国家 2 天送达、全球主要城市 3 天送达),一体化的货运物流服务系统初步建立,现代国际物流供应链体系不断完善,运输结构进一步优化,运输装备水平大幅提高,绿色化、数字化发展水平明显提高,服务支撑经济社会发展能力进一步增强
《"十四五"现代流通体系建设规划》(发改经贸〔2022〕78 号)	国家发改委	2022 年 1 月	培育壮大现代流通企业,提升现代流通治理水平,全面形成现代流通发展新优势,提高流通效率,降低流通成本,为构建以国内大循环为主体、国内国际双循环相互促进的新发展格局提供有力支撑
国务院办公厅《关于印发"十四五"现代物流发展规划的通知》(国办发〔2022〕17 号)	国务院办公厅	2022 年 5 月	明确了"十四五"时期现代物流发展的总体思路、空间布局、重点任务和重大工程,提出到 2025 年,基本建成供需适配、内外联通、安全高效、智慧绿色的现代物流体系。建设"四横五纵、两沿十廊"物流大通道。促进系统型降成本,补齐农村物流短板

2. 地方具体政策

国家层面的政策多以宏观层面的鼓励性政策为主，在税收、土地扶持等方面，给予了仓储物流行业较优的成长环境，各地在具体实施过程中也结合了地方实际情况出台了相应细则。

例如，深圳市交通运输委员会牵头，会同深圳市发展改革委员会、深圳市财政委员会联合印发的《深圳市现代物流业发展专项资金管理办法》提出，以提升深圳仓储物流业综合竞争力为核心，突出产业做大做强、突出打造枢纽地位，为市重点物流企业提供资金支持，资金总规模由 2 亿元调整为 9. 55 亿元，为推进仓储物流行业供给侧结构性改革，向高质量发展阶段迈进提供了资金支持。北京市出台北京市商务委员会等《关于推进北京市物流业降本增效的实施意见》，从完善物流企业登记注册管理、优化公路超限运输行政许可办理流程、进一步放宽经认定的物流企业开票额度、优先安排用地计划等方面为物流企业降低成本制定了具体措施。

二、仓储物流公募 REITs 的法律关注重点

在筛选、审查拟参与公募 REITs 仓储物流资产时，除应考虑监管部门对所有基础设施项目的共性要求外，还应结合仓储物流资产的特点对以下方面予以关注。

（一）土地使用权

1. 土地期限问题

仓储物流项目中，需关注土地剩余使用权期限和公募 REITs 产品期限适配的问题，如产品存续期超过土地剩余使用权期限，可能存在土地使用权到期后被要求支付高昂的土地出让金或承担额外条件等风险。

以中金普洛斯 REIT 为例，该产品的存续期为 50 年（至 2070 年），但 7 个物流园的土地使用权到期日分别介于 2054 年至 2064 年，土地使用权续期存在不确定性。根据《城镇国有土地使用权出让和转让暂行条例》第 40 条的规定，土地使用权期满，土地使用权及其地上建筑物、其他附着物所有权由国家无偿取得。土地使用者应当交还土地使用证，并依照规定办理注销登记。该条例第 41 条规定，土地使用权期满，土地使用者可以申请续期。需要续期的，应当依照该条例第二章的规定重新签订合同，支付土地使用权出让金，并

办理登记。

由于目前土地主管部门并未就非住宅建设用地使用权续期事宜作出明确、具体的审批标准及操作指南。若发生土地使用权期限届满后被要求支付高昂的土地使用权出让金,或承担额外条件,或申请续期不被批准,或土地使用权在到期前被提前收回,且获得的补偿金不足以覆盖基础设施项目估值或弥补经营损失的情况,将会对基础设施项目产生重大不利影响。

2. 土地用途问题

在仓储物流公募 REITs 中,底层基础设施项目常见的土地用途为仓储用地或工业用地,原则上来说,工业用地与物流仓储用地应为两种不同的用地类型,需关注项目中是否存在土地用途与实际用途不一致的风险。

根据住建部 2010 年 12 月 24 日发布的《城市用地分类与规划建设用地标准》(GB 50137—2011)的规定,城市建设用地包括城市内的居住用地、公共管理与公共服务用地、商业服务业设施用地、工业用地、物流仓储用地、道路与交通设施用地、公共设施用地、绿地与广场用地。根据自然资源部土地利用管理司的相关回复,工业用地、仓储用地同为二级地类,属于不同用途,因此,应该依据《城镇国有土地使用权出让和转让暂行条例》第 18 条的规定办理:"土地使用者需要改变土地使用权出让合同规定的土地用途的,应当征得出让方同意并经土地管理部门和城市规划部门批准,依照本章的有关规定重新签订土地使用权出让合同,调整土地使用权出让金,并办理登记。"

根据上述用地标准,原则上来说,工业用地与物流仓储用地为两种不同的土地类型,需关注项目中是否存在土地用途与实际用途不一致的风险。如将土地用途为工业用地的仓储物流项目作为底层资产发行公募 REITs,需要核查项目所在地关于工业用地、仓储物流用地规划的具体文件、鼓励物流产业发展的政策文件、工业土地的监管文件等,根据项目所在地当地用地政策情况,个案判断是否存在土地批准用途与实际用途不一致的法律风险。

根据沪深交易所的相关规定,"基础设施资产的土地实际用途原则上应当与其规划用途、权证所载用途相符。存在差异的,律师应当对实际用途是否符合法律法规和相关政策进行核查并发表明确意见;管理人应当充分揭示风险,并设置相应的风险缓释措施"。因此,倘若确实存在土地用途与实际用途不一致的风险,建议原始权益人申请改变土地使用权出让合同规定的土地用途或通过取得当地政府或土地主管部门的同意函件缓释合规风险。

(二)固定资产投资管理手续问题

在仓储物流公募 REITs 中,需关注固定资产投资建设相关手续是否均已办理完成,相关材料是否完备,是否存在瑕疵问题。

"958 号文"附件载明,固定资产投资管理相关手续主要包括:(1)项目审批、核准或备案手续;(2)规划、用地、环评、施工许可手续;(3)竣工验收报告(或建设、勘察、设计、施工、监理"五方验收单",或政府批复的项目转入商运文件);(4)外商投资项目应取得国家利用外资有关手续;(5)依据相关法律法规应办理的其他必要手续。

为了证明项目依法依规取得固定资产投资管理相关手续,需要提供的证明材料包括:项目可行性研究报告批复或核准、备案文件复印件;规划、用地、环评、施工许可证书或批复文件复印件;项目竣工验收文件和产权文件(如有)复印件等。

1. 固定资产投资管理手续的缺失

部分仓储物流项目的建成时间较早,可能存在材料缺失或手续不全的问题,针对这一情况,"958 号文"附件规定,项目投资管理手续缺失的,应依法依规补办相关手续,或以适当方式取得相关部门认可;如现行法律法规、规章制度、政策文件等明确无须办理的,应对有关情况作出详细说明,并提供项目所在地相关部门或机构出具的证明材料[1]。国家发改委办公厅《关于加快推进基础设施领域不动产投资信托基金(REITs)有关工作的通知》(发改办投资〔2021〕1048 号)对此出台了支持性意见,其规定:在依法合规的前提下,重点围绕项目手续完善、产权证书办理、土地使用、PPP 和特许经营协议签订、国有资产转让等,协调有关方面对项目发行基础设施 REITs 予以支持,加快无异议函等相关手续办理,落实各项发行条件。

---

〔1〕 例如,在固定资产投资项目的节能审查方面,国家发展改革委于 2006 年 12 月 12 日发布的《关于加强固定资产投资项目节能评估和审查工作的通知》(现已失效)规定:"地方政府有关部门可参照国家发展改革委审批、核准项目的要求,制定本地区的固定资产投资项目节能评估和审查办法,结合现有固定资产投资项目的审批、核准程序,依据国家和地方的合理用能标准和节能设计规范,开展节能评估和审查工作。"部分地区,项目年综合能源消耗量在一定数额以下的,可填写《固定资产投资项目节能承诺表》即可完成节能审查手续,无须进行节能审查审批、核准程序。

国家发改委在 2023 年 3 月 1 日发布的“236 号文”进一步强调，应当严把投资管理合规性：“投资管理手续是否合规，应以项目投资建设时的法律法规和国家政策作为主要判定依据。项目投资建设时无需办理但按现行规定应当办理的有关手续，应按当时规定把握，并说明有关情况；项目投资建设时应当办理但现行规定已经取消或与其他手续合并的有关手续，如有缺失，应由相关负责部门说明情况或出具处理意见；按照项目投资建设时和现行规定均需办理的有关手续，如有缺失，原则上应由相关负责部门依法补办，确实无法补办的应由相关负责部门出具处理意见。”

例如，在中金普洛斯 REIT 项目中，普洛斯淀山湖物流园一期项目未取得建设项目的环评批复文件，案例具体信息请见下述“仓储物流公募 REITs 的案例分析”。

2. 项目改扩建的建设手续合规性问题

如果仓储物流项目在运营过程中对建筑物进行了改扩建，还需关注改扩建工程是否依法依规履行固定资产投资管理相关手续，包括建设用地规划许可证、建设工程规划许可证、建筑工程施工许可证、消防验收、规划验收等。“236 号文”规定：“如项目曾进行改变功能用途的重大改扩建，应主要依据改扩建时的相关手续办理情况判断其投资管理合规性。”

如果改扩建工程涉及调整建设用地规划设计条件、调整建设用地红线，需要重新办理建设用地规划许可证。改扩建工程涉及变更建设工程规划条件（比如，增加建筑面积、改变建筑外轮廓等）的，建设单位需要重新办理建设工程规划许可证。根据《建筑工程施工许可管理办法》的规定，工程投资额在 30 万元以下或者建筑面积在 300 平方米以下的建筑工程，可以不申请办理施工许可证。豁免办理施工许可证的条件还需要关注各地方的法律规定，例如根据北京市规划和自然资源委员会等部门《关于印发〈关于完善简易低风险工程建设项目审批服务的意见〉的通知》（京规自发〔2019〕439 号）第 9 条的规定，工程投资额在 100 万元以下或建筑面积在 300 平方米以下（含 300 平方米）的建筑工程，无须办理施工许可，工程监督机构不开展质量安全监督检查、不对工程竣工验收进行监督，仅需办理工程规划许可和不动产登记。因此，改扩建工程不符合所在地区关于豁免办理施工许可相关规定的，仍应向主管部门申请取得施工许可证。

以中金普洛斯 REIT 为例，普洛斯广州保税物流园二期周转库因被台风毁损仓库顶部而重新修复建设，重建工程与原工程规划内容相同，不存在新建、扩建、加建、改建、危房原址重建等需要办理建设工程规划许可证的情形，因此广州保税普洛斯无须就二期重建工程取得建设工程规划许可证。

（三）转让限制问题

根据《上交所公募 REITs 指引 1 号（2023 年修订）》第 11 条和《深交所公募 REITs 指引 1 号（2023 年修订）》第 11 条的规定，基础设施项目应当“不存在法定或者约定的限制转让、抵押、质押的情形，主管机关或者相关权利方同意转让的除外”。在实务中，特别是通过划拨、协议转让的方式取得的用地，或用地类型为工业用地的情况，可以从两个层面关注转让限制的问题。

第一个层面是相关资产涉及的手续文件以及合同所载明的资产转让限制，比如《土地出让合同》或《土地投资协议》中是否约定了对基础设施项目资产的转让限制和对持有基础设施项目的项目公司股权转让的限制。以红土盐田港 REIT 为例，《红土创新盐田港仓储物流封闭式基础设施证券投资基金招募说明书》中披露：（1）在资产转让层面，土地主管部门出于规范建设用地、规划管理的考虑，在盐田港集团、项目公司签署的《土地出让合同补充协议七》中设置了“宗地及建筑物限整体转让”等要求，这是对目标基础设施项目用地转让形式的具体要求，并非对转让行为作出限制，项目公司也不涉及分拆转让目标基础设施项目的需求。（2）在股权转让层面，由于目标基础设施资产对应的宗地国有土地使用权系通过协议出让方式取得，根据“958 号文”附件的要求，须取得《土地出让合同》签署机构（或按现行规定承担相应职责的机构）出具的无异议函。就此，盐田港集团已经取得了深圳市规划和自然资源局盐田管理局出具的复函，确认盐田港现代物流中心项目已签订的土地出让合同及补充协议书中未对项目股权转让进行限制，其对该项目发行基础设施 REITs 无异议。

第二个层面是规则层面对相关资产的转让限制。例如，2016 年 3 月 30 日，上海市人民政府办公厅发布了《上海市人民政府办公厅转发市规划国土资源局制订的〈关于加强本市工业用地出让管理的若干规定〉的通知》（府办〔2016〕23 号）。该通知规定，工业用地标准厂房类的建设用地使用权人出资比例结构、项目公司股权结构改变的，应当事先经出让人同意。如基础设施项目位于上海市，且在土地性质上属于上述规定的“工业用地标准厂房类”，则应当事先取得土地出让人的同意。深圳市规划和自然资源局发布的《深圳市工业用地使用权转让暂行办法》(深规划资源规〔2022〕1 号)中,亦规定了对工业用地使用权转让的相关限制:工业用地使用权转让时,转让人应分别向市规划和自然资源部门派出机构和区产业主管部门申请审核。除出让合同另有约定外,工业用地使用权限整体转让,转让时其地上建筑物、构筑物和其他附着物等一并转让。在实务中,应特别关注资产所在地相关法规是否对土地转让、项目公司股权转让存在限制性规定。

另外,如原始权益人或其相关方是境外上市公司,还需关注是否涉及境外交易所相关审批。例如在嘉实京东仓储基础设施 REIT 中,原始权益人的控股股东为京东集团,京东集团于纳斯达克证券交易所、香港联交所上市,需要关基础设施项目的转让是否需取得纳斯达克交易所、香港联交所的同意。案例具体信息请见下述“仓储物流公募 REITs 的案例分析”。

(四)项目现金流稳定性及运营维护

1. 项目现金流的要求

仓储物流项目中应关注项目的主要租户租金占全部营业收入的占比情况、现金流稳定性情况。

根据“958 号文”的要求,公募 REITs 试点项目应满足“项目现金流投资回报良好,近 3 年内总体保持盈利或经营性净现金流为正”“项目收益持续稳定且来源合理分散,直接或穿透后来源于多个现金流提供方。因商业模式或者经营业态等原因,现金流提供方较少的,重要现金流提供方应当资质优良,财务情况稳健”的基本条件。

在“236 号文”中,现金流分派率要求有所降低,规定申报发行非特许经营权、经营收益权类项目(仓储物流类资产适用的类型),预计未来 3 年每年净现金流分派率原则上不低于 3.8%,可通过剥离低效资产、拓宽收入来源、降低运营成本、提升管理效率等多种方式,努力提高项目收益水平,达到项目发行要求。

《公募 REITs 指引》规定,基础设施基金拟持有的基础设施项目应当符合“现金流来源合理分散,且主要由市场化运营产生,不依赖第三方补贴等非经常性收入”的要求。根据《上交所公募 REITs 指引 1 号(2023 年修订)》第 14 条和《深交所公募 REITs 指引 1 号(2023 年修订)》第 14 条的规定,基础设施项目现金流应当符合以下条件:(1)基于真实、合法的经营活动产生,价格或者收费标准符合相关规定(如有)。(2)符合市场化原则,不依赖第三方补贴等非经常性收入。(3)具有持续性和稳定性,最近 3 年(不满 3 年的,自开始运营起,下同)未出现不合理的异常波动。(4)来源合理分散,直接或者穿透后来源于多个现金流提供方。因商业模式或者经营业态等原因,现金流提供方较少的,重要现金流提供方应当资信情况良好,财务状况稳健。(5)最近 3 年平均净利润或者经营性净现金流为正。(6)中国证监会和该所规定的其他条件。根据《上交所公募 REITs 指引 1 号(2023 年修订)》第 15 条和《深交所公募 REITs 指引 1 号(2023 年修订)》第 15 条的规定,仓储物流基础设施项目还需要符合近 3 年总体出租率较高,租金收入较高,租金收缴情况良好,主要承租人资信状况良好、租约稳定,承租人行业分布合理的条件。

因此,为满足对 REITs 项目对收入来源的要求,应关注项目的主要租户租金占全部营业收入的占比情况。以中金普洛斯 REIT 为例,根据基金管理人在《中金普洛斯仓储物流封闭式基础设施证券投资基金募集说明书》中披露的信息,目标基础设施资产的经营高度市场化,收入来源分散,主要租户包括京东、美团、德邦物流、上海医药、捷豹路虎等。截至 2020 年 12 月 31 日,按合同租金及管理费金额占比计算,前十大租户占比为 58.32%,关联租户占比为 5.70%。

《上交所公募 REITs 指引 1 号(2023 年修订)》第 16 条和《深交所公募 REITs 指引 1 号(2023 年修订)》第 16 条还要求管理人披露和分析关联交易的情况,关联交易的定价公允性等。[1] 以嘉实京东仓储基础设施 REIT 为例,根据《嘉实京东仓储物流封闭式基础设施证券投资基金招募说明书》,底层基础设施项目的主要租户之一为关联方京东物流。基金管理人为此聘请了第三方评估机构进行评估,以确保基础设施项目的租金符合项目所在区域同等标准物业的市场化租金水平、定价公允。同时,原始权益人的控股股东京东

---

〔1〕《上海证券交易所公开募集基础设施证券投资基金(REITs)规则适用指引第 1 号——审核关注事项(试行)(2023 年修订)》/《深圳证券交易所公开募集基础设施证券投资基金业务指引第 1 号——审核关注事项(试行)(2023 年修订)》第 16 条:管理人应当披露基础设施项目报告期内关联交易情况,并结合关联交易定价对基础设施项目运营的独立性和稳定性进行核查并发表明确意见。相关交易延续至基础设施基金存续期间的,管理人应当分析关联交易的合理性、必要性和潜在风险,对关联交易的公允性和独立性进行核查并发表明确意见,充分揭示风险。

集团亦作出相关承诺：自 REIT 项目设立起 5 年内，尽合理的商业努力，实现 REIT 项目项下基础设施项目的京东集团体系外租户占比超过 40%。

2. 仓储物流项目的运营和改造

在仓储物流项目的运营管理方面，需关注是否存在相关运营风险。常见运营风险包括运营管理机构是否具有相应资质、租约是否进行了租赁备案、[1]是否存在承租人私自建设改造的情况、[2]基础设施项目是否投保了足额保险[3]等。

通常运营管理仓储物流项目无须具备特殊资质，如中金普洛斯 REIT 项目的《中金普洛斯仓储物流封闭式基础设施证券投资基金招募说明书》中披露：运营管理机构运营方式为将仓储物流园物业对外出租用于物流仓储用途，从事前述业务无须取得特别的经营资质；红土盐田港 REIT 项目的《红土创新盐田港仓储物流封闭式基础设施证券投资基金招募说明书》中披露：外部管理机构为基础设施项目提供运营管理服务无须取得不动产运营管理资质，基础设施资产不涉及经营资质。《嘉实京东仓储物流封闭式基础设施证券投资基金招募说明书》披露：仓储物流行业运营管理机构不涉及相关运营资质要求，京东东鸿作为基础设施运营管理机构可按照营业执照批准的营业

---

[1] 参见根据《城市房地产管理法》第 54 条的规定，"房屋租赁，出租人和承租人应当签订书面租赁合同，约定租赁期限、租赁用途、租赁价格、修缮责任等条款，以及双方的其他权利和义务，并向房产管理部门登记备案"，根据《商品房屋租赁管理办法》第 14 条第 1 款的规定，"房屋租赁合同订立后三十日内，房屋租赁当事人应当到租赁房屋所在地直辖市、市、县人民政府建设（房地产）主管部门办理房屋租赁登记备案"。同时，根据《商品房屋租赁管理办法》第 23 条的规定，"违反本办法第 14 条第 1 款、第 19 条规定的，由直辖市、市、县人民政府建设（房地产）主管部门责令限期改正；个人逾期不改正的，处以一千元以下罚款；单位逾期不改正的，处以一千元以上一万元以下罚款"。根据前述有关房屋租赁登记的规定，未办理租赁合同备案，项目公司存在被当地房屋管理部门要求补办租赁登记手续及缴纳相关罚款的风险。但另外，根据《民法典》第 706 条的规定，"当事人未依照法律、行政法规规定办理租赁合同登记备案手续的，不影响合同的效力。"因此，即使项目公司及承租方未就其所签订的房屋租赁合同办理房屋租赁登记，但未办理登记手续应不会影响该等租赁合同的效力，租赁合同仍对承租双方具有约束力。

[2] 参见如承租人私自建设改变了项目建筑的主体结构，并且增加了建筑面积的，需要办理相应的规划及施工许可，若承租人及/或项目公司未就目标项目中的加建、改建等工程办理取得其他必要的政府审批文件，则不排除承租人及/或项目公司会因此遭受相应行政处罚的可能。

[3] 参见如根据项目公司提供的财务报表，目标项目的价值已经超过了财产一切险项下的保险金额的，建议项目公司根据评估机构的评估结果确认项目公司就目标项目购买的现有财产保险是否充足；如项目公司就目标项目购买的现有保险并不充足，建议项目公司对目标项目补充购买充足的财产保险。

范围从事仓储物流运营管理。但仍不排除存在例外情况，比如仓储物流基础设施项目所在地法规对仓储物流项目的运营管理设有特殊条件的要求。

除了以上事项外，需要关注未来的维修运营改造计划、租户流失风险。部分竣工时间较早的仓储物流园，可能存在基础设施老旧需要大额资金进行维修改造的风险，或未来周边新建物流园可能会对目标项目产生较大冲击，导致租户流失，进而影响现金流的情况。

三、仓储物流公募 REITs 的案例分析

截至 2023 年 6 月 30 日，全市场共发行 3 只为仓储物流公募 REITs，分别为中金普洛斯 REIT、红土盐田港 REIT、嘉实京东仓储基础设施 REIT。

（一）仓储物流 REITs 的案例分析之一：中金普洛斯 REIT

1. 中金普洛斯 REIT 基本情况

中金普洛斯 REIT 于 2021 年 6 月 21 日于上交所上市交易，是中国首批 9 个基础设施公募 REITs 之一。基础设施资产由 7 个仓储物流园组成，分布于京津冀、长三角、大湾区三大城市群，建筑面积合计约为 704，988 平方米。截至 2020 年 12 月 31 日，目标基础设施资产合计平均出租率约为 98.72%，合同租金及管理费平均约为 40.04 元/（平方米·月）。中金普洛斯 REIT 基本情况如表 9-2 所示。

表 9-2　中金普洛斯 REIT 基本情况

项目	基本情况
原始权益人	原始权益人为普洛斯中国控股有限公司，境外公司，其第一大控股股东为普洛斯有限公司（CLH Limited），持股比例为 66.21%，CLH Limited 为 GLP Pte. Ltd（普洛斯集团）的全资控股子公司
基金管理人	中金基金管理有限公司
基金托管人	兴业银行股份有限公司
计划管理人	中国国际金融股份有限公司
计划托管人	兴业银行股份有限公司
运营管理机构	普洛斯投资（上海）有限公司

续表

项目	基本情况
现金流分派率	2021 年、2022 年预测现金流分派率分别为 4.45%、4.48%
资产估值	53.46 亿元
发行场所	上交所
基金存续期	50 年
股债结构搭建方式	专项计划管理人代表专项计划:(1)向各项目公司境外股东收购标的项目公司全部股权;(2)通过发放股东借款的形式完成对各项目公司的债权投资,定向用于项目公司向原股东支付分红款及预提所得税,以及偿付项目公司借款本金及其应付利息(如有)
基金投资范围	本基金募集资金扣除募集期的认购资金利息以及基金成立初期必要税费(如有)外,全部投资于由中金基金管理有限公司作为计划管理人发行的“中金—普洛斯仓储物流基础设施资产支持专项计划资产支持证券”,或有部分资产投资于利率债、AAA 级信用债或货币市场工具
专项计划账户合格投资	在《专项计划标准条款》允许的范围内,计划管理人(代表专项计划的利益)可以在有效控制风险、保持流动性、不影响当期分配的前提下,以现金管理为目的,将专项计划资金投资于银行存款
基础设施项目收入来源	主要为基于项目公司与租户签署的租赁合同取得的租金收入及物业管理服务费等经营性收入,不依赖第三方补贴等非经常性收入
基础设施权利限制	无
退出	投资者退出:投资者可以在原有销售渠道,使用原有开放式基金账户,通过基金通平台向做市商转让基金份额基础设施基金的终止。如发生《基金合同》约定的终止事由,应成立清算小组,基金管理人组织基金财产清算小组并在中国证监会的监督下进行基金财产清算,基金清算涉及基础设施项目处置的,基金管理人应当遵循基金份额持有人利益优先的原则,按照法律法规规定专业审慎处置资产,并尽快完成剩余财产的分配

2. 中金普洛斯 REIT 底层资产的基本情况

中金普洛斯 REIT 在基金存续期内主要投资于仓储物流类型的基础设施资产支持证券,底层资产为普洛斯北京空港物流园、普洛斯通州光机电物流园、普洛斯广州保税物流园、普洛斯增城物流园、普洛斯顺德物流园、苏州望亭普洛斯物流园、普洛斯淀山湖物流园共 7 个仓储物流园的房屋所有权及其占用范围内的国有建设用地使用权，底层资产的简况如表 9-3、表 9-4、表 9-5、表 9-6、表 9-7、表 9-8、表 9-9 所示。

（1）普洛斯北京空港物流园

表 9-3　普洛斯北京空港物流园的基本情况

项目	基本情况
所在地	位于北京顺义空港物流基地范围内，紧邻首都国际机场，毗邻北京天竺综合保税区
交通情况	普洛斯北京空港物流园临顺于路，周边主干道包括机场高速 1 号线、2 号线、机场高速北线、京承高速、京沈路等，周边高速公路较为密集，交通网络较成熟
建设内容和规模	建设内容包括库房、附属用房、设备用房、门卫、司机休息室、周转库 一期项目产证证载建筑面积为 76,446.77 平方米，二期项目产证证载建筑面积为 54,092.92 平方米，建筑面积共计为 130,539.69 平方米
土地用途	《国有土地使用证》记载的普洛斯北京空港物流园一期项目所在宗地的土地用途为工业，《规划意见书》记载的建设用地性质为物流，《建设工程规划许可证》记载的规划用途包括库房、附属用房、设备用房、门卫、司机休息室、周转库，《房屋所有权证》记载的用途包括库房、附属用房、门卫、设备用房、休息室、办公、厂房及雨棚。 《国有土地使用权证》记载的普洛斯北京空港物流园二期项目所在宗地的土地用途为仓储，《建设用地规划许可证》记载的建设用地性质为仓储用地，《建设工程规划许可证》记载的规划用途包括库房、库房（仓库及办公）、门卫室、水泵房，《房屋所有权证》记载的房屋用途包括库房、办公、门卫室、水泵房
土地使用期限	京顺国用（2005 出）第 0134 号：2005.6.16—2054.8.18 京顺国用（2008 出）字第 00004 号：2008.1.21—2057.10.30
可租赁面积	128,061 平方米
截至 2020 年末出租率	96.85%
2020 年末租金单价	价值时点已签约租金及管理费（不含税）单价金额为 67.38 元/（平方米·月）
截至 2020 年 12 月 31 日估值	163,700 万元

（2）普洛斯通州光机电物流园

表 9-4 普洛斯通州光机电物流园的基本情况

项目	基本情况
所在地	普洛斯通州光机电物流园属北京市东南部中关村科技园—光机电一体化产业基地范围内，紧邻通州新城核心区，与亦庄经济技术开发区一路之隔
交通情况	普洛斯通州光机电物流园位于五、六环之间，东邻京沈高速路、西邻京津塘高速路，京津城际铁路穿基地而过。周边高速公路较为密集，交通网络较成熟
建设内容和规模	普洛斯通州光机电物流园系由北京普洛斯于 2009 年自铭林置业处通过资产收购取得。普洛斯通州光机电物流园项目已竣工并已取得《房屋所有权证》，产证证载建筑面积为 45,597.37 平方米
土地用途	《国有土地使用证》记载的普洛斯通州光机电物流园项目所在宗地的土地用途为工业用地，建设用地规划许可证记载的项目名称为工业厂房及配套，《建设工程规划许可证》记载的规划用途包括铭林国际企业中心定制用房 1 至 3，《房屋所有权证》记载的用途为定制用房
土地使用期限	2008.1.21—2057.10.30
可租赁面积	40,530 平方米
截至 2020 年末出租率	100.00%
2020 年末租金单价	价值时点已签约租金及管理费（不含税）单价金额为 74.35 元/（平方米·月）
截至 2020 年 12 月 31 日估值	48,900 万元

（3）普洛斯广州保税物流园

表 9-5 普洛斯广州保税物流园的基本情况

项目	基本情况
所在地	普洛斯广州保税物流园位于广州经济技术开发西区的保税区范围内，位于广州保税区的主入口处
交通情况	物流园北邻广深沿江高速，西邻广州绕城高速，周边高速公路较为密集，交通网络较成熟

续表

项目	基本情况
建设内容和规模	建设内容包括仓库、设备用房、门卫室、厕所、围墙，建筑面积共 44,200.8524 平方米
土地用途	根据土地使用权证为穗国用（2005）第 660011 号土地使用权证，普洛斯广州保税物流园一期项目所在宗地的土地用途为工矿仓储用地；《普洛斯（广州）保税开发有限公司项目用地规划设计要点》记载的土地用途为仓储用地（W），《建设工程规划许可证》记载的规划用途包括仓库、设备用房、门卫室、厕所、围墙，《房地产权证》记载的用途为仓库。 根据土地使用权证为 07 国用（05）第 000078 号土地使用权证，普洛斯广州保税物流园二期项目所在宗地的土地用途为工矿仓储用地；《建设用地规划许可证》记载的建设用地性质为普通仓储用地（W1），《建设工程规划许可证》记载的规划用途包括周转库、技术用房、传达室、围墙，《房地产权证》记载的房屋用途包括传达室、周转房、技术用房
土地使用期限	粤房地权证穗字第 0510000396 号：2004. 11. 22 取得，使用年限 50 年 粤房地权证穗字第 0510003470 号：2007. 4. 16 取得，使用年限 50 年
可租赁面积	43,895 平方米
截至 2020 年末出租率	100. 00%
2020 年末租金单价	价值时点已签约租金及管理费（不含税）单价金额为 24. 63 元/（平方米・月）
截至 2020 年 12 月 31 日估值	20,100 万元

（4）普洛斯增城物流园

表 9-6　普洛斯增城物流园的基本情况

项目	基本情况
所在地	普洛斯增城物流园位于增城经济技术开发区范围内，其大致范围北至南香山山脚、南至荔新公路、东至仙宁公路西面、西至东陵公司用地（与永和经济开发区相邻），处于广州“东进”轴线上

续表

项目	基本情况
交通情况	周边高速公路较为密集,交通网络较成熟
建设内容和规模	建设内容包括办公、仓库、门卫室、餐厅、休息室、垃圾收集站、消防水泵房,产证证载建筑面积共计 109,093.39 平方米
土地用途	《国有土地使用证》记载的土地用途为工业,《建设用地规划许可证》记载的建设用地性质为工业及仓储用地,《规划设计条件》记载的用地性质为一类工业用地,可兼容性质为仓储用地,《建设工程规划许可证》记载的建设项目包括仓库、门卫、物业管理房、消防水泵房、垃圾收集站,《不动产权证书》记载的用途包括办公、仓库、门卫室、餐厅、休息室、垃圾收集站、消防水泵房
土地使用期限	增国用(2008)第 B0401586 号:2008. 3. 14—2056. 10. 15 增国用(2008)第 C0400283 号:2008. 3. 14—2057. 6. 28 增国用(2008)第 C0400282 号:2008. 3. 14—2057. 6. 28
可租赁面积	112,757 平方米
截至 2020 年末出租率	100. 00%
2020 年末租金单价	价值时点已签约租金及管理费(不含税)单价金额为 40. 13 元/(平方米·月)
截至 2020 年 12 月 31 日估值	88,900 万元

(5)普洛斯顺德物流园

表 9-7　普洛斯顺德物流园基本情况

项目	基本情况
所在地	普洛斯顺德物流园位于顺德科技工业园区范围内,该区东临广州番禺,距广州市南沙港 23. 5 公里
交通情况	以太澳高速(广珠西线南延线)、广州番禺西部干线、顺番公路、南顺城际轨道为主要对外交通干线,与广东第三大内河港口顺德港仅一河之隔
建设内容和规模	一期、二期和三期项目均已竣工并已取得《房地产权证》和《不动产权证书》,其中一期项目产证证载建筑面积为 43,836. 08 平方米,二期和三期项目产证证载建筑面积共计 61,172. 17 平方米,产证证载建筑面积共计 105,008. 25 平方米

续表

项目	基本情况
土地用途	《房地产权证》记载的普洛斯顺德物流园一期项目所在宗地的土地用途为工业、仓储用地,《建设用地规划许可证》记载的用地分类为工业用地,《建设工程规划许可证》记载的项目名称为普洛斯顺德周转库(一期),《房地产权证》记载的用途为工业。 《不动产权证书》记载,普洛斯顺德物流园二期、三期项目所在宗地的土地用途为工矿仓储用地,《建设用地规划许可证》记载的用地分类为一类工业用地,普洛斯顺德物流园二期《建设工程规划许可证》记载的建设项目名称为"普洛斯顺德周转库(二期)工程",具体项目名称为周转库 B-3、周转库 B-5、门卫 1、门卫 2 和垃圾房,普洛斯顺德物流园三期《建设工程规划许可证》记载的建设项目名称为"普洛斯顺德周转库(三期)工程",具体项目名称为周转库 B-4,普洛斯顺德物流园二期、三期《不动产权证书》记载的房屋用途为工业
土地使用期限	粤房地权证佛字第 0300090898 号:2010. 01. 18—2057. 03. 19 粤(2017)顺德区不动产权第 1117093236 号:2017. 07. 13—2057. 06. 29
可租赁面积	106,737 平方米
截至 2020 年末出租率	100. 00%
2020 年末租金单价	价值时点已签约租金及管理费(不含税)单价金额为 33. 05 元/(平方米・月)
截至 2020 年 12 月 31 日估值	58,700 万元

(6)苏州望亭普洛斯物流园

表 9-8　苏州望亭普洛斯物流园基本情况

项目	基本情况
所在地	苏州望亭普洛斯物流园位于江苏省苏州市望亭国际物流园内,园区临苏州次干道望东路
交通情况	望亭国际物流园周边高速公路较为密集,交通网络较为成熟
建设内容和规模	建设内容包括仓库、综合用房、办公楼、门卫、工具间、辅房,产证证载建筑面积共计 92,148. 19 平方米

续表

项目	基本情况
土地用途	《国有土地使用证》记载的苏州望亭普洛斯物流园一期项目所在宗地的土地用途为仓储用地(063),《建设用地规划许可证》记载的用地项目名称为仓储用房,《建设工程规划许可证》记载的建设项目包括 B1 至 B3 仓库、综合用房、门卫、工具间,《房屋所有权证》记载的用途为非居住。 《不动产权证书》记载的苏州望亭普洛斯物流园二期、三期项目所在宗地的土地用途为仓储用地,《建设用地规划许可证》记载的建设用地性质为物流,苏州望亭普洛斯物流园二期项目《建设工程规划许可证》记载的建设项目包括仓库、办公楼、辅房、门卫,苏州望亭普洛斯物流园三期项目《建设工程规划许可证》记载的建设项目为仓库,《不动产权证书》记载的房屋用途为仓储,苏州望亭普洛斯物流园二期、三期项目《不动产权证书》记载的房屋用途为仓储
土地使用期限	相国用(2012)第 0700356 号:2012. 12. 12—2057. 10. 07 苏(2018)苏州市不动产权第 7023665 号:2018. 9. 06—2057. 10. 07
可租赁面积	94,434 平方米
截至 2020 年末出租率	100. 00%
2020 年末租金单价	价值时点已签约租金及管理费(不含税)单价金额为 33. 72 元/(平方米 · 月)
截至 2020 年 12 月 31 日估值	50,900 万元

(7)普洛斯淀山湖物流园

表 9-9 普洛斯淀山湖物流园的基本情况

项目	基本情况
所在地	普洛斯淀山湖物流园位于沿淀山湖镇东北角,紧邻北青公路,毗邻上海青浦区
交通情况	普洛斯淀山湖物流园北邻双河路和沪常高速,东临北青公路,连接淀山湖与昆山城区及上海青浦区,周边高速公路较为密集,交通网络较成熟
建设内容和规模	建设内容包括仓库、办公楼、物管用房、设备房、门卫、食堂、厕所,产证证载建筑面积共计 178,401. 15 平方米

续表

项目	基本情况
土地用途	《不动产权证书》记载的普洛斯淀山湖物流园一期项目所在宗地的土地用途为工业(仓储),《建设用地规划许可证》记载的建设用地性质为工业用地,《建设工程规划许可证》记载的建设项目包括 A-1 库至 A-3 库、物管用房、设备用房、门卫,《不动产权证书》记载的用途包括 A-1 库至 A-3 库、物管用房、设备用房、主门卫、次门卫。 《国有土地使用证》记载的普洛斯淀山湖物流园二期项目所在宗地的土地用途为仓储用地,《建设用地规划许可证》记载的建设用地性质为仓储用地,《建设工程规划许可证》记载的建设项目包括 A-1 库至 A-3 库、办公楼、设备房、门卫,《房屋所有权证》记载的房屋用途包括仓库、办公楼(工业用地)、设备房、门卫。 《国有土地使用证》记载的普洛斯淀山湖物流园三期项目所在宗地的土地用途为工业用地,《建设用地规划许可证》记载的建设用地性质为工业用地(M),《建设工程规划许可证》记载的建设项目包括仓库、食堂、门卫、厕所,《房屋所有权证》记载的房屋用途包括仓库(工业用地)、食堂、门卫、厕所
土地使用期限	苏(2020)昆山市不动产权第 3060956 号:2020. 07. 23—2060. 05. 07 昆国用(2014)第 DW5 号:2014. 01. 06—2063. 09. 12 昆国用(2014)第 DW297 号:2014. 08. 15—2064. 03. 25
可租赁面积	181,223 平方米
截至 2020 年末出租率	97. 24%
2020 年末租金单价	价值时点已签约租金及管理费(不含税)单价金额为 25. 24 元/(平方米·月)
截至 2020 年 12 月 31 日估值	103,400 万元

3. 中金普洛斯 REIT 的特殊关注点分析

(1)原始权益人为境外企业涉及的股权转让问题

如项目公司股东为境外企业,项目公司股权转让应取得境外公司相应的内部授权。在中金普洛斯 REIT 项目中,原始权益人为境外公司。公司境外股东签署有关文件的有效性、原始权益人的存续等相关法律意见应由境外律所出具。

根据该项目的交易安排,计划管理人拟代表专项计划的利益向各项目公司境外股东收购各项目公司 100%股权(就广州普洛斯仓储设施管理有限公司而言,系间接收购),并自专项计划设立之日起,代表专项计划的利益成为标的各项目公司的唯一股东(就广州普洛斯仓储设施管理有限公司而言,系间接唯一股东)。在境外股东转让股权环节,应关注股权转让的合法性和转让价款的公允性。

就股权转让的合法性而言,各项目公司股东需与计划管理人签署《股权转让协议》,并由境外律师出具法律意见,确认项目公司境外股东为有效存续的公司,以及项目公司境外股东有权签署股权转让协议,并已采取一切必要行动授权签署、执行股权转让协议。

就股权转让收购价款的公允性而言,以普洛斯北京项目公司为例,《北京普洛斯股权转让协议》约定,北京普洛斯 100%股权收购价款系在综合考量专项计划实际募集规模和北京普洛斯权重的基础上,结合交割资产净值与模拟资产净值的差异情况调整确定。根据普洛斯中国的说明及确认,前述股权转让价格的确定方式系由其与计划管理人(代表专项计划的利益)经充分协商确定,作为发行安排的一个组成部分,北京普洛斯股权转让价格的确定方式具有真实的交易背景,并充分反映了其在此次发行项下的商业利益;北京普洛斯股权的转让及其定价在此次发行整体框架内是公允、合理的。根据《专项计划计划说明书》,专项计划基础设施资产支持证券的目标发行规模根据基础设施基金询价发行结果,由计划管理人和基金管理人届时共同签署的《专项计划认购协议》确定,具体以计划管理人和基金管理人届时共同签署的《专项计划认购协议》中确认的金额为准。基于上述,北京普洛斯股权转让安排作为发行整体安排项下的一个组成部分,北京普洛斯股权转让价格的确定方式是公允的。

(2)固定资产投资建设手续瑕疵

①未办理某项投资建设手续问题

在中金普洛斯 REIT 项目中,普洛斯淀山湖物流园一期项目未取得建设项目的环评批复文件。就此问题,昆山普淀仓储有限公司取得了该项目的环保主管部门苏州市昆山生态环境局于 2021 年 2 月 22 日出具的《关于对昆山普淀仓储有限公司〈关于普洛斯淀山湖物流园一期项目环评批复手续的咨询函〉的回复》,该回复记载:“根据《建设项目环境影响评价分类管理名录(2021

年版)》(生态环境部令第 16 号,自 2021 年 1 月 1 日起施行),你公司普洛斯淀山湖物流园一期项目不涉及油库、气库和有毒、有害、危险品仓储等内容,已不再纳入建设项目环境影响评价管理,无需补办已建成项目的环境影响评价文件审批/备案手续。针对你公司普洛斯淀山湖物流园一期项目未办理建设项目的环评批复文件,我局将严格按照生态环境部《关于建设项目'未批先建'违法行为法律适用问题的意见》(环政法函〔2018〕31 号)'未批先建'违法行为自建设行为终了之日起二年内未被发现的,环保部门应当遵守《行政处罚法》第 29 条的规定,不予行政处罚的意见执行。"

②土地实际用途与规划用途不一致

在中金普洛斯 REIT 项目中,普洛斯通州光机电物流园项目建设用地性质为工业用地,建筑用性质包括厂房、综合楼、分拣用房及附属设施用房等,目前亚马逊实际租赁该项目用于仓储。北京市规划和自然资源委员会通州分局就此问题出具了《关于对"关于确认普洛斯通州光机电物流园项目用途情况申请函"的回复意见》,确认:"鉴于项目已取得北京市规自委通州分局核发的相关规划手续,且完成竣工验收备案并已取得房屋所有权证等相关产权证书,考虑到该项目的历史建设背景及相关业态要求,北京市规自委通州分局已书面确认项目符合促进城市功能合理复合化发展、推进存量空间的精细化提升等要求,并同意普洛斯通州光机电物流园项目参与申报基础设施 REITs 试点。"

(3)基础设施基金管理机制安排

在基础设施基金管理机制方面,中金普洛斯 REIT 项目中特别设立了中金普洛斯基金运营咨询委员会。

中金普洛斯 REIT 项目通过设立中金普洛斯基金运营咨询委员会,引入具备仓储物流行业投资或运营管理经验的资深人士,以及具备相关审计、法律、评估等专业能力的人士,为基金的投资和运营提供专业咨询意见和建议,以作为基金管理人的决策参考。运营咨询委员会提供专业意见的事项包括但不限于:①基础设施项目购入和出售方案;②基金或项目公司对外借款;③外部管理机构代表/协助项目公司签署并执行基础设施项目运营的关联交易协议;④基础设施项目相关重大协议的签署或变更,包括但不限于运营重大协议、大额工程改造合同、重大租赁协议等;⑤基础设施项目运营过程中的重大事项,包括但不限于基金年度经营预算、金额占基金净资产 10% 及以上的交易、估值发生重大调整、导致项目运营情况或产生现金流的能力发生重大变化的事项等。

(4)运营管理机构服务内容

根据《公募 REITs 指引》的规定,基金管理人可以将部分基础设施运营管理职责委托外部管理机构,《公募 REITs 指引》第 38 条[1]、第 39 条[2]规定了基金管理人应当按照法律法规规定和基金合同约定主动履行基础设施项目运营管理职责和可以委托外部管理机构可承担的职责,包括:①为基础设施项目购买足够的财产保险和公众责任保险;②制定及落实基础设施项目运营策略;③签署并执行基础设施项目运营的相关协议;④收取基础设施项目租赁、运营等产生的收益,追收欠缴款项等;⑤执行日常运营服务,如安保、消防、通讯及紧急事故管理等;⑥实施基础设施项目维修、改造等。

中金普洛斯 REIT 项目中,运营管理机构对服务范围作了若干细化规定:

①协助项目公司进行目标基础设施资产的招商,协助项目公司接待潜在租户和进行租约的谈判,并对租户(潜在的或现有的)进行必要的资信调查,安排租约签署。

②代表项目公司向租户移交其所承租的区域,以及在任何租约届满后监督相应的租户及时腾空并交换所承租的区域;租户对承租区域有改造需求

---

[1] 《公募 REITs 指引》第 38 条:基础设施基金运作过程中,基金管理人应当按照法律法规规定和基金合同约定主动履行基础设施项目运营管理职责,包括:(一)及时办理基础设施项目、印章证照、账册合同、账户管理权限交割等;(二)建立账户和现金流管理机制,有效管理基础设施项目租赁、运营等产生的现金流,防止现金流流失、挪用等;(三)建立印章管理、使用机制,妥善管理基础设施项目各种印章;(四)为基础设施项目购买足够的财产保险和公众责任保险;(五)制定及落实基础设施项目运营策略;(六)签署并执行基础设施项目运营的相关协议;(七)收取基础设施项目租赁、运营等产生的收益,追收欠缴款项等;(八)执行日常运营服务,如安保、消防、通讯及紧急事故管理等;(九)实施基础设施项目维修、改造等;(十)基础设施项目档案归集管理等;(十一)按照本指引要求聘请评估机构、审计机构进行评估与审计;(十二)依法披露基础设施项目运营情况;(十三)提供公共产品和服务的基础设施资产的运营管理,应符合国家有关监管要求,严格履行运营管理义务,保障公共利益;(十四)建立相关机制防范外部管理机构的履约风险、基础设施项目经营风险、关联交易及利益冲突风险、利益输送和内部人控制风险等基础设施项目运营过程中的风险;(十五)按照基金合同约定和持有人利益优先的原则,专业审慎处置资产;(十六)中国证监会规定的其他职责。

[2] 《公募 REITs 指引》第 39 条:基金管理人可以设立专门的子公司承担基础设施项目运营管理职责,也可以委托外部管理机构负责第三十八条第(四)至(九)项运营管理职责,其依法应当承担的责任不因委托而免除。基金管理人委托外部管理机构运营管理基础设施项目的,应当自行派员负责基础设施项目公司财务管理。基金管理人与外部管理机构应当签订基础设施项目运营管理服务协议,明确双方的权利义务、费用收取、外部管理机构考核安排、外部管理机构解聘情形和程序、协议终止情形和程序等事项。

的，前期协助配合改造、退租时协助配合还原（如需）。

③向项目公司提供针对租户违约行为处理方案的咨询服务及建议。

④协助项目公司组织目标基础设施资产的租户沟通活动，了解租户对目标基础设施资产及相关服务的合理意见及建议并及时反馈项目公司，对租户管理的改进提供咨询建议。

⑤按规定代表项目公司发起付款、用印、协议签署、文档调用等申请。

⑥根据项目公司及租户实际需求，利用信息化、数字化、互联化和物联网技术为项目公司提供智慧园区升级方案的咨询建议，并协助项目公司在园区智慧化的升级过程中进行各项工作管理。

（二）仓储物流 REITs 的案例分析之二：红土盐田港 REIT

1. 红土盐田港 REIT 基本情况

2021 年 6 月 21 日，盐田港集团与深圳市属国企深创投集团合作，在深交所成功发行了红土盐田港 REIT。红土盐田港 REIT 是中国首批 9 个基础设施公募 REITs 之一。基础设施项目资产范围包括位于深圳市盐田区约 11.9 万平方米的国有建设用地使用权及地上建筑面积共计约 32.0 万平方米的房屋（含附属设施设备），仓储及配套部分可租赁面积约为 26.6 万平方米。盐田港现代物流中心项目包括 A 区的 A 仓、入区盘道和行车道，B 区的 B1 仓、B2 仓、B3 仓、综合办公楼、气瓶站、出区盘道和行车道。红土盐田港 REIT 基本情况如表 9-10、表 9-11 所示。

表 9-10　红土盐田港 REIT 基本情况

项目	基本情况
原始权益人	原始权益人为深圳市盐田港集团有限公司，国有企业，深圳市人民政府国资委持有原始权益人 100%股权
基金管理人	红土创新基金管理有限公司
基金托管人	招商银行股份有限公司
计划管理人	深创投红土资产管理（深圳）有限公司
计划托管人	招商银行股份有限公司深圳分行
运营管理机构	深圳市盐田港物流有限公司

续表

项目	基本情况
现金流分派率	2021 年、2022 年预测现金流分派率分别为 4.47%、4.75%
资产估值	17.05 亿元
发行场所	深交所
基金存续期	自基金合同生效之日起至 2057 年 6 月 29 日
股债结构搭建方式	专项计划管理人代表专项计划向原始权益人收购 SPV 目标股权和原始权益人对 SPV 的目标债权,收购完成后,项目公司反向吸收合并 SPV,SPV 注销,专项计划管理人成为项目公司股东
基金投资范围	本基金募集资金将在扣除必要的预留费用后全部投资于红土资管作为专项计划管理人发行设立的资产支持专项计划,本基金部分资产投资于利率债、AAA 级信用债或货币市场工具
专项计划账户合格投资	未披露
基础设施项目收入来源	基础设施项目的收入来源主要系通过将基础设施项目进行市场化出租获得的持续、稳定的租金收入和综合管理服务费收入两部分。项目公司持有基础设施项目。港口运营商、国际海运船公司、国际货代、跨国采购商、制造商等客户作为基础设施项目的使用方,根据签署的《租赁协议》以及《综合管理服务协》,按期向项目公司支付相应的租金和综合管理服务费
基础设施权利限制	无
退出	投资者退出:投资者可以在原有销售渠道,使用原有开放式基金账户,通过基金通平台向做市商转让基金份额 基础设施基金的终止。如发生《基金合同》约定的终止事由,应成立清算小组,基金管理人组织基金财产清算小组并在中国证监会的监督下进行基金财产清算,基金财产清算后的全部剩余资产扣除基金财产清算费用、交纳所欠税款并清偿基金债务后,按基金份额持有人持有的基金份额比例进行分配

2. 红土盐田港 REIT 底层资产的基本情况

表 9-11 红土盐田港 REIT 底层资产的基本情况

项目	基本情况
所在地	位于深圳市盐田区盐田综合保税区北片区,邻近盐田港码头

续表

项目	基本情况
交通情况	项目所在区域东临惠深沿海高速、南临盐排高速、西临盐田路、北临明珠大道，毗邻香港国际航运中心，项目距离深圳地铁 8 号线盐田路站 1.5 公里，距离盐田港约 1 公里，距离惠深沿海高速入口约 2.5 公里，距离盐排高速入口约 3 公里，距深圳宝安国际机场约 60 公里，距深圳市区约 28 公里
建设内容和规模	现代物流中心项目包括 A 区的 A 仓、入区盘道和行车道，B 区的 B1 仓、B2 仓、B3 仓、综合办公楼、气瓶站、出区盘道和行车道，建筑面积共计约 32.0 万平方米，宗地面积约 11.9 万平方米，包括：(1) A 仓建设内容为 4 层盘道式仓库，建筑面积为 78,583.84 平方米。(2) B1、B2 仓库建设内容为 5 层盘道式仓库，建筑面积为 168,068.70 平方米。(3) B3 仓建设内容为 4 层盘道式仓库，建筑面积为 63,157.57 平方米。(4) 综合楼办公楼建设内容为 9 层办公楼，建筑面积为 10,511.67 平方米。(5) 气瓶站建设内容为气瓶站，建筑面积为 124.44 平方米
土地用途	现代物流中心项目的土地用途为仓储用地，房屋用途为“仓储、办公、设备用房”“仓储、办公、无盖引桥”“办公、人防报警间、设备用房”“气瓶站”。《建设工程规划许可证》记载的建筑性质为仓储办公等
土地使用权终止日期	2057.06.29
可租赁面积	仓储及配套部分可租赁面积约为 26.6 万平方米
截至 2020 年末出租率	100.00%
2020 年末租金单价	盐田港集团租用的仓储部分租赁价格为 37.5 元/(平方米・月)，项目由独立第三方承租人租赁的仓储部分的加权平均租金水平约为 39 元/(平方米・月)。盐田港集团租用的配套部分租赁价格为 50 元/(平方米・月)，项目由独立第三方承租人租赁的配套部分加权平均租金水平约为 50 元/(平方米・月)
截至 2021 年 3 月 31 日估值	17.05 亿元

3. 红土盐田港 REIT 的特殊关注点分析

(1) 国有企业涉及的国有资产转让问题

如项目公司为国有企业，则项目公司股权为国有资产，转让应取得国资委的同意，并确认无须另行履行国有资产交易程序。

在红土盐田港 REIT 项目中，根据《红土创新盐田港仓储物流封闭式基础设施证券投资基金招募说明书》披露的信息，项目公司系深圳市人民政府国资委间接持有 100%股权的国有企业，项目公司的 100%股权转让交易适用《企业国有资产法》《企业国有资产监督管理暂行条例》《企业国有资产交易监督管理办法》等法律法规。

深圳市人民政府国资委于 2020 年 10 月 12 日出具的深圳市国资委《关于深圳市地铁集团有限公司、深圳市盐田港集团有限公司申请基础设施 REITs 试点的反馈意见》载明："基础设施 REITs 是通过证券交易所公开发行的金融产品，项目所涉国有资产按照中国证监会公布的《公开募集基础设施证券投资基金指引（试行）》等证券监管制度要求，遵循等价有偿和公平公正的原则公开规范发行，无需另行履行国有资产交易程序。你公司与基金管理人等中介机构应严格按照证券监管制度要求，充分发挥公开市场配置资源作用，根据基础设施项目评估情况及基础设施 REITs 交易结构，按照市场化方式通过公开询价确定基金份额认购价格，进而确定基础设施项目交易价格，防止国有资产流失，实现国有资产保值增值"。前述反馈意见表明深圳市人民政府国资委同意按照市场化方式通过公开询价确定基金份额认购价格和基础设施项目交易价格，明确盐田港集团在该项目中无须另行履行国有资产交易程序。

（2）限制转让问题

在红土盐田港 REIT 项目中，基础设施项目占用宗地的土地使用权系由项目公司通过土地协议出让的方式取得。[1] 就此情况，深圳市规划和自然资源局盐田管理局出具了深圳市规划和自然资源局盐田管理局关于盐田港现代物流中心项目参与基础设施不动产投资信托基金 REITs 相关意见的复函，确认盐田港现代物流中心项目已签订的土地使用权出让合同及补充协议

---

〔1〕 参见红土盐田港 REIT《招募说明书》，载深圳证券交易所网站 2022 年 7 月 13 日，https://reits.szse.cn/disclosure/index.html：基础设施项目的宗地及建筑物未经批准不得转让，未经批准不得用于抵押；根据《土地出让合同补充协议七》的约定：基础设施项目的宗地及建筑物限整体转让，允许抵押，即《初始土地出让合同》项下转让限制已被解除。经核查，基础设施项目为有机整体；土地主管部门出于规范建设用地、规划管理的考虑，在盐田港集团、项目公司签署的《土地出让合同补充协议七》中设置了"宗地及建筑物限整体转让"等要求，是对于基础设施项目用地转让形式的具体要求，并非对转让行为作出限制。此外，项目公司也不涉及分拆转让基础设施项目的需求。因此"限整体转让"不会对基础设施 REITs 的资产处置（如需）、基础设施项目估值造成不利影响。

书中未对项目股权转让进行限制,其对该项目以 100%股权转让方式发行基础设施 REITs 无异议。

(3)运营管理机构服务内容

除《公募 REITs 指引》规定的基金管理人可以委托外部管理机构承担的职责外,红土盐田港 REIT 项目中,运营管理机构服务对运营管理服务作了如下补充:①提供业态管理服务、营销管理服务、租赁咨询服务、租赁发展及管理服务,协调管理租户关系,协助处理潜在及已发生的租赁相关争议;②根据基础设施项目运营情况制作并及时更新租约台账,保存在运营管理期限内基础设施项目运营管理及运营维护相关的记录、合同及档案,并根据委托方要求及时向委托方移交。

(三)仓储物流 REITs 的案例分析之三:嘉实京东仓储基础设施 REIT

1. 嘉实京东仓储基础设施 REIT 基本情况

嘉实京东仓储物流封闭式基础设施证券投资基金于 2023 年 1 月 11 日正式成立,2023 年 2 月 8 日,嘉实京东仓储基础设施 REIT 在上交所正式上市。嘉实京东仓储基础设施 REIT 是首单民企仓储物流公募 REITs。基础设施项目资产范围包括重庆项目、武汉项目、廊坊项目。嘉实京东仓储基础设施 REIT 的基本情况见表 9-12。

表 9-12　嘉实京东仓储基础设施 REIT 的基本情况

项目	基本情况
原始权益人	北京京东世纪贸易有限公司
基金管理人	嘉实基金管理有限公司
基金托管人	中信银行股份有限公司
计划管理人	嘉实资本管理有限公司
财务顾问	中信证券股份有限公司
计划托管人	中信银行股份有限公司上海分行
运营管理机构	北京京东东鸿管理咨询有限公司
现金流分派率	2022 年、2023 年预测净现金流分派率分别为 4. 17%、4. 29%
资产估值	15. 65 亿元

续表

项目	基本情况
发行场所	上交所
基金存续期	自基金合同生效之日起 46 年
股债结构搭建方式	专项计划管理人代表专项计划向原始权益人收购 SPV 目标股权并向 SPV 发放股东借款,形成专项计划对 SPV 的股权和股东借款债权,SPV 收购项目公司股权,收购完成后,项目公司反向吸收合并 SPV,SPV 注销,SPV 对于专项计划的债务下沉到项目公司层面,由专项计划管理人代表专项计划直接持有项目公司的股权和债权
基金投资范围	本基金投资范围包括基础设施资产支持证券,国债、政策性金融债、地方政府债、中央银行票据,AAA 级信用债(企业债、公司债、金融债、中期票据、短期融资券、超短期融资债券、公开发行的次级债、可分离交易可转债的纯债部分等),货币市场工具(同业存单、债券回购、协议存款、定期存款及其他银行存款等),以及法律法规或中国证监会允许基金投资的其他金融工具(但须符合中国证监会相关规定)
专项计划账户合格投资	专项计划不进行合格投资,专项计划账户中的资金以银行存款形式存于专项计划账户
基础设施项目收入来源	本基金的收入来源主要为基础设施项目形成的租金收入
基础设施权利限制	无
退出	基础设施基金的终止:《基金合同》终止的,基金管理人应当依法组织基金财产清算小组对基金财产进行清算并作出清算报告。基金清算涉及基础设施项目处置的,基金管理人应当遵循基金份额持有人利益优先的原则,按照法律法规规定进行资产处置,并尽快完成剩余财产的分配。资产处置期间,基金管理人应当按照法律法规规定和基金合同约定履行信息披露义务。依据基金财产清算的分配方案,将基金财产清算后的全部剩余资产扣除基金财产清算费用、交纳所欠税款并清偿基金债务后,按基金份额持有人持有的基金份额比例进行分配

2. 嘉实京东仓储基础设施 REIT 底层资产的基本情况

嘉实京东仓储基础设施 REIT 底层资产的基本情况见表 9-13、表 9-14、表 9-15。

表 9-13　京东重庆项目基本情况

项目	基本情况
名称	重庆项目:京东重庆电子商务基地项目(中转配送中心)一期
所在地	重庆市巴南区
建设内容和规模	物流仓库及相关配套,由两座干货物储存和转运仓库、倒班宿舍楼及餐厅楼组成,建设规模为 199,802.38 平方米
土地用途/项目用途	物流仓储用地/主要用作干品库房
开工时间/竣工时间	2016 年 2 月/2018 年 6 月
运营起始时间	2017 年 8 月
决算总投资	5.45 亿元
出租率	100%
截至 2022 年 6 月 30 日资产估值	6.24 亿元
收入来源	主要为仓库租赁、物业管理收入,兼有部分场地租赁收入

表 9-14　京东武汉项目基本情况

项目	基本情况
名称	武汉项目:京东商城亚洲 1 号仓储华中总部建设项目
所在地	武汉市东西湖区
建设内容和规模	物流仓库及相关配套,由 4 座转运仓库组成,建设规模为 50,972.21 平方米
土地用途/项目用途	工业用地/主要用于中转仓库
开工时间/竣工时间	2014 年 7 月/2016 年 1 月
运营起始时间	2016 年 1 月
决算总投资	1.42 亿元
出租率	100%
截至 2022 年 6 月 30 日资产估值	2.79 亿元
收入来源	主要为仓库租赁、物业管理收入,兼有部分辅房租赁收入

表 9-15　京东廊坊项目基本情况

项目	基本情况
名称	廊坊项目：京东亚洲一号廊坊经开物流园
所在地	廊坊开发区
建设内容和规模	物流仓库及相关配套，由 4 座干货物储存和转运仓库组成，建设规模为 100,220.90 平方米
土地用途/项目用途	仓储用地/主要用作干品库房
开工时间/竣工时间	2018 年 4 月/2020 年 8 月
运营起始时间	2020 年 4 月
决算总投资	4.98 亿元
出租率	100%
截至 2022 年 6 月 30 日资产估值	6.62 亿元
收入来源	主要为仓库租赁、物业管理收入

3. 嘉实京东仓储基础设施 REIT 的特殊关注点分析

（1）武汉项目土地用途为工业用途问题

在仓储物流园区中，常见的土地性质为工业用地，工业用地能否用于仓储物流，需要根据项目情况及项目所在地当地法规、政策判断。

在嘉实京东仓储基础设施 REIT 中，根据项目披露的信息，武汉项目的土地性质为工业用地。根据武汉项目《国有建设用地使用权出让合同》订立时有效的《土地利用现状分类》（GB/T 21010—2007，2007 年 8 月 10 日起生效，2017 年 11 月 1 日起失效），“工矿仓储用地”为土地一级分类，系指“主要用于工业生产、物资存放场所的土地”，包括工业、采矿、仓储用地，“工业用地”“采矿用地”“仓储用地”同属“工矿仓储用地”项下二级分类。

武汉项目的实际用途为仓储，其《湖北省企业投资项目备案证》《建设用地规划许可证》《建设工程规划许可证》记载的项目名称均体现项目为“仓储”，且《建设工程规划许可证》进一步明确建设项目主要为“4 个库房”，虽然《国有建设用地使用权出让合同》所载土地用途为“工业用地”，但土地出让人为武汉市东西湖区国土资源和规划局，与颁发《建设用地规划许可证》和《建设工程规划许可证》的武汉市东西湖区国土资源和规划局为同一主体，因此武汉市东西湖区国土资源和规划局对于武汉项目土地系用于建设仓储项目有所知悉并认可，且后续核发了《建设用地规划许可证》《建设工程规划许可证》等建设文件。综上，该项目基金管理人、计划管理人和法律顾问认为，武汉市东西湖区国土资源和规划局对土地使用权人予以处罚、要求其补缴土地出让金或责令土地使用权人交还土地的可能性较小。

（2）境外交易所问题

如原始权益人或其相关方是境外上市公司，还需关注是否涉及境外交易所相关审批。

以嘉实京东仓储基础设施 REIT 为例，根据《嘉实京东仓储物流封闭式基础设施证券投资基金招募说明书》，原始权益人的控股股东京东集团以美国存托股份于纳斯达克证券交易所上市，同时普通股于香港联交所主板上市，需要关注基础设施项目的转让是否需要事先取得纳斯达克交易所、香港联交所的同意。

就取得纳斯达克交易所同意情况，根据京东集团聘请的境外律师的意见，确认纳斯达克交易所的相关规则未要求该 REITs 发行取得纳斯达克交易所的审批同意。

就取得香港联交所同意情况，根据京东集团聘请的境外律师的意见，京东集团为香港联交所上市的上市公司，香港联交所《上市规则》项下《第 15 项应用指引》（以下简称 PN15）规定，如香港上市公司拟“将其现有集团全部或部分资产或业务在本交易所或其他地方分拆作独立上市（‘分拆上市’）”，该等分拆上市计划需呈交给香港联交所审批并受限于 PN15 里载列的规定。根据上述规定，公司转移拥有物业的项目公司的股权至 REITs 并申请将 REITs 于国内公开发行，属于 PN15 规定下的分拆上市项目，该 REITs 项目需要满足 PN15 的相关规定，并获得香港联交所同意。为满足 PN15 要求，京东集团已将重庆项目、廊坊项目、武汉项目从京东集团分拆并在上交所发行 REITs 的事项，向香港联交所提交申请。2021 年 1 月 8 日，香港联交所出具决定书，同意京东集团分拆发行 REITs 并上市的申请。因此，该 REITs 项目已获得了香港联交所的同意。

（3）运营管理机构服务内容

除《公募 REITs 指引》规定的基金管理人可以委托外部管理机构承担的

职责外，在嘉实京东仓储基础设施 REIT 中，基金对运营管理机构的服务范围作了若干细化约定：

①对基础设施项目实施商业管理，包括但不限于营销管理服务、租赁咨询服务、租赁发展及管理服务、租约管理、收取相关收益追收欠缴款项等。

②对基础设施项目实施物业管理、物业维修、改造，包括但不限于房屋建筑和整体形象的维修改造、对租户的承租区域改造进行监督、代位签订第三方物业管理协议、制定必要的物业维护计划、处理有关项目工程质量保证的各项工作、维护租赁记录、处理相关争议、编制维修和改造计划等。

③其他日常经营管理事项，包括财税/法律事项沟通、检查接洽、完成各类年度报审等。

④运营管理机构提供运营管理服务涉及由第三方提供服务的，运营管理机构应勤勉尽职地选择第三方服务供应商，并行使合理的商业判断，确保第三方服务供应商就其提供的服务已取得必备资质、专业能力与专业人员；运营管理机构应按照市场化原则以及行业惯例，采用公允的手段遴选第三方服务供应商，不得损害基金利益，由第三方提供服务涉及单笔金额超过 50 万元或连续 12 个月内累计金额超过 500 万元的关联交易的，需取得基金管理人同意，并配合基金管理人进行信息披露。

第十章

生态环保基础设施公募 REITs 的法律关注重点和案例分析

一、生态环保基础设施的行业概述

环境污染和生态恶化已成为我国国民经济和社会发展的严峻挑战，党的十三届全国人大四次会议 2021 年 3 月颁布了《国民经济和社会发展第十四个五年规划和 2035 年远景目标纲要》，将“构建集污水、垃圾、固废、危废、医废处理处置设施和监测监管能力于一体的环境基础设施体系，形成由城市向建制镇和乡村延伸覆盖的环境基础设施网络”列为“十四五”期间我国国民经济和社会发展的重要目标。包括污水处理、固体废物处理、危险废物处理、医疗废物处理（后三者下文简称固废处理、危废处理、医废处理，合称固废危废医废处理）、生活垃圾分类处理、新能源发电等在内的生态环保基础设施领域，不仅是我国构建低碳社会和改善生态的着力发展领域，也是“958 号文”所列重点鼓励领域。

鉴于环保行业细分领域在成熟度、所处周期上的差异，本章将污水处理行业、固废危废医废处理行业的项目分别作为传统环保领域、新兴环保领域的代表予以介绍。

污水处理行业按照国家统计局《国民经济行业分类》（GB/T 4754—2017）属于“水的生产和供应业”大类中的“污水处理及其再生利用”（行业代码 4620）。固废危废医废处理行业按照《国民经济行业分类》为一系列行业的组合，其中可回收固废处理行业依加工程度不同可能属于“再生物资回收与批发”（行业代码 5191）或“生物质燃料加工”（行业代码 2541），也可能属于

“废弃资源综合利用业”（行业代码 4210 或 4220），利用生活垃圾或其他可燃固体废物开展生物质能发电则属于“电力、热力、燃气及水生产和供应业”大类中的“生物质能发电”（行业代码 4417），危废医废处理除以回收利用为主的可根据国家统计局《国民经济行业分类》归入“废弃资源综合利用业”类别外，多数只能归入“危险废物治理”（行业代码 7724），即对制造、维修、医疗等活动产生的危险废物进行收集、贮存、利用、处理和处置的行业；而涉及放射性废物的危废处理则应归入“放射性废物治理”（行业代码 7725）。

从商业角度看，生态环保行业一直被称为“长周期、回报慢”的行业，需要巨额资金投入，收回成本往往要几十年的时间，导致该行业的企业普遍面临缺乏融资途径的局面，严重地制约了社会资本对该行业的投入。依赖财政投入的模式又加重了地方财政的负担，并且造成了区域、城乡之间的投入不平衡。

为了缓解财政压力，促进行业健康发展，国家近年来大力探索社会资本与政府合作的新模式，其中标志性的事件是 2017 年财政部、住建部、原农业部、原环保部联合印发《关于政府参与的污水、垃圾处理项目全面实施 PPP 模式的通知》（财建〔2017〕455 号），决定对政府参与的污水、垃圾处理项目全面推广实施 PPP 模式，以提高政府参与的效率，并充分吸引社会资本参与，实行“促进新建项目全面实施，存量项目逐步转型”的方针。

与 PPP 模式的推出类似，环保领域公募 REITs 的推出为盘活污水处理行业、固废危废医废处理行业这两个需要长期投资行业的存量资产提供了新的路径，有助于为环保领域注入更适配的资金。

以污水处理、固废危废医废处理为代表的生态环保行业有着广阔的市场前景。2022 年 2 月国务院办公厅转发国家发改委、生态环境部、住建部、国家卫生健康委联合作出的《关于加快推进城镇环境基础设施建设的指导意见》（国办函〔2022〕7 号）设定了目标，要求：到 2025 年，城镇环境基础设施供给能力和水平显著提升，加快补齐重点地区、重点领域短板弱项，构建集污水、垃圾、固体废物、危险废物、医疗废物处理处置设施和监测监管能力于一体的环境基础设施体系。到 2030 年，基本建立系统完备、高效实用、智能绿色、安全可靠的现代化环境基础设施体系。在各细分领域 2025 年的具体目标如下：（1）在污水处理及资源化利用方面，“新增污水处理能力 2000 万立方米/日，新增和改造污水收集管网 8 万公里，新建、改建和扩建再生水生产能力不少于 1500 万立方米/日，县城污水处理率达到 95%以上，地级及以上缺水城市污水资源化利用率超过 25%,城市污泥无害化处置率达到 90%”。(2)在生活垃圾处理方面,“生活垃圾分类收运能力达到 70 万吨/日左右,城镇生活垃圾焚烧处理能力达到 80 万吨/日左右。城市生活垃圾资源化利用率达到 60%左右,城市生活垃圾焚烧处理能力占无害化处理能力比重达到 65%左右”。(3)在固体废物处置方面,“固体废物处置及综合利用能力显著提升,利用规模不断扩大,新增大宗固体废物综合利用率达到 60%”。(4)在危险废物、医疗废物处置方面,“基本补齐危险废物、医疗废物收集处理设施短板,危险废物处置能力充分保障,技术和运营水平进一步提升,县级以上城市建成区医疗废物全部实现无害化处置”。

在基础法规的建设方面,我国为生态环保基础设施设置了较为完善的法规体系,其中污水处理领域基础性的法规主要包括:《水污染防治法》,该法规定了城镇和农村污水集中处理的基本规则;国务院 2013 年发布、2014 年 1 月起实施的《城镇排水与污水处理条例》,该条例规定了城镇污水集中处理的具体规则。固废危废医废处理领域基础性的法规主要包括:《固体废物污染环境防治法》,该法规定了广义的固体废物的处理的基本规则,又区分工业固体废物、生活垃圾、建筑垃圾和农业固体废物、危险废物(含医疗废物)四大类提出了针对性的规定;国务院 2011 年颁布的《放射性废物安全管理条例》,该条例对放射性废物作出了特别规定。

二、污水处理公募 REITs 的法律关注重点

(一)污水处理企业收费模式和现金流分散性的论证

首先有一对需要澄清的概念,严格说来,业内习惯所说的污水处理企业收取的“污水处理费”更确切的称呼是“污水处理服务费”,是由政府向污水处理企业购买污水处理的服务所支付的服务报酬。随着我国政府落实用户端收费收入和污水委托处理支出的“收支两条线”管理,用户缴费单据上出现的“污水处理费”与污水处理企业收取的“污水处理服务费”不仅在收付对象和性质上均有所不同,具体金额也不相同,只是现金流上存在密不可分的联系。

现行大多数法律法规使用的“污水处理费”一词与“污水处理服务费”也不同,例如,《城镇排水与污水处理条例》(国务院令第 641 号)第 32 条和第 33 条规定,排水单位和个人应当按照国家有关规定缴纳污水处理费,但所缴纳的

污水处理费应当纳入地方财政预算管理,专项用于城镇污水处理设施的建设、运行和污泥处理处置,不得挪作他用。污水处理费的收费标准不应低于城镇污水处理设施正常运营的成本。因特殊原因,收取的污水处理费不足以支付城镇污水处理设施正常运营的成本的,地方人民政府给予补贴。《污水处理费征收使用管理办法》(财税〔2014〕151 号)第 4 条进一步明确:"污水处理费属于政府非税收入,全额上缴地方国库,纳入地方政府性基金预算管理,实行专款专用。"

为了避免概念混淆,下文我们将尽量用"污水处理服务费"来指代污水处理企业收到的资金。从上述规定可见,污水处理服务费是政府通过"收支两条线"模式支付给污水处理企业的费用,其主要来源是"污染者付费"原则下由排水的单位或个人用户缴纳给地方政府或其指定机构的污水处理费。

如果简单以费用支付方为地方政府来看,污水处理服务费似乎不符合《公募 REITs 指引》第 8 条规定的"现金流来源合理分散"的要求。就相类似的识别债务人的问题,中国证监会《资产证券化监管问答(一)》作出过规定:为社会提供公共产品或公共服务,最终由使用者付费,实行收支两条线管理,专款专用,并约定了明确的费用返还安排的相关收费权类资产,可以作为基础资产开展资产证券化业务。参照这一监管精神,从实质重于形式的角度出发,应当穿透看待污水处理服务费的实质:虽然形式上直接的付费方是地方政府(具体为地方政府的财政部门或其他指定部门),地方政府是遵从"收支两条线"从专项基金列支,但穿透来看,污水处理服务费的现金流来源于背后分散度较大的排污单位和个人,因而是符合《公募 REITs 指引》第 8 条规定的"现金流来源合理分散"的要求的。

(二)污水处理项目收费权的合法有效取得的核验

污水处理项目收费权的合法有效性的判断应立足于污水处理项目特许经营或其他形式的经营资格合法有效性的判断。《城镇排水与污水处理条例》第 16 条第 1 款规定:"城镇排水与污水处理设施竣工验收合格后,由城镇排水主管部门通过招标投标、委托等方式确定符合条件的设施维护运营单位负责管理。特许经营合同、委托运营合同涉及污染物削减和污水处理运营服务费的,城镇排水主管部门应当征求环境保护主管部门、价格主管部门的意见。国家鼓励实施城镇污水处理特许经营制度。具体办法由国务院住房城乡建设主管部门会同国务院有关部门制定。"《城镇排水与污水处理条例》上述条文规定应以招标投标、委托等方式选定污水处理项目运营主体，并鼓励采取特许经营模式。由于国家的鼓励，实践中项目公司以特许经营模式（含 PPP 模式）取得污水项目运营资质的情况更为多见，而政府直接委托特定公司运营污水处理项目的经营权系特定历史时期的情况。如果在《市政公用事业特许经营管理办法》《基础设施和公用事业特许经营管理办法》等规定出台之后仍采用直接委托方式授予特许经营权，则应补办特许经营权授予手续。

在核查污水处理项目运营主体经营权及相应收费权的合法有效性时，主要应关注如下 3 个方面：第一，应审查项目公司是否依据《市政公用事业特许经营管理办法》《基础设施和公用事业特许经营管理办法》等完成了招投标、竞争性谈判等以市场竞争方式获任经营方的手续；第二，应审查项目公司或其实际控制人与当地政府特许经营协议的签署和生效、履行情况；第三，应关注污水处理服务费的定价是否符合协议约定的要求和当地规定。

（三）围绕政府补贴和变相补贴的审查判断

《公募 REITs 指引》第 8 条要求公募 REITs 的基础设施项目现金流要"主要由市场化运营产生，不依赖第三方补贴等非经常性收入"，在污水处理项目的审查中需谨慎把握这一点。

考虑污水处理是一项关系到环境和生态后果的基础工程，不能容忍随经济周期发生经营服务的中断和服务企业的过快更迭，政府往往不会完全将污水处理推向市场化，因此我国《城镇排水与污水处理条例》第 33 条规定，污水处理费的收费标准不应低于城镇污水处理设施正常运营的成本。因特殊原因，收取的污水处理费不足以支付城镇污水处理设施正常运营的成本的，地方人民政府给予补贴。

财政部等《关于政府参与的污水、垃圾处理项目全面实施 PPP 模式的通知》（财建〔2017〕455 号）更具体地划定了政府"必要支持"与政府兜底或依赖政府的边界，其中要求："政府可以在符合 PPP 相关政策规定的前提下对项目给予必要的支持，但不得为项目融资提供担保，不得对项目商业风险承担无限责任，不得以任何方式承诺回购社会资本方的投资本金，不得以任何方式承担社会资本方的投资本金损失，不得以任何方式向社会资本方承诺最低收益。"

对于政府实施补贴的方式，除了补贴名义的现金流之外，有的地方政府为了避免直接补贴有兜底的嫌疑,可能采用设置“最低水量”“保证水量”的方式,这种操作并不一定是违规操作,例如财政部《关于规范政府和社会资本合作合同管理工作的通知》(财金〔2014〕156 号)发布的《PPP 项目合同指南(试行)》(以下简称《PPP 合同指南》)规定的就政府购买服务的 PPP 项目可以采取的分层级使用量付费机制的规定,属于其中“最低使用量”的设计,即《PPP 合同指南》规定的“政府与项目公司约定一个项目的最低使用量,在项目实际使用量低于最低使用量时,不论实际使用量多少,政府均按约定的最低使用量付费”的安排,加入最低使用量的付费安排,系政府作出的最低付费承诺,与财政部《关于进一步做好政府和社会资本合作项目示范工作的通知》中“严禁通过保底承诺、回购安排、明股实债等方式进行变相融资,将项目包装成 PPP 项目”对以 PPP 项目为名、行变相融资之实并无必然的冲突,其效果仅是《PPP 合同指南》所述的“在一定程度上降低项目公司承担实际需求风险的程度”,因此该等约定符合法律和行政法规的规定。

在污水处理公募 REITs 的底层项目审核中,就补贴或者以保证水量等方式出现的变相补贴,我们应当关注如下要点:第一,该等补贴或变相补贴在特许经营协议或者 PPP 协议是否有明确约定,如果没有,应当请融资方或当地政府提供明确的书面依据;第二,判断该补贴是否合法合规,其中症结在于是着眼持续运营的合理补偿,还是着眼于企业投资方获得回报乃至退出项目的偿债色彩的安排;第三,结合历史现金流和未来的现金流预测情况,判断该补贴在全部现金流中的占比,如果前面两点均通过,但是补贴在全部现金流中占比过高,则不满足进行公募 REITs 的“不依赖第三方补贴等非经常性收入”的要求,如显著高于同业,则应就该超出同业的情况作出合理解释。

(四)特许经营期限及期满反向移交的相关风险的分析和应对

污水处理项目有明确的特许经营期限,如《基础设施和公用事业特许经营管理办法》第 6 条规定:“基础设施和公用事业特许经营期限应当根据行业特点、所提供公共产品或服务需求、项目生命周期、投资回收期等综合因素确定,最长不超过 30 年。对于投资规模大、回报周期长的基础设施和公用事业特许经营项目(以下简称特许经营项目)可以由政府或者其授权部门与特许经营者根据项目实际情况,约定超过前款规定的特许经营期限。”目前大部分污水处理项目的期限均未特别设置超过 30 年的特许经营期限,在特许经营期限的届满时,由于特许经营协议签署前签署方已根据收益测算预计社会资本方可以实现成本回收,特许经营协议往往约定项目公司在特许经营期限届满后应无偿向当地主管部门(如当地水务局)或其指定机构办理所谓“反向移交”(相对于的政府向项目公司授予特许经营权的方向而言)的移交手续,完成移交手续后,项目公司将进入清算。这意味着在特许经营期限到期时项目公司将不再收取现金流。有的特许经营合同还设置了“反向移交”之前项目还有对项目进行一次大修的合同义务。

特许经营权期限意味着公募 REITs 基金有预期存续期限、购入新的基础设施项目后的存续期限两种可能性,其中预期存续期限的到期日不晚于污水处理项目的经营期限届满之日,如有多个污水处理项目,则不晚于最后一个污水处理项目的经营期限届满之日。公募 REITs 可以设置购入新的基础设施项目的标准和要求,购入新的基础设施项目后,随着基础设施经营期限的调整,公募基金 REITs 存续期限也将相应拉长,可以授权公募基金份额持有人大会来结合新基础设施项目剩余特许经营期限决定新的到期日。此外,发行文件对投资人要充分揭示存在特许经营期限届满前后基金净值的减少趋势,以便投资者对基金份额的未来价值变化有合理的预期。

三、固废危废医废处理公募 REITs 的法律关注重点

(一)对作为固废危废医废处理项目处理对象的各类固体废物的认识

为了便于下文理解,我们有必要先结合《固体废物污染环境防治法》对固体废物、危险废物、医疗废物之间的关系进行简要梳理。

固体废物是最宽泛的概念,指在生产、生活和其他活动中产生的丧失原有利用价值或者虽未丧失利用价值但被抛弃或者放弃的固态、半固态和置于容器中的气态的物品、物质以及法律、行政法规规定纳入固体废物管理的物品、物质(经无害化加工处理,并且符合强制性国家产品质量标准,不会危害公众健康和生态安全,或者根据固体废物鉴别标准和鉴别程序认定为不属于固体废物的除外)。

根据产生来源,固体废物分为生活垃圾、工业固体废物、建筑垃圾和农业固体废物;而根据危险特性,列入国家危险废物名录或者根据国家规定的危险废物鉴别标准和鉴别方法认定的具有危险特性的固体废物又需要按照危险废

物来实施相比其他固体废物更严格的管理,其中包括医疗废物。所以固体废物、危险废物、医疗废物之间依次存在包含与被包含的关系。

值得注意的动向是,在固体废物减量化、资源化、无害化的政策下,我国基层医疗废物的处理曾经是一个短板,并且医疗废物因为新冠病毒疫情的影响而大量增加,2020年4月30日,国家发改委、国家卫健委和生态环境部共同印发了《医疗废物集中处置设施能力建设实施方案》,为行业提出逐层推进的方案:争取通过1年至2年努力实现大城市、特大城市具备充足应急处理能力,每个地级以上城市至少建成1个符合运行要求的医疗废物集中处置设施,每个县(市)都建成医疗废物收集转运处置体系,从而实现县级以上医疗废物全收集、全处理,并逐步覆盖到建制镇,争取农村地区医疗废物得到规范处置,全面补齐医疗废物集中处置设施短板弱项。

按照可否焚烧处置,固体废物又分为可燃固体废物(如大部分生活垃圾)和不可燃固体废物(如大部分建筑垃圾)。

以上分类不仅对生态环境部门管理有重要意义,而且便于我们分析不同类型固体废物的利用途径和市场空间,例如,目前各类固体废物处理之中产业化程度较高的主要是废旧金属、废弃电器电子产品的回收利用等工业固体废物或生活垃圾的资源化循环利用,国家发改委在《"十四五"循环经济发展规划》中提出,到2025年,我国资源循环利用产业产值达5万亿元。但其中相当一部分的回收环节属于车间化处理,依托大型不动产设施的特性不强,所以以大型不动产设施为依托、适合进入现阶段基础设施RIETs试点只有可燃生活垃圾的焚烧发电。

(二)危废处理及生活垃圾处理资质的审查核验

由于医废处理及其他危废处理会对环境造成严重影响,我国《固体废物污染环境防治法》明确要求从事收集、贮存、利用、处置危险废物经营活动的单位应取得许可证。

根据国务院《危险废物经营许可证管理办法》(2016年修订)的规定,在我国境内从事危险废物的收集、贮存、处置等经营活动的单位,必须具有危险废物经营许可资质,危险废物经营许可资质按照经营方式,分为涵盖危险废物收集、贮存、处置、综合经营的许可资质和危险废物收集经营许可资质。其中,危险废物综合经营许可证有效期为5年,危险废物收集经营许可证有效期为 3 年。危险废物经营许可证有效期届满，危险废物经营单位继续从事危险废物经营活动的，应当于危险废物经营许可证有效期届满 30 个工作日前向原发证机关提出换证申请。危险废物经营单位改变危险废物经营方式，增加危险废物类别，新建、改建或扩建原有危险废物经营设施，经营危险废物超过原批准年经营规模 20% 以上的，应当按照原申请程序，重新申请领取危险废物经营许可证。

相对而言，作为固体废物的生活垃圾对环境的危害小于等量的危险废物，我国《固体废物污染环境防治法》没有明确对生活垃圾处理实施许可证管理，《城市生活垃圾管理办法》第 17 条和第 25 条规定，无论是仅从事城市生活垃圾经营性处置的企业，还是兼而从事城市生活垃圾经营性清扫、收集、运输业务，均应当向所在地直辖市、市、县人民政府建设（环境卫生）主管部门取得相应许可证（分为城市生活垃圾经营性处置服务许可证和城市生活垃圾经营性清扫、收集、运输服务许可证）。但截至目前，不同地区就此资质的管理落实和细致程度差异很大，没有达到危废处理资质管理的严格程度。

除了审核现有许可证的有效性之外，我们还要注意到，以上许可证期限均为有效期以几年为限的许可证，难以覆盖公募 REITs 项目的预期存续期限。根据资产证券化相关业务规定，应当取得相关主管部门就同意经营资质展期的书面意向函并详细披露办理手续续期的安排，例如《上海证券交易所基础设施类资产支持证券挂牌条件确认指南》第 4 条第 3 项载明，经营资质在专项计划存续期内存在展期安排的，管理人应当取得相关授权方或主管部门关于经营资质展期的书面意向函，在计划说明书中披露按照相关规定或主管部门要求办理展期手续的具体安排。

（三）固废危废医废处理的建设手续核查

针对一般基础设施项目开展法律尽职调查通常关注的投资建设手续一样适用于固废危废医废处理项目。“958 号文”附件第五部分第（七）项明确规定：“依法依规取得固定资产投资管理相关手续。主要包括：1. 项目审批、核准或备案手续。2. 规划、用地、环评、施工许可手续。3. 竣工验收报告（或建设、勘察、设计、施工、监理‘五方验收单’，或政府批复的项目转入商运文件）。4. 外商投资项目应取得国家利用外资有关手续。5. 依据相关法律法规应办理的其他必要手续……”固废危废医废处理项目的特点是往往同时涉及收集储运和处理利用环节,涉及环节链条和手续较多,且项目本身的政策性更强,导致地方政府把握的建设手续豁免和延迟办理的尺度不一,因触发违规而被处罚的法律风险更大。

另外,固废危废医废处理项目的投资建设还有额外的手续要求。例如,按照国家发改委等《关于进一步做好生活垃圾焚烧发电厂规划选址工作的通知》(发改环资规〔2017〕2166 号)的规定,生活垃圾焚烧发电项目应当列入项目所在地的省级生活垃圾焚烧发电中长期专项规划,因此对涉及生活垃圾焚烧发电的项目需要索取和核对省级生活垃圾发电中长期规划的名单及其所载明的要素。

(四)重要现金流的提供方的认定和披露

按照现有 REITs 规则,重要现金流提供方是指在尽职调查基准日前的一个完整自然年度当中,基础设施资产的单一现金流提供方及其关联方合计提供的现金流超过基础设施资产同一时期现金流总额的 10% 的现金流提供主体。

由于固废危废医废处理的公益属性和投入相对巨大,固废危废医废处理项目的非市场化的因素较大,相对而言现金流提供方较少,包括如下 3 类。

1. 焚烧发电的购电方支付的对价。这种主要对应生活垃圾等无害废物,根据国家发改委于 2012 年发布的国家发改委《关于完善垃圾焚烧发电价格政策的通知》(发改价格〔2012〕801 号)的规定,以生活垃圾为原料的垃圾焚烧发电项目,均先按其入厂垃圾处理量折算成上网电量进行结算,每吨生活垃圾折算上网电量暂定为 280 千瓦·时,并执行全国统一垃圾发电标杆电价(每千瓦·时 0.65 元);其余上网电量执行当地同类燃煤发电机组上网电价。垃圾焚烧发电上网电价高出当地脱硫燃煤机组标杆上网电价的部分实行两级分摊:其中,当地省级电网负担每千瓦·时 0.1 元;其余部分纳入全国征收的可再生能源电价附加解决。

2. 垃圾处理费。此种费用尤其适用于有毒有害、不易焚烧发电的废物,对此类费用处理项目通常政府方会与项目公司在特许经营协议(或单独签订的垃圾处理服务协议)中约定垃圾处置费或称垃圾处理费的价格,通常按照保障项目公司在特许经营期内收回投资成本并获得合理投资回报的原则由特许权授予人核定并在特许经营协议中明确定价,并在特许经营期限内根据协议约定的调价原则实行动态调整。

3. 国家补贴。国家补贴包括以补贴或补助名义支付的资金、以循环经济扶持基金为支出方的各类补贴性质的资金。

无论是以上 3 种哪一种收入，固废危废医废处理项目的债务人数量均不多，导致存在一家或几家主体（如电网公司）成为了比例超过现金流总额 10% 的现金流提供主体的情况，在这种情况下，这类主体在形式上构成了重要现金流提供方。在实践操作中，如后文中航首钢绿能 REIT 所例示，固废危废医废处理公募 REITs 在审查和披露重要现金流提供方经营情况和财务状况时可能遇到困难，导致结合不同收入类型的特点作出解释论证和变通处理。

（五）对补贴退坡问题的分析应对

我国固废处理行业虽然实现了特定细分类型（如废弃电器电子产品处理、生活垃圾焚烧发电）的产业化，但可持续的营利运营过程均呈现依赖补贴的特点，由于我国政府将补贴视为产业成长初期的助力，后续将在行业成熟之后逐渐降低补贴的力度、提高补贴的门槛（所谓的“补贴退坡”，其中央政府层面的补贴退坡又称“国补退坡”），导致固废处理行业极易受到补贴退坡的影响。例如，2021 年 3 月公布的财政部等《关于调整废弃电器电子产品处理基金补贴标准的通知》调低了“四机一脑”（空调、洗衣机、冰箱、电视机和电脑）的补贴额度，就废弃电器电子产品处理企业的收入业绩产生了实质性的负面影响。

在以利用生活垃圾为主的生物质发电领域，落实补贴退坡机制的趋势也十分明显。例如，国家发改委等于 2021 年发布《2021 年生物质发电项目建设工作方案》（发改能源〔2021〕1190 号）对垃圾焚烧发电的国家补贴逐步实行退坡机制进行了安排，将申报 2021 年中央补贴的新增项目分为非竞争配置和竞争配置两类，其中 2021 年 1 月 1 日（含）以后当年新开工项目均为竞争配置项目，且“补贴强度小”的项目将优先纳入 2021 年补贴范围，这意味着竞争配置项目将有极大可能按照低于原补贴政策下 0.65 元/千瓦・时的标杆电价结算上网电价。

为应对补贴退坡的挑战，拟参与公募 REITs 的项目公司一方面应持续提升处理技术和资源利用效率；另一方面则应抓住我国碳排放市场不断健全的历史性机遇，开拓绿色电力证书（以下简称绿证[1]）交易、碳排放权交易等收入，项目组则应合理评估固废危废医废处理项目尤其是焚烧发电项目通过绿证交易、碳排放权交易等多种手段创收能力，对其不足以降低对补贴的依赖、不足以弥补财政退坡导致的项目收入减少的风险予以充分揭示。

四、污水处理 REITs 的案例分析：富国首创水务 REIT

（一）富国首创水务 REIT 基本情况

2021 年 6 月，富国首创水务基础设施投资公募基金（以下简称"富国首创水务 REIT"）跻身在沪深交易所上市的首批 9 只基础设施公募 REITs，成为了国内首支上市的污水处理公募 REITs。该基金为在上交所上市交易的封闭式契约型基金，基金管理人为富国基金管理有限公司，基金托管人为招商银行股份有限公司，计划管理人为富国资产管理（上海）有限公司，计划托管人为招商银行股份有限公司北京分行，运营管理机构为北京首创股份有限公司（以下简称首创股份）。

富国首创水务 REIT 首次募集资金人民币 18.5 亿元，募集资金最终用途主要是追加向合肥和深圳等地水务项目的投资，以持续发展首创股份的环保主业。由于首创股份旗下拥有较大规模的同类污水处理项目储备，富国首创水务 REIT 不排除在未来选择符合条件的资产进行扩募。

富国首创水务 REIT 涉及的基础设施项目由深圳市三个污水处理厂 BOT 特许经营项目（以下简称深圳项目）及合肥市十五里河污水处理厂 PPP 项目（以下简称合肥项目）组成，分别分布于粤港澳大湾区和长江经济带区域，服务于粤港澳大湾区发展及长江经济带区域的重大国家战略实施，属于符合"958 号文"规定的国家优先支持的基础设施补短板项目。

穿透来看，两项目污水处理服务费的资金来源是收取的排水单位和居民缴纳的污水处理费，经地方政府基金预算统筹后以"收支两条线"模式专项用于城镇污水处理设施建设、运行和污泥处理处置，按穿透原则可以认定实质来源于排污者支付的使用者付费，因此满足公募 REITs 分散度的要求。

---

[1] 国家发展改革委　财政部　国家能源局《关于试行可再生能源绿色电力证书核发及自愿认购交易制度的通知》（发改能源[2017]132 号）认为："可再生能源绿色电力证书交易制度是完善可再生能源支持政策和创新发展机制的重大举措，有利于促进清洁能源高效利用和降低国家财政资金的直接补贴强度……"

富国首创水务 REIT 发行招募文件显示该项目有较为稳健的历史现金流表现和预期,2018 年至 2020 年,深圳项目营业收入分别为 0.96 亿元、1.20 亿元、1.76 亿元;合肥项目营业收入分别为 0.12 亿元、0.79 亿元、0.96 亿元;2021 年至 2022 年项目预计总营业收入分别为 2.95 亿元、3 亿元;预计可分配现金流分别为 1.6 亿元、1.68 亿元;预计净现金流分派率分别为 8.74%、9.15%。

值得留意的是,募集说明书预测的 8%至 9%的净现金流分派率不能与项目公司拥有土地使用权和房屋所有权的产业园等所谓产权类项目类比,在污水处理等特许经营类基础设施公募 REITs 中并不是本金外收益、分红意义上的收益率,不同于所谓产权类公募 REITs 底层资产在经营现金流之外还有资产增值带来的收益,特许经营类公募 REITs 在特许经营期限内的收益包含了投资者在特许经营期限届满前收回投资的成分。因此,横向对特许经营权类和所谓的产权类公募 REITs 项目进行比较时,特许经营权类公募 REITs 产品是以享受期间收益为主,而其经营权价值将逐年递减直至终值清零,因此分派率均普遍高于产权类公募 REITs 产品。内部收益率是更为客观的指标。

(二)富国首创水务 REIT 底层资产的基本情况

富国首创水务 REIT 在基金存续期内主要投资于城镇污水处理类型的基础设施资产支持证券,穿透取得包括福永、松岗、公明水质净化厂在内的深圳项目及合肥项目在内的两个污水处理基础设施项目,深圳项目和合肥项目的简况如表 10-1 所示。

表 10-1　深圳项目和合肥项目的简况

类别	简况	
项目	深圳项目	合肥项目
所在地	深圳市宝安区(福永水厂、松岗水厂)和深圳市光明区(公明水厂) 项目具体地址: 深圳市宝安区福海街道办新和村福永水厂 深圳市宝安区燕罗街道办洋涌河南岸燕川大桥与洋涌闸之间松岗水厂 深圳市光明区玉塘街道玉律社区公明水厂	合肥市包河区 项目具体地址:西至天津路规划红线,北至大圩路规划中心线,东至山东路规划红线,南至济南路规划中心线

续表

类别	简况	
规模	福永水厂及提标改造工程,设计规模为 12.5 万吨/日 松岗水厂及提标改造工程,设计规模为 15 万吨/日 公明水厂及提标改造工程,设计规模为 10 万吨/日	一期项目设计规模为 5 万吨/日 二期项目设计规模为 5 万吨/日 三期项目设计规模为 10 万吨/日 四期项目设计规模为 10 万吨/日
用地属性	项目用地由深圳市人民政府行政划拨给市水务局,土地使用权归市水务局所有,根据《特许经营协议》的约定由市水务局在特许经营期内将各水质净化厂厂区当期设施用地无偿交与项目公司使用。因此,深圳首创有权依据其签署的《特许经营协议》而使用深圳市水务局向其提供的土地就用地性质,根据深圳项目已经取得之《深圳市建设项目选址意见书》,福永水质净化厂项目土地用途为"雨水、污水处理用地",公明水厂项目土地用途为"雨水、污水处理用地",松岗水厂项目土地用途为"雨水、污水处理用地"	合肥首创通过出让方式取得不动产权证皖(2021)合肥市不动产权第 11062053 号及不动产权证皖(2019)合不动产权第 0000078 号,用地性质为公用设施用地(污水处理厂)
收入来源和依据	深圳首创根据《特许经营协议》《特许经营项目补充协议》《深圳市福永污水处理厂(一期)提标改造补充协议》《深圳市公明污水处理厂(一期)提标改造补充协议》《深圳市松岗水质净化厂(一期)提标改造补充协议》支付的污水处理服务费,以及《垃圾渗滤液达标处理委托合同》收取的垃圾渗滤液处理服务费	合肥首创根据《特许权协议》《合肥市十五里河污水处理厂 PPP 项目污水处理服务协议》《十五里河污水处理厂中水泵站运营管理服务协议》收取的污水处理服务费及中水处理服务费以及《合肥市十五里河污水处理厂污泥高干度脱水设施运营服务协议》收取的污泥处置服务费。
特许经营期限	福永水厂:2009 年 2 月 10 日—2031 年 2 月 9 日 公明水厂:2011 年 12 月 20 日—2033 年 12 月 19 日 松岗水厂:2009 年 2 月 10 日—2031 年 2 月 9 日	2018 年 9 月 30 日—2047 年 9 月 29 日

值得留意的是，深圳项目的特许经营权分别在 2031 年到 2033 年陆续到期，合肥项目的特许经营权在 2047 年到期，如果基金届时均没有及时纳入新的基础设施项目，则意味着特许经营期限届满时，基金净值也会大幅减少，基金到期即终止的可能性较大。

（三）富国首创水务 REIT 的特殊关注点分析

1. 特许经营权期限及续期

在富国首创水务 REIT 公开披露文件中，深圳项目特许经营期限约为 22 年，合肥项目特许经营期限约为 29 年，均未超出《基础设施和公用事业特许经营管理办法》规定的 30 年的上限，原始权益人又就深圳项目、合肥项目排污许可证期限出具书面承诺，承诺在上述资质到期前将根据运营管理安排协助污水处理项目运营主体按照相关规定或主管部门要求办理展期手续。

2. 建设手续合规瑕疵处理

公明水厂、松岗水厂及福永水厂于 2019—2020 年刚刚完成提标改造工程，增加新的设备和改进工艺之后再次投入运营，但由于提标改造本身耗时较长，手续也较为繁琐，造成了深圳项目存在“先上车、后买票”的建设手续合规瑕疵。此外，深圳项目前述 3 家水厂还由于所用土地划转至深圳市水务局过程中的历史遗留问题造成政府审批程序延误，导致建设用地规划许可证、建设工程规划许可证、建筑工程施工许可证缺失，竣工验收备案也未完成。

建设手续缺失属于有实质影响的合规瑕疵。具体说来，我国《城乡规划法》第 64 条规定：“未取得建设工程规划许可证或者未按照建设工程规划许可证的规定进行建设的，由县级以上地方人民政府城乡规划主管部门责令停止建设；尚可采取改正措施消除对规划实施的影响的，限期改正，处建设工程造价百分之五以上百分之十以下的罚款；无法采取改正措施消除影响的，限期拆除，不能拆除的，没收实物或者违法收入，可以并处建设工程造价百分之十以下的罚款。”《建筑法》第 61 条规定建设工程竣工验收合格后，方可交付使用，未经验收或者验收不合格，不得交付使用，《深圳市房屋建筑工程竣工验收及备案办法》第 18 条也规定：“建设单位将未经验收的工程擅自交付使用，或将不合格的工程作为合格工程擅自交付使用，或将备案机关责令停止使用、重新组织竣工验收的工程擅自继续使用的，依照《建设工程质量管理条例》第五十八条规定处罚；造成损失的，由建设单位依法承担赔偿责任。”

深圳市水务局针对该等事项于 2020 年 8 月 14 日特别出具了深圳市水务局《关于福永、燕川、公明水质净化厂有关报建手续办理情况的说明函》，说明提标改造阶段上述缺失的文件手续正在办理之中。但是，深圳市水务局并不是规划和建设的直接主管部门，该说明并不能消除因为建设手续被处罚的风险。

与此类似，深圳项目提标改造阶段还未完成审计决算工作，虽然不会对项目付费造成影响，但违反了《基本建设项目竣工财务决算管理暂行办法》等规定未完成竣工结算及备案等相关手续，可能存在被主管部门要求整改或面临行政罚款等风险。

3. 提标改造对盈利的影响以及可能与合规手续的冲突

污水处理项目相比于高速公路等基础设施而言普遍有更大的技术提升空间，不仅在特许经营期间需要持续满足出水水质达标，而且还要持续改进技术以满足未来的行业标准和环保要求，而提标改造的成本变化可能侵蚀项目公司的盈利。对于合肥项目而言，合肥项目目前尚未进行过显著的提标改造工程，目前当地污水处理厂还无须达到出水三类水的水质，[1]但是全国范围内环保领域污水处理厂向出水水质地表四类水跨向三类水的升级改造是大势所趋。同时，这意味着合肥项目也可能面临水质提标改造工程的紧迫性和建设手续流程的合规要求冲突的问题。

五、固废危废医废处理公募 REITs 的案例：中航首钢绿能 REIT

（一）中航首钢绿能 REIT 基本情况

固废处理除了资源回收之外，利用技术较为成熟的方式是发电和供热方式利用。从截至 2022 年上半年已发行的试点环保 REITs 项目中，2021 年首批 REITs 试点中的中航首钢生物质封闭式基础设施证券投资基金（以下简称“中航首钢生物质 REIT”）成为全国首个固废处理类领域的试点项目。如前所述，危废处理、医废处理可以视为固废处理的特殊类型，所以该项目对于危

---

〔1〕《安徽省合肥市十五里河污水处理厂 PPP 项目》，载安徽省财政厅网站 2022 年 7 月 13 日，http://czt.ah.gov.cn/zdzt/ahszfhshzbhzzt/mtjd/146675291.html；十五里河污水处理厂出水水质标准执行《巢湖流域城镇污水处理厂和工业行业主要水污染物排放限值》，而该排放限值的 CDO 等关键指标只能实现地表水水质准Ⅳ类标准。

废处理和医废处理 REITs 也有启发意义。

中航首钢绿能 REIT 为在深交所上市交易的封闭式契约型基金,存续期限为基金合同生效日起 21 年,首次设立采用向战略投资者定向配售、向网下投资者询价配售及向公众投资者定价发售相结合的募集方式,募集资金 13.38 亿元,基金管理人为中航基金管理有限公司,基金托管人为招商银行股份有限公司,专项计划管理人为中航证券有限公司,项目公司为北京首钢生物质能源科技有限公司(以下简称首钢生物质公司),运营管理机构为北京首钢生态科技有限公司。

(二)中航首钢绿能 REIT 底层资产的基本情况

中航首钢绿能 REIT 的底层资产为位于北京市门头沟区的垃圾处理及生物质发电项目(以下简称首钢生物质项目),由首钢环境产业有限公司全资持有的首钢生物质公司负责运营、管理。首钢生物质项目系坐落于京津冀重点区域的城镇固废处理项目,属于公募 REITs 试点鼓励的区域和行业范围。

首钢生物质项目所在地为首钢鲁家山石灰石矿区原址,通过环境治理和土壤修复,2010 年开工建设,2013 年建成运行,是当时世界单体一次性投运规模最大的垃圾焚烧发电厂,由生物质能源项目、残渣暂存场项目、餐厨项目 3 个子项目组成,总建筑面积为 69,933.43 平方米,包括焚烧厂房、汽机及主控厂房、沼气发电厂房、污泥脱水间等。项目日焚烧处理生活垃圾能力为 3000 吨/日,年处理量超过 100 万吨,设计年均发电量 3.2 亿度,年上网电量 2.4 亿度,餐厨项目设计日处理量为 100 吨。项目垃圾处理主要覆盖北京市石景山区、丰台区、门头沟区和西城区,是集生活垃圾无害化、减量化处理及可再生能源发电于一体的环保工程和民生工程,是北京市当年探索大型城市典型废弃物资源化利用路径的项目,是当地政府目前仅有的两座最大的垃圾焚烧发电厂之一,与北京市城市管理委员会(以下简称北京市城管委)签署的垃圾处理服务协议中约定了项目每年处理生活垃圾的保底供应量,有较为稳定的生活垃圾供应源。

首钢生物质项目的主要设施是餐厨垃圾收运处置设置和生活垃圾焚烧设施,主要收入来源除了焚烧发电上网获得的收入之外,还包括生活垃圾处理服务费、餐厨收运及处置服务费。项目公司与北京市城管委签订了《垃圾处理服务协议》,在项目运营期第一年至垃圾处理服务期结束,北京市城管委保证每年运送不低于 100 万吨垃圾至项目公司,且在区域内具有排他性,依据该协议形成的垃圾供应关系是维持首钢生物质项目在 REITs 存续期限内平稳运营的基础。

首钢生物质项目能够提供的产品和服务除了电力供应外,还设计了对周边区域进行供热的功能,也可协同处置污水处理厂无法消纳的污泥及渗滤液,未来也不排除会产生部分供热收入、污泥处置及渗滤液处置收入及利用生产工艺特点出售蒸汽取得收入。

(三)中航首钢绿能 REIT 的特殊关注点分析

1. 国家补贴退坡或核减的风险

我国目前的生活垃圾焚烧发电厂是适应城市整体规划〔1〕和生活垃圾资源化处理的政策而建设,每座垃圾焚烧发电厂处理的生活垃圾来源区域相对固定,由当地城市管理委员会统一调度,同时受限于垃圾焚烧发电自身设计处理能力,不存在垃圾焚烧发电厂之间的高度自由竞争,这对项目收益有很好保障,但也意味着收入来源较为单一。基础设施项目部分收入来源于可再生能源电价附加补助名义发放的补贴,目前由国家财政拨付,和其他固废处理项目一样面临着国家补贴退坡的风险。

国家发改委于 2012 年 3 月发布的国家发改委《关于完善垃圾焚烧发电价格政策的通知》(发改价格〔2012〕801 号)第 1 条规定:“以生活垃圾为原料的垃圾焚烧发电项目,均先按其入厂垃圾处理量折算成上网电量进行结算,每吨生活垃圾折算上网电量暂定为 280 千瓦·时,并执行全国统一垃圾发电标杆电价每千瓦·时 0.65 元(含税,下同);其余上网电量执行当地同类燃煤发电

---

〔1〕 参见《关于进一步做好生活垃圾焚烧发电厂规划选址工作的通知》(发改环资规〔2017〕2166 号)规定,按照“十三五”全国城镇生活垃圾无害化处理设施建设规划、城市市政基础设施建设规划、可再生能源发展规划等要求,结合本地区经济社会发展规划、城市总体规划等,各省(区、市)发展改革委(能源局)会同相关部门应于 2018 年底前编制完成本地区省级生活垃圾焚烧发电中长期专项规划(以下简称专项规划),明确建设目标、重点任务、保障措施,统筹推进项目建设。专项规划须列明 2020 年前计划开工建设的具体项目,逐项明确建设规模、建设地点(应明确四至边界)、建成时间、处理能力等;同时,还应提出 2030 年前拟建垃圾焚烧厂目标名单,包括建设规模、建设地点(应明确到具体市县)等内容,纳入新一版城市总体规划。专项规划应符合本地区土地利用总体规划。各省(区、市)已编制的生活垃圾焚烧发电五年规划应与专项规划做好衔接。

机组上网电价。”

2020 年 9 月 29 日,国家发改委、财政部联合印发《关于〈关于促进非水可再生能源发电健康发展的若干意见〉有关事项的补充通知》(财建〔2020〕第 426 号)首次明确发电补贴实行“新老划断”,即 2020 年 1 月 20 日前纳入国家补贴名录的垃圾发电项目保持原补贴政策,但补贴总量控制在自并网发电以来 82,500 小时(或 15 年,按先达到者计算),根据该通知,中航首钢绿能 REIT 项目 2029 年及以后年份将面临国补退坡的风险。2018 至 2020 年度,项目公司收到的国家补贴收入分别为 6175. 55 万元、6291. 63 万元和 5500. 75 万元,分别占当年营业收入的 15. 74%、14. 59%、15. 29%。仅因为该项退坡政策,如退坡后没有其他弥补措施,项目公司从 2029 年起每年营业收入将预计下降 5000 多万元。国补退坡后通过绿证交易获得的收益能否完全弥补国补退坡的影响,存在不确定性。

此外,2020 年财政部、生态环境部印发的《关于核减环境违法垃圾焚烧发电项目可再生能源电价附加补助资金的通知》(财建〔2020〕199 号)规定,垃圾焚烧发电项目应依法依规完成“装、树、联”〔1〕后方可纳入补贴清单范围。待垃圾焚烧发电项目向社会公开自动监测数据后,电网企业方可拨付补贴资金,并在结算时将未向社会公开自动监测数据期间的补贴资金予以核减,该类对垃圾焚烧发电项目的后续追加要求也可能影响补贴的发放数额和进度。

2. 恢复约定经济地位的机制

在中航首钢绿能 REIT 项目中,北京市城管委与国网北京市电力公司均为项目的重要现金流提供方。就如何缓释项目在 2029 年及之后的国补退坡问题,项目公司较为依赖一份根据项目公司与北京市城管委签订的为期 28 年(2014—2041 年)的《垃圾处理服务协议》,该协议第 5. 2. 2 条的约定“项目公司开始商业运行一年(365 天)后,北京市城市管理委应根据项目公司实际的上网电量、供热量、垃圾焚烧及烟气净化系统辅助材料及费用等与财务测算报

〔1〕 2017 年,原环境保护部印发的《关于生活垃圾焚烧厂安装污染物排放自动监控设备和联网有关事项的通知》(环办环监〔2017〕33 号)要求垃圾焚烧企业全面完成“装、树、联”三项任务。“装”是指所有垃圾焚烧企业要依法安装污染源自动监控设备,督促企业加强环境管理,落实主体责任;“树”是指在便于群众查看的显著位置树立显示屏,向全社会公开污染排放数据,鼓励群众监督,确保治理效果;“联”是指企业自动监控系统要与环保部门联网,进一步强化环境执法监管。

告中的差额，按照‘恢复约定经济地位’的原则，对垃圾处理服务费价格进行调整”，该协议10.4条进一步约定“垃圾处理服务期内，如果垃圾发电标杆电价或供热价格发生调整，市城市管理委应按照‘恢复约定经济地位’的原则，对垃圾处理服务费价格进行调整”。因此，按照上述文件的约定，在国补退坡后，北京市城管委应按照“恢复约定经济地位”的原则，对垃圾处理服务费价格进行调整。何为“恢复约定经济地位”呢？中航首钢绿能REIT募集说明书披露，在《垃圾处理服务协议》中含有一个“恢复约定经济地位”条款，“即项目公司初期投资增加、收入减少或成本增加的幅度较大，或者项目公司的初期投资减少、收入增加或成本减少幅度较大时，为保持项目公司原约定的经济地位，垃圾处理服务费价格可以做相应的调整”，基于对上述“恢复约定经济地位”条款的信任，该项目评估机构对基础设施项目进行估值时，未考虑国补退坡对项目估值的影响。但从《垃圾处理服务协议》的公开披露信息来看，“恢复约定经济地位”的界定较为笼统，该词汇虽然不是协议双方首创，在政府与民间资本合作条款已有使用，但确切含义和配套解释方法尚不明确，具体是恢复到何时的经济地位、经济地位是否涵盖营收的正常增长、如果因为标准提高等原因导致国家补贴减少的是否补偿等一系列细节不够明确，这意味着协议双方还要就当地政府以垃圾处理服务费方式补偿国补退坡额度的操作细节进一步协商，这给国补退坡后的风险缓释措施效果带来了一定的隐患。

3. 重要现金流提供方的信息披露

此外，由于构成首钢生物质项目现金流来源的发电收入、服务费收入涉及的签约及付费主体数量很少，集中于国网北京市电力公司、当地城市管理委员会。因此国网北京市电力公司、当地城市管理委员会在项目尽职调查基准日前一个完整自然年度提供的现金流比例都超过了现金流总额的10%，形式上已经构成重要现金流提供主体。如果严格按照沪深交易所在REITs审核指引和中国基金业协会REITs尽职调查工作指引相关规定执行，重要现金流提供方应当资质优良，财务状况稳定，基金管理人和专项计划管理人应当披露重要现金流提供方的经营情况、财务状况。

在实际发起项目时，收集大型电力企业和地方城市管理委员会这样的地方政府部门提供详细的财务状况文件较为困难，后者作为地方政府部门严格说来更谈不上有“经营”情况可披露，因此该类项目在披露重要现金流提供方经营情况、财务状况时往往会遇到客观困难，此时需要进行论证解释和一定的变通。

具体到中航首钢绿能 REIT，基金管理人同时做了两方面的工作，一方面对上述所谓的重要现金流提供方进行了必要的分析，结论是其“具有持续经营能力，与原始权益人不存在关联关系，最近三年内不存在因严重违法失信行为，不存在被有权部门认定为失信被执行人、重大税收违法案件当事人或涉及金融严重失信人的情形，具有良好的履约能力”；另一方面，基金管理人也论证了国网北京市电力公司和当地城市管理委员会的特殊性，认为均应当被穿透，支付垃圾处理服务费、垃圾收运处置费的终端支付主体为所服务区域内产生城市生活垃圾（含餐厨垃圾）的单位和个人，支付发电收入的国网北京市电力公司背后的终端支付主体也为终端电力用户（单位和个人）。以上论证客观上表明了城市管理委员会和国网北京市电力公司的特殊性，为简化重要现金流提供方的披露要求提供了一定支持。

第十一章

保障性租赁住房公募 REITs 的法律关注重点和案例分析

一、我国住房保障体系的法律沿革

2021 年 6 月 24 日，国务院办公厅印发的《关于加快发展保障性租赁住房的意见》（国办发〔2021〕22 号）（以下简称“22 号文”）首次提出了“保障性租赁住房”的概念。在此之前，我国已发展了经济适用住房、廉租住房、公共租赁住房、共有产权住房等政策性住房。

（一）保障性租赁住房以外的其他政策性住房

1. 经济适用住房

根据原建设部等 7 部门于 2007 年发布的《经济适用住房管理办法》（建住房〔2007〕258 号）的规定，经济适用住房指的是政府提供政策优惠，限定建设标准、供应对象和销售价格，具有保障性质的政策性商品住房。由此可见，经济适用住房具有经济性和适用性，并且是非租赁型的政策性商品住房。

1994 年 7 月，国务院发布的国务院《关于深化城镇住房制度改革的决定》（国发〔1994〕43 号）（已失效）提出建立以中低收入家庭为对象、具有社会保障性质的经济适用住房供应体系。此后，经济适用住房制度被不断完善。2004 年 5 月，原建设部等印发的《经济适用住房管理办法》（建住房〔2004〕77 号）成为规范经济适用住房建设、交易和管理行为的主要政策文件。2007 年 8 月公布并实施的国务院《关于解决城市低收入家庭住房困难的若干意见》（国发〔2007〕24 号）要求：规范经济适用住房供应对象，合理确定经济适用住房标准,严格经济适用住房上市交易管理,加强单位集资合作建房管理。2007 年 11 月,原建设部等 7 部门发布《经济适用住房管理办法》(建住房〔2007〕258 号),进一步改进和规范了经济适用住房制度。

2. 廉租住房

根据 2007 年 11 月 8 日发布的《廉租住房保障办法》(建设部、发改委、原监察部、民政部、财政部、原国土资源部、中国人民银行、国家税务总局、国家统计局令第 162 号),廉租住房应满足以下要求:面向群体为城市低收入住房困难家庭,租金按照配租面积和市县人民政府规定的租金标准确定,新建的廉租住房单套建筑面积在 50 平方米以内。

1998 年 7 月公布并实施的国务院《关于进一步深化城镇住房制度改革加快住房建设的通知》(国发〔1998〕23 号)指出对不同收入家庭实行不同的住房供应政策,最低收入家庭租赁由政府或单位提供的廉租住房。1999 年 4 月,原建设部发布《城镇廉租住房管理办法》(建设部令第 70 号),相对全面地规定了廉租住房的概念、来源、主管部门、租金标准、面积标准、审批程序等。2003 年 12 月,原建设部等 5 部门联合发布《城镇最低收入家庭廉租住房管理办法》(建设部、财政部、民政部、国土资源部、国家税务总局令第 120 号),完善了城镇廉租住房制度。2005 年 7 月,原建设部与民政部发布《城镇最低收入家庭廉租住房申请、审核及退出管理办法》的通知(建住房〔2005〕122 号),对城镇最低收入家庭廉租住房的申请、审核及退出进行规定。2007 年 11 月,原建设部等发布《廉租住房保障办法》,进一步完善了廉租住房的相关规定。2010 年 4 月,住建部、民政部、财政部发布住建部等《关于加强廉租住房管理有关问题的通知》(建保〔2010〕62 号),要求加强廉租住房管理,确保廉租住房公平配租和有效使用。

2013 年 12 月公布的住建部等《关于公共租赁住房和廉租住房并轨运行的通知》(建保〔2013〕178 号)规定,从 2014 年起,各地公共租赁住房和廉租住房并轨运行,并轨后统称为公共租赁住房。2014 年 4 月公布并实施的住建部《关于做好 2014 年住房保障工作的通知》(建保〔2014〕57 号)进一步明确廉租住房和公共租赁住房实现统一规划建设、统一资金使用、统一申请受理、统一运营管理。

3. 公共租赁住房

公共租赁住房简称公租房,是指限定建设标准和租金水平,面向符合规定条件的城镇中等偏下收入住房困难家庭、新就业无房职工和在城镇稳定就业的外来务工人员出租的保障性住房。

2011 年 9 月,在总结前一段住房保障工作的经验的基础上,国务院办公厅印发了国务院办公厅《关于保障性安居工程建设和管理的指导意见》(国办发〔2011〕45 号),提出要大力推进以公共租赁住房为重点的保障性安居工程建设。2012 年 5 月,住建部印发《公共租赁住房管理办法》(住建部令第 11 号),对公共租赁住房的分配、运营、使用、退出和管理进行了比较全面的规范。2018 年 12 月,财政部、住建部发布《公共租赁住房资产管理暂行办法》(财资〔2018〕106 号),该暂行办法对公共租赁住房资产的配置、使用、处置、财务管理、报告及监督进行了规定。

4. 共有产权住房

共有产权住房称为"政策性商品住房",其特点包括:由政府引导并给予政策支持,市场开发建设;面向群体为符合规定条件的住房困难群体;实行共有产权,即由承购人与政府按份共有所有权。共有产权住房与保障性租赁住房、公共租赁住房最大的区别是前者为出售型保障住房,后二者为出租型保障住房。

共有产权住房的概念起源于 2014 年 4 月住建部印发的《关于做好 2014 年住房保障工作的通知》(建保〔2014〕57 号),〔1〕该通知将北京、上海、深圳、成都、淮安、黄石作为试点城市,推进共有产权性质政策性商品住房的试点工作。2014 年 12 月,住建部等 6 部委印发了《关于试点城市发展共有产权性质政策性商品住房的指导意见》(建保〔2014〕174 号)〔2〕,该意见将共有产权住房称为"政策性商品住房",并提出了共有产权住房的基本要求、政策措施、规划建设和工程质量要求、分配和运营监管机制等。

---

〔1〕《关于做好 2014 年住房保障工作的通知》(建保〔2014〕57 号)第 4 条:探索发展共有产权住房。我部确定北京、上海、深圳、成都、淮安、黄石为共有产权住房试点城市,试点城市要按照实施方案积极稳妥推进试点,在 12 月底前报送试点工作总结,相关省住房城乡建设部门要加强对试点工作的督促指导。其他省、自治区、直辖市也可以根据实际开展试点,在完善住房保障和供应体系、创新棚户区改造融资机制等方面进行有益探索。

〔2〕《关于试点城市发展共有产权性质政策性商品住房的指导意见》(建保〔2014〕174 号):政策性商品住房是由政府引导并给予政策支持,通过市场开发建设,面向符合规定条件的住房困难群体供应的住房;具有一定保障性质,实行共有产权,即由承购人与政府按份共有所有权。

(二)保障性租赁住房

1. 保障性租赁住房的概念

2021 年,"22 号文"首次提出了"保障性租赁住房"的概念,并指出"需加快完善以公租房、保障性租赁住房和共有产权住房为主体的住房保障体系"。该意见从保障群体、建筑面积、租金标准、准入条件 4 个方面对保障性租赁住房进行了定义。

在保障群体方面,保障性租赁住房主要解决符合条件的新市民、青年人等群体的住房困难问题。在建筑面积方面,保障性租赁住房以建筑面积不超过 70 平方米的小户型为主,小户型的具体面积由城市人民政府按照保基本的原则合理确定。在租金标准方面,保障性租赁住房的租金低于同地段同品质市场租赁住房租金。在准入条件方面,保障性租赁住房的准入和退出的具体条件由城市人民政府按照保基本的原则合理确定。

2. 保障性租赁住房与其他住房类型的对比

根据上述分析,保障性租赁住房、公共租赁住房、廉租住房[1]、共有产权住房、经济适用住房的具体对比详见表 11-1。

表 11-1　各类型政策性住房的特征

辨析要点	保障性租赁住房	公共租赁住房	廉租住房	共有产权住房	经济适用住房
保障群体	符合条件的新市民、青年人	城镇中等偏下收入住房困难家庭、新就业无房职工和在城镇稳定就业的外来务工人员	城市低收入住房困难家庭	住房困难群体	城市低收入住房困难家庭

[1] 根据《关于公共租赁住房和廉租住房并轨运行的通知》(建保〔2013〕178 号)的规定,从 2014 年起,各地公共租赁住房和廉租住房并轨运行,并轨后统称为公共租赁住房。

续表

辨析要点	保障性租赁住房	公共租赁住房	廉租住房	共有产权住房	经济适用住房
建筑面积	以建筑面积不超过70平方米的小户型为主	以面积为40平方米左右的小户型为主，单套建筑面积控制在60平方米以内	单套的建筑面积控制在50平方米以内	单套建筑面积控制在90平方米以内	单套的建筑面积控制在60平方米左右
租金/定价标准	低于同地段同品质市场租赁住房租金	略低于同地段住房市场租金水平	按照配租面积和市、县人民政府规定的租金标准确定	销售价格低于同地段、同品质商品住房价格水平	以保本微利为原则
保障体系定位	租赁型	租赁型	租赁型	出售型	出售型

3. 其他政策性住房在满足一定条件后可以纳入保障性租赁住房

保障性租赁住房与公租房等其他类型的住房虽然不是同一性质的住房类型，但其他类型的住房可经相应程序后纳入保障性租赁住房管理。“22 号文”提出，要对现有各类政策支持租赁住房进行梳理，包括通过利用集体建设用地建设租赁住房试点、中央财政支持住房租赁市场发展试点、非房地产企业利用自有土地建设租赁住房试点、发展政策性租赁住房试点建设的租赁住房等，符合规定的均纳入保障性租赁住房规范管理。

部分省市已制定配套政策，对其他类型的住房纳入保障性租赁住房的条件和程序进行了具体规定。以上海市为例，根据《关于加快发展本市保障性租赁住房的实施意见》（沪府办规〔2021〕12 号）的规定，上海市其他类型的租赁住房纳入保障性租赁住房管理的情形可以分为 3 种。第一，对于公共租赁住房与单位租赁房，无须由产权单位提出申请，凡是由市、区房屋管理部门认定的单位租赁房和公共租赁住房，统一纳入保障性租赁住房管理，但公共租赁住房应按照上海市公共租赁住房专项管理政策进一步从严管理。第二，对于市、区国有企业通过各种方式获得租赁住房用地投资新建的全自持租赁住房，无须由产权单位提出申请，由区房屋管理部门统一认定后，即纳入保障性租赁住房管理。第三,对于其他符合条件的租赁住房,需由产权单位自愿提出申请,由区房屋管理部门认定后,再纳入保障性租赁住房管理。

二、保障性租赁住房公募 REITs 的法律关注重点

2021 年 6 月 29 日公布的“958 号文”进一步扩大了 REITs 试点项目的行业,保障性租赁住房项目被纳入 REITs 试点的范围。各地积极响应,上海、广东、浙江、山东、河南等地将支持保障性租赁住房项目开展基础设施领域 REITs 试点作为发展保障性租赁住房的重要举措,保障性租赁住房很可能成为基础设施 REITs 的重要资产类型。保障性租赁住房作为一类政策性住房,相比于传统基础设施、房地产项目存在特殊性。

下文将从保障性租赁住房 REITs 项目的关注要点进行分析。

(一)保障性租赁住房 REITs 项目的专项规则及审核要点

1. 保障性租赁住房 REITs 项目专项规则概况

2022 年 5 月 27 日公布的中国证监会办公厅、国家发改委办公厅《关于规范做好保障性租赁住房试点发行基础设施领域不动产投资信托基金(REITs)有关工作的通知》(证监办发〔2022〕53 号),提出要推动保障性租赁住房 REITs 规范有序开展,加快发展保障性租赁住房,促进解决好大城市住房突出问题。2022 年 7 月 15 日,沪深交易所分别发布并施行《上交所保租房 REITs 指引》和《深交所保租房 REITs 指引》,对保障性租赁住房试点发行基础设施 REITs 进行规范和引导,主要涵括业务参与机构与基础设施项目、回收资金使用与监管、运营管理与信息披露三个方面内容。“236 号文”也对首次发行基础设施 REITs 的保障性租赁住房项目发行要求进行调整,以期进一步深入推进保障性租赁住房 REITs 试点工作。

2. 保障性租赁住房 REITs 项目审核要点

(1)对原始权益人的额外要求

《上交所保租房 REITs 指引》以及《深交所保租房 REITs 指引》规定原始权益人应当为开展保障性租赁住房业务的独立法人主体,不得开展商品住宅和商业地产开发业务,不得以租赁住房等名义,为非租赁住房等房地产开发项目变相融资,或者变相规避房地产调控要求。原始权益人控股股东或者其关联方业务范围涉及商品住宅和商业地产开发的,原始权益人应当在资产、业

务、财务、人员和机构等方面与商品住宅和商业地产开发业务有效隔离,保持相对独立。

(2)对项目的基本要求

发行保障性租赁住房 REITs 的基础设施项目应当权属清晰、运营模式成熟、具有可持续的市场化收益,并经有关部门认定为保障性租赁住房项目,配租对象、租金标准等符合相关政策要求。在基础设施项目运营时间要求上,原则上不低于 3 年。运营时间不满 3 年的,项目应当满足基础设施基金上市要求、符合市场预期、确保风险可控,且已能够实现长期稳定的收益。

"236 号文"降低了保障性租赁住房项目的不动产估值标准,将首次发行基础设施公募 REITs 的保障性租赁住房项目不动产估值标准从"958 号文"规定的 10 亿元下调到 8 亿元,有利于吸引更多保障性租赁住房项目发行基础设施公募 REITs。

(3)回收资金使用与监管

为促进保障性租赁住房领域投融资良性循环,《上交所保租房 REITs 指引》以及《深交所保租房 REITs 指引》明确原始权益人通过转让保障性租赁住房项目取得的净回收资金,应当优先用于保障性租赁住房项目建设,确无可投资的保障性租赁住房项目的,可以用于其他基础设施补短板重点领域项目建设。

原始权益人应当对回收资金用途作出承诺,每季度末向交易所报告回收资金使用情况。特殊原因导致确需变更回收资金用途的,原始权益人应当向交易所提交回收资金投向变更报告,基金管理人应当确认符合回收资金投向要求并披露临时报告。

为防范回收资金进入非租赁住房等房地产开发领域,对于原始权益人控股股东或者其关联方的业务范围涉及商品住宅和商业地产开发的,要求原始权益人应当建立并落实回收资金管理制度,对回收资金严格实行闭环管理。若回收资金投资的新项目通过子公司或者其他关联方实施,该子公司或者其他关联方也应当遵守原始权益人相关回收资金管理制度。

(二)保障性租赁住房项目的认定

1. 政策文件中保障性租赁住房性质认定

根据"22 号文"的规定,利用非居住存量土地和非居住存量房屋建设保障性租赁住房的,需取得保障性租赁住房项目认定书。根据原中国银保监会、住建部《关于银行保险机构支持保障性租赁住房发展的指导意见》(银保监规〔2022〕5 号)的规定,各地要明确保障性租赁住房项目认定书制度,保障性租赁住房项目认定书是金融机构向保障性租赁住房项目发放贷款的重要依据。因此,需取得保障性租赁住房项目认定书的项目不局限于改建类项目,并由各地具体制定保障性租赁住房项目认定书制度。

上海市建立了较为完善的保障性租赁住房项目认定书制度:第一,区分了既有项目、新实施项目、改建项目的不同认定程序,这 3 类保障性租赁住房项目认定的申请时间、所需材料、认定程序有所不同。第二,区分了新实施项目的一般认定程序和简易认定程序,对于符合一定条件的项目实行简易认定程序,由区房屋管理部门(区保障性租赁住房工作领导小组办公室)对申请材料进行审核并出具保障性租赁住房项目认定书。对于其他项目实行一般认定程序,除了上述程序外,尚需要提交区人民政府(区保障性租赁住房工作领导小组)组织相关部门联合认定。第三,规定了不同类型保障性租赁住房的保障性租赁住房认定书的有效期。

重庆市在中央规定的基础上,根据保障性租赁住房项目的所在区域,区分了出具项目认定书的不同程序。中心城区的保障性租赁住房项目,由市住房城乡建委会同相关部门对项目及建设运营管理方案进行联合会审,通过会审并经市政府同意后出具项目认定书;其他区县的项目参照中心城区联合会审方式,出具项目认定书,并报送市住房城乡建委。除上海、重庆外,至少还有天津、成都、福州、南京、苏州等城市对保障性租赁住房项目认定书的出具条件进行了规定,本书不再逐一列示。

综上,保障性租赁住房项目认定书是识别保障性租赁住房项目的重要依据,应当予以重点审查。

2. 已获批公募 REITs 项目中保障性租赁住房性质认定

截至 2023 年 6 月 30 日,已获批并成功实现首发上市的保障性住房公募 REITs 共 4 个:华夏北京保障房中心租赁住房封闭式基础设施证券投资基金(以下简称华夏北京保障房 REITs 项目)、红土创新深圳人才安居保障性租赁住房封闭式基础设施证券投资基金(以下简称红土创新保障房 REITs 项目)、中金厦门安居保障性租赁住房封闭式基础设施证券投资基金(以下简称中金厦门保障房 REITs 项目)、华夏基金华润有巢租赁住房封闭式基础设施证券投资基金(以下简称华夏基金华润有巢 REITs 项目)。

在华夏北京保障房 REITs 项目中,基础设施资产由两个配建公共租赁住房项目组成。根据该项目的固定资产投资管理手续,住房和城乡建设局未出具保障性租赁住房认定书。在判断保障性租赁住房的性质时,法律意见书的依据有二:其一,《北京市金融支持保障性租赁住房建设的意见》规定了北京市保障性住房体系主要包括经济适用住房、限房价商品住房、廉租住房、公共租赁住房、棚户区改造、其他定向安置房等。基于此,认定基础设施项目是北京市保障性住房的组成部分。其二,从"22 号文"及北京市《关于加快发展保障性租赁住房的实施方案》(京政办发〔2022〕9 号)中关于保障性租赁住房的认定要求出发,结合相关材料证明:基础设施项目以建筑面积不超过 70 平方米的小户型为主;服务人群包含在北京市无房或者在特定区域内无房的新市民、青年人、城市运行服务保障人员;租金低于同地段同品质市场租赁住房租金。综上所述,法律意见书认定基础设施项目是具备保障性质的租赁住房,属于北京市保障性住房范围,也属于"22 号文"所提及的住房保障体系的重要组成部分。

在红土创新保障房 REITs 项目中,基础设施资产由 4 个保障性租赁住房项目组成。根据该项目的固定资产投资建设手续,基础设施资产在项目建设阶段为人才住房。为发行基础设施公募 REITs,深圳市住房和建设局出具了深圳市保障性租赁住房项目认定书,将 4 个项目认定为深圳市保障性租赁住房项目。

在中金厦门保障房 REITs 项目中,基础设施资产由两个保障性租赁住房项目组成。根据该项目的固定资产投资管理手续,基础设施资产在项目建设阶段为公共租赁房。为发行基础设施公募 REITs,厦门市住房保障和房屋管理局出具了保障性租赁住房项目认定书,将该项目的基础设施资产认定为保障性租赁住房。同时,厦门市发展和改革委员会出具了相关函件,同意将两个项目调整为保障性租赁住房。

在华夏基金华润有巢 REITs 项目中,基础设施资产由两个保障性租赁住房项目组成。根据该项目的固定资产投资管理手续,基础设施资产在项目建设阶段为租赁住房。为发行基础设施公募 REITs,上海市松江区保障性租赁住房工作领导小组办公室就基础设施项目作出了保障性租赁住房项目认定书,将两个项目认定为纳入试点行业范围的保障性租赁住房。

因此,在已制定保障性租赁住房项目认定书制度的地区,保障性租赁住房的性质认定依赖于相关部门出具的保障性租赁住房认定书。在尚未制定保障性租赁住房项目认定书制度的地区,则依赖于保障群体、建筑面积、租金标准等实质标准进行保障性租赁住房性质的认定。

(三)保障性租赁住房项目建设阶段的合规关注要点

1. 保障性租赁住房的用地问题

(1)用地性质

除传统的住宅用地以外,根据“22 号文”的规定,一方面,适当利用新供应国有建设用地建设保障性租赁住房;另一方面,集体经营性建设用地、企事业单位依法取得使用权的土地、产业园区中相关设施用地、闲置和低效利用的非居住存量住房也可以作为保障性租赁住房的用地,但应当经城市人民政府同意。

中央层面暂未规定禁止建设保障性租赁住房的土地类型,但部分地区对此进行补充,明确了不得建设保障性租赁住房的土地或房屋类型。如根据福州市人民政府办公厅《关于加快发展保障性租赁住房的实施意见》(榕政办〔2021〕124 号)、《天津市非居住存量房屋改建为保障性租赁住房的指导意见(试行)》(津住建发〔2021〕17 号)的规定,土地性质为三类工业用地和三类物流仓储用地的非居住存量房屋不得改建为保障性租赁住房。

在华夏北京保障房 REITs 项目中,土地规划用途为住宅、商业、办公(公共服务设施)、地下车库、地下仓储,不动产权证书记载的土地用途为住宅(公共租赁用房)。在红土创新保障房 REITs 项目中,土地用途为二类居住用地/住宅、二类居住用地/商业。在中金厦门保障房 REITs 项目中,基础设施项目的土地规划用途为城镇住宅用地(公共租赁房),不动产权证记载的土地用途为保障性租赁住房(公寓)。在华夏基金华润有巢 REITs 项目中,土地用途为居住建筑、社区商业及其他、社区级公共服务建筑、其他(地库)等,不动产权证书记载的土地用途为租赁住房。

(2)供应方式

根据“22 号文”的规定,保障性租赁住房用地可采取出让、租赁或划拨等方式供应,其中以出让或租赁方式供应的,可将保障性租赁住房租赁价格及调整方式作为出让或租赁的前置条件,允许出让价款分期收取。

在华夏北京保障房 REITs 项目中,基础设施项目通过出让取得相应用地;在红土创新保障房 REITs 项目中,基础设施项目通过出让取得相应用地;在中金厦门保障房 REITs 项目中,基础设施项目通过划拨取得相应用地;在华夏基金华润有巢 REITs 项目中,基础设施项目通过出让取得相应用地。

2. 保障性租赁住房的建设问题

(1)试点项目固定资产投资管理手续的完备

与一般项目的投资管理手续类似,保障性租赁住房的建设需要履行立项、环评、用地、规划、施工许可、竣工验收(包括工程整体验收以及规划、环评、消防、节能、人防等)等手续。

REITs 试点项目的合法合规性是国家发改委审核 REITs 申报项目所关注的重点问题。根据“958 号文”附件的规定,试点项目需“依法依规取得固定资产投资管理相关手续。主要包括:1. 项目审批、核准或备案手续。2. 规划、用地、环评、施工许可手续。3. 竣工验收报告(或建设、勘察、设计、施工、监理‘五方验收单’,或政府批复的项目转入商运文件)。4. 外商投资项目应取得国家利用外资有关手续。5. 依据相关法律法规应办理的其他必要手续”。

沪深交易所发布的业务指引之审核注意事项亦要求“基础设施资产已通过竣工验收,工程建设质量及安全标准符合相关要求,原则上已按照投资建设时的规定履行规划、用地、环评等审批、核准、备案、登记以及其他依据法律法规应当办理的手续”。

因此,保障性租赁住房的建设以及试点申报的过程中,均需符合“958 号文”附件及沪深交易所审核注意事项之要求。

(2)改建类项目的建设手续合规问题

保障性租赁住房可以由闲置和低效利用的非居住存量住房改建而来。对于此类改建项目的建设手续合规性审查,应当包含两阶段的合规手续。首先,应当对项目初始建设阶段的手续合规性进行审查,包括立项、环评、用地、规划、施工许可、竣工验收(包括工程整体验收以及规划、环评、消防、节能、人防等专项验收)。

其次,还应当对改建手续的合规性进行审查。对于改建阶段的建设手续,“22 号文”对改建手续进行了基本规定:利用非居住存量土地和非居住存量房屋建设保障性租赁住房,可由市县人民政府组织有关部门联合审查建设方案,出具保障性租赁住房项目认定书后,由相关部门办理立项、用地、规划、施工、消防等手续。不涉及土地权属变化的项目,可用已有用地手续等材料作为土地证明文件,不再办理用地手续。探索将工程建设许可和施工许可合并为一个阶段。实行相关各方联合验收。

除中央的上述规定外,部分地方政府已出台具体的政策文件,对改建手续进行了详细规定。根据《天津市非居住存量房屋改建为保障性租赁住房的指导意见(试行)》(津住建发〔2021〕17 号)的规定,改建的基本手续为:首先,区住建委在收到申请后组织政务服务、发展改革、规划资源、消防救援、城市管理等部门对改建项目进行联合审查,对符合改建要求的,提出联合审查认定意见,并在官方网站公示 5 个工作日;其次,公示期满无异议的,区住建委上报区政府批准同意并出具保障性租赁住房项目认定书;再次,区政务服务部门牵头组织为取得保障性租赁住房项目认定书的项目办理立项、用地、规划、施工、消防等手续;最后,改建项目完工后,区住建委牵头组织联合验收。

(3)商业部分二次装修的消防验收

根据《消防法》第 13 条之规定[1],对于其他建设工程,建设单位在验收后应当报住房和城乡建设主管部门备案,住房和城乡建设主管部门应当进行抽查。结合《建设工程消防设计审查验收管理暂行规定》(住建部令第 51 号)第 2 条[2]的规定,其他建设工程是指特殊建设工程以外的其他按照国家工程建设消防技术标准需要进行消防设计的建设工程。

在保障房项目中,如果涉及商业用途,则商业部分的租户通常会进行二次装修。根据有关部门的回复,房屋二次装修的消防设计和消防验收属于"其他建设工程"范畴,适用有关法律,建设单位在验收后应当报住房和城乡建设主管部门备案。如果商铺租户没有办理二次装修的消防设计、验收,可能会根

---

〔1〕《消防法》第 13 条:国务院住房和城乡建设主管部门规定应当申请消防验收的建设工程竣工,建设单位应当向住房和城乡建设主管部门申请消防验收。前款规定以外的其他建设工程,建设单位在验收后应当报住房和城乡建设主管部门备案,住房和城乡建设主管部门应当进行抽查。依法应当进行消防验收的建设工程,未经消防验收或者消防验收不合格的,禁止投入使用;其他建设工程经依法抽查不合格的,应当停止使用。

〔2〕《建设工程消防设计审查验收管理暂行规定》第 2 条:特殊建设工程的消防设计审查、消防验收,以及其他建设工程的消防验收备案(以下简称备案)、抽查,适用本规定。本规定所称特殊建设工程,是指本规定第十四条所列的建设工程。本规定所称其他建设工程,是指特殊建设工程以外的其他按照国家工程建设消防技术标准需要进行消防设计的建设工程。

据《消防法》第 58 条第 1 款[1]的规定受到处罚，但建筑物的物业方和业主方不是被处罚主体。

(四)保障性租赁住房项目运营阶段的合规关注要点

1. 保障性租赁住房的租金标准

(1)省市层面的租金标准

对于保障性租赁住房的租金标准，“22 号文”确定了“租金低于同地段同品质市场租赁住房租金”的基本原则。在该基本原则的基础上，各省(市)对租金标准进一步予以细化，包括优惠比例、定价依据、租金涨幅等方面。

根据《上海市保障性租赁住房租赁管理办法(试行)》(沪住建规范联〔2022〕3 号)的规定，上海市对租金标准进行了补充：第一，保障性租赁住房的租金标准由出租单位制定，初次定价和调价应报项目所在地的区房屋管理部门备案，并向社会公布。第二，同时面向社会供应的保障性租赁住房，租赁价格应在同地段同品质市场租赁住房租金的九折以下，初次定价前，应对租金标准进行评估，出租单位对保障性租赁住房租赁价格可以按年度调整；价格调增的，调增幅度应不高于市房屋管理部门监测的同地段市场租赁住房租金同期增幅，且年增幅应不高于 5%。第三，面向本园区、本单位、本系统职工定向供应的保障性租赁住房，租赁价格可在前述规定基础上进一步降低。

根据浙江省人民政府办公厅《关于加快发展保障性租赁住房的指导意见》(浙政办发〔2021〕59 号)的规定，浙江省保障性租赁住房的租金具体由投资主体或运营管理主体委托第三方专业机构定期评估确定，或依据政府发布的参考价格确定。

根据成都市人民政府办公厅《关于加快发展保障性租赁住房的实施意见》(成办发〔2021〕80 号)的规定，成都市要求：第一，保障性租赁住房租金接

---

[1] 《消防法》第 58 条：违反本法规定，有下列行为之一的，由住房和城乡建设主管部门、消防救援机构按照各自职权责令停止施工、停止使用或者停产停业，并处三万元以上三十万元以下罚款：(一)依法应当进行消防设计审查的建设工程，未经依法审查或者审查不合格，擅自施工的；(二)依法应当进行消防验收的建设工程，未经消防验收或者消防验收不合格，擅自投入使用的；(三)本法第十三条规定的其他建设工程验收后经依法抽查不合格，不停止使用的；(四)公众聚集场所未经消防救援机构许可，擅自投入使用、营业的，或者经核查发现场所使用、营业情况与承诺内容不符的。

受政府指导，租金年涨幅不超过5%；第二，各区（市）县政府（管委会）可根据属地实际适当提高租金优惠比例；第三，区分了租金标准的不同等级。

根据福州市人民政府办公厅《关于加快发展保障性租赁住房的实施意见》（榕政办〔2021〕124号）的规定，福州市规定保障性租赁住房的租金标准接受政府指导和管控，低于同地段同品质社会化租赁住房，且年度涨幅不超过5%。

根据《南京市发展保障性租赁住房实施办法》（宁政规字〔2022〕1号）第36条[1]的规定，南京市规定保障性租赁住房的租金不高于同地段同品质的市场化租赁住房评估租金的九折，租金年度涨幅不得超过5%。

（2）已获批项目的租金标准

已获批项目在“22号文”的租金标准基础上，依据其他相关规定进行了具体定价，如华夏北京保障房REITs项目中，文龙家园项目平均签约租金为52元/（平方米·月），相较西三旗板块平均价格约低46%；熙悦尚郡项目平均签约租金为60元/（平方米·月），相较青年路板块平均价格约低44%（依据CREIS中指数据库相关数据）。红土创新保障房REITs项目中，鉴于深圳市人民政府《关于深化住房制度改革加快建立多主体供给多渠道保障租购并举的住房供应与保障体系的意见》（深府规〔2018〕13号文）明确深圳市出租的人才房的租金为届时同地段市场商品住房租金的60%左右，该项目项下基础设施项目沿用了60%左右的租金定价原则。中金厦门保障房REITs项目中，入池基础设施项目租赁价格初次定价按低于同地段同品质的市场化租赁住房租金的95%执行，后续调价增幅应不高于同地段市场租赁住房租金同期增幅，且年增幅不高于5%。华夏基金华润有巢REITs项目中，有巢泗泾项目2022年1月至2022年6月的实际平均签约租金为人民币2571元/（间·月），有巢东部经开区项目2022年1月至2022年6月的实际平均签约租金为人民币2193元/（间·月）。上述已获批项目的租金定价依据具体如下。

①《公共租赁住房管理办法》（住建部令第11号）

市、县级人民政府住房保障主管部门应当会同有关部门，按照略低于同地

[1]《南京市发展保障性租赁住房实施办法》（宁政规字〔2022〕1号）第36条：保障性租赁住房产权或者运营管理单位应当委托有关机构按年度或者适时公布保障性租赁住房周边同地段同品质的市场化租赁住房评估租金，保障性租赁住房的优惠租金标准按不高于评估租金的九折确定，租金年度涨幅不得超过5%。

段住房市场租金水平的原则，确定本地区的公共租赁住房租金标准，报本级人民政府批准后实施。公共租赁住房租金标准应当向社会公布，并定期调整。公共租赁住房租赁合同约定的租金数额，应当根据市、县级人民政府批准的公共租赁住房租金标准确定。

②北京市人民政府《关于加强本市公共租赁住房建设和管理的通知》（京政发〔2011〕61号）

公共租赁住房租金考虑项目建设、运营和管理成本，按照略低于同地段、同类型住房的市场租金水平确定。由市住房城乡建设主管部门委托具有相应资质的专业估价机构或北京保障房中心定期测定公租房项目所在区域的市场租金。公租房租金标准由产权单位拟定，不得高于测定的项目所在区域市场租金，并实行动态调整。产权单位为中央及市属单位的，公共租赁住房项目租金标准需经市住房保障管理部门、市财政部门审核后实施。

③深圳市人民政府《关于深化住房制度改革加快建立多主体供给多渠道保障租购并举的住房供应与保障体系的意见》（深府规〔2018〕13号）

人才住房，占住房供应总量的20%左右，重点面向符合条件的企事业经营管理、专业技术、高技能、社会工作、党政等方面人才供应，可租可售，建筑面积以小于90平方米为主，租金、售价分别为届时同地段市场商品住房租金、售价的60%左右。对符合条件的高层次人才实行更加优惠的政策。

④厦门市住房保障和房屋管理局《关于印发厦门市保障性租赁住房项目认定和管理操作细则的通知》（厦房租赁〔2022〕19号）

保障性租赁住房租金价格应接受政府指导，租金按不高于同地段同品质市场化租赁住房租金95%的标准执行，年度租金涨幅不超过5%。项目初次定价或调价时，项目主体应委托专业房地产估价机构对项目租金进行评估。房地产估价机构由项目主体在市房地产中介行业协会公示的评估机构名录库中随机抽取。房地产估价机构应当独立、客观、公正地开展租金评估工作，并按合同约定出具评估报告。租金评估业务完成后，项目主体应将评估结果报市住房局备案。

⑤《上海市保障性租赁住房租赁管理办法（试行）》（沪住建规范联〔2022〕3号）、《关于加快发展本市保障性租赁住房的实施意见》（沪府办规〔2021〕12号）

保障性租赁住房租赁价格（一房一价）由出租单位制定，初次定价和调价应报项目所在地的区房屋管理部门备案,并向社会公布;实际执行的租赁价格不得高于备案价格。面向社会供应的保障性租赁住房,租赁价格应在同地段同品质市场租赁住房租金的九折以下。出租单位对保障性租赁住房租赁价格可以按年度调整;价格调增的,调增幅度应不高于市房屋管理部门监测的同地段市场租赁住房租金同期增幅,且年增幅应不高于 5%。市房屋管理部门加强对保障性租赁住房初次定价和调价的监督检查,加强对估价机构租金评估质量的监督检查;发现问题的,责令整改纠正。

2. 保障性租赁住房的租金归属

(1)政策层面的租金归属

对于公租房,根据住建部等《关于加快发展公共租赁住房的指导意见》(建保〔2010〕87 号)第 6 条第 3 款[1]之规定,政府投资建设公共租赁住房的租金收入,应按照政府非税收入管理的规定缴入同级国库,实行"收支两条线"管理。保障性租赁住房坚持"谁投资、谁所有"的原则,"22 号文"以及省市的规定均未提出租金应缴入国库的要求。

需要指出的是,有的保障性租赁住房项目可能由原来的公租房项目纳入。该类保障性租赁住房项目的租金是否应当按照公租房的要求上缴国库,主要取决于地方政府的规定。如上海市要求,市、区房屋管理部门认定的公共租赁住房统一纳入保障性租赁住房管理,并按照上海市公共租赁住房专项管理政策进一步从严管理。

项目公司可自主支配租金收入是开展 REITs 的前提条件,需要结合项目背景以及当地政策,判断项目是否具备发行 REITs 的可行性。

(2)已获批项目的租金归集

就华夏北京保障房 REITs 项目而言,基础设施项目由北京城建兴华地产有限公司、北京首开仁信置业有限公司投资建设。北京保障房中心有限公司与北京城建兴华地产有限公司、北京首开仁信置业有限公司签订收购协议。北京保障房中心有限公司根据《集团内企业资产、债务及员工之整体划转实施协议》的约定将文龙家园项目、熙悦尚郡项目对应的房屋所有权及占用范

---

〔1〕《关于加快发展公共租赁住房的指导意见》(建保〔2010〕87 号)第 6 条第 3 款:政府投资建设公共租赁住房的租金收入,应按照政府非税收入管理的规定缴入同级国库,实行"收支两条线"管理。租金收入专项用于偿还公共租赁住房贷款,以及公共租赁住房的维护、管理和投资补助。

围内的土地使用权划转至项目公司,并办理不动产转移登记手续。基础设施项目在划转至项目公司前,属于北京保障房中心直接持有的资产,按照北京保障房中心相关制度进行租金回收及管理;在划转至项目公司后,租金将划付至项目公司运营账户。

就红土创新保障房 REITs 项目而言,基础设施项目由深圳市保利房地产投资有限公司、深圳市金碧房地产开发有限公司、深圳市福田人才安居有限公司、深圳市罗湖人才安居有限公司投资建设。根据租赁合同以及租赁合同变更通知书、租赁合同变更通知书回执的约定,安居百泉阁、安居锦园、保利香槟苑和凤凰公馆 4 个项目的租赁住房租金由项目公司收取,收取方式有银行托收、租户转账和在线支付 3 种方式。

就中金厦门保障房 REITs 项目而言,园博公寓、珩琦公寓系政府投资项目,由厦门安居集团有限公司负责建设运营。根据相关厦门市人民政府专题会议纪要,厦门市人民政府决定由厦门安居集团有限公司作为公租房投融资主体,负责公租房建设运营管理,市财政通过注入资本金的方式予以资金支持,现有拟作为公租房的房源通过资产划转或者销售的方式注入厦门安居集团有限公司,待厦门安居集团有限公司发展壮大后再通过贷款、发行债券等方式筹集建设资金。根据园博公寓、珩琦公寓的固定资产投资管理相关手续,相关实施主体均为厦门安居集团有限公司。根据资产重组安排,自 2022 年 4 月 1 日资产交割日起(含),项目公司享有基础设施资产经营产生的租金收益。

就华夏基金华润有巢 REITs 项目而言,对于个人租户,可通过有巢 App 关联微信或支付宝进行支付,或通过门店 POS 机刷卡支付;对于公司客户,一般通过银行转账的方式支付。有巢 App 及 POS 机绑定的收款账户为项目公司的银行账户,有巢 App 收款金额于 T+1 自动提现/转账至项目公司银行账户。在基金取得基础设施项目的完全所有权和经营权后,以上收款方式不变,项目公司的银行账户变更为监管账户,接受监管银行的监督。

综上,在已获批保障房 REITs 项目中,保障性租赁住房的租金均由项目公司收取且无须上缴财政,项目公司可自主支配租金收入,不存在基础设施项目资金归集的障碍。

3. 保障性租赁住房的租金补贴

(1) REITs 项目补贴的共性问题

根据《公募 REITs 指引》(中国证监会公告〔2020〕54 号)第 8 条的规

定，基础设施基金拟持有的基础设施项目应当现金流来源合理分散，且主要由市场化运营产生，不依赖第三方补贴等非经常性收入。深交所《关于发布公开募集基础设施证券投资基金配套业务规则的通知》（深证上〔2021〕144号）、《上交所公募 REITs 指引 1 号（2023 年修订）》以及《深交所公募 REITs 指引 1 号（2023 年修订）》均规定，基础设施项目现金流应当符合市场化原则，不依赖第三方补贴等非经常性收入。

在保障房租赁市场中，由于面向租房人群的特殊性，现金流往往涉及租赁补贴。例如《公共租赁住房管理办法》第 21 条规定，承租人应当根据合同约定，按时支付租金。承租人收入低于当地规定标准的，可以依照有关规定申请租赁补贴或者减免。承租人获得租赁补贴是否属于"基础设施项目现金流依赖第三方补贴等非经常性收入、是否符合市场化原则"？这是保障性租赁住房 REITs 项目中必须符合的原则和必须回答的问题。

（2）已获批项目的租金补贴说明

在华夏北京保障房 REITs 项目中，根据国家和北京市的相关规定，[1]符合规定条件的公租房承租人可提出租金补贴申请，由相关区县住房保障管理部门进行审核。对于通过审核的承租人，公租房产权人每月 5 日（含）前在住房保障管理信息系统中确认该等承租人上月公共租赁住房租金交纳情况，并通过系统报送区县住房保障管理部门，区县住房保障管理部门通过住房保障管理信息系统确认后将租金补贴直接发放至承租人账户。承租人未交纳租金的，区县住房保障管理部门暂不发放租金补贴，待其补齐相应租金后一并补发。基础设施项目项下申请获得租金补贴的租户占比较低。在对于现金流是否依赖于第三方补贴出具意见时，相关披露文件的立足点为：基础设施项目承租人租金补贴发放情况符合上述规定，租金补贴由区县住房保障管理部门直接发放至承租人账户，由承租人自由支配。据此，基础设施项目运营收入与政府租金补贴无关。

在红土创新保障房 REITs 项目中，项目通过将基础设施资产进行市场化

〔1〕《公共租赁住房管理办法》、《北京市住房和城乡建设委员会、北京市财政局关于完善公共租赁住房租金补贴政策的通知》（京建法〔2015〕14 号）、《北京市住房和城乡建设委员会关于公共租赁住房租金补贴对象及租金补贴标准有关问题的通知》（京建法〔2012〕11 号）、《关于公共租赁住房租金补贴申请、审核、发放等有关问题的通知》（京建法〔2012〕10 号）、《北京市住房保障办公室关于确定公租房租金补贴代发银行有关问题的通知》（京住发字〔2012〕109 号）。

运营,以获得持续、稳定的租金收入,保障性租赁住房租金收入和配套商业设施及配套停车场租金收入占该项目全部营业收入的 100%,该基础设施项目的收入来源不依赖第三方补贴等非经常性收入经核查。

在中金厦门保障房 REITs 项目中,基础设施项目现金流基于真实、合法的经营活动产生,收入全部来自市场化租户,无关联方租户,符合市场化原则,不依赖第三方补贴等非经常性收入。

在华夏基金华润有巢 REITs 项目中,根据项目公司与虹桥镇和泗泾镇达成的战略合作协议,相关政策已限定对应人才需入住人才公寓方可享受相应补贴。截至 2022 年 8 月 31 日,有巢泗泾项目享有虹桥镇和泗泾镇人才公寓租金补贴的租户共 305 套房源,约占全部房源的 24.13%。在对于现金流是否依赖第三方补贴出具意见时,相关披露文件的立足点为:由于该补贴直接向租户发放,并不向项目公司发放,因此不直接影响项目的现金流。

(3)租补分离在基础设施项目中的适用

综上所述,已获批项目的立足点为租补分离,即基础设施项目的收入全部来自市场化租户,即使涉及租金补贴,也是政府向承租人直接发放的补贴,与基础设施项目运营收入无关。租补分离的规定在许多省市均有规定,列举如下。

①西安市人民政府办公厅《关于进一步做好房地产市场调控工作的意见》(市政办发〔2013〕108 号)第 5 条规定:“优化保障房供应结构,完善保障房供应体系。加快推进廉租房、公租房并轨,实行租补分离、阶梯租金,逐步增加廉租房、公租房的供应量,构建以租赁性保障房为主的保障房供应体系。”

②宝鸡市人民政府《关于廉租住房和公共租赁住房并轨运行的意见(试行)》(宝政发〔2014〕22 号)规定:“推行租补分离。政府持有的保障性租赁住房由政府确定租金及补贴标准,按照先交后补的方式,根据承租人家庭收入情况实施分档补贴、梯度保障。承租人向保障性租赁住房所有权人或者其委托的运营单位交纳房租后,在规定的保障面积内,由当地住房保障主管部门会同民政部门审核其家庭收入情况,再由财政部门按相应梯度的租金补贴标准对不同困难程度的承租人给予租金补贴。具有本地城镇户籍且未承租保障性租赁住房的低保、低收入保障对象自行通过市场途径租赁住房的,可以按原政策规定,继续发放租赁补贴。补贴资金由财政部门从廉租住房补贴专项资金中筹集。”

③广西壮族自治区住房和城乡建设厅《关于印发加强全区城镇保障性安

居工程建设工作的实施方案的通知》(桂建保〔2019〕6 号)规定,各地要推进公共租赁住房租补分离、分档补助机制,将租金缴交由“暗补”改为“明补”,优化公共租赁住房运营管理,不断增强住房困难群众的获得感、幸福感和安全感。

4. 保障性租赁住房的运营资质

(1)相关政策文件未设定运营资质条件

目前,国家未要求保障性租赁住房项目的经营主体办理专门的经营证照。但根据相关省市的规定,保障性租赁住房的经营主体仍需履行相关的信息登记或信息报送义务。如根据《天津市非居住存量房屋改建为保障性租赁住房的指导意见(试行)》(津住建发〔2021〕17 号)的规定,改建项目的运营主体应当为依法办理市场主体登记的住房租赁企业,项目开业运营前,应当通过本市住房租赁服务监管平台推送开业信息。

项目公司从事将其持有的相应基础设施资产作为保障性租赁住房对外出租用于居住的业务无须取得特别的经营资质。

(2)已获批项目的运营主体资质

鉴于相关政策文件未设定运营保障性租赁住房项目的资质要求,因此已获批项目中的运营主体资质的判断与其他基础设施公募 REITs 的判定标准一致,具体如下。

①根据《证券投资基金法》第 97 条〔1〕的规定,运营管理机构应当按照国务院证券监督管理机构的规定进行注册或者备案。

②根据《公募 REITs 指引》第 40 条〔2〕的规定,外部管理机构应当具有符

---

〔1〕《证券投资基金法》第 97 条:从事公开募集基金的销售、销售支付、份额登记、估值、投资顾问、评价、信息技术系统服务等基金服务业务的机构,应当按照国务院证券监督管理机构的规定进行注册或者备案。

〔2〕《公开募集基础设施证券投资基金指引(试行)》第 40 条:外部管理机构应当按照《证券投资基金法》第 97 条规定经中国证监会备案,并持续符合下列要求:(一)具有符合国家规定的不动产运营管理资质(如有);(二)具备丰富的基础设施项目运营管理经验,配备充足的具有基础设施项目运营经验的专业人员,其中具有 5 年以上基础设施项目运营经验的专业人员不少于 2 名;(三)公司治理与财务状况良好;(四)中国证监会规定的其他要求。外部管理机构受委托从事基础设施项目运营管理的,不得泄露因职务便利获取的未公开信息,不得利用该信息从事或者明示、暗示他人从事相关交易活动。外部管理机构同时向其他机构提供基础设施项目运营管理服务的,应当采取充分、适当的措施避免可能出现的利益冲突。外部管理机构不得将受委托运营管理基础设施的主要职责转委托给其他机构。外部管理机构应当配合基金管理人等机构履行信息披露义务,确保提供的文件资料真实、准确、完整。

合国家规定的不动产运营管理资质(如有);具备丰富的基础设施项目运营管理经验,配备充足的具有基础设施项目运营经验的专业人员,其中具有5年以上基础设施项目运营经验的专业人员不少于2名;公司治理与财务状况良好;符合中国证监会规定的其他要求。

③根据《深交所公募 REITs 指引1号(2023年修订)》第8条[1]之规定,外部管理机构应当符合《基础设施基金指引》规定的相关条件,并具有持续经营能力,最近3年不存在重大违法违规记录,符合中国证监会和交易所规定的其他要求。

(五)保障性租赁住房转让阶段的合规关注要点

1. 基础设施项目的转让限制及解除

根据"958号文"的规定,在开展 REITs 试点时,相关规定或协议对项目公司名下的土地使用权、项目公司股权、特许经营权、经营收益权、建筑物及构筑物转让或相关资产处置存在任何限定条件、特殊规定约定的,相关有权部门或协议签署机构应对项目以100%股权转让方式发行基础设施 REITs 无异议,确保项目转让符合相关要求或相关限定具备解除条件。

在公募 REITs 项目中,需要对立项文件、土地使用权出让合同、贷款合同、服务合同等予以关注,重点审查相关资产转让是否存在需要取得相关方同意等限制性约定。另外,保障性租赁住房属于政策性住房,中央和地方法规对保障性租赁住房资产的转让等规定了相应的限制措施。

(1)只租不售的限制性规定

中央确定了保障性租赁住房不得上市销售或变相销售的基本原则。"22号文"第2条第4项规定:"严格监督管理。城市人民政府要建立健全住房租赁管理服务平台,加强对保障性租赁住房建设、出租和运营管理的全过程监督,强化工程质量安全监管。保障性租赁住房不得上市销售或变相销售,严禁以保障性租赁住房为名违规经营或骗取优惠政策。"

---

[1] 《深交所公募 REITs 指引1号(2023年修订)》第8条:委托外部管理机构运营管理基础设施项目的,外部管理机构应当符合《基础设施基金指引》规定的相关条件,并满足下列要求:(一)具有持续经营能力;(二)最近三年不存在重大违法违规记录;(三)中国证监会和本所规定的其他要求。

(2)部分地方政府细化产权转让的规定

在坚持保障性租赁住房不得上市销售或变相销售的基本原则下,部分地方政府已出台配套规则,对保障性租赁住房的转让问题进行了专门规定,细化了转让的前提条件以及转让所需履行的审批程序等。

根据北京市住房与城乡建设委员会《关于严禁公租房、保障性租赁住房变相销售行为的通知》(京建发〔2021〕353 号)的规定,北京市在强调保障性租赁住房不得上市销售或变相销售的基础上,要求保障性租赁住房产权转让时,应当经项目所在区政府同意,且项目原则上应整体转让。

根据浙江省人民政府办公厅《关于加快发展保障性租赁住房的指导意见》(浙政办发〔2021〕59 号)的规定,浙江省对保障性租赁住房的转让提出了以下具体要求:①保障性租赁住房项目须整体确权,不得分割登记、分割转让,不得上市销售或变相销售。②涉及整体转让的符合条件项目,须经城市政府审核批准,转让后原保障性租赁住房性质和土地用途不变。③工业项目范围内建设的保障性租赁住房须与生产性厂房一并转让,不得单独转让。

根据陕西省人民政府办公厅《关于加快发展保障性租赁住房的实施意见》(陕政办发〔2021〕40 号)的规定,陕西省对保障性租赁住房的转让提出了以下具体要求:①须整体确权,不得分割登记、分割转让、分割抵押。②符合条件项目涉及整体转让的,须经城市人民政府审核批准,转让后原保障性租赁住房性质不变,土地用途和土地取得方式不变。③工业项目范围内建设的保障性租赁住房须与生产性厂房一并转让,不得单独转让。④工业项目企业与产业园区管委会联合投资建设的保障性租赁住房,涉及转让其部分产权的,产业园区管委会可优先购买。

(3)基础设施项目自身的转让限制

综上所述,保障性租赁住房只租不售,由此构成了基础设施 REITs 发行中基础资产转让的特殊性。除此之外,需关注基础设施项目自身的转让限制及解除,例如《国有建设用地使用权出让合同》或不动产权证书对基础设施资产转让可能存在特殊性要求,如土地使用权及地上建筑物不得分割转让、不得分割抵押;转让、抵押须经出让人同意;《建设用地规划许可证》《建设工程规划许可证》可能记载公共租赁住房只能用于租赁,不得销售。

上述基础资产转让的特殊性要求,是否会对基础设施 REITs 的发行构成影响?对此需从两方面进行分析:第一,须取得相关监管部门的无异议函,载明相关监管部门对保障性租赁住房项目以 100%转让股权的方式发行基础设施 REITs 无异议;第二,可通过咨询自然资源和规划部门,了解当地自然资源部门的态度倾向。例如,在红土创新保障房 REITs 项目中,深圳市规划和自然资源局的回复如下:基础设施资产已经被深圳市住房和建设局认定为保障性租赁住房,并将按照保障性租赁住房的租赁规则和租金定价规则予以管理,不属于市场化商品房。发行基础设施 REITs 并未改变基础设施资产的持有主体(基础设施资产的不动产权仍属于项目公司),也不涉及将基础设施资产转让予个人。此外,发行基础设施 REITs 不会改变基础设施资产作为只租不售的保障性租赁住房的定位和用途,并非通常在市场上进行的商品化房产交易。

2. 国有资产的转让限制及解除

(1)"32 号令"对进场交易的原则性规定

根据"32 号令"第 7 条[1]、第 13 条[2]之规定,国资监管机构负责审核国家出资企业的产权转让事项,产权转让原则上通过产权市场公开进行。如果持有基础设施项目资产的项目公司股权转让属于企业国有资产交易性质,按照"32 号令"的规定,原则上应当通过产权市场公开进行,并依法履行其他国有资产交易程序。

国务院国资委于 2022 年 5 月 16 日印发了国务院国资委《关于企业国有资产交易流转有关事项的通知》(国资发产权规〔2022〕39 号),对国有资产的非公开交易流转及公开交易流转制度进行了细化规定。该通知第 3 条[3]规定,国家出资企业及其子企业通过发行基础设施 REITs 盘活存量资产,涉及国有产权非公开协议转让按规定报同级国有资产监督管理机构批准。

---

〔1〕"32 号令"第 7 条:国资监管机构负责审核国家出资企业的产权转让事项。其中,因产权转让致使国家不再拥有所出资企业控股权的,须由国资监管机构报本级人民政府批准。

〔2〕"32 号令"第 13 条:产权转让原则上通过产权市场公开进行。转让方可以根据企业实际情况和工作进度安排,采取信息预披露和正式披露相结合的方式,通过产权交易机构网站分阶段对外披露产权转让信息,公开征集受让方。其中正式披露信息时间不得少于 20 个工作日。因产权转让导致转让标的企业的实际控制权发生转移的,转让方应当在转让行为获批后 10 个工作日内,通过产权交易机构进行信息预披露,时间不得少于 20 个工作日。

〔3〕《关于企业国有资产交易流转有关事项的通知》第 3 条:国家出资企业及其子企业通过发行基础设施 REITs 盘活存量资产,应当做好可行性分析,合理确定交易价格,对后续运营管理责任和风险防范作出安排,涉及国有产权非公开协议转让按规定报同级国有资产监督管理机构批准。

（2）已获批项目的国有资产转让限制解除

已获批的 4 单保障房公募 REITs 项目中，持有基础设施项目资产的项目公司股权转让均属于企业国有资产交易性质，均就向项目公司转让基础设施项目以及以持有该等基础设施项目的项目公司 100%股权转让方式发行基础设施 REITs 征得国资委的同意，豁免履行企业国有资产转让进场交易等国有资产交易程序。

①华夏北京保障房 REITs 项目取得了北京市国资委出具的批复，北京市国资委原则同意北京保障房中心依法合规开展基础设施领域 REITs 试点工作，所涉及的产权转让事项可通过相关方直接签署转让协议方式实施。

②红土创新人才保障房 REITs 项目取得了深圳市国资委出具的反馈意见，支持深圳市人才安居集团申请基础设施 REITs 试点；基础设施 REITs 是通过证券交易所公开发行的金融产品，项目所涉国有资产无须另行履行国有资产交易程序。

③中金厦门保障房 REITs 项目取得了厦门市国资委出具的批复，厦门市国资委同意原始权益人将所持有的园博公司及珩琦公司 100%股权转让至资产支持专项计划，并同意此次发行基础设施 REITs 无须另行履行国有资产进场交易程序。

④华夏基金华润有巢 REITs 项目取得了国务院国资委出具的批复，同意有巢住房租赁（深圳）有限公司保障性租赁住房资产开展基础设施 REITs 试点工作，产权转让事项可以以非公开协议转让方式实施。

三、保障性租赁住房公募 REITs 的案例分析

（一）保障性租赁住房 REITs 的案例分析之一：华夏北京保障房 REITs

以下案例的内容来源于《北京市中伦律师事务所关于申请募集注册华夏北京保障房中心租赁住房封闭式基础设施证券投资基金的法律意见书》《华夏北京保障房中心租赁住房封闭式基础设施证券投资基金招募说明书（草案）》，最终以前述法律意见书、招募说明书的内容为准。

1. 华夏北京保障房 REITs 项目基本情况

2022 年 8 月，华夏北京保障房 REITs 在上交所上市，是国内首批三只保障性租赁住房 REITs 之一。该项目中，原始权益人为北京保障房中心有限公

司,基金管理人为华夏基金管理有限公司,计划管理人为中信证券股份有限公司,基金托管人为中国建设银行股份有限公司,运营管理机构为北京保障房中心。

项目发行规模为人民币 12.55 亿元,募集资金用途主要是认购中信证券—北京保障房中心租赁住房 1 号资产支持专项计划资产支持证券。

2. 华夏北京保障房 REITs 项目的整体架构

在华夏北京保障房 REITs 项目中,基础设施的整体架构的交易结构如图 11-1 所示。

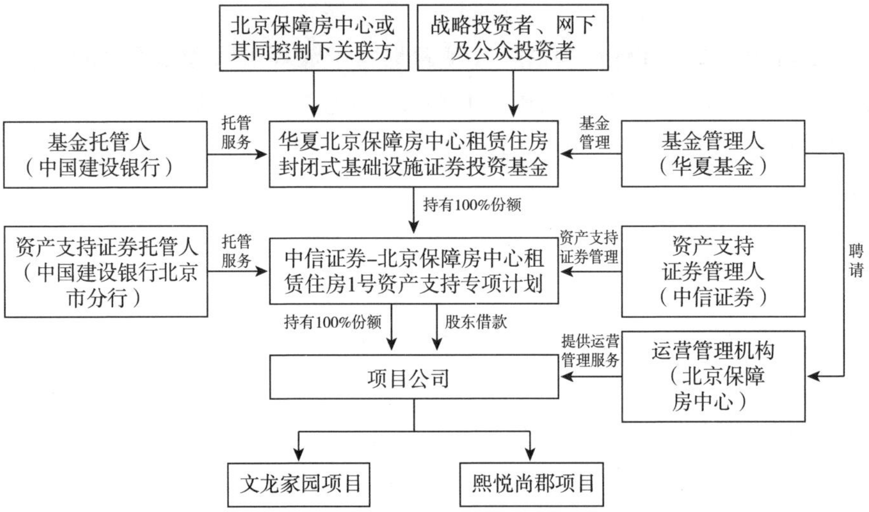

图 11-1　华夏北京保障房 REITs 项目交易结构

资料来源:《华夏北京保障房中心租赁住房封闭式基础设施证券投资基金招募说明书》,载上海证券交易所网站 2022 年 8 月 5 日,http://www.sse.com.cn/reits/info/index_detail.shtml? audit_id = 20763。

(1)北京保障房中心已设立 SPV 公司(北京燕保宜业住房租赁有限公司),北京保障房中心持有 SPV 公司 100%的股权。资产支持专项计划设立后,根据北京保障房中心与中信证券(代表资产支持专项计划)签署的《SPV 公司股权转让协议》,由资产支持专项计划向原始权益人支付 SPV 公司股权转让对价,并取得北京保障房中心持有的 SPV 公司 100%股权。

(2)资产支持专项计划取得 SPV 公司 100%股权后,计划管理人应根据《SPV 公司股权转让协议》的约定向专项计划托管人发出划款指令,向 SPV 公司进行增资,并根据计划管理人(代表资产支持专项计划)与 SPV 公司签署的《借款协议》向 SPV 公司发放股东借款。

(3)资产支持专项计划向 SPV 公司增资并发放股东借款后,SPV 公司取得增资款以及股东借款。根据 SPV 公司与北京保障房中心签署的《项目公司股权转让协议》,由 SPV 公司向原始权益人支付项目公司股权转让价款并取得项目公司 100%股权。

(4)SPV 公司取得项目公司 100%股权后,搭建了基础设施基金持有资产支持专项计划全部资产支持证券、资产支持专项计划持有 SPV 公司 100%股权、SPV 公司持有项目公司 100%股权的架构。

(5)根据 SPV 公司与项目公司签署的《吸收合并协议》,项目公司吸收合并 SPV 公司,完成吸收合并后,SPV 公司注销,项目公司继续存续,项目公司的股东变更为中信证券(代表资产支持专项计划)。SPV 公司原有的对资产支持专项计划的债务下沉到项目公司,资产支持专项计划直接持有项目公司的股权和债权。

3. 华夏北京保障房 REITs 项目的基础设施资产范围

就华夏北京保障房 REITs 项目而言,基础设施项目是指位于北京市海淀区文龙家园的 1 号楼、2 号楼、3 号楼、6 号楼、8 号楼的房屋所有权及土地使用权,位于北京市朝阳区北路 82 号院的熙悦尚郡项目,包括 1 号楼、2 号楼的房屋所有权及土地使用权。

4. 华夏北京保障房 REITs 项目的基础设施项目运营与现金流情况

(1)租赁合同备案的披露情况

《城市房地产管理法》(主席令第 32 号)第 53 条规定:“房屋租赁,出租人和承租人应当签订书面租赁合同,约定租赁期限、租赁用途、租赁价格、修缮责任等条款,以及双方的其他权利和义务,并向房产管理部门登记备案。”同时,《商品房屋租赁管理办法》(住建部令第 6 号)第 14 条第 1 款规定:“房屋租赁合同订立后三十日内,房屋租赁当事人应当到租赁房屋所在地直辖市、市、县人民政府建设(房地产)主管部门办理房屋租赁登记备案。”因此,在国家层面,租赁合同应当向房产管理部门登记备案。

在华夏北京保障房 REITs 项目中,法律意见书对于租赁合同备案的披露情况如下:文龙家园项目公开配租模式项下共涉及 4 户未完成租赁合同备案;文龙家园项目趸租模式项下共涉及 2 户未完成租赁合同备案;熙悦尚郡项目涉及的租赁合同均已备案。但根据《民法典》第 706 条的规定,当事人未依照法律、行政法规规定办理租赁合同登记备案手续的,不影响合同的效力。因此,如不存在其他影响合同合法有效性的情形,仅就租赁合同未能及时进行租赁备案的情况,不会影响房屋租赁合同的合法有效性,也不会对基础设施项目房屋所有权及对应土地使用权的认定造成实质性不利影响。

(2)基础设施项目运营时间

就项目运营时间层面的要求,《上交所公募 REITs 指引 1 号(2023 年修订)》以及《深交所公募 REITs 指引 1 号(2023 年修订)》均指出项目运营时间原则上不低于 3 年。

在华夏北京保障房 REITs 项目中,文龙家园项目于 2014 年建成,并于 2015 年投入运营,截至 2022 年 3 月 31 日已运营超过 7 年。熙悦尚郡项目于 2017 年建成,并于 2018 年投入运营,截至 2022 年 3 月 31 日已运营超过 3 年。

(3)重要现金流提供方

根据《公募 REITs 尽调指引》第 21 条第 2 款的规定,应按照穿透原则界定实际的现金流来源及提供方;在尽职调查基准日前的一个完整自然年度中,基础设施资产的单一现金流提供方及其关联方合计提供的现金流超过基础设施资产同一时期现金流总额的 10%,应当视为重要现金流提供方。

在华夏北京保障房 REITs 项目中,根据北京保障房中心提供的租赁台账和北京保障房中心的确认,截至尽调基准日,基础设施项目现金流来源合理分散,不存在重要现金流提供方。

(二)保障性租赁住房 REITs 的案例分析之二:红土创新保障房 REITs

以下案例的内容来源于《北京市天达共和律师事务所关于红土创新基金管理有限公司注册红土创新深圳人才安居保障性租赁住房封闭式基础设施证券投资基金的法律意见书》《红土创新深圳人才安居保障性租赁住房封闭式基础设施证券投资基金招募说明书(草案)》,最终以前述法律意见书、招募说明书的内容为准。

1. 红土创新保障房 REITs 项目基本情况

2022 年 8 月,红土创新人才保障房 REITs 在深交所上市,是国内首批三只保障性租赁住房 REITs 之一。该项目中,原始权益人为深圳市人才安居集团有限公司、深圳市福田人才安居有限公司以及深圳市罗湖人才安居有限公司,基金管理人为红土创新基金管理有限公司,计划管理人为深创投红土资产管理(深圳)有限公司,基金托管人为招商银行股份有限公司,运营管理机构为深圳市房屋租赁运营管理有限公司。

项目发行规模为人民币 12.42 亿元,募集资金用途主要是认购部投资于深创投—深圳人才安居保障性租赁住房资产支持专项计划资产支持证券。

2. 红土创新保障房 REITs 项目的整体架构

在红土创新保障房 REITs 项目中,基础设施的整体架构的交易结构如图 11-2 所示。

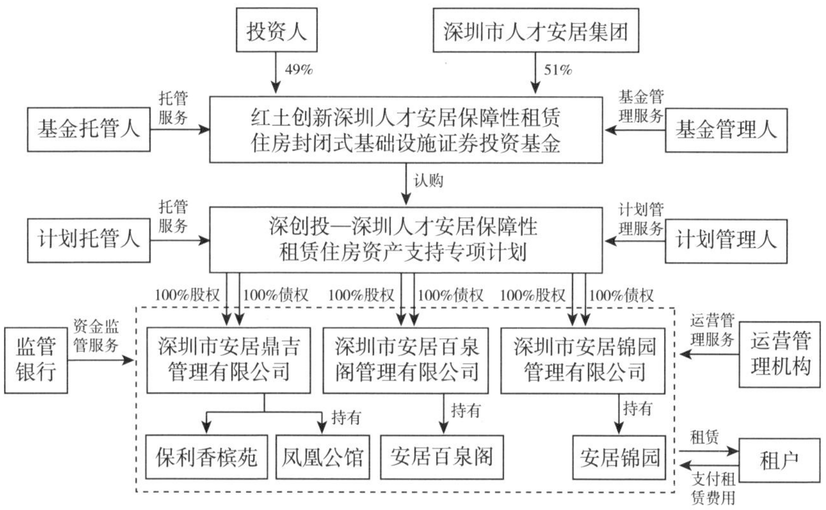

图 11-2　红土创新人才保障房 REITs 项目交易结构

资料来源:《红土创新深圳人才安居保障性租赁住房封闭式基础设施证券投资基金招募说明书》,载深圳证券交易所网站 2022 年 5 月 30 日,https://reits.szse.cn/projectdynamic/detail/index.html? id=5000012。

(1)计划管理人(代表专项计划)受让原始权益人深圳市人才安居集团、深圳市福田人才安居有限公司及深圳市罗湖人才安居有限公司所持有的基础设施项目公司即鼎吉管理公司、百泉阁管理公司、锦园管理公司的 100%股权(支付费用包括:基金上市费用、信息披露费、登记机构服务费、基金的证券交易费、银行汇划费用、相关账户的开户及维护费用等必要费用,具体金额以基金管理人的计算为准),同时向基础设施项目公司提供股东借款。

(2)基础设施基金拟以募集资金认购专项计划资产支持证券的全部

份额。

(3)设立专门的运营监管账户收取运营收入,并向计划管理人偿还相应股东借款的本金和/或利息,并分配股息、红利等股权投资收益(付款路径为:计划管理人向基金管理人划付收益,基金管理人向投资人分配收益)。

3. 红土创新保障房 REITs 项目的基础设施资产范围

(1)基础设施资产范围

就红土创新保障房 REITs 项目而言,基础设施基金的基础设施资产为位于深圳市的 4 个保障性租赁住房项目,包括保利香槟苑项目、凤凰公馆项目、安居百泉阁项目、安居锦园项目中的保障性租赁住房及配套设施的房屋所有权及其占用的土地使用权,其中安居百泉项目包含 414. 11 平方米的商业部分,功能为楼栋底商。

(2)配套商业部分的处理

通常而言,保障性租赁住房项目的《不动产权证书》记载的房屋用途为住宅/公寓,但是在房屋租赁类的项目运营中,通常会出于生活配套的考量而设置一定数量的商铺,在申报保障房 REITs 项目的过程中,合规问题之一即房屋的实际用途是否与其不动产权证所载用途相符。

在红土创新保障房 REITs 项目中,其中安居百泉阁项目中包含建筑面积为 414. 11 平方米的商业部分,其建筑功能即为楼栋底层商铺。法律意见书从 5 个方面分析了基础设施资产配套商业部分的合法合规性。

①国家层面的"22 号文"对保障性租赁住房应合理配套商业服务设施的支持

根据"22 号文"第 2 条第 2 款的规定,保障性租赁住房应合理配套商业服务设施。[1]

②地方层面的城市用地分类规定规定了非主导用途建筑面积占总建筑面积的比例

根据《深圳市城市规划标准与准则(2019 年修订)》表 2. 1. 6《深圳市城市

[1] "22 号文"第 2 条第 2 款规定:保障性租赁住房由政府给予土地、财税、金融等政策支持,充分发挥市场机制作用,引导多主体投资、多渠道供给,坚持"谁投资、谁所有",主要利用集体经营性建设用地、企事业单位自有闲置土地、产业园区配套用地和存量闲置房屋建设,适当利用新供应国有建设用地建设,并合理配套商业服务设施。支持专业化规模化住房租赁企业建设和运营管理保障性租赁住房。

用地分类和使用》的规定,“二类居住用地”的适建用途包括:“主导用途:住宅;其他用途:幼儿园(托儿所)、商业、可附设的市政设施、可附设的交通设施、其他配套辅助设施。”

《深圳市城市规划标准与准则(2019 年修订)》第 2. 2. 2. 2 条规定“为保障用地的主导用途、避免功能混杂,单一用地性质允许建设、使用的功能比例,应结合具体地块的建设条件与开发需求,综合考虑相关要求经专题研究确定。其中,居住用地、商业服务业用地、科研用地、工业用地和物流仓储用地允许建设、使用的功能比例,宜参照下列要求执行:1)一类居住用地、二类居住用地和三类居住用地,主导用途的建筑面积不宜低于总建筑面积的 70%……”据此,商业部分依法可以作为二类居住用地上盖住宅项目的辅助配套设施,但商业部分及可附设的市政设施等其他非主导用途建筑面积不宜高于总建筑面积的 30%。

③《建设工程规划许可证》《建设工程规划验收合格证》等规划文件记载项目规划部门认可在保障性租赁住房项目中建设作为辅助配套设施的商业部分

就安居百泉阁项目的商业部分而言,根据《建设用地规划许可证》的记载,安居百泉阁项目的土地性质为二类居住用地。根据《建设工程规划许可证》《建设工程规划验收合格证》等规划文件的记载,该项目规划部门认可在安居百泉图项目中建设作为辅助配套设施的商业部分。同时,深圳市住房和建设局出具的《深圳市保障性租赁住房项目认定书》(证书编号为福〔2022〕1 号)中亦载明安居百泉阁项目“配套设施建筑面积”中存在相应“商业配套”。

④《保障性租赁住房项目认定书》中载明项目“配套设施建筑面积”中存在相应“商业配套”

根据深圳市住房和建设局出具的《深圳市保障性租赁住房项目认定书》(证书编号为福〔2022〕1 号),安居百泉阁项目中的商业部分已作为配套设施被依法纳入安居百泉阁保障性租赁住房项目范围内。

⑤商业部分属于“22 号文”和“958 号文”中规定的为保障项目正常运转而无法分割的配套设施

根据“22 号文”第 2 条的规定,安居百泉阁保障性租赁住房项目(包括已被纳入该保障性租赁住房项目范围内的相应商业配套建筑面积)不得上市销售或变相销售,即安居百泉阁项目中的商业部分不得转让。此外,安居百泉阁项目中的商业部分属于“958 号文”中规定的为保障项目正常运转而无法分割的配套设施,[1]依法可以纳入基础设施基金的基础设施资产范围。

综上,法律意见书得出的结论是基础设施项目的资产范围清晰,与原始权益人其他同类项目资产的边界可识别;其中安居百泉阁项目中的商业部分作为经相关主管部门依法认可的保障性租赁住房辅助配套设施,可以纳入基础设施基金的基础设施资产范围。

4. 红土创新保障房 REITs 项目的基础设施项目运营与现金流情况

(1)租赁合同备案的披露情况

在红土创新保障房 REITs 项目中,法律意见书未披露租赁合同备案情况。法律意见书从三个方面认定租赁合同合法有效:抽样核查对应的租赁合同,认定台账所载明的全部已签署租赁合同均合法有效;房屋所有权人委托租赁公司作为代理人与承租人签署具体的租赁合同,不存在法定的合同无效情形;完成对原租赁合同的书面变更等换签安排不违反现行法律规定,变更后的租赁合同亦合法有效。

(2)基础设施项目运营时间

在红土创新保障房 REITs 项目中,基础设施项目运营时间是值得关注的重点问题。其中安居百泉阁项目于 2022 年 1 月开始运营,安居锦园项目于 2021 年 11 月开始运营,保利香槟苑项目于 2020 年 7 月开始运营,凤凰公馆项目于 2020 年 11 月开始运营,虽均已投入运营,但在红土创新保障房 REITs 项目发行时运营时间未满 3 年。

对于保障性租赁住房,《上交所保租房 REITs 指引》以及《深交所保租房 REITs 指引》均降低了“原则上不低于 3 年”的要求,指出运营时间不满 3 年的,项目应当满足基础设施基金上市要求、符合市场预期、确保风险可控,且已能够实现长期稳定的收益。

因此,基于《上交所保租房 REITs 指引》以及《深交所保租房 REITs 指引》的规定,该项目满足基础设施基金上市要求、符合市场预期、确保风险可控,且已能够实现长期稳定的收益,即符合要求。

---

[1] 《国家发展改革委关于进一步做好基础设施领域不动产投资信托基金(REITs)试点工作的通知》(发改投资〔2021〕958 号):酒店、商场、写字楼等商业地产项目不属于试点范围。项目土地用途原则上应为非商业、非住宅用地,租赁住房用地以及为保障项目正常运转而无法分割的办公用房、员工宿舍等少数配套设施用地除外。

(3)重要现金流提供方

在红土创新保障房 REITs 项目中,基础设施资产安居百泉阁项目、安居锦园项目、保利香槟苑项目和凤凰公馆项目的运营起始时间分别为 2022 年 1 月、2020 年 11 月、2020 年 7 月和 2020 年 11 月,其中安居百泉阁项目和安居锦园项目运营时间较短,截至 2022 年 3 月 31 日,安居百泉阁项目与安锦园项目运营时间均未满一年。同时,安居百泉阁项目和安居锦园项目与租户签订合同的最早开始时间分别为 2022 年 3 月 1 日和 2022 年 3 月 7 日。因此,安居百泉阁项目与安居锦园项目实际产生现金流时间较短,租户均不满足中国证券投资基金业协会发布的《公募 REITs 尽调指引》第 21 条第 2 款对重要现金流提供方的要求。

但由于截至 2022 年 3 月 31 日,安居百泉阁项目、安居锦园项目、保利香槟苑项目和凤凰公馆项目保障性租赁住房的出租率分别已经达到 99%、99%、100%、98%,租金收入预期稳定。基于实质重于形式的原则,根据基金设立时可供分配金额测算报告及审核报告和已签订的租赁合同,对于基础设施资产的单一现金流提供方及其关联方在未来一年内预计合计提供的现金流超过基础设施资产同一时期预测现金流总额的 10%的承租方,认定为基础设施项目的重要现金流提供方(其未来一年内预计合计提供的现金流按照基金设立时可供分配金额测算报告及审核报告中 2022 年 7 至 12 月营业收入的年化值进行计算),因而要对重要现金流提供方概况及其收入占比情况进行披露。

(三)保障性租赁住房 REITs 的案例分析之三:中金厦门保障房 REITs

以下案例的内容来源于《北京市天达共和律师事务所关于中金厦门安居保障性租赁住房封闭式基础设施证券投资基金基础设施项目的法律意见书》《中金厦门安居保障性租赁住房封闭式基础设施证券投资基金招募说明书(草案)》,最终以前述法律意见书、招募说明书的内容为准。

1. 中金厦门保障房 REITs 项目基本情况

2022 年 8 月,中金厦门保障房 REITs 在上交所成功上市,是国内首批三只保障性租赁住房 REITs 之一。该项目中,原始权益人为厦门安居集团有限公司,基金管理人为中金基金管理有限公司,计划管理人为中国国际金融股份有限公司,基金托管人为兴业银行股份有限公司,运营管理机构为厦门住房租赁发展有限公司。

项目发行规模为人民币 13.00 亿元，募集资金用途主要是认购中金厦门安居保障性租赁住房基础设施资产支持专项计划资产支持证券。

2. 中金厦门保障房 REITs 项目的整体架构

在中金厦门保障房 REITs 项目中，基础设施的整体架构的交易结构如图 11-3 所示。

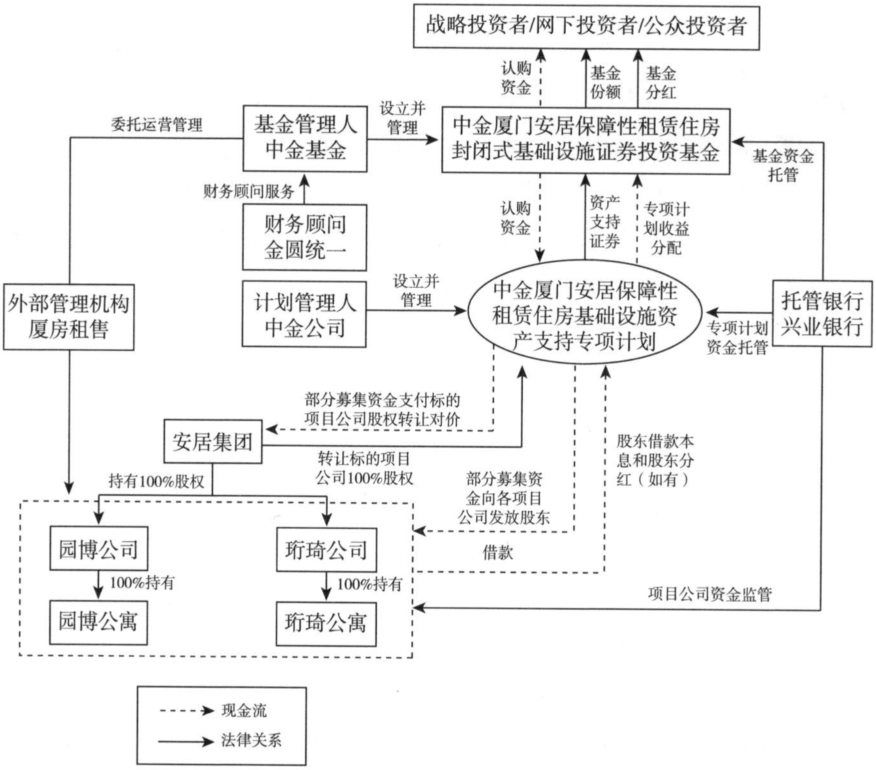

图 11-3　中金厦门保障房 REITs 项目交易结构

资料来源：《中金厦门安居保障性租赁住房封闭式基础设施证券投资基金招募说明书》，载上海证券交易所网站 2022 年 7 月 14 日，http://www.sse.com.cn/reits/info/index_detail.shtml?audit_id=20516。

（1）项目公司股东与中金基金管理有限公司（代表专项计划的利益）及其他相关方签署《股权转让协议》。

（2）基础设施基金拟以募集资金认购专项计划资产支持证券的全部份额。

(3)设立专门的运营监管账户收取运营收入,并向计划管理人偿还相应股东借款的本金和/或利息,并分配股息、红利等股权投资收益(付款路径为:计划管理人向基金管理人划付收益,基金管理人向投资人分配收益)。

3. 中金厦门保障房 REITs 项目的基础设施资产范围

就中金厦门保障房 REITs 项目而言,基础设施资产由 2 个保障性租赁住房项目构成,包括:园博公寓的住宅/公寓部分共 2614 套房源,建筑面积共计为 112,875.18 平方米的房屋及其占用范围内的国有土地使用权;珩琦公寓的住宅/公寓部分共 2051 套房源,建筑面积共计为 85,678.79 平方米的房屋及其占用范围内的国有土地使用权。

4. 中金厦门保障房 REITs 项目的基础设施项目运营与现金流情况

(1)租赁合同备案的披露情况

在中金厦门保障房 REITs 项目中,法律意见书对于租赁合同备案的披露情况如下:存量租赁合同均已完成在厦门市住房租赁交易服务系统的备案,新签署的租赁合同将及时在厦门市住房租赁交易服务系统完成备案。

(2)基础设施项目运营时间

在中金厦门保障房 REITs 项目中,园博公寓项目于 2020 年 3 月竣工,4 月交付并于当年 11 月投入运营,至 2022 年 4 月,项目已持续运营 18 个月。珩琦公寓项目于 2020 年 3 月竣工、4 月交付并于当年 11 月投入运营,至 2022 年 4 月,项目已持续运营 18 个月。结合两个公寓的出租率(园博公寓 2021 年 9 月末出租率达到 98.73%,2022 年 3 月末出租率达 99.42%;珩琦公寓 2021 年 9 月末出租率达到 96.50%,2022 年 3 月末出租率达 99.11%)。针对此,法律意见书认为各基础设施资产整体运营时间虽未满 3 年,但基础设施资产未来预期均可产生持续、稳定的现金流,不存在影响项目持续运营能力的重大法律障碍。

(3)重要现金流提供方

在中金厦门保障房 REITs 项目中,园博公寓及珩琦公寓均不存在单一现金流提供方及其关联方合计提供的现金流超过基础设施资产同一时期现金流总额的 10%的重要现金流提供方。

(四)保障性租赁住房 REITs 的案例分析之四:华夏基金华润有巢 REITs

以下案例的内容来源于《北京市汉坤律师事务所关于申请募集注册华夏

基金华润有巢租赁住房封闭式基础设施证券投资基金的法律意见书》《华夏基金华润有巢租赁住房封闭式基础设施证券投资基金招募说明书》,最终以前述法律意见书、招募说明书的内容为准。

1. 华夏基金华润有巢 REITs 项目基本情况

2022 年 12 月,华夏基金华润有巢 REITs 在上交所成功上市。该项目中,原始权益人为有巢住房租赁(深圳)有限公司(以下简称有巢深圳),基金管理人为华夏基金管理有限公司,计划管理人为中信证券股份有限公司,基金托管人为上海浦东发展银行股份有限公司,运营管理机构为有巢住房租赁(深圳)有限公司。

项目发行规模为人民币 12.085 亿元,募集资金用途主要是认购中信证券—华润有巢租赁住房基础设施 1 号资产支持专项计划资产支持证券。

2. 华夏基金华润有巢 REITs 项目的整体架构

在华夏基金华润有巢 REITs 项目中,基础设施的整体架构的交易结构如图 11-4 所示。

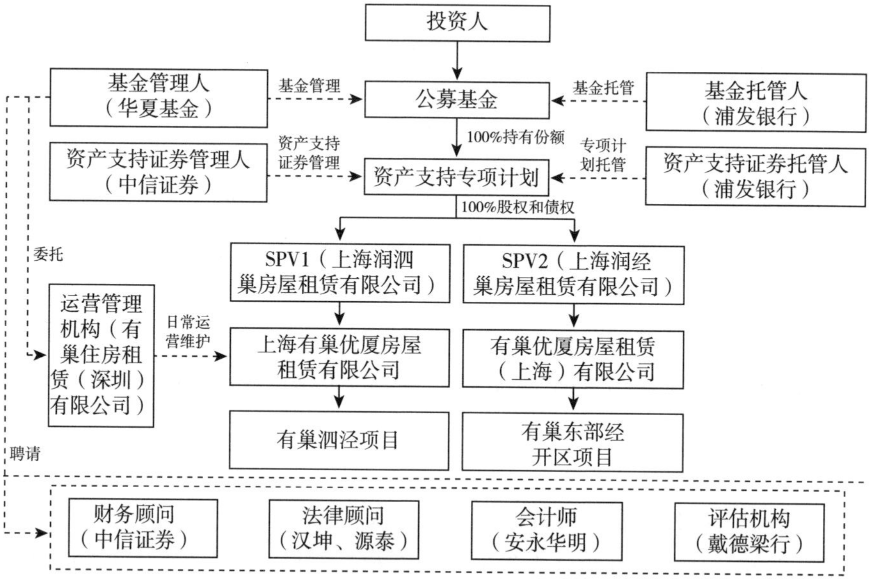

图 11-4　华夏基金华润有巢 REITs 项目交易结构

资料来源:《华夏基金华润有巢租赁住房封闭式基础设施证券投资基金招募说明书》,载上海证券交易所网站 2022 年 11 月 1 日,http://www.sse.com.cn/reits/info/index_detail.shtml?audit_id=21754。

(1)原始权益人有巢深圳于项目公司注册地——上海市松江区全资设立两家有限责任公司,其中 SPV1 为上海润泗巢房屋租赁有限公司,SPV2 为上海润经巢房屋租赁有限公司(SPV1 和 SPV2 合称 SPV),原始权益人持有 SPV100%的股权。

(2)原始权益人与中信证券(代表资产支持专项计划)签署《SPV 股权转让协议》,专项计划拟受让原始权益人持有的 SPV 的 100%股权。SPV 与有巢深圳签署《项目公司股权转让协议》,原始权益人拟将上海有巢优厦房屋租赁有限公司(以下简称有巢优厦)和有巢房屋租赁(上海)有限公司(以下简称有巢上海)100%的股权分别转予 SPV1 和 SPV2。

(3)基金合同生效后,根据基金合同约定以及基金管理人与计划管理人签订的《资产支持证券认购协议》,基金首次发售募集资金在扣除基金层面预留费用后,拟全部用于认购专项计划资产支持证券,资产支持专项计划成立。

(4)专项计划设立后,根据《SPV 股权转让协议》约定向原始权益人支付股权转让对价,收购原始权益人持有的 SPV 的 100%股权,并且向 SPV 进行实缴出资、增资,向 SPV 发放股东借款。

(5)有巢优厦和有巢上海的股东分别变更为 SPV1 和 SPV2 后,有巢优厦和有巢上海分别吸收合并 SPV1 与 SPV2(或者有巢优厦和有巢上海的股东变更为专项计划后,有巢优厦和有巢上海分别吸收合并 SPV1 与 SPV2),完成吸收合并后,SPV 注销,有巢优厦、有巢上海继续存续。SPV 原有的对资产支持专项计划的债务下沉到项目公司,资产支持专项计划直接持有有巢优厦和有巢上海的股权和债权。

3. 华夏基金华润有巢 REITs 项目的基础设施资产范围

就华夏基金华润有巢 REITs 项目而言,基础设施项目的资产范围为有巢优厦持有的坐落于上海市松江区泗泾镇米易路 216 弄的有巢泗泾项目,包括对应的房屋所有权及其占用范围内的集体建设用地使用权,以及有巢上海持有的坐落于上海市松江区松江工业区 604 街坊 238/19 丘(松江区工业区 SJC10024 单元 09—11 号地块)的有巢东部经开区项目,包括对应的房屋所有权及其占用范围内的国有建设用地使用权。

4. 华夏基金华润有巢 REITs 项目的基础设施项目运营与现金流情况

(1)租赁合同备案的披露情况

在华夏基金华润有巢 REITs 项目中,法律意见书未披露租赁合同备案情况。但项目律师以按照租赁面积优先并覆盖基础设施项目全楼层为原则，审阅了按照租赁合同样本签订的 64 份租赁合同及非按照租赁合同样本签订的租赁合同。最终认定前述按照租赁合同样本签署的租赁合同的主要条款和条件与上述租赁合同样本的主要条款和条件一致，且非按照租赁合同样本签署的租赁合同不存在因违反适用法律、行政法规的强制性规定而导致合同无效或可撤销的情形。

（2）基础设施项目运营时间

在华夏基金华润有巢 REITs 项目中，有巢泗泾项目于 2021 年 2 月 1 日取得《建筑工程综合竣工验收合格通知书》，有巢东部经开区项目于 2021 年 3 月 29 日取得《建筑工程综合竣工验收合格通知书》，均已经投入运营。

虽然基础设施项目的运营期限不足 3 年，但法律意见书认为作为保障性租赁住房项目在强化民生保障方面具有重要作用，根据国务院办公厅《关于进一步盘活存量资产扩大有效投资的意见》（国办发〔2022〕19 号）中“对于在维护产业链供应链稳定、强化民生保障等方面具有重要作用的项目，在满足发行要求、符合市场预期、确保风险可控等前提下，可进一步灵活合理确定运营年限、收益集中度等要求”的规定，项目运营年限可灵活确定。

（3）重要现金流提供方

在华夏基金华润有巢 REITs 项目中，法律说明书虽未明确表明不存重要现金流提供方，但根据基础设施项目的租赁合同台账及租赁合同，项目公司资产负债表、损益表、现金流量表等财务报表，以及审计机构出具的已审特殊目的编制基础财务报表及专项审计报告、华夏基金华润有巢租赁住房封闭式基础设施证券投资基金可供分配金额测算审核报告，并经与原始权益人确认，基于律师作为非财务专业人员的理解和判断，基础设施项目已产生持续、稳定现金流，投资回报良好，具有持续经营能力、较好增长潜力，不存在影响持续经营的法律障碍。

第十二章

数据中心公募 REITs 的法律关注重点和案例分析

自 2020 年 4 月国家发改委中国证监会联合推出基础设施领域 REITs 试点以来，已有两批、11 单公募 REITs 试点项目成功发行。其中，“958 号文”将互联网数据中心（Internet Data Center，IDC）等新型基础设施列为试点行业范围，公募 REITs 能够为 IDC 行业打造涵盖投资、持有、运营、退出的完整产业链“闭环”提供一个很好的解决方案。在国际上，全球领先的几家超大型数据中心企业已转换为以 REITs 方式进行运作的模式，这是未来 IDC 行业的一个重要创新发展方向。

相比于传统基础设施、房地产项目，IDC 作为一种增值电信业务和高耗能行业具有明显的特殊性，随着国家“双碳”战略目标的强力推行，也将不断迎来节能等方面的严格监管与技术革新。本书将对 IDC 公募 REITs 项目的法律重点问题进行探讨，在梳理国内节能监管新趋势的基础上，重点聚焦于 IDC 项目在建设阶段的相关合规手续特别关注要点、运营阶段的资质牌照、PUE[1] 节能监管、金融 IDC 外包服务等法律重点问题，并对项目资产重组阶段所涉及的资产可转让性、IDC 牌照、IDC 服务协议改造以及委托运营方案等突出难点问题进行探讨分析。

一、IDC 的发展概况与绿色节能监管新趋势

从 2012 年工信部出台的工信部《关于鼓励和引导民间资本进一步进入

[1] PUE（Power Usage Effectiveness），电能利用效率。

电信业的实施意见》提出支持民间资本投资 IDC 和 ISP 业务，到 2020 年 3 月份中共中央政治局常委会指出要加快 5G 网络、数据中心等新型基础设施建设进度，IDC 行业受到了中央和地方相关主管部门的高度关注与鼓励支持，处在一个快速发展、不断革新的阶段。相关专业机构分析，“2019 年中国数据中心保有量约为 7 万个，总面积约为 2650 万平方米；预计到 2020 年年底，中国数据中心保有量将超过 7.5 万个”[1]。席卷全球的新冠疫情推动了数字经济、线上经济、人工智能的快速发展，国家愈加重视 IDC、5G 等新基建与数据产业的规范发展，北京市更是明确提出“数据中心是重要的数据智能基础设施，是本市建设全球数字经济标杆城市的重要支撑”[2]。

当然，IDC 又是能源消耗和二氧化碳排放大户，当前我国已明确提出了“2030 年碳达峰、2060 年碳中和”的“双碳”国家战略目标，[3]绿色节能的监管要求不断加强将会成为 IDC 行业未来一段时间内最突出的监管新趋势之一。对于 REITs 试点而言，也可能意味着入池 IDC 项目在绿色节能方面的筛选标准与审核关注度会相应提高。本书将以近年来国家和京沪等地方相关主管部门所出台的最新监管规定为例，就 IDC 绿色节能监管的新趋势简要分析如下。

（一）京沪等城市陆续出台 IDC 的“限建令”

北京市政府早在 2018 年 9 月 26 日公布的《北京市新增产业的禁止和限制目录（2018 年版）》即规定，“北京市全市范围内禁止新建和扩建互联网数据服务、信息处理和存储支持服务中的数据中心（PUE1.4 以下的云计算数据中心除外），北京市中心城区和城市副中心一律禁止新建和扩建”，此后《北京市数据中心统筹发展实施方案（2021—2023 年）》进一步将数据中心在全市划分为“功能保障区域、改造升级区域、适度发展区域、协调发展区域”进行区域

---

〔1〕 中商产业研究院：《2020-2025 年中国互联网数据中心（IDC）行业深度调查及投融资战略报告》。

〔2〕 《〈关于进一步加强数据中心项目节能审查的若干规定〉解读》，载北京市发展和改革委员会网站 2021 年 7 月 27 日，http://fgw.beijing.gov.cn/fgwzwgk/zcjd/202107/t20210727_2449516.htm。

〔3〕 《习近平在第七十五届联合国大会一般性辩论上的讲话》，载新华网 2020 年 9 月 22 日，http://www.xinhuanet.com/world/2020-09/22/c_1126527652.htm。

统筹、差异化发展。上海市经济和信息化委员会在 2019 年 6 月 4 日印发《上海市互联网数据中心建设导则(2019 版)》,将全市在空间上划分为“适建区、禁止区、限制区”,“禁止区”(上海市中环以内区域)不得新建 IDC 项目。广东省于 2020 年 9 月 1 日起实施的《广东省 5G 基站和数据中心总体布局规划(2021—2025 年)》规定,广州、深圳原则上只可新建中型及以下的数据中心,省内新建的超大型、大型、中型数据中心原则上布局至 9 个数据中心集聚区。

(二)鼓励绿色 IDC 建设,不断从严加强 PUE 值要求,对于 WUE(水使用效率)等其他监管指标要求更加全面

PUE 指数据中心年度总耗电与数据中心中 IT 设备年度总耗电的比值,PUE 值越接近 1,表明电能利用效率越高,是 IDC 节能监管的核心指标。国家和地方相关主管部门对于 PUE 值要求呈现逐渐从严,京沪等地要求严于国家要求等新趋势。例如,2019 年工信部、机关事务管理局、能源局三部门联合提出“到 2022 年新建大型、超大型数据中心 PUE 值达到 1.4 以下”;而国家发展改革委、中央网信办、工信部、国家能源局联合研究制定的《贯彻落实碳达峰碳中和目标要求推动数据中心和 5G 等新型基础设施绿色高质量发展实施方案》要求“全国新建大型、超大型数据中心平均电能利用效率降到 1.3 以下,国家枢纽节点进一步降到 1.25 以下”,并明确提出对于超出 PUE 值上限的 IDC 项目视情况采取差别电价、整改、关停腾退等措施。关于 PUE 监管要求相关分析详见下文第二部分,此处不展开赘述。另外,以《北京市数据中心统筹发展实施方案(2021—2023 年)》为例,其要求新建或改造后数据中心应全面支持 IPv6,并在规模、PUE(能源效率)、WUE(水使用效率)、单机架功率、经济贡献、每年每机架直接产生及支撑业务带动的综合税收等指标上提出了更加全面的要求。

(三)北京等地将优先支持计算型、算力型 IDC 发展,严控存储型 IDC 发展

以北京市为例,北京市发展和改革委员会发布的《关于进一步加强数据中心项目节能审查的若干规定》提出,应优先满足计算型数据中心合理用能,新建或改扩建数据中心应主要为计算型,严格控制数据存储功能的机柜功

率比例不高于机柜总功率的 20%，且《北京市数据中心统筹发展实施方案（2021—2023 年）》规定将逐步关闭及腾退其他老旧落后的自用型数据中心、存储型数据中心、容灾备份中心（不包括运营商通信机房），新建一批计算型数据中心和人工智能算力中心及边缘计算中心，打造世界领先的高端数据中心发展集群。

二、关于 IDC 项目建设阶段的合规关注要点

IDC 作为新型基础设施建设的代表行业之一，属于一种兼具基础设施土建工程、IT 设备设施及增值电信业务许可牌照的复合型新型产业，具有信息化、对物理空间环境要求标准更高、持牌经营、产业附加值与专业化程度更高等显著的行业特点。对此，结合国家发改委、中国证监会等主管部门的 REITs 试点政策要求及其对相关项目的审核关注要点，本书就 IDC 项目在建设阶段相关合规手续的特别关注要点简析如下。

（一）立项手续

就 IDC 项目的立项手续而言，建议同时关注国家、所属地方的地方性投资项目目录以及属地配套制度，具体判断相关 IDC 项目立项手续及变更手续（如适用）的合规性。总体上，我国目前对于固定资产投资项目立项手续实行分类监管，区分为审批制、核准制、备案制 3 种类型。以北京市为例，虽然数据中心项目不属于 2004 年《政府核准的投资项目目录》以内的企业投资项目，但由于北京市发展和改革委员会于 2005 年 8 月 31 日才实施的作为地方性配套政策的《北京市企业投资项目备案管理试行办法》中规定，在北京市行政区域内，不使用政府投资、在《北京市政府核准的投资项目目录细则》以外的国内企业投资建设项目的立项实行备案制。因此，对于 2005 年 8 月 31 日以前的数据中心项目，虽然可能不属于《政府核准的投资项目目录》的范围，但仍可能实行核准制，之后的数据中心项目实行备案制。另外，初始立项手续所载明的投资规模、投资主体、项目性质等情况发生实质变更的，需办理相关变更手续。

（二）节能评估与审查手续

IDC 项目具有高能耗的特点，节能评估与审查手续与立项批复、开工建

设、竣工验收、投产使用密切相关，属于“958 号文”等文件特别强调的合规性手续，建议特别关注和高度重视。实践中，国家及地方发改委作为节能评估与审查手续的主管机关，根据固定资产投资项目的立项主管层级、项目能耗总量、建筑总面积等情况，实行国家、省、市、区县不同级别的分级主管。对于 IDC 项目而言，一些立项时间比较早的 IDC 项目未办理节能评估与审查手续的，建议区分如下情形进一步核实处理。

第一，需要追溯国家、所属地方关于节能评估制度建立实施的最早时间，进一步判断相关项目未办理节能评估与审查手续，是否系由于当时尚未出台相关制度，从而具有相应的合理解释空间。

第二，按当时规定应当办理而未办理、未获得通过或未及时补办通过的，建议提前与监管部门进行充分的沟通确认是否会构成 REITs 项目推进的实质性瑕疵。

（三）用地手续

就 IDC 项目而言，除需遵守用地相关的预审、选址、征迁、用地审批、出让或划拨、登记和权证办理等一般性合规要求外，土地相关的转让限制、审批要求等特殊问题是国家发改委重点关注的核心事项之一，建议特别关注和重视。IDC 项目用地一般为工业用地，也有个别地方利用邮电设施用地的情形。由于工业用地的出让价格往往相对便宜，也有部分项目采用了协议转让而非“招拍挂”方式取得相关土地使用权。对此，目前北上广深一线城市及部分二线城市较多对于工业用地的土地使用权、地上房屋所有权，甚至对于项目公司股权的转让设置了相关限制，主要包括：第一，设置了较为严格的受让方资质条件；第二，设置了相关政府职能部门事先审核审批流程。以北京经济技术开发区为例，经济技术开发区管委会于 2019 年发布了《北京经济技术开发区已建成产业项目转让审核主体和审核标准》，专门明确了北京经济技术开发区已建成研发、工业项目转让的受让人资质条件（如在北京经济技术开发区内注册、纳税、入统的企业或专业园、公共服务平台、孵化器运营机构、北京经济技术开发区属国有平台公司，近 3 年内无不良信用记录，签署入园协议等）、审核主体（经开区营商合作局、经开区开发建设局）、审核标准。

就 IDC 项目而言，一方面，涉及工业用地的，建议特别关注和重视当地主管部门是否就工业用地、地上房屋转让存在限制性的规定，并建议预先与园区管委会等有主管权限的地方主管部门就公募 REITs 可能涉及的资产重组(如需)、项目公司股权转让行为是否也需要办理相关事先批准或备案等手续进行充分沟通确认;另一方面,相关建设用地使用权系采用协议转让方式取得的,应当按照“958 号文”的要求,尽早取得原土地出让合同签署机构(或按现行规定承担相应职责的机构)应对项目以 100%股权转让方式发行基础设施 REITs 的无异议函。

(四)规划手续

结合 IDC 行业的特点,就规划手续而言,建议特别关注拟入池项目是否可能存在如下两种情形。

(1)在初始建设投产阶段,是否涉及 IDC 土建工程系由工业厂房等其他类型建筑物改造而成的情形。由于工业厂房、商业、数据中心等属于不同的建筑物类型,IDC 项目系改建的,应当履行立项手续、用地、规划等前置性手续的变更程序,同时就改建完成后的 IDC 项目重新履行竣工验收以及消防、环评、能评等专项竣工验收手续。

(2)在项目运营阶段,是否涉及将 IDC 园区内的综合配套、办公等非 IDC 功能建筑装修改造为机房场地进行运营的情形。该等情形也属于对于用地、工程规划的变更,需要履行相关的用地、规划等变更手续以及消防等相关验收手续。

(五)竣工验收手续

对于 IDC 行业而言,建议特别关注如下两个特别的验收手续。

1. 关于节能验收,根据《固定资产投资项目节能审查办法》及相关规定,未经节能审查部门的节能验收或验收未通过的,相关项目不可正式投入使用。

2. 关于机房测评,工信部《IDC/ISP 业务申请常见问题解答》规定,承担 IDC 业务的系统和机房须在开始运营之前通过工信部指定评测机构的技术评测,否则构成违规经营。“ICP/IP/域名备案系统”“IDC/ISP 接入资源管理平台”“IDC/ISP 信息安全管理系统”“IDC 机房运行安全”的评测,适用于单独的 IDC 业务以及同时开展的 IDC 业务和 ISP 业务。自 2019 年起,IDC 机房评测及其他系统评测不再作为 IDC 牌照申请的前置条件,但需要在开通业务前完成上述技术评测(包括 IDC 机房评测),测评合格的,应在“工信部政务服务行政许可业务受理系统”中备案;否则,根据工信部《关于清理规范互联网网络接入服务市场的通知》(工信部信管函〔2017〕32 号)的规定,IDC 牌照公司存在未进行机房运行安全评测即开始运营的,属于违规经营,依法可能会被要求整改、列入企业不良信用记录、经营许可证到期时依法不予续期等。

三、关于 IDC 项目运营阶段的合规关注要点

(一)IDC 业务属于需持牌经营的增值电信业务

根据工信部发布的《电信业务分类目录(2019 年修订版)》,IDC 业务属于增值电信业务,应当依法取得与业务相匹配的增值电信业务经营许可证,具体包含:B11 互联网数据中心业务(IDC 业务)、B14 互联网接入服务业务(ISP 业务)这两大类,其中,B11 项下还包含互联网资源协作服务业务(IRCS 业务)(见表 12-1)。

表 12-1　IDC 业务分类

类别	具体内容
B11 互联网数据中心业务(IDC 业务)	IDC 业务指利用相应的机房设施,以外包出租的方式为用户的服务器等互联网或其他网络相关设备提供放置、代理维护、系统配置及管理服务,以及提供数据库系统或服务器等设备的出租及其存储空间的出租、通信线路和出口带宽的代理租用和其他应用服务
互联网资源协作服务业务(IRCS 业务)	IRCS 业务指利用架设在数据中心之上的设备和资源,通过互联网或其他网络以随时获取、按需使用、随时扩展、协作共享等方式,为用户提供的数据存储、互联网应用开发环境、互联网应用部署和运行管理等服务
B14 互联网接入服务业务(ISP 业务)	ISP 业务指利用接入服务器和相应的软硬件资源建立业务节点,并利用公用通信基础设施将业务节点与互联网骨干网相连接,为各类用户提供接入互联网的服务。用户可以利用公用通信网或其他接入手段连接到其业务节点,并通过该节点接入互联网

注:IRCS 业务属于“B11 互联网数据中心业务”项下的一种特殊业务类型,运营商若需经营 IRCS 业务,则需要作单独的特别申请:运营商仅申请了 IDC 基础牌照而未申请 IRCS 业务的,其 IDC 牌照将以括号方式注明不含 IRCS 业务;运营商同时申请了 IDC 基础牌照+IRCS 业务的,其 IDC 牌照仅载明业务种类为 IDC,即未注明排除 IRCS 业务即视为取得了该项业务牌照。

除业务类型的区别外，根据业务地域范围的区别，IDC 牌照可区分为跨地区牌照、省内牌照（见表 12-2）。

表 12-2 IDC 牌照分类

类别	具体内容
跨地区 IDC 牌照	对于运营两个及两个以上数据中心机房且机房分布在两个及两个以上省、自治区、直辖市的，属于业务覆盖范围在两个及两个以上省、自治区、直辖市的，须经工信部审批
省内 IDC 牌照	对于运营的 IDC 机房均分布在同一省、自治区、直辖市的，属于业务覆盖范围在一个省、自治区、直辖市行政区域内的，须经省电信管理机构批准

（二）IDC 项目需要持续遵守 PUE 等绿色节能监管要求

工信部、国家发改委以及相关地方主管机关对于 IDC 的 PUE 值限额等绿色节能监管要求，呈现不断从严加强的趋势，且北京等地也出台了更为细化和严格的要求。对此，本书将国家、北京等地 PUE 值的监管要求举例简要如表 12-3 所示。

表 12-3 国家、北京等地 PUE 值的监管要求

序号	如下 IDC 项目在供电等方面给予重点支持	PUE 值上限
工信部等《关于数据中心建设布局的指导意见》（工信部联合多部委于 2013 年初发布）		
1	新建数据中心	1.5 以下
2	整合、改造和升级的已建数据中心	降低到 2.0 以下
工信部等《关于加强绿色数据中心建设的指导意见》（工信部等三部委于 2019 年初发布）		
1	到 2022 年，数据中心平均能耗基本达到国际先进水平	/
2	新建大型、超大型数据中心的电能使用效率	1.4 以下
3	高能耗老旧设备	基本淘汰
《北京市新增产业的禁止和限制目录（2018 年版）》		
1	北京市全市范围内新建和扩建互联网数据服务、信息处理和存储支持服务中的数据中心	PUE1.4 以下
2	北京市中心城区和城市副中心一律禁止新建和扩建	1.4 以下

续表

序号	如下 IDC 项目在供电等方面给予重点支持	PUE 值上限
《贯彻落实碳达峰碳中和目标要求推动数据中心和 5G 等新型基础设施绿色高质量发展实施方案》		
1	全国新建大型、超大型数据中心平均电能利用效率	降到 1.3 以下
2	国家枢纽节点	降到 1.25 以下
3	逐步对电能利用效率超过 1.5 的数据中心进行节能降碳改造	/
《北京市数据中心统筹发展实施方案(2021—2023 年)》		
1	年均 PUE 高于 2.0 或平均单机架功率低于 2.5 千瓦或平均上架率低于 30%的功能落后的备份存储类数据中心	逐步关闭
2	加快对年均 PUE 高于 1.8 或平均单机架功率低于 3 千瓦的数据中心进行改造	改造后计算型 IDC 的 PUE 不应高于 1.3
3	改造后的边缘计算中心	PUE 不应高于 1.6,机架数不多于 100
4	未按规定完成改造的数据中心	逐步腾退
北京市发展和改革委员会《关于印发进一步加强数据中心项目节能审查若干规定的通知》(京发改规〔2023〕10 号)		
1	年能源消费量小于 1 万吨标准煤	不应高于 1.3
2	年能源消费量大于等于 1 万吨标准煤且小于 2 万吨标准煤	不应高于 1.25
3	年能源消费量大于等于 2 万吨标准煤且小于 3 万吨标准煤	不应高于 1.2
4	年能源消费量大于等于 3 万吨标准煤	不应高于 1.15

另外,北京市发展和改革委员会等 11 部门于 2022 年 12 月 6 日发布《北京市进一步强化节能实施方案(2023 年版)》,强调“加强石化、水泥、数据中心等高耗能行业用能管理”,提出对于 IDC 采取在线电耗监测(实时电耗数据接入北京市节能监测服务平台进行实监测)、推动数据中心余热利用试点示范项目建设等严格监管措施。

基于以上,就 IDC 公募 REITs 项目而言,建议:第一,审查 IDC 项目的能耗总量、PUE 值、IDC 项目公司营业范围所需载明的 PUE 限额等是否符合国家以及地方绿色节能监管要求;第二,入池项目筛选时,PUE 值不达标,存在被整改、关停、腾退等风险的项目不宜入池;第三,在 REITs 的评估、现金流预测以及交易机制设计等方面,需预先对于存续期内的节能减排改造等资本化支出作出充分考虑和明确安排,以满足未来逐渐从严的 PUE 等节能监管要求。

(三) IDC 行业对网络及数据的安全要求极高

IDC 项目从选址、建设到运营,都需要关注其在网络及数据安全方面的法律合规性。第一,关于审慎选址,《数据中心设计规范》(GB 50174—2017)、《计算机场地安全要求》(GB/T 9361—2011)均对选址提出了要求,例如应避开火灾危险程度高的地区,应避开低洼、潮湿、落雷、重盐害区域和地震频繁的地方等。第二,关于机房建设,应满足《通信机楼消防安全监督管理办法》和《通信网络供电系统运行安全监督管理办法》的规定。第三,关于运营,根据《网络安全法》《电信业务经营许可管理办法》等规定,在数据中心的运营中,应设立网络与信息安全管理机构和专职网络与信息安全管理人员,建立网络与信息安全保障、网络安全防护、违法信息监测处置、新业务安全评估、网络安全监测预警、突发事件应急处置、用户信息安全保护等制度,并具备相应的技术保障措施,同时应当履行对重要系统和数据库进行容灾备份等安全保护义务。

(四) 金融机构数据中心外包服务的合规性特别要求

除电信行业主管部门的要求外,IDC 项目还需要进一步关注其所服务客户所属行业的相关监管要求。例如,若 IDC 项目的下游客户为金融机构时,还需要遵守金融主管部门关于数据外包服务商关于机房产权或使用权(应自持或租期不低于 5 年的机房)、设备与数据等各方面安全性,关于运维服务转包及分包的限制等特殊要求。

四、关于 IDC 项目相关资产的可转让性

国家发改委在相关 REITs 试点申报项目的审核阶段,对于可能涉及的土地使用权、建筑物、股权、特许收益权等资产的可转让性进行了高度关注,“958 号文”再次专门对此提出了最新要求,相关规定或协议对项目公司名下的土地使用权、项目公司股权、特许经营权、经营收益权、建筑物及构筑物转让或相关资产处置存在任何限定条件、特殊规定约定的,需要取得相关主管部门

的同意或无异议函以及相关当事人的同意。这项要求非常重要,涉及以下几个细节和要点建议关注。

1. 所关注的资产范围。该范围包括了土地使用权、项目公司股权、特许经营权、经营收益权、建筑物及构筑物等多个方面,涵盖了与基础设施项目相关的各资产层级。

2. 穿透式监管思路。需要特别注意的是,国家发改委对于资产转让限制实行审慎的穿透式监管思路,即无论公募 REITs 项目设立阶段是否实际涉及底层不动产(如土地使用权、房屋等建筑物所有权)的直接重组与权属变更,只要项目本身涉及转让或处分限制情形,或者涉及划拨用地、协议出让土地,均需要取得相关有权主管部门关于同意以公司 100%股权转让方式发行 REITs 的无异议函。

3. 需要全面核查涉及限制性的各个方面。

(1)法律法规要求。需重点关注全国与地方性的各层级法律、法规及其他规范性文件中,对于所涉及资产转让的限制性规定。对于 IDC 项目而言,需要重点关注与工业用地转让相关的限制性规定。

(2)各类项目手续文件。需重点关注项目立项手续文件、土地出让合同/划拨决定、特许经营权协议。对于 IDC 项目而言,尤其需关注立项备案文件中是否有出租、出售处置等转让限制,工业用地土地出让合同中是否存在相关资产转让限制等情况。

(3)各类合同约定限制。需全面关注银行贷款合同、租赁合同、IDC 技术服务合同中是否存在关于资产重组(公司分立、物业或股权转让)等需要履行相关事先通知、事先同意等程序的约定;如存在,则需要取得相关当事人的同意。

(4)园区管委会等政府主管部门实践中的限制性要求。对于划拨用地、工业用地、产业园区用地、保税区项目等,建议与园区管委会等对应主管部门进行充分的访谈与沟通,了解实践主管要求。尤其是需要特别关注,即使相关法律法规或项目文件中没有明确批准性要求的情况下,主管部门在实践中是否仍存在公司股权转让应当履行相关批准程序的具体主管要求。

4. IDC 运营企业重组构成“经营主体变更”情形时,需事先取得电信主管部门的批准。

在 IDC 公募 REITs 项目中,需特别关注,发生合并或者分立、股东变化等导致资产重组时，构成电信行业主管要求的“经营主体变更”的，应当事先取得电信主管部门批准。对此，《电信业务经营许可管理办法》第 28 条[1]、工信部信息通信管理局于 2021 年 2 月 18 日发布的《电信业务经营许可变更申请填报指南》第 2 条第 5 款[2]、第 5 条第 3 款[3]、第 5 条第 11 款[4]以及工信部信息通信管理局于 2019 年 8 月 1 日更新发布的《电信业务经营许可审批服务指南（完整版）》之《附录五：常见问题解答》之第 19 条[5]等规定，如下两种情况需申请经营主体变更：一是持证公司合并、分立。二是公司股东变化导致“企业性质”与内资、外资相关性质变更（包括外资变内资、内资变外资），构成“经营主体变更”情形，应根据《外商投资电信企业管理规定》向原发证机关申请批准后实施；股东变更不涉及外资的，可直接办理工商变更程序，并在 30 日内登录电信业务经营许可综合管理信息（TSM）系统进行企业信息的更新即可。同时，经咨询工信部负责电信业务经营许可的相关工作人员，其工作人员回复认为，若公司股东变化不涉及外资进入，只是普通的股东变化，只需登录电信业务经营许可综合管理信息系统的“企业信息维护”栏目自行更新信息，无须事先申请电信主管部门的批准。

---

〔1〕《电信业务经营许可管理办法》第 28 条：电信业务经营者或者其授权经营电信业务的公司，遇有因合并或者分立、股东变化等导致经营主体需要变更的情形，或者业务范围需要变化的，应当自公司作出决定之日起 30 日内向原发证机关提出申请。电信业务经营者变更经营主体、股东的，应当符合本办法第五条、第六条、第九条第三款的有关规定。

〔2〕《电信业务经营许可变更申请填报指南》第 2 条第 5 款：根据以上《电信业务经营许可管理办法》第 28 条规定“适用经营主体变更”的情形为：（1）公司合并或分立的情形。原持证主体可以将全部或部分业务变更给新主体，新主体应符合申请经营条件。（2）跨地区证持有者存在企业性质变更的情形（含外商投资企业外资股东比例增加或引入其他外资股东）。

〔3〕《电信业务经营许可变更申请填报指南》第 5 条第 3 款：3. 什么情况可以变更经营主体？答：两种情况下可申请经营主体变更。一是持证公司合并、分立；二是公司股东变化导致公司性质变化以及外商投资企业外资股东比例增加或引入其他外资股东。

〔4〕《电信业务经营许可变更申请填报指南》第 5 条第 11 款：11. 取得许可证的企业股东发生变化时，应如何处理？答：股东变更不涉及外资的（按看穿原则追溯各级股东不涉及外资），可直接去工商履行变更程序，然后在 30 日内登录工信部政务服务平台，进入电信业务经营许可系统的“企业信息维护”栏目，自行更新信息即可。股东变更涉及外资的（含直接、间接股东含有外资的情况），应按照《外商投资电信企业管理规定》履行相关法定程序。

〔5〕工信部信息通信管理局于 2019 年 8 月 1 日更新发布的《电信业务经营许可审批服务指南（完整版）》之《附录五：常见问题解答》之第 19 条：19. 什么情况可以变更经营主体？答：两种情况下可申请经营主体变更。一是公司遇有合并或者分立时；二是公司性质由内资变外资，或由外资变内资时。

五、资产重组可能涉及的 IDC 牌照问题

(一)关于资产剥离的安排,需要考虑 IT 设施设备持有主体的持牌问题

中国信息通信研究院于 2013 年 5 月 8 日发布的《IDC/ISP 业务申请常见问题解答》对不需要持牌的房地产出租业务、需要持牌的 IDC 业务这二者进行了明确区分。(1)出租土建、供电、消防、监控、制冷、安全防范等属于房地产出租范畴,不需要 IDC 牌照;(2)若涉及出租 IT 设施(数据库系统、机架、服务器、存储等)或通信线路和出口带宽的代理出租,则属于电信业务(互联网数据中心业务)的范畴(B11 类业务),需要取得 IDC 牌照。

对此,在公募 REITs 项目中,若涉及以资产出资、公司分立或其他不同方式进行底层资产重组时,需要考虑 IT 设施设备持有主体的持牌问题,即如果将 IT 设备连同土建、非 IT 设备一并装入重资产公司名下,那么重资产公司在后续将该 IT 设施设备出租予 IDC 牌照公司时,重资产公司也需要继续保留或新办理相应的 IDC 基础牌照。

(二)原持有 IDC 牌照的重资产公司进行分立时,需向电信主管部门办理相应经营主体变更、注册资本变更等手续

1. 若公司分立导致电信业务的经营主体变更,即将全部或部分电信业务变更给新主体经营,则根据《电信业务经营许可管理办法》需向电信主管部门办理牌照的变更申请,获得批准后方可进行变更;当然,若仅仅是公司分立,不涉及电信业务经营主体的变更,即仍由原持有 IDC 牌照的公司继续作为电信业务经营主体,则不需要向电信主管部门办理变更申请。

2. 公司分立导致注册资本发生变更的,需在办理工商变更登记手续之后 30 日内,办理电信业务许可证变更手续。

(三)将机房及全部设施设备剥离出原 IDC 持牌公司的,原 IDC 持牌公司需要与新资产公司或相关方构建关于机房、场地的租赁安排,以满足其 IDC 的继续持牌要求

持有 IDC 牌照的公司应当满足自持或者租用机房和场地的要求。根据《电信业务经营许可管理办法》第 6 条的规定,电信业务的经营主体应当“有

必要的场地、设施及技术方案”；同时，根据《关于进一步规范因特网数据中心（IDC）业务和因特网接入服务（ISP）业务市场准入工作的实施方案》规定，前述要求具体系指申请经营 IDC 业务的企业，应利用自有或租用的机房和场地，以外包出租的方式为用户的服务器等互联网相关设备提供放置、代理维护、系统配置及管理服务，以及提供数据库系统或服务器等设备的出租以及存储空间的出租、通信线路和出口带宽的代理租用和其他应用服务。对此，在公募 REITs 项目的底层资产重组环节，原 IDC 持牌公司将全部机房及 IT 设备设施等资产剥离至新设立公司的，其可能无法继续满足“自有或租用的机房和场地”的要求从而存在“空壳持牌”“违法持证”的合规性风险。对此，原 IDC 持牌公司需要与新资产公司或相关方构建关于机房、场地的租赁安排，以满足其 IDC 的继续持牌要求；当然，具体租赁安排的构建可能需要进一步综合税务、电信主管部门要求明确租赁标的物的类型、范围等安排。

六、资产重组可能涉及的既有 IDC 服务协议改造问题

在 IDC 业务中，下游客户尤其是金融机构客户，对于机房、场地和设施设备的产权人及其稳定性比较关心。因此，在公募 REITs 中，涉及将 IDC 项下的机房、设施设备以出资或者公司分立等方式进行剥离等底层资产重组安排的，一般需要关注如下问题。

1. 重组之前，需关注既有 IDC 服务协议中是否存在对于资产转让、公司分立、项目公司股权转让等资产重组安排的限制性约定。对此，建议项目组预先对每一户下游客户的既有服务协议条款进行梳理，存在前述任一限制性约定的，提早与下游客户的沟通，取得其事先的同意，以避免承担违约责任的风险。

2. 重组之后，需关注是否以及如何对与下游客户之间 IDC 既有服务协议进行改造的问题。以公司分立模式为例，《民法典》第 67 条第 2 款[1]、《公司法》第 176 条[2]等规定，公司分立后，对于分立之前的债务、分立前已签订的合同，除债权人和债务人另有约定的以外，由分立的法人或者其他组织对合同

---

〔1〕《民法典》第 67 条第 2 款：法人分立的，其权利和义务由分立后的法人享有连带债权，承担连带债务，但是债权人和债务人另有约定的除外。

〔2〕《公司法》第 176 条：公司分立前的债务由分立后的公司承担连带责任。但是，公司在分立前与债权人就债务清偿达成的书面协议另有约定的除外。

的权利和义务共同享有连带债权,共同承担连带债务。为避免公募 REITs 项下的重资产公司在分立之后仍被下游客户就服务合同项下的相关义务、责任主张连带责任的风险,建议可探讨采取如下解决方案。

(1)在逐一、仔细梳理与下游客户的既有服务合同基础上,争取与下游客户签署补充协议或取得下游客户出具书面同意,确认不对服务合同项下的义务、责任向公募 REITs 项下重资产公司主张连带责任。需要指出的是,与商业地产项下的租赁合同中出租人的主要义务为提供可供出租的物业,权利义务比较简单不同。在 IDC 服务协议项下,涉及场地、服务、牌照等问题,运营方承担更多的主动管理、服务的职责和职能,重资产公司承担连带责任的义务和职责也将更复杂,可能会对重资产公司的运营带来不利影响。因此,建议争取取得客户对豁免连带责任义务的同意。

(2)若确有个别客户无法出具放弃主张连带责任的意思表示,需预先与监管部门及时沟通可容忍的比例范围,并在轻、重资产公司二者之间就内部责任分担的协议作出明确的安排,即由轻资产公司承担 IDC 服务协议项下的全部责任和义务,若客户要求重资产公司承担连带责任义务,相关费用可向轻资产公司追偿。当然,该等内部安排需要进一步征求会计师对于资产“出表”的影响。

七、IDC 公募 REITs 项目的委托运营方案及突出问题

针对 IDC 项目需持牌运营等特点,从公募 REITs 的角度,比较理想和简化的资产重组和 REITs 方案是:发起机构直接将持有 IDC 基础设施、IT 设备及 IDC 牌照的项目公司 100%股权转移到公募 REITs 项下,由项目公司直接继续对外签约并独立自主运营。该方案整体操作流程简化,不涉及新办理牌照、人员转移、既有 IDC 服务协议换签、引入外部委托运营机构等一系列复杂操作。当然,实践中,可能由于税务筹划、IDC 牌照保留等诉求,发起人可能更愿意接受轻、重资产分离的重组方案,即原项目公司分立为重资产公司和轻资产公司,重资产公司持有 IDC 项目的不动产以及设备设施一并被装入公募 REITs 项目中,轻资产公司主要保留牌照、人员并负责 IDC 项目的具体运营。那么,如何构建轻、重资产公司之间的法律关系是公募 REITs 项下 IDC 项目运营中的突出问题。下面就租赁模式、委托运营模式及其可能面临相应的法律问题介绍如下。

(一)租赁模式:重资产公司也需要相应 IDC 牌照

根据电信业务相关监管要求,重资产公司向持有 IDC 牌照的轻资产公司出租 IT 设施设备的,属于《电信业务分类目录(2015 年版)》项下 B11 类 IDC 业务,也应办理相应 IDC 牌照。对此,若采用该等操作模式,对于公募 REITs 试点而言,需要充分考虑重资产公司办理新的 IDC 牌照的资质条件满足情况、办理难度,尤其需要考虑办理时限(按规定为满足办理条件后电信主管部门在 60 日内作出审批决定)对于公募 REITs 试点项目推进周期的影响。

(二)委托运营模式:下游客户为金融机构的,能否满足金融机构数据外包相关监管要求,存在不确定性

根据原中国银监会办公厅《关于开展银行业金融机构信息科技非驻场集中式外包监管评估工作的通知》附件一之规定,金融机构的机房运营类外包服务商应当满足"机房应具有自有产权或长期租赁机房场地 5 年(含)以上且剩余租赁期限不低于 4 年(含),机房出租方应为其所出租机房的所有权人,房屋所有权权属清晰、完整且不存在法律争议,不存在将机房关键基础设施的运维服务转包或分包的情况"等监管要求。因此,若轻、重资产公司之间为委托经营或授权经营关系,而相关协议未体现机房租赁相关安排,可能无法满足金融机构机房运营类外包服务商的要求,从而影响与下游金融机构客户之间的沟通、履约,甚至引发相应违约责任风险。

除此以外,实践中,为实现原始权益人能够继续保留原项目公司主要人员并为公募 REITs 提供相对实质性运营管理服务从而收取运营管理报酬、避免对原公司收入产生较大波动等商业诉求,在不进行公司分立的情况下,也可视项目情况探讨其他的委托运营模式。例如"人员兼职模式",即持有机房场地及 IT 设施设备的重资产公司 100%股权装入公募 REITs 时,原重资产公司的主要人员剥离至一个轻资产公司(作为运营管理机构),并可以在 REITs 存续期间按照约定的规则将项目公司既有客户的业务合同换签至运营管理机构,以最终实现整租模式为目标。从总体可行性上来说,按我国现行劳动法的规定,是允许同一员工与两家公司之间分别存在劳动关系的,其中一份可以为兼职关系。该种模式的突出难点问题是,如何确定哪些人员是属于必须保留在项目公司进行单方任职的人员?一般需要综合考虑包括但不限于《公募

REITs 指引》关于公募基金管理人应当对项目公司享有完全控制权的特定人员要求、保持公司独立性的人员要求、IDC 行业特征惯例和项目运营需要的重要/关键人员范围等方面的内容。

综上所述,IDC 项目的委托运营方案构建,除需遵守《公募 REITs 指引》关于委托运营的基本规定外,还需要具体结合每一个项目的实际商业诉求、税筹、行业特殊监管要求等进行综合探讨。

八、结语

中国公募 REITs 历经十几年的探讨、论证,各种条件、环境和时机逐渐成熟,终于正式落地,相关试点工作稳步推进。中国公募 REITs 对于 IDC 行业也是一件意义重大的投融资机制创新。随着国家“双碳”战略目标的推行,对于 IDC 公募 REITs 试点项目的推进,建议充分关注项目的合规性,选择优质项目作为备选项目;充分考虑 IDC 资产自身所具有的绿色节能、持牌经营、安全性等特殊性要求,对于总体交易架构、治理结构、资产重组、运营管理等环节可能涉及的问题,形成比较合适的解决方案。

第十三章

水利、旅游景区设施 REITs 的法律关注重点

一、水利设施 REITs 的法律关注重点

2021 年 6 月 29 日，"958 号文"提出"探索在其他基础设施领域开展试点"，其中包括"具有供水、发电等功能的水利设施"。2022 年 4 月 13 日，时任我国水利部副部长的魏山忠主持开展了国家"十四五"规划 102 项重大工程水利重点任务暨 2022 年第 1 次中央水利建设投资计划执行调度会商，会上要求"有关地方和单位抓好国家'十四五'规划 102 项重大工程中的水利重点任务实施，推进水利领域不动产投资信托基金（REITs）试点，鼓励和引导社会资本参与水利工程建设运营，全力争取扩大水利建设投资规模"。

2022 年 5 月 28 日水利部印发《关于推进水利基础设施投资信托基金（REITs）试点工作的指导意见》（水规计〔2022〕230 号），对推进水利基础设施 REITs 作出了比较详细的规定。

2023 年 1 月 16 日，水利部党组书记、部长李国英在 2023 年全国水利工作会议上发表讲话，指出要"推动水利基础设施投资信托基金（REITs）试点项目实现突破"。

2023 年 3 月 30 日水利部办公厅印发《关于加快推进水利项目参与基础设施领域不动产投资信托基金（REITs）试点的通知》（办规计函〔2023〕249 号），对于全力做好水利基础设施 REITs 前期准备工作，加快回收资金投入新的项目建设以及做好政策解读和经验推广等事项作出了具体规定，并列示了 10 家单位的部分项目。

公募 REITs 系一类依赖资产信用的金融产品，其基于基础资产产生稳定的现金流，从而具有收益稳定的特征。以水电站、供水设施等为代表的水利基础设施，项目建成并投运后即可产生较为稳定的现金流，且稳定性较强。该等特征使得以水电站、供水设施等为代表的水利基础设施能够成为发行公募 REITs 的优质基础资产。

（一）水利设施法律法规体系及市场基本情况介绍

1. 水利设施的法律法规体系

关于水利建设工程适用的法律法规，除适用一般建设工程的法律法规之外，其适用的法律法规还包括水利领域专门适用的法律法规，具体内容大致可分为法律层面、行政法规及部门规章层面的规定（见表 13-1）。

表 13-1　水利领域专门适用的法律法规

法规名称	颁发机关	实施日期及历次立法修订	主要内容
1　法律			
《水法》	全国人大常委会	1988 年 7 月 1 日实施，历经 2002 修订、2009 修正及 2016 修正	就水资源规划、开发利用、保护及配置等进行了规定
《防洪法》	全国人大常委会	1998 年 1 月 1 日实施，历经 2009 修正、2015 修正及 2016 修正	就防洪规划、治理防护、防洪区和防洪工程设施管理等进行了规定
2　行政法规及部门规章			
《取水许可和水资源费征收管理条例》	国务院	2006 年 4 月 15 日实施，经 2017 修订	就取水许可制度、水资源费的征收和使用管理等进行了规定
《水利工程建设项目招标投标管理规定》	水利部	2002 年 1 月 1 日实施	就水利工程建设项目招标投标工作流程及要求等进行了规定
《水工程建设规划同意书制度管理办法（试行）》	水利部	2007 年 11 月 29 日实施，历经 2015 修正、2017 修正	就水工程建设规划同意书适用范围、主管机构、办理流程及内容等进行了规定

续表

法规名称	颁发机关	实施日期及历次立法修订	主要内容
《水利工程建设项目管理规定(试行)》	水利部	1995 年 4 月 21 日实施,历经 2014 修正、2016 修正	就水利工程建设管理体制及职责、建设程序及制度等进行了规定
《水利工程建设程序管理暂行规定》	水利部	1998 年 1 月 7 日实施,经 2017 修正及 2019 修正	就水利工程建设项目建议书、可行性研究报告、初步设计、施工准备、建设实施及竣工验收等各阶段的具体要求进行了规定
《水利工程建设安全生产管理规定》	水利部	2005 年 9 月 1 日实施,历经 2014 修正、2017 修正及 2019 修正	就水利工程项目法人、勘察设计、建设监理、施工等单位安全责任及安全生产监督管理制度等进行了规定
《水利工程建设项目验收管理规定》	水利部	2007 年 4 月 1 日起实施,历经 2014 修正、2016 修改及 2017 修正	就水利工程建设项目验收的具体程序及内容等进行了规定
《水利工程建设项目档案管理规定》	水利部	发文字号为水办〔2005〕480 号的原《水利工程建设项目档案管理规定》于 2005 年 12 月 10 日实施,2021 年 6 月 25 日水利部印发并实施发文字号为水办〔2021〕200 号的《水利工程建设项目档案管理规定》,同时废止了原文件	就水利工程建设项目档案管理机构、职责、文件管理要求、验收与移交等进行了规定

除前述所列适用于水利设施建设的一般法律法规及部门规章外,就特定的水利建设项目,例如水电站,其所适用的法律法规还包括有关部门发布的关于该等具体建设项目的规定,如《大中型水利水电工程建设征地补偿和移民安置条例》(国务院令第 679 号)、《水电建设工程质量管理暂行办法》(电水农〔1997〕220 号)、《水电工程验收管理办法(2015 年修订版)》(国能新能

〔2015〕426 号）等。

2. 水利设施公募 REITs 项目主管部门现行政策要点

为了进一步推动水利基础设施 REITs 试点工作，水利部于 2022 年 5 月 28 日印发了《关于推进水利基础设施投资信托基金（REITs）试点工作的指导意见》（水规计〔2022〕230 号），水利部办公厅于 2023 年 3 月 30 日印发了《关于加快推进水利项目参与基础设施领域不动产投资信托基金（REITs）试点的通知》（办规计函〔2023〕249 号），前述指导意见及通知立足各地水行政主管部门职能，对推进水利项目发行基础设施公募 REITs 提出了指导意见及要求。对于水利主管部门发布的公募 REITs 相关的指导意见，也需要予以必要的关注。

根据《关于推进水利基础设施投资信托基金（REITs）试点工作的指导意见》（水规计〔2022〕230 号）的规定，水利基础设施试点范围重点支持支撑国家重大战略、符合国家政策导向、社会效益良好、投资收益率稳定且运营管理水平较高的水利项目，项目资产主要包括综合水利枢纽、水电站、水源工程、引调水工程、城乡供水、大中型灌区等具有供水、灌溉、水力发电等功能，具备一定收益能力的水利基础设施。就基础资产筛选优化工作而言，要把握水利基础设施公益性强、收益率低、建设周期长等特点，通过资产合理配置将符合条件资产的所有权、特许经营权或运营收费权作为基础资产纳入水利基础设施 REITs 项目；强调要加强项目培育，对于具备一定可行性但尚未完全达到发行条件的项目可通过优化运营模式、项目打捆打包、资产拆分组合等方式，加强供水、水力发电等同类项目及产业链上下游资源优化整合以达到满足发行条件的效果；项目收入来源应合理分散，直接来源于多个支付主体或穿透后主要来源于终端用户付费。就项目运营阶段，应当符合国家对水利设施有关监管要求，处理好水利项目公益性和经营性关系，服从防洪、水资源、水生态等方面的调度管理，严格履行运管义务，保障公共利益。就回收资金的使用管理，应当按照承诺以资本金注入等方式投入在建或前期工作成熟的新建水利工程项目，形成良性投资循环。

水利部办公厅《关于加快推进水利项目参与基础设施领域不动产投资信托基金（REITs）试点的通知》（办规计函〔2023〕249 号）进一步明确了鼓励将回收资金用于基础设施补短板项目建设，形成投资良性循环，同时提出要动态调整水利工程供水价格，鼓励具备条件的水利工程实行供需双方协商定价，在项目前期工作阶段签订供需双方框架协议，约定意向价格。由于水利基础设施本身的公益属性，其定价通常多采用政府定价、政府指导价的形式，在该等定价模式下，单个水利基础设施普遍可能存在较难满足公募 REITs 对于基础设施项目之收益要求的问题。前述通知提出的该等措施一定程度上有助于缓解前述问题，但在该等政策之下，如何保证投资主体盈利足够的同时不导致用户端负担的过度增长等问题，仍有待进一步探索和研究。

3. 水利设施公募 REITs 的市场基本情况

根据国务院于 1997 年 10 月 28 日发布的《水利产业政策》（国发〔1997〕35 号，于 2010 年终止施行）第 7 条〔1〕的规定，水利建设项目根据其功能和作用可以划分为两类，一是以防洪除涝、农田灌排骨干工程、城市防洪、水土保持等为代表的以社会效益为主、公益性较强的项目，二是以供水、水力发电、水库养殖、水上旅游及水利综合经营等为代表的以经济效益为主、兼有一定社会效益的项目。

根据水利部于 2016 年 8 月 1 日发布的《水利工程建设项目管理规定（试行）》（水利部令第 48 号）第 2 条〔2〕的规定，水利工程建设项目主要包括防洪、除涝、灌溉、发电、供水、围垦等项目类型（包括新建、续建、改建、加固及修复）。

截至 2023 年 6 月，目前市场上暂无以前述所列举类型的水利设施为基础资产公开发行的公募 REITs 项目。但经公开检索，截至 2023 年 6 月，全国各地多家企业或有关政府部门均已陆续启动了水利基础设施公募 REITs 项目试点筹备工作。

根据贵州省水利投资（集团）有限责任公司于 2022 年 4 月 6 日在其官网

---

〔1〕《水利产业政策》（国发〔1997〕］35 号，于 2010 年终止施行）第 7 条：水利建设项目根据其功能和作用划分为两类：甲类为防洪除涝、农田灌排骨干工程、城市防洪、水土保持、水资源保护等以社会效益为主、公益性较强的项目；乙类为供水、水力发电、水库养殖、水上旅游及水利综合经营等以经济效益为主、兼有一定社会效益的项目。甲、乙类项目的确定，由项目审批单位在项目建议书批复中明确。

〔2〕《水利工程建设项目管理规定（试行）》（水利部令第 48 号）第 2 条：本管理规定适用于由国家投资、中央和地方合资、企事业单位独资、合资以及其它投资方式兴建的防洪、除涝、灌溉、发电、供水、围垦等大中型（包括新建、续建、改建、加固、修复）工程建设项目，小型水利工程建设项目可以参照执行。

公布的黔中水利枢纽工程基础设施 REITs 试点项目工程咨询机构竞争谈判公告[1]及公告文件内容，该集团拟以贵州省黔中水利枢纽项目开展公募 REITs 项目，该工程建成可解决多个城市、县城及乡镇的供水问题，并配套利用平寨电站、渠首电站和生态机组进行水力发电；目前黔中水利发电项目已产生稳定经济效益，拟通过盘活该等水利发电资产，推进基础设施基金项目的实施。

根据陕西水利厅于 2022 年 4 月 11 日发布的省水利厅召开水利基础设施不动产投资信托基金（REITs）试点工作启动会[2]，该厅与有关单位就陕西省桃曲坡水库灌溉中心和陕西省石头河灌溉中心试点项目开展公募 REITs 进行了可行性探讨。

根据公开信息，截至 2023 年 6 月，已经启动的水利设施公募 REITs 项目包括：绍兴市原水集团有限公司拟以其持有的绍兴市汤浦水库开展公募 REITs 项目[3]、湖南省湘水集团有限公司拟以其下属项目公司持有的水电站开展公募 REITs 项目[4]等。

此外，据不完全统计，截至 2023 年 6 月，正在推动水利领域 REITs 项目落地的企业还有云南灌区项目、福建水投集团、中核旗下的新华水电公司等。

据此可见，水利设施公募 REITs 也将逐步从纸面上所列的试点行业步入落地实践的阶段。那么，在水利设施公募 REITs 项目法律合规审查中有哪些要点需要予以重点关注？以下将结合现行有关法律法规进行分析。

---

[1] 参见贵州省水利投资（集团）有限责任公司：《黔中水利枢纽工程基础设施 REITs 试点项目工程咨询机构竞争谈判公告》，载贵州省水利投资（集团）有限责任公司网站 2022 年 4 月 6 日，https://www.gzssltzinc.com/detail/624d1a00ada1d8265003025d。

[2] 参见陕西省水利厅：《省水利厅召开水利基础设施不动产投资信托基金（REITs）试点工作启动会》，载陕西省水利厅网站，http://slt.shaanxi.gov.cn/sy/jdtp/202204/t20220411_2216798.html。

[3] 参见《绍兴市原水集团有限公司汤浦水库公募 REITs 项目服务机构公开招标项目中标公告》，载绍兴公共资源交易网，http://ggb.sx.gov.cn/art/2022/8/11/art_1518861_58973110.html。

[4] 参见湖南省港航水利集团有限公司：《湘水发展基础设施公募 REITs 咨询服务项目中标候选人公示》，载湖南省港航水利集团有限公司网站 2022 年 5 月 9 日，http://www.hnsxsjt.com/content/3956250。

(二)水利设施公募 REITs 项目法律合规审查关注要点

水利设施工程建设,除同其他一般建设项目需要取得立项批复、用地批复、水土保持方案批复、环境影响报告审批、压覆矿产批复、文物调查批复等投资建设手续外,还需要履行部分该等项目所特有的手续及流程。涉及该等手续及流程,在法律合规审查过程中需要予以重点关注。

1. 淹没区用地手续问题

水利工程项目建设用地,通常包括淹没区土地及淹没区之外的工程建设区土地。就淹没区之外的工程建设区土地,原则上应当参照一般建设项目用地建设手续,相应办理选址意见书〔1〕、用地预审、农用地征转用手续、使用林地审批同意书(如涉及)、用地规划许可、用地批准手续、招拍挂手续、建设用地使用权出让合同签订、土地使用权证书或不动产权证书办理等手续。就水利工程项目涉及的淹没区土地而言,针对前述用地建设手续,有关主管部门就其中部分用地手续办理要求进行了单独规定。

关于用地预审手续,根据自然资源部于 2022 年 8 月 2 日印发的自然资源部《关于积极做好用地用海要素保障的通知》(自然资发〔2022〕129 号)(已失效)的规定,对于水利水电项目涉及的淹没区用地不需申请办理用地预审,直接申请办理农用地转用和土地征收。

关于土地转用及征收审批手续,根据国土资源部、国家发改委、水利部、国家能源局《关于加大用地政策支持力度促进大中型水利水电工程建设的意见》〔2〕(国土资规〔2016〕1 号)(已失效)第 2 条第 5 项规定,实行水库水面用地差别化政策。水利水电项目用地报批时,水库水面按建设用地办理农用地转用和土地征收审批手续。涉及农用地转用的,不占用土地利用总体规划确定的建设用地规模和年度用地计划指标。根据自然资源部办公厅《关于以“三调”成果为基础做好建设用地审查报批地类认定的通知》(自然资办函

〔1〕 参见根据《城乡规划法》第 36 的规定,仅以划拨方式提供国有土地使用权的,建设单位在报送批准或核准前应当申请核发选址意见书。前述情形之外的建设项目不需要申请选址意见书。

〔2〕 该意见于 2016 年 1 月 8 日发布实施,根据该意见内容,意见有效期五年,已于 2021 年 1 月 8 日失效。

〔2022〕411 号)第 3 条的规定,新建水利水电工程中水库淹没区形成的水库水面,不办理农用地转用手续;涉及使用农民集体所有土地的,应办理土地征收手续,按淹没前的现状地类报批;涉及占用永久基本农田的,应落实永久基本农田补划任务;涉及占用耕地的,要先行落实耕地“进出平衡”。

关于占用耕地涉及的占补平衡问题,根据《大中型水利水电工程建设征地补偿和移民安置条例》第 25 条〔1〕的规定,大中型水利水电工程建设占用耕地的,应当执行占补平衡的规定。

据此,在对水利工程项目用地建设手续进行合规审查时,应当关注项目用地是否依法履行相关用地审批手续、相关用地审批文件层级是否符合法律法规要求;涉及农用地或集体用地情形的,是否履行完毕征转用手续及完成相关款项支付;占用耕地的,是否履行完毕耕地占补平衡义务等。

2. 水能资源开发权的问题

根据《水法》第 7 条〔2〕的规定,国家对水资源依法实行取水许可制度和有偿使用制度。根据该条规定,有关单位或个人拟开展水工程建设的,需要首先向有关水行政主管部门或流域管理机构提出申请,在取得主管部门批准并完成水资源费的缴纳等手续后才可依法开展有关水工程建设。

但经公开检索,目前在实践中,部分地区在取水许可及水资源费缴纳程序之外还推行了水能资源开发权利的有偿出让制度,即水能资源开发使用权通过政府部门组织公开拍卖程序取得。例如,《辽宁省水能资源开发利用管理条例》(辽宁省人民代表大会常务委员会公告〔13 届〕第 47 号)第 11 条〔3〕规

---

〔1〕《大中型水利水电工程建设征地补偿和移民安置条例》第 25 条规定:大中型水利水电工程建设占用耕地的,应当执行占补平衡的规定。为安置移民开垦的耕地、因大中型水利水电工程建设而进行土地整理新增的耕地、工程施工新造的耕地可以抵扣或者折抵建设占用耕地的数量。大中型水利水电工程建设占用 25 度以上坡耕地的,不计入需要补充耕地的范围。

〔2〕《水法》第 7 条规定:国家对水资源依法实行取水许可制度和有偿使用制度。但是,农村集体经济组织及其成员使用本集体经济组织的水塘、水库中的水的除外。国务院水行政主管部门负责全国取水许可制度和水资源有偿使用制度的组织实施。

〔3〕《辽宁省水能资源开发利用管理条例》第 11 条规定:水能资源开发利用权实行有偿出让制度,出让期限为 50 年。水能资源开发利用权,由县以上水行政主管部门按照编制水能资源开发利用规划的权限,依法通过招标、拍卖、挂牌方式组织出让。水能资源开发利用权的出让底价,由水行政主管部门按照有关规定委托具有资质的中介机构依照水能资源开发利用建设项目投资总额比例评估确定。具体办法由省人民政府制定。

定,水能资源开发利用权实行有偿出让制度,出让期限为50年,由县以上水行政主管部门按照编制水能资源开发利用规划的权限,依法通过招标、拍卖、挂牌方式组织出让。《吉林省水能资源开发利用条例》(吉林省人民代表大会常务委员会公告第5号)、《湖南省水能资源开发利用管理条例》(湖南省第十三届人民代表大会常务委员会公告第91号)中也存在类似规定。

但就该等水能资源开发利用权有偿取得制度,财政部、国家发改委及国家能源局曾于2010年11月23日发布财政部、国家发改委、国家能源局《关于规范水能(水电)资源有偿开发使用管理有关问题的通知》(财综〔2010〕105号),提及各地不得对已建、在建和新建水电项目有偿出让水能(水电)资源开发权,不得以水能(水电)资源有偿开发使用名义向水电企业或项目开发单位和个人收取水能资源使用权出让金、水能资源开发利用权有偿出让金、水电资源开发补偿费等名目的费用。

尽管财政部等部门已发文明确禁止该等制度,但根据检索到的地方规定来看,涉及该等制度的规范文件仍处于生效实行状态且均就项目主体未取得水能资源开发权即进行开发建设的行为明确规定了罚则。因此,在项目合规审查过程中,应当关注项目所在地是否存在该等水能资源开发权有偿出让制度及制度具体要求,同时可咨询或走访当地水利主管部门确认该等制度的实际执行情况、是否可能就未取得开发权进行开发建设的行为予以处罚等事项。

3. 取水许可证的取得

根据《水法》第48条[1]的规定,直接从江河、湖泊或地下取用水资源的单位和个人,应当按照有关规定,向水行政主管部门或者流域管理机构申请领取取水许可证,并缴纳水资源费,取得取水权。

关于取水许可证取得的具体流程,根据《取水许可管理办法》第5条[2]、

---

〔1〕《水法》第48条规定:直接从江河、湖泊或者地下取用水资源的单位和个人,应当按照国家取水许可制度和水资源有偿使用制度的规定,向水行政主管部门或者流域管理机构申请领取取水许可证,并缴纳水资源费,取得取水权。但是,家庭生活和零星散养、圈养畜禽饮用等少量取水的除外。实施取水许可制度和征收管理水资源费的具体办法,由国务院规定。

〔2〕《取水许可管理办法》第5条规定:建设项目取得取水许可申请批准文件,申请人方可兴建取水工程或者设施。

第 8 条[1]、第 21 条[2]、第 22 条[3]、第 23 条[4]及《建设项目水资源论证管理办法》第 2 条[5]、第 8 条[6]及第 11 条[7]的规定，申请人需先行取得取水许可申请批准文件后，方可兴建取水工程或者设施。申请取水的建设项目，除水利部另有规定外，申请人须按照《建设项目水资源论证管理办法》的要求自行或委托有关单位编制建设项目水资源论证报告书或报告表，建设项目水资

---

〔1〕《取水许可管理办法》第 8 条规定：需要申请取水的建设项目，申请人应当按照《建设项目水资源论证管理办法》要求，自行或者委托有关单位编制建设项目水资源论证报告书。其中，取水量较少且对周边环境影响较小的建设项目，申请人可不编制建设项目水资源论证报告书，但应当填写建设项目水资源论证表。不需要编制建设项目水资源论证报告书的情形以及建设项目水资源论证表的格式及填报要求，由水利部规定。

〔2〕《取水许可管理办法》第 21 条规定：取水审批机关决定批准取水申请的，应当签发取水申请批准文件。取水申请批准文件应当包括下列内容：(一)水源地水量水质状况，取水用途，取水量及其对应的保证率；(二)退水地点、退水量和退水水质要求；(三)用水定额及有关节水要求；(四)计量设施的要求；(五)特殊情况下的取水限制措施；(六)蓄水工程或者水力发电工程的水量调度和合理下泄流量的要求；(七)申请核发取水许可证的事项；(八)其他注意事项。申请利用多种水源，且各种水源的取水审批机关为不同流域管理机构的，有关流域管理机构应当联合签发取水申请批准文件。

〔3〕《取水许可管理办法》第 22 条规定：取水工程或者设施建成并试运行满 30 日的，申请人应当向取水审批机关报送以下材料，申请核发取水许可证：(一)建设项目的批准或者核准文件；(二)取水申请批准文件；(三)取水工程或者设施的建设和试运行情况；(四)取水计量设施的计量认证情况；(五)节水设施的建设和试运行情况；(六)污水处理措施落实情况；(七)试运行期间的取水、退水监测结果。拦河闸坝等蓄水工程，还应当提交经地方人民政府水行政主管部门或者流域管理机构批准的蓄水调度运行方案。地下水取水工程，还应当提交包括成井抽水试验综合成果图、水质分析报告等内容的施工报告。取水申请批准文件由不同流域管理机构联合签发的，申请人可以向其中任何一个流域管理机构报送材料。

〔4〕《取水许可管理办法》第 23 条规定：取水审批机关应当自收到前条规定的有关材料后 20 日内，对取水工程或者设施进行现场核验，出具验收意见；对验收合格的，应当核发取水许可证。取水申请批准文件由不同流域管理机构联合签发的，有关流域管理机构应当联合核验取水工程或者设施；对验收合格的，应当联合核发取水许可证。

〔5〕《建设项目水资源论证管理办法》第 2 条规定：对于直接从江河、湖泊或地下取水并需申请取水许可证的新建、改建、扩建的建设项目(以下简称建设项目)，建设项目业主单位(以下简称业主单位)应当按照本办法的规定进行建设项目水资源论证，编制建设项目水资源论证报告书。

〔6〕《建设项目水资源论证管理办法》第 8 条规定：建设项目水资源论证报告书，由具有审查权限的水行政主管部门或流域管理机构组织有关专家和单位进行审查，并根据取水的急需程度适时提出审查意见。建设项目水资源论证报告书技术审查意见和审定后的报告书是审批取水许可申请的重要依据。

〔7〕《建设项目水资源论证管理办法》第 11 条规定：建设项目水资源论证报告书审查通过后，有下列情况之一的，业主单位应重新或补充编制水资源论证报告书，并提交原审查机关重新审查：(一)建设项目的性质、规模、地点或取水标的发生重大变化的；(二)自审查通过之日起满三年，建设项目未批准的。

源论证报告书由有权主管部门或机构审查。审批通过的，由取水审批机关签发取水申请批准文件。取水许可证的发放，须在取水工程或者设施建成并试运行满 30 日后，由申请人向取水审批机关申请核发。取水审批机关对取水工程或者设施进行现场核验，验收合格的，核发取水许可证。建设项目水资源论证报告书审查通过后发生建设项目性质、规模、地点或取水标的重大变化的，应当依法重新或补充编制报告并提交审查。

根据国务院《关于印发清理规范投资项目报建审批事项实施方案的通知》（国发〔2016〕29 号）第 2 条第 2 项的规定，目前“建设项目水资源论证报告书审批”及“取水许可”2 项已合并为“取水许可”1 项。

由此可见，取水许可申请是水工程建设的前置条件之一，而取水许可证系水工程或者设施建成、试运行并经取水审批机关验收合格后核发的文件。在法律合规审查过程中，需要关注项目主体是否履行水资源论证报告书审查手续、是否办理取水申请手续、是否取得取水许可证及该等资质证书到期后是否依法及时办理续期等事项。

4. 项目法人负责制

根据《水利工程建设项目管理规定（试行）》第 5 条[1]及第 9 条[2]的规定，水利工程建设要推行项目法人责任制，项目法人对建设项目的立项、筹资、建设、生产经营、还本付息以及资产保值增值的全过程负责。

水利部于 2022 年 11 月 27 日印发的《水利工程建设项目法人管理指导意见》（水建设〔2020〕258 号）提出要规范项目法人组建，其中，社会资本方出资的水利工程建设项目，由社会资本方组建项目法人，但组建方案需按照国家关于投资管理的法律法规及相关规定经工程所在地县级以上人民政府或其授权部门同意。水利工程建设项目可行性研究报告中应明确项目法人组建主体，提出建设期项目法人机构设置方案。跨行政区域的水利工程建设项目，一般应由工程所在地共同的上一级政府或其授权部门组建项目法人，也可分区

---

〔1〕《水利工程建设项目管理规定（试行）》第 5 条规定：水利工程建设要推行项目法人责任制、招标投标制和建设监理制。积极推行项目管理。

〔2〕《水利工程建设项目管理规定（试行））》第 9 条规定：水利工程项目法人对建设项目的立项、筹资、建设、生产经营、还本付息以及资产保值增殖的全过程负责，并承担投资风险。代表项目法人对建设项目进行管理的建设单位是项目建设的直接组织者和实施者。负责按项目的建设规模、投资总额、建设工期、工程质量，实行项目建设的全过程管理，对国家或投资各方负责。

域由所在地政府或其授权部门分别组建项目法人。

关于水利工程建设项目法人的基本条件，上述意见也提出了要求，主要包括以下几项：(1)具有独立法人资格，能够承担与其职责相适应的法律责任。(2)具备与工程规模和技术复杂程度相适应的组织机构，一般可设置工程技术、计划合同、质量安全、财务、综合等内设机构。(3)总人数应满足工程建设管理需要，大、中、小型工程人数一般按照不少于 30 人、12 人、6 人配备，其中工程专业技术人员原则上不少于总人数的 50%。(4)项目法人的主要负责人、技术负责人和财务负责人应具备相应的管理能力和工程建设管理经验。其中，技术负责人应为专职人员，有从事类似水利工程建设管理的工作经历和经验，能够独立处理工程建设中的专业问题，并具备与工程建设相适应的专业技术职称。大型水利工程和坝高大于 70 米的水库工程项目法人技术负责人应具备水利或相关专业高级职称或执业资格，其他水利工程项目法人技术负责人应具备水利或相关专业中级以上职称或执业资格。(5)水利工程建设期间，项目法人主要管理人员应保持相对稳定。无法按照前述要求组建项目法人的，应通过委托代建、项目管理总承包、全过程咨询等方式，引入符合相关要求的社会专业技术力量进行协助，但不可替代项目法人的责任和义务。

此外，根据《水利工程建设项目管理规定(试行)》第 16 条[1]的规定，具体工程建设现场的管理可由项目法人直接负责，也可由项目法人组建或委托一个组织具体负责，该等组织履行建设单位职能。

在实践中，部分水利设施项目在建设过程中可能存在项目法人的变更。对于该等变更行为，若属于企业投资项目，根据《企业投资项目核准和备案管

---

〔1〕《水利工程建设项目管理规定(试行)》第 16 条：对生产经营性的水利工程建设项目要积极推行项目法人责任制；其它类型的项目应积极创造条件，逐步实行项目法人责任制。1. 工程建设现场的管理可由项目法人直接负责，也可由项目法人组建或委托一个组织具体负责。负责现场建设管理的机构履行建设单位职能。2. 组建建设单位由项目主管部门或投资各方负责；建设单位需具备下列条件：(1)具有相对独立的组织形式。内部机构设置，人员配备能满足工程建设的需要；(2)经济上独立核算或分级核算；(3)主要行政和技术、经济负责人是专职人员，并保持相对稳定。

理办法》第37条[1]的规定,项目单位应当及时以书面形式向原核准机关提出变更申请,由核准机关根据项目调整的具体情况出具书面意见;若属于政府投资项目,根据《政府投资条例》第21条[2]的规定,应当按照规定的程序报原审批部门审批。同时,根据《建筑工程施工许可管理办法》第5条[3]的规定,若建设期存在项目法人变更,可能还涉及重新申请领取施工许可证。

据此,在进行水利工程项目法律合规审查过程中,应当关注该等项目是否依据规定组建了项目法人、相关项目法人组成是否符合规定条件及组建方案是否取得了有权主管机关的同意。无条件组建项目法人的,应当关注是否通过委托代建、项目管理总承包及全过程咨询等方式引入符合要求的社会专业技术力量。项目建设过程中存在项目法人变更的,应当审查该等变更是否取得核准机关的审批文件及是否进行相应的施工许可证等建设文件的换发(如需)。

5. 水库淹没及移民安置问题

水利工程项目因其性质在建设过程中可能涉及水库淹没及移民安置问题。根据《水法》第29条[4]的规定,国家对水工程建设移民实行开发性移民

[1] 《企业投资项目核准和备案管理办法》第37条规定:取得项目核准文件的项目,有下列情形之一的,项目单位应当及时以书面形式向原项目核准机关提出变更申请。原项目核准机关应当自受理申请之日起20个工作日内作出是否同意变更的书面决定:(一)建设地点发生变更的;(二)投资规模、建设规模、建设内容发生较大变化的;(三)项目变更可能对经济、社会、环境等产生重大不利影响的;(四)需要对项目核准文件所规定的内容进行调整的其他重大情形。

[2] 《政府投资条例》第21条规定:政府投资项目应当按照投资主管部门或者其他有关部门批准的建设地点、建设规模和建设内容实施;拟变更建设地点或者拟对建设规模、建设内容等作较大变更的,应当按照规定的程序报原审批部门审批。

[3] 《建筑工程施工许可管理办法》第5条规定:申请办理施工许可证,应当按照下列程序进行:(一)建设单位向发证机关领取《建筑工程施工许可证申请表》。(二)建设单位持加盖单位及法定代表人印鉴的《建筑工程施工许可证申请表》,并附本办法第四条规定的证明文件,向发证机关提出申请。(三)发证机关在收到建设单位报送的《建筑工程施工许可证申请表》和所附证明文件后,对于符合条件的,应当自收到申请之日起七日内颁发施工许可证;对于证明文件不齐全或者失效的,应当当场或者五日内一次告知建设单位需要补正的全部内容,审批时间可以自证明文件补正齐全后作相应顺延;对于不符合条件的,应当自收到申请之日起七日内书面通知建设单位,并说明理由。建筑工程在施工过程中,建设单位或者施工单位发生变更的,应当重新申请领取施工许可证。

[4] 《水法》第29条规定:国家对水工程建设移民实行开发性移民的方针,按照前期补偿、补助与后期扶持相结合的原则,妥善安排移民的生产和生活,保护移民的合法权益。移民安置应当与工程建设同步进行。建设单位应当根据安置地区的环境容量和可持续发展的原则,因地制宜,编制移民安置规划,经依法批准后,由有关地方人民政府组织实施。所需移民经费列入工程建设投资计划。

的方针，按照前期补偿、补助与后期扶持相结合的原则，妥善安排移民的生产和生活，保护移民的合法权益。

关于移民安置问题的具体流程，参考《大中型水利水电工程建设征地补偿和移民安置条例》第 6 条〔1〕及第 10 条〔2〕的规定，成立项目法人的大中型水利水电工程，由项目法人编制移民安置规划大纲并按照审批权限报相应的移民管理机构审批。审批通过后，项目法人根据移民管理机构批准的移民安置大纲编制移民安置规划，该等规划需与可行性研究报告或项目申请报告一并提交有权主管机关审批或者核准。未编制移民安置规划或者移民安置规划未经审核的建设项目，将无法获得项目核准及用地等相关手续的办理。据此，移民安置规划是项目开工建设的重要前置程序，在法律合规审查过程中，若项目涉及移民安置，有必要对该等规划审核手续的合规性情况加以关注，主要包括规划文件内容及规划文件审批层级是否符合法律法规要求等。

此外，关于移民安置协议及安置资金问题，参考《大中型水利水电工程建设征地补偿和移民安置条例》第 27 条〔3〕及第 29 条〔4〕的规定，项目开工前，项目法人还应当根据经批准的移民安置规划与移民区和移民安置区所在

---

〔1〕《大中型水利水电工程建设征地补偿和移民安置条例》第 6 条规定：已经成立项目法人的大中型水利水电工程，由项目法人编制移民安置规划大纲，按照审批权限报省、自治区、直辖市人民政府或者国务院移民管理机构审批；省、自治区、直辖市人民政府或者国务院移民管理机构在审批前应当征求移民区和移民安置区县级以上地方人民政府的意见。没有成立项目法人的大中型水利水电工程，项目主管部门应当会同移民区和移民安置区县级以上地方人民政府编制移民安置规划大纲，按照审批权限报省、自治区、直辖市人民政府或者国务院移民管理机构审批。

〔2〕《大中型水利水电工程建设征地补偿和移民安置条例》第 10 条规定：已经成立项目法人的，由项目法人根据经批准的移民安置规划大纲编制移民安置规划；没有成立项目法人的，项目主管部门应当会同移民区和移民安置区县级以上地方人民政府，根据经批准的移民安置规划大纲编制移民安置规划。大中型水利水电工程的移民安置规划，按照审批权限经省、自治区、直辖市人民政府移民管理机构或者国务院移民管理机构审核后，由项目法人或者项目主管部门报项目审批或者核准部门，与可行性研究报告或者项目申请报告一并审批或者核准。省、自治区、直辖市人民政府移民管理机构或者国务院移民管理机构审核移民安置规划，应当征求本级人民政府有关部门以及移民区和移民安置区县级以上地方人民政府的意见。

〔3〕《大中型水利水电工程建设征地补偿和移民安置条例》第 27 条规定：大中型水利水电工程开工前，项目法人应当根据经批准的移民安置规划，与移民区和移民安置区所在的省、自治区、直辖市人民政府或者市、县人民政府签订移民安置协议；签订协议的省、自治区、直辖市人民政府或者市人民政府，可以与下一级有移民或者移民安置任务的人民政府签订移民安置协议。

〔4〕《大中型水利水电工程建设征地补偿和移民安置条例》第 29 条规定：项目法人应当根据移民安置年度计划，按照移民安置实施进度将征地补偿和移民安置资金支付给与其签订移民安置协议的地方人民政府。

的省、自治区、直辖市人民政府或者市、县人民政府签订移民安置协议；同时根据移民安置年度计划，按照移民安置实施进度将征地补偿和移民安置资金支付至与其签订移民安置协议的地方人民政府。据此，在法律合规审查过程中，若项目涉及移民安置，原则上应当对该等移民安置协议的签署及涉及的征地补偿和移民安置资金资金支付具体情况加以审查。

关于移民安置验收问题，参考《大中型水利水电工程建设征地补偿和移民安置条例》第 37 条[1]的规定，移民安置达到阶段性目标和移民安置工作完毕后，须经省、自治区、直辖市人民政府或者国务院移民管理机构验收，验收合格的，才可进行项目阶段性验收和竣工验收。据此，在法律合规审查时，若项目涉及移民安置，还需要注意对相应的竣工验收文件及验收主体层级的合规性予以审查。

6. 水工程建设规划同意书的取得

根据《水法》第 19 条[2]及《防洪法》第 17 条[3]的规定，建设水工程应当符合流域综合规划及防洪规划的要求。

在《水工程建设规划同意书制度管理办法（试行）》（2007 年 11 月 29 日发布实施，已被修改）颁布前，水利工程建设应当相应取得水利主管部门出具的流域综合规划同意书及防洪规划同意书。在《水工程建设规划同意书制度

---

〔1〕《大中型水利水电工程建设征地补偿和移民安置条例》第 37 条规定：移民安置达到阶段性目标和移民安置工作完毕后，省、自治区、直辖市人民政府或者国务院移民管理机构应当组织有关单位进行验收；移民安置未经验收或者验收不合格的，不得对大中型水利水电工程进行阶段性验收和竣工验收。

〔2〕《水法》第 19 条规定：建设水工程，必须符合流域综合规划。在国家确定的重要江河、湖泊和跨省、自治区、直辖市的江河、湖泊上建设水工程，未取得有关流域管理机构签署的符合流域综合规划要求的规划同意书的，建设单位不得开工建设；在其他江河、湖泊上建设水工程，未取得县级以上地方人民政府水行政主管部门按照管理权限签署的符合流域综合规划要求的规划同意书的，建设单位不得开工建设。水工程建设涉及防洪的，依照防洪法的有关规定执行；涉及其他地区和行业的，建设单位应当事先征求有关地区和部门的意见。

〔3〕《防洪法》第 17 条规定：在江河、湖泊上建设防洪工程和其他水工程、水电站等，应当符合防洪规划的要求；水库应当按照防洪规划的要求留足防洪库容。前款规定的防洪工程和其他水工程、水电站未取得有关水行政主管部门签署的符合防洪规划要求的规划同意书的，建设单位不得开工建设。

管理办法(试行)》颁布后,根据该办法第 4 条[1]的规定,水工程建设规划同意书包括对水工程建设是否符合流域综合规划和防洪规划审查并签署的意见,即取得水利主管部门核发的水工程建设规划同意书即可。

关于水工程建设规划同意书的审批机构,根据《水工程建设规划同意书制度管理办法(试行)》第 5 条[2]的规定,长江、黄河、淮河、海河、珠江、松花江、辽河的干流及其主要一级支流和太湖以及其他跨省、自治区、直辖市的重要江河上建设的水工程,省际边界河流(河段)、湖泊上建设的水工程,国际河流(含跨界、边界河流和湖泊)及其主要支流上建设的水工程及流域管理机构直接管理的河流(河段)、湖泊上建设的水工程由流域管理机构负责。前述以外的其他水工程建设规划同意书,由县级以上地方人民证明水行政主管部门按照省、自治区、直辖市人民政府水行政主管部门规定的管理权限负责。有关河流、湖泊的名录和范围由水利部规定。

此外,根据《防洪法》第 33 条[3]的规定,在洪泛区、蓄滞洪区内建设非防洪建设项目的,须编制洪水影响评价报告并经有关水行政主管部门审查批准方可开工建设。

根据国务院《关于印发清理规范投资项目报建审批事项实施方案的通

[1] 《水工程建设规划同意书制度管理办法(试行)》第 4 条:水工程未取得流域管理机构或者县级以上地方人民政府水行政主管部门按照管理权限审查签署的水工程建设规划同意书的,建设单位不得开工建设。水工程建设规划同意书的内容,包括对水工程建设是否符合流域综合规划和防洪规划审查并签署的意见。

[2] 《水工程建设规划同意书制度管理办法(试行)》第 5 条规定:下列水工程建设规划同意书,由流域管理机构负责审查并签署:(一)长江、黄河、淮河、海河、珠江、松花江、辽河的干流及其主要一级支流和太湖以及其他跨省、自治区、直辖市的重要江河上建设的水工程;(二)省际边界河流(河段)、湖泊上建设的水工程;(三)国际河流(含跨界、边界河流和湖泊)及其主要支流上建设的水工程;(四)流域管理机构直接管理的河流(河段)、湖泊上建设的水工程。前款第一项中的主要一级支流和其他跨省、自治区、直辖市的重要江河,第三项中的主要支流以及第四项中的流域管理机构直接管理的河流(河段)、湖泊的名录和范围由水利部规定。本条第一款规定以外的其他水工程建设规划同意书,由县级以上地方人民政府水行政主管部门按照省、自治区、直辖市人民政府水行政主管部门规定的管理权限负责审查并签署。

[3] 《防洪法》第 33 条规定:在洪泛区、蓄滞洪区内建设非防洪建设项目,应当就洪水对建设项目可能产生的影响和建设项目对防洪可能产生的影响作出评价,编制洪水影响评价报告,提出防御措施。洪水影响评价报告未经有关水行政主管部门审查批准的,建设单位不得开工建设。在蓄滞洪区内建设的油田、铁路、公路、矿山、电厂、电信设施和管道,其洪水影响评价报告应当包括建设单位自行安排的防洪避洪方案。建设项目投入生产或者使用时,其防洪工程设施应当经水行政主管部门验收。在蓄滞洪区内建造房屋应当采用平顶式结构。

知》(国发〔2016〕29 号)第 2 条第 2 项的规定,目前“非防洪建设项目洪水影响评价报告审批”、“水工程建设规划同意书审核”、“河道管理范围内建设项目工程建设方案审批”及“国家基本水文测站上下游建设影响水文监测工程的审批”4 项已合并为“洪水影响评价审批”1 项。

据此,在法律合规审查过程中,须审查该等项目是否取得流域综合规划同意书、防洪规划同意书、非防洪建设项目洪水影响评价报告审批或水工程建设规划同意书或洪水影响评价审批等手续。

7. 水利工程验收手续

根据《水利工程建设项目验收管理规定》第 4 条[1]的规定,水利工程建设项目具备验收条件时,应当及时组织验收。验收分为法人验收和政府验收,法人验收是政府验收的基础。法人验收是项目建设过程中由项目法人组织进行的验收,政府验收包括专项验收、阶段验收和竣工验收。专项验收包括枢纽工程导(截)流、水库下闸蓄水等阶段验收,涉及移民安置的,应当在该等验收前完成移民安置专项验收。此外,还包括环境保护、水土保持及工程档案等专项验收。该等专项验收经有关部门同意可与竣工验收一并进行。阶段验收包括枢纽工程导(截)流、水库下闸蓄水、引(调)排水工程通水、首(末)台机组启动、蓄水安全鉴定等关键阶段验收及其他竣工验收主持单位根据工程建设实际需要增设的验收环节。

因此,在合规审查过程中应当对标的水利工程项目是否完成各项专项验收、阶段验收和竣工验收手续进行审查,关注该等验收文件记载内容之间是否存在不一致性、与核准建设内容和要素是否存在重大变动或差异及相应验收主体层级是否符合法律法规要求等。

8. 水利工程合规审查关注的其他问题

基于水利工程项目通常涉及河流、湖泊等水面之性质,其还可能涉及养殖、通航、水生物洄游通道、竹木流放或饮用水水源保护区等情形,就前述可能存在的情形应当与项目建设单位确认标的水利工程项目是否涉及该等情形,如涉及,应当依据有关法律规定要求对所涉及事项的合规性进行审查。

根据前文中提及的当前水利设施公募 REITs 的市场情况来看,水利领域

[1] 《水利工程建设项目验收管理规定》第 4 条:水利工程建设项目具备验收条件时,应当及时组织验收。未经验收或者验收不合格的,不得交付使用或者进行后续工程施工。

公募 REITs 在之后或将迎来一波项目申报潮。水利行业基础设施 REITs 的发展,有助于盘活存量资产,助力行业内形成良性投资循环,从而促进行业平稳发展。水利设施作为公募 REITs 基础设施领域细分行业,具有该等行业的特殊性,因此在公募 REITs 项目合规审查过程中,除对适用于一般项目的重点问题加以注意,还需要对该等项目可能存在的特有法律问题予以关注,以更好地发现并解决项目可能存在的合规性瑕疵。

二、旅游景区 REITs 路径探讨及法律关注重点

随着我国人民收入水平的不断提高,旅游业取得了蓬勃发展。2009 年 12 月 1 日,国务院印发了国务院《关于加快发展旅游业的意见》,提出把旅游业培育成国民经济的战略性支柱产业。根据《“十四五”旅游业发展规划》,“十三五”期间年人均出游超过 4 次,年出入境旅游总人数突破 3 亿人次;“十四五”时期,我国将全面进入大众旅游时代,旅游业发展仍处于重要战略机遇期。[1]

旅游景区是一种重要的旅游资源,也是发展旅游业的重要抓手。同时,由于旅游景区的建设投资资金大,回报周期长,需要长期的资金支持。景区经营企业的融资主要依赖银行贷款,但由于企业资产负债率不断提高、偿债来源单一、抵押物难以落实等,银行信贷支持面临着瓶颈。[2]

2021 年 7 月 2 日,国家发改委公布的“958 号文”提出在“自然文化遗产、国家 AAAAA 级旅游景区等具有较好收益的旅游基础设施”探索 REITs 试点。文化和旅游部发布的公报指出:“推进投融资体系建设,将旅游基础设施纳入不动产投资信托基金(REITs)试点范围。”[3] 国务院办公厅《关于进一步盘活存量资产扩大有效投资的意见》(国办发〔2022〕19 号)也要求重点盘活存量规模较大、当前收益较好或增长潜力较大的基础设施项目资产,其中包

〔1〕 中华人民共和国中央人民政府:《国务院关于印发“十四五”旅游业发展规划的通知》(国发〔2021〕32 号),载中华人民共和国中央人民政府网,https://www.gov.cn/zhengce/content/2022-01/20/content_5669468.htm。

〔2〕 金卫民、杨宏铭、赵小平:《对石林县旅游业融资情况的调研——以石林风景名胜区管理局为例》,载《时代金融》2013 年第 35 期。

〔3〕 中华人民共和国文化和旅游部:《中华人民共和国文化和旅游部 2021 年文化和旅游发展统计公报》,载中华人民共和国文化和旅游部网站,https://zwgk.mct.gov.cn/zfxxgkml/tjxx/202206/t20220629_934328.html。

括旅游基础设施。2023 年 4 月 7 日,文化和旅游部产业发展司司长缪沐阳在全国盘活旅游存量资产投融资促进活动中指出,盘活旅游存量项目和存量资产是深化供给侧结构性改革的重要抓手,既是“风向”,也是“风口”。[1] 文化和旅游部“数据服务栏目”公布的统计数据显示,[2] 截至 2022 年 7 月 15 日,国家 5A 级旅游景区已增至 319 个。这为国家 5A 级旅游景区开拓了一条新的融资途径。

由于基础设施 REITs 在我国仍然是新生事物,而旅游景区又具有自身的一些特点,本书试从目前的景区资产证券化产品和景区上市公司两个方面的经验来分析国家 5A 级旅游景区的 REITs 方案。

(一)景区资产证券化产品

从目前的景区资产证券化产品基础资产依托的景区性质来看,部分属于人造主题型旅游景区,部分属于风景名胜区;从入池基础资产现金流来源来看,其包括了景区门票、索道、演出、游船、服务、观光车、漂流等未来的收入。其中明显的特点是:依托于风景名胜区的景区资产证券化产品,一般都排除了门票收入;不依托于风景名胜区的景区资产证券化产品,则纳入了门票收入(入园凭证)。在整体交易结构方面,结合对应类型的未来收入预测,设定特定期间、特定景区范围、特定类型收入、特定预期金额的收益,实现景区未来收入的证券化。

2019 年 4 月 19 日,证监会网站发布了《资产证券化监管问答(三)》,载明电影票款、不具有垄断性和排他性的入园凭证等未来经营性收入,不得作为资产证券化产品的基础资产现金流来源。这一类型的资产证券化产品逐渐沉寂下来。

“958 号文”规定的国家 5A 级旅游景区等具有较好收益的旅游基础设施,依托于国家 5A 级旅游景区的相关未来经营性收入,具备一定的垄断性和排他性,使《资产证券化监管问答(三)》的限制性条件具有了解释空间。

---

[1] 参见《文旅部产业发展司司长:盘活旅游存量项目和资产 既是“风向”也是“风口”》,载光明网 2023 年 4 月 11 日,https://baijiahao.baidu.com/s?id=1762856245502440603&wfr=spider&for=pc。

[2] 参见中华人民共和国文化和旅游部:《国家 5A 级旅游景区》,载中华人民共和国文化和旅游部网站 2022 年 7 月 15 日,https://sjfw.mct.gov.cn/site/dataservice/rural?type=10。

(二)景区上市公司

同花顺数据显示,在 A 股 19 家旅游业上市公司中,2022 年仅有天目湖、宋城演艺、丽江股份 3 家公司实现盈利,其他 16 家公司全部陷入亏损。2023 年一季度,19 家旅游业公司中有 10 家公司实现盈利,其中 9 家公司一季度实现同比扭亏为盈。其中,峨眉山 A2023 年一季度归母净利润同比增长 1486.05%。[1] 在这些上市公司中,其在与景区的结合方面特点如表 13-2 所示。

表 13-2　景区上市公司所属景区性质

名称	涵盖景区	是否是国家5A 级风景区	是否是风景名胜区	主营业务收入
西域旅游	天山天池景区	是	是	旅游客运、索道运输、游船
	吐鲁番火焰山	否	否	
	伊犁解忧公主薰衣草园景区	否	否	
	五彩湾温泉景区	否	否	
长白山	长白山三个景区	是	否	游客运营、酒店
桂林旅游	漓江景区	是	是	景区旅游、漓江大瀑布饭店、漓江游船客运、客运服务
	两江四湖景区	是	否	
	银子岩、丰鱼岩、龙胜温泉、贺州温泉、资源天门山等桂林主要的旅游景区	否	否	
九华旅游	池州市九华山风景区	是	是	索道缆车、酒店、客运业务

〔1〕 参见证券日报:《半数旅游类上市公司一季度扭亏为盈　行业基本面回暖仍将持续》,载微信公众号“证券日报之声”2023 年 5 月 5 日,https://mp.weixin.qq.com/s/zFf5LXCYJgGrtzHJULVUFA。

续表

名称	涵盖景区	是否是国家5A级风景区	是否是风景名胜区	主营业务收入
中青旅	嘉兴市桐乡乌镇古镇旅游区	是	否	IT产品销售与技术服务、整合营销服务、景区经营、房地产销售、旅游产品服务
黄山旅游	黄山市黄山风景区	是	是	索道及缆车、酒店、旅游服务、徽菜、景区业务
丽江股份	玉龙雪山景区	是	是	索道运输、酒店经营、印象演出、其他(补充)
	丽江古城景区	是	否	
天目湖	常州市天目湖景区	是	否	景区、酒店、温泉业务、其他(补充)
西藏旅游	林芝市雅鲁藏布大峡谷	是	否	旅游景区、旅游服务、旅游商业
	林芝巴松措景区	是	否	
首旅酒店	三亚市南山文化旅游区	是	是	酒店运营、酒店管理、景区业务
曲江文旅	西安大雁塔·大唐芙蓉园景区	是	否	景区运营管理、酒店餐饮、园林绿化
	西安市大明宫旅游景区	是	否	
	西安市城墙·碑林历史文化景区	是	否	
峨眉山A	乐山市峨眉山景区	是	是	客运索道收入、游山门票收入、宾馆酒店服务、茶业收入
张家界	张家界武陵源—天门山旅游区	是	是	环保客运服务、旅行社服务、杨家界索道、观光电车、张国际酒店、宝峰湖景区

从以上信息可以看出，大部分旅游景区上市公司都依托国家 5A 级旅游景区资源，其中有些属于风景名胜区，有些不属于风景名胜区。其中，涉及风景名胜区的西域旅游、桂林旅游、九华旅游、丽江股份、张家界〔1〕的主营收入都不涉及门票收入，而峨眉山 A、黄山旅游、首旅酒店则在其主营收入中体现了门票分成。

首旅酒店公开资料显示：〔2〕2011 年 3 月南山公司与观音苑公司签署南山文化旅游区门票收入分成协议，2005 年 9 月 1 日至 2010 年 12 月 31 日期间已形成的门票收入视为南山公司收入，自 2011 年 1 月 1 日至 2025 年 12 月 31 日期间，南山公司享有 40%比例，观音苑公司享有 60%比例，自 2026 年 1 月 1 日起，由南山公司享有 50%比例，观音苑公司享有 50%比例。该分成协议获股东大会通过。

峨眉山 A 公开资料显示：〔3〕公司每年按游山票收入扣除成本，费用和营业税金及附加后，拥有游山票净收入的 50%。公司的游山门票、客运索道票价实行政府定价。根据《峨眉山旅游股份有限公司关于景区门票价格实行淡旺季浮动管理的公告》〔4〕，接四川省物价局通知，自 2008 年 4 月 10 日起，峨

---

〔1〕 张家界（000430. SZ）2022 年 3 月 17 日在投资者互动平台表示，上市公司的收入主要是集中在环保车车票收入、宝峰湖的交通和船票收入、杨家界索道收入、十里画廊观光电车车票收入以及酒店经营收入等，武陵源景区大门票收费不属于上市公司收入，载东方财富网 2022 年 3 月 17 日，https://finance. eastmoney. com/a/202203172313920371. html。

〔2〕 参见《北京首都旅游股份有限公司 2011 年度第二次临时股东大会会议资料》，载巨潮资讯网，http://www. cninfo. com. cn/new/disclosure/detail? plate = sse&orgId = gssh0600258&stockCode = 600258&announcementId = 59254323&announcementTime = 2011 - 04 - 12% 2006:35；《北京首都旅游股份有限公司 2011 年度第二次临时股东大会决议公告》，载巨潮资讯网，http://www. cninfo. com. cn/new/disclosure/detail? plate = sse&orgId = gssh0600258&stockCode = 600258&announcementId = 59265457&announcementTime = 2011-04-14%2006:35。

〔3〕 参见《峨眉山旅游股份有限公司 2022 年半年度报告全文》：根据 1997 年 5 月本公司（筹）与原峨眉山市峨眉山管理委员会（2008 年 11 月更名为峨眉山-乐山大佛风景名胜区管理委员会，以下简称峨眉山管委会）签订的《关于委托经营峨眉山风景区游山票事宜的协议》及其补充协议约定，自 1997 年 10 月起 40 年内峨眉山管委会委托公司负责峨眉山风景区游山票的发售和款项收取等事项，双方就景区游山票收入（指游山票销售所得款项包含以后涨价部分，扣除游山票本身制作、游山票房全部管理费用、游客人身保险费和峨眉山旅游风景资源保护基金等成本和营业税后的收入）各分配 50%。公司负责风景区的环境卫生维护，维护、维修风景区现有游览道路、桥梁、安全设施以及亭阁建筑、摩崖石刻等风景景观，峨眉山风景区的对外宣传和旅游促销工作等。载巨潮资讯网，http://www. cninfo. com. cn/new/disclosure/detail? plate = szse&orgId = gssz0000 888&stockCode = 000888&announcementId = 1214388138&announcementTime = 2022-08-25。

〔4〕 参见《峨眉山旅游股份有限公司关于景区门票价格实行淡旺季浮动管理的公告》，载巨潮资讯网，http://www. cninfo. com. cn/new/disclosure/detail? plate = szse&orgId = gssz0000888&stockCode = 000888&announcementId = 38666608&announcementTime = 2008-04-10%2006:30。

眉山风景区门票价格按照国家发改委《关于进一步做好当前游览参观点门票价格管理工作的通知》的规定,实行淡旺季浮动管理,即在原标准 120 元/人的基础上,上下浮动 25%。

综上,在国家 5A 级旅游景区开展 REITs 项目时,属于国家 5A 级旅游景区但不属于风景名胜区的景区,可纳入的业务收入更多;属于国家 5A 级旅游景区同时属于风景名胜区的景区,基本无法纳入门票收入。

(三)景区 REITs 方案的法律关注重点

资源类旅游项目涉及风景名胜、文物古迹、森林公园、自然保护区等许多不同类型的资源范畴。按照现行的行政管理体制,旅游资源按不同属性,分别由建设、文物、林业、国土资源、旅游等有关主管部门归口管理。其中住房城乡建设主管部门负责评定和管理风景名胜区,国务院住房城乡建设主管部门负责全国风景名胜区的监督管理工作,省、自治区人民政府住房城乡建设主管部门和直辖市人民政府风景名胜区主管部门负责本行政区域内风景名胜区的监督管理工作;[1]旅游部门负责评定和管理 A 级旅游景区(点);[2]文物部门

---

〔1〕 参见《风景名胜区条例》第 5 条:“国务院建设主管部门负责全国风景名胜区的监督管理工作。国务院其他有关部门按照国务院规定的职责分工,负责风景名胜区的有关监督管理工作。省、自治区人民政府建设主管部门和直辖市人民政府风景名胜区主管部门,负责本行政区域内风景名胜区的监督管理工作。省、自治区、直辖市人民政府其他有关部门按照规定的职责分工,负责风景名胜区的有关监督管理工作。”

〔2〕 参见《旅游景区质量等级管理办法》第 5 条:国务院旅游行政主管部门负责旅游景区质量等级评定标准、评定细则等的编制和修订工作,负责对全国旅游景区质量等级评定标准的实施进行管理和监督。各省、自治区、直辖市人民政府旅游行政主管部门负责对本行政区域内旅游景区质量等级评定标准的实施进行管理和监督。第 6 条:国务院旅游行政主管部门组织设立全国旅游景区质量等级评定委员会,负责全国旅游景区质量等级评定工作的组织和实施,授权并督导省级及以下旅游景区质量等级评定机构开展评定工作。各省、自治区、直辖市人民政府旅游行政主管部门组织设立本地区旅游景区质量等级评定委员会,按照全国旅游景区质量等级评定委员会授权,负责本行政区域内旅游景区质量等级评定工作的组织和实施。第 12 条:3A 级及以下等级旅游景区由全国旅游景区质量等级评定委员会授权各省级旅游景区质量等级评定委员会负责评定,省级旅游景区评定委员会可向条件成熟的地市级旅游景区评定委员会再行授权。4A 级旅游景区由省级旅游景区质量等级评定委员会推荐,全国旅游景区质量等级评定委员会组织评定。5A 级旅游景区从 4A 级旅游景区中产生。被公告为 4A 级三年以上的旅游景区可申报 5A 级旅游景区。5A 级旅游景区由省级旅游景区质量等级评定委员会推荐,全国旅游景区质量等级评定委员会组织评定。

负责评定和管理文物保护单位；林业部门负责评定和管理森林公园；[1] 自然保护区则分别由林业、农业、海洋和国土资源部门主管。[2]

1. 产权、经营权的特殊性以及经营权的取得

根据《风景名胜区条例》第 2 条的规定，该条例所称风景名胜区，是指具有观赏、文化或者科学价值，自然景观、人文景观比较集中，环境优美，可供人们游览或者进行科学、文化活动的区域。这类景区集中了大量珍贵的自然资源和文化遗产，其主要的资产权属应当属于国家或集体所有。根据《风景名胜区条例》第 4 条的规定，风景名胜区所在地县级以上地方人民政府设置的风景名胜区管理机构，负责风景名胜区的保护、利用和统一管理工作，管理权属于风景名胜区管理机构。根据《风景名胜区条例》第 37 条的规定，进入风景名胜区的门票，由风景名胜区管理机构负责出售。因此形成了风景名胜区所有权、管理权和经营权三权分离的制度。

2005 年 4 月 21 日，原建设部办公厅在向福建省建设厅出具的建设部办公厅《关于对国家重点风景名胜区经营权出让问题的复函》（建办城函〔2005〕225 号）明确提出，将风景名胜资源等同于旅游资源进行出让（包括变相的以经营权为名义的出让），不符合国务院《关于加强城乡规划监督管理的通知》（国发〔2002〕13 号）和国务院办公厅《关于加强和改进城乡规划工作的通知》（国办发〔2000〕25 号）中关于“严禁以任何名义和方式出让或变相出让风景名胜区资源及其景区土地”的规定。风景名胜区门票是政府对风景名胜资源实行统一管理的重要手段，风景名胜区管理机构可在风景区门票收入中支付企业对风景名胜区开发投入的回报，但不得将风景名胜区资源和门票专营权出让或转让给企业垄断经营。

同时，根据《风景名胜区条例》第 37 条的规定，风景名胜区内的交通、服务等项目，应当由风景名胜区管理机构依照有关法律、法规和风景名胜区规

---

〔1〕 参见《森林公园管理办法》（2016 年修改）第 3 条：林业部主管全国森林公园工作。县级以上地方人民政府林业主管部门主管本行政区域内的森林公园工作。

〔2〕 参见《自然保护区条例》第 8 条：国家对自然保护区实行综合管理与分部门管理相结合的管理体制。国务院环境保护行政主管部门负责全国自然保护区的综合管理。国务院林业、农业、地质矿产、水利、海洋等有关行政主管部门在各自的职责范围内，主管有关的自然保护区。县级以上地方人民政府负责自然保护区管理的部门的设置和职责，由省、自治区、直辖市人民政府根据当地具体情况确定。

划,采用招标等公平竞争的方式确定经营者。风景名胜区管理机构应当与经营者签订合同,依法确定各自的权利义务。经营者应当缴纳风景名胜资源有偿使用费。因此,经营权由依法确定的经营者享有。

因此,风景名胜区资源由国家或集体所有,景区管理机构享有管理权,授权经营者享有经营权这一分权机制就决定了在确定经营者的经营权时,必须从所有权人、管理权人处得到充分的认可和授权。对于风景名胜区内的交通、服务等项目,法律规定了确定经营者的方式。但对于非风景名胜区的经营者,国家层面并无统一规定,因此必须依照地方规定确定经营权利授予方式的合法性。

在实务中,应重点关注以下几点。

(1)风景名胜区管理机构是否具有权限授予经营者经营权。

(2)风景名胜区管理机构授予特许经营权履行程序及经营者通过招标获取特许经营权的合法合规性。《风景名胜区条例》规定了采用招标等公平竞争的方式确定经营者。如果在实务中,并不是通过招标方式确定授权的特许经营权,则应说明授予特许经营权履行程序的合法合规性。

(3)特许经营权使用费的定价依据及公允性。经营者应当缴纳风景名胜资源有偿使用费。定价依据应当根据地方关于风景名胜资源有偿使用费的相关规定进行确定。当地对资源有偿使用费给予减免、缓征等优惠政策的,应当关注优惠政策的到期时间。

(4)《特许经营协议》的效力。一般经过上述授权程序后签署的《特许经营协议》的效力不会有太大问题,此处重点关注签约主体是否和有权授权机关是同一机关、特许经营权的时间。

(5)相关经营权属是否具有排他性。景区内可授予的经营权范围种类较多,比如,湖面水面的经营权、道路经营权、索道经营权、餐饮经营权等,因此应当根据授权范围逐项关注授权是否具有排他性。

(6)到期后如不能续期如何处理,对经营者生产经营、持续盈利能力的影响等。可以关注特许经营权协议是否具有优先续约条款,以及授权机关对此进行的说明。如果不能续约将对经营者的生产经营及持续盈利能力产生不利影响,则应当如实披露特许经营权到期后不能续期的风险,以及对项目公司的生产经营持续盈利能力的影响。

2. 景区的入池资产范围

虽然景区的收入范围是比较广泛的，包括门票、索道、演出、游船、服务、观光车、漂流等未来的收入，但结合法律规定以及放在基础设施公募 REITs 的背景下，可以纳入基础设施公募 REITs 的收入范围就会受到一些限制。

2000 年 12 月，时任建设部副部长赵宝江在全国风景名胜区工作会议上作了讲话，指出“现阶段不能将风景名胜资源和门票专营权作为经营性资本纳入市场化运作，不能上市和实行股份化”。

在此之前，拥有景区门票经营权的黄山旅游〔1〕和峨眉山分别于 1997 年 5 月和 10 月在国内证券市场上市。两家景区是最早的一批旅游上市企业，而且当年上市时还把“门票收入”一起打包进去。

在黄山旅游、峨眉山上市之后，关于这些风景名胜区的门票是否要纳入上市公司，引发了几轮讨论。《风景名胜区条例》第 38 条〔2〕明确规定风景名胜区的门票收入实行收支两条线管理，因此风景名胜区的门票不能作为上市主体的收入。

2008 年，国家发改委、财政部、国家旅游局等 8 部门发布的国家发改委等《关于整顿和规范游览参观点门票价格的通知》明确规定，“自本通知发布之日起，对依托国家资源的世界遗产、风景名胜区、自然保护区、森林公园、文物保护单位和景区内宗教活动场所等游览参观点，不得以门票经营权、景点开发经营权打包上市”。

《风景名胜区条例》第 38 条规定，风景名胜区的门票收入和风景名胜资源有偿使用费，实行收支两条线管理。风景名胜区的门票收入和风景名胜资源有偿使用费应当专门用于风景名胜资源的保护和管理以及风景名胜区内财

---

〔1〕 参见黄山旅游（600054. SH）2021 年 11 月 8 日在投资者互动平台表示，根据安徽省人民政府相关批复，黄山风景区管理委员会与公司于 1996 年签订了《关于授权管理黄山风景区门票事宜的协议》，期限为 40 年。公司将持续关注国家政策动态，相关协议期满后，公司将按有关规定及时履行信息披露义务。黄山旅游发展股份有限公司 1996 年 8 月 13 日与黄山风景区管理委员会签订关于授权管理黄山风景区门票事宜的协议，期限至 2036 年年底。根据该协议该公司每年应将门票收入减风景资源维护资金营业税及附加和票房成本后净额的 50%按季支付给黄山风景区管委员会，作为黄山风景区门票专营权使用费。

〔2〕 《风景名胜区条例》（2006 年）第 38 条：风景名胜区的门票收入和风景名胜资源有偿使用费，实行收支两条线管理。风景名胜区的门票收入和风景名胜资源有偿使用费应当专门用于风景名胜资源的保护和管理以及风景名胜区内财产的所有权人、使用权人损失的补偿。具体管理办法，由国务院财政部门、价格主管部门会同国务院建设主管部门等有关部门制定。

产的所有权人、使用权人损失的补偿。具体管理办法，由国务院财政部门、价格主管部门会同国务院住房城乡建设主管部门等有关部门制定。

由于实行收支两条线管理，如果国家 5A 级旅游景区属于风景名胜区，其门票收入就不能归入 REITs 的收入里。即使目前不属于风景名胜区，也需要结合景区及主管部门的相关规划等，说明是否可能纳入国家级或省级风景名胜区名录，甚至由主管部门和企业承诺不寻求纳入国家级或省级风景名胜区名录。

另外，如果企业经营项目山水景区所在区域为水利部认定的国家水利风景区，企业在国家级水利风景区内适用国家水利部颁布的《水利风景区管理办法》的有关规定。《水利风景区管理办法》未对水利风景区门票收入作出限制性规定。在天目湖发行上市过程中，2010 年 11 月 1 日，天目湖管委会向国家水利部递交了《关于天目湖旅游度假区内开展旅游经营的相关问题请示》（溧天管〔2010〕29 号），请求国家水利部确认水利风景区内投资人收取商业投资性经典门票收入是否存在其他限制性规定。国家水利部于 2010 年 11 月 18 日对上述请示进行了回函，出具了《关于天目湖旅游度假区内开展旅游经营相关问题的函》（景区办〔2010〕63 号），确认未对水利风景区内投资人收取商业投资性景点门票收入问题作限制性规定。

经过梳理，目前国家 5A 级旅游景区大约有一半属于风景名胜区，有一半不属于风景名胜区。

在景区其他收入中，旅游客运、索道、游船、电瓶车等较为适宜作为基础资产公募 REITs 的收入范围，而演艺收入、旅行社服务、温泉、酒店、餐饮不宜纳入基础资产公募 REITs 的收入范围，具体还需要监管机关做好沟通。如果风景名胜区景区门票内搭售其他票证，二者各自价格应独立确定并在归集路径上做出明确区分。

3. 风景名胜区的总体规划和详细规划

根据《风景名胜区条例》第 12 条的规定，风景名胜区规划分为总体规划和详细规划。根据《风景名胜区条例》第 15 条的规定，风景名胜区详细规划应当根据核心景区和其他景区的不同要求编制，确定基础设施、旅游设施、文化设施等建设项目的选址、布局与规模，并明确建设用地范围和规划设计条件。风景名胜区详细规划，应当符合风景名胜区总体规划。风景名胜区内的单位和个人应当遵守经批准的风景名胜区规划，服从规划管理。根据《风景名胜区条例》第 21 条的规定，风景名胜区规划未经批准的，不得在风景名胜区内进行各类建设活动。

所以，根据上述规定，纳入基础设施公募 REITs 的经营业务必须符合景区的总体规划和详细规划，主要可能包括如下范围：旅游客运服务（区间车线路、观光车线路、电瓶车线路）、游船服务（运营线路、码头建设、运营游船）、索道业务、温泉业务、酒店餐饮业务等。

综上，需要关注景区内的各类建设或活动是否已经主管部门审批，相关建设或活动是否符合景区规划，是否存在超过允许容量接纳游客，[1]或者在没有安全保障的区域开展游览活动的情形，是否存在其他违反景区管理规定的行为而受到主管部门处罚的情形。

4. 土地使用权的取得

由于基础设施项目占用的土地使用权是否合法是监管部门关注的重点，因此对景区所占用的土地情况也应当具体核查。景区的土地按照实际用途来看，主要包括索道缆车用地（含站台用地）、客运站场用地、宾馆酒店用地（无法装入基础设施 REITs）、服务设施用地等，土地分类归类为商服用地、旅游服务业用地、餐饮旅馆用地、交通运输用地，一般为国有用地且出让取得。因此，应当按照出让取得国有建设用地使用权的一般要求判断项目公司取得土地使用权的合法合规性。宾馆酒店由于无法装入基础设施 REITs 需要予以剥离。

通过租赁方式使用土地的，应关注租金的定价公允性，相关租赁土地的性质，实际使用用途及法定用途是否存在差异，变更用途是否履行法定程序，是否已经过有权部门的批准或备案，租赁土地的出租方及租赁终止日期，是否存在纠纷或潜在纠纷，是否存在侵害集体或者其他第三方利益的情形。租赁合同的期限不得超过 20 年。

如果涉及使用集体土地使用权，根据《农村土地承包法》第 52 条之规定，发包方将农村土地发包给本集体经济组织以外的单位或者个人承包，应当事先经本集体经济组织成员的村民会议 2/3 以上成员或者 2/3 以上村民代表的同意，并报乡（镇）人民政府批准。由本集体经济组织以外的单位或者个人

〔1〕 参见国家旅游局：《全国 5A 级旅游景区最大承载量统计表》，载中华人民共和国中央人民政府网，http://www.gov.cn/xinwen/2015-07/17/content_2898961.htm。

承包的,应当对承包方的资信情况和经营能力进行审查后,再签订承包合同。因此,如果集体土地使用权是承包取得,则需要履行上述程序。涉及集体土地经营权流转的,还应当遵循土地经营权流转的有关规定。

5. 景区相关运营资质

由于经营者可能获得了运营景区不同基础设施的授权,经营者也就需要具备相应的运营资质文件。比如,根据《特种设备安全法》第 33 条[1]以及特种设备目录,客运索道属于特种设备,使用单位应当在特种设备投入使用前或者投入使用后 30 日内,向负责特种设备安全监督管理的部门办理使用登记,取得使用登记证书。

根据《客运索道安全监督管理规定》第 26 条之规定,客运索道使用单位应当按照安全技术规范的要求,在定期检验周期届满前一个月向特种设备检验机构提出定期检验要求。客运索道定期检验分为全面检验和年度检验,客运架空索道和客运缆车在安装监督检验合格后每三年进行一次全面检验,期间的两个年度,每年进行一次年度检验。客运拖牵索道每年进行一次年度检验。

根据《国内水路运输管理规定》之规定,经营水面游船需要取得《水路运输许可证》;根据《道路运输条例》第 10 条之规定,经营景区观光车需要取得《道路运输经营许可证》等,并且应特别关注上述许可证的到期续期和/或定期检验。

6. 景区的建设审批手续

根据《风景名胜区建设管理规定》第 3 条[2]、第 5 条第 1 句[3]和第 8 条[4]的规定,任何单位或者个人在风景名胜区内建设房屋或其他工程等,应经风景名胜区管理机构审查同意。凡在风景名胜区进行的各项建设都应由建

---

[1] 《特种设备安全法》第 33 条:特种设备使用单位应当在特种设备投入使用前或者投入使用后三十日内,向负责特种设备安全监督管理的部门办理使用登记,取得使用登记证书。登记标志应当置于该特种设备的显著位置。

[2] 《风景名胜区建设管理规定》第 3 条:任何单位或者个人在风景名胜区内建设房屋或其它工程等,应经风景名胜区管理机构审查同意。风景名胜区的土地、资源和设施实行有偿使用。

[3] 《风景名胜区建设管理规定》第 5 条第 1 句规定:凡在风景名胜区进行的各项建设都应由建设单位填写《建设选址审批书》,分级上报建设行政主管部门审批。

[4] 《风景名胜区建设管理规定》第 8 条:经审查批准的项目,由建设单位持经批准的《建设选址审批书》,按国家规定报有关部门办理立项等有关手续。

设单位填写《建设选址审批书》,分级上报建设行政主管部门审批。经审查批准的项目,由建设单位持经批准的《建设选址审批书》,按国家规定报有关部门办理立项等有关手续。

根据 2003 年 9 月 25 日原建设部办公厅《关于风景名胜区建设项目规划与管理有关问题的批复》,在风景名胜区内的建设项目需要遵照《城市规划法》(已失效,现已改为《城乡规划法》)、《建筑法》、《建设工程质量管理条例》等相关法律规定,办理用地规划、工程规划、施工许可等规划、施工、竣工验收的管理以及施工图设计文件的审查。

7. 景区的知识产权保护

景区的无形资产中常常包括商标类知识产权。根据基础设施 REITs 规定,项目公司应当享有资产的所有权。因此,应当确认景区享有的商标权的合法性。如果商标所有权属于其他方,则项目公司应合法向权利方取得商标使用权。

8. 环境保护

因为旅游景区均是风景秀美之地,所以更应当注重原始权益人业务对环境的影响。一般情况下,公司从事旅游客运、游船观光、索道观光等业务,除车辆、船舶尾气和生活垃圾外几乎不存在环境影响的情况。

根据《水法》的相关规定,单位和个人有保护水工程的义务,不得侵占、毁坏堤防、护岸、防汛、水文监测、水文地质监测等工程设施;县级以上堤防人民政府应当采取措施,保障本行政区域内水工程,特别是水坝和堤防的安全,限期消除险情。[1]

根据《水污染防治法》的相关规定,禁止在饮用水水源一级保护区内从事网箱养殖、旅游、游泳、垂钓或者其他可能污染饮用水水体的活动。禁止在饮用水水源二级保护区内新建、改建、扩建排放污染物的建设项目;已建成的排放污染物的建设项目,由县级以上人民政府责令拆除或者关闭。在饮用水水源二级保护区内从事网箱养殖、旅游等活动的,应当按照规定采取措施,防止

---

〔1〕 参见《水法》第 41 条:单位和个人有保护水工程的义务,不得侵占、毁坏堤防、护岸、防汛、水文监测、水文地质监测等工程设施。《水法》第 42 条:县级以上地方人民政府应当采取措施,保障本行政区域内水工程,特别是水坝和堤防的安全,限期消除险情。水行政主管部门应当加强对水工程安全的监督管理。

污染饮用水水体。[1]

根据 2002 年 9 月 17 日发布的国务院办公厅转发国务院体改办《关于水利工程管理体制改革实施意见的通知》(国办发〔2002〕45 号)的规定,利用水利工程的管理和保护区域内的水土资源开展的旅游等经营项目,要在确保水利工程安全的前提下进行。

因此,当景区经营项目涉及水面游览业务时,还需关注是否涉及水利工程、水源地,水面经营权租赁是否影响水利工程的利用,是否符合相关水利工程的规定,生产经营是否符合国家水资源保护和环境保护相关法律、法规。

9. 债务合同限制

在实务中,景区经营企业以索道、区间车等为标的与融资租赁公司、银行进行融资,以索道收费权及相关权利为融资提供质押担保,因此需要事先取得融资租赁公司和银行提前还款并解除质押担保的同意函。

10. 重大疫情、自然灾害等不可抗力对景区的影响

重大疫情、自然灾害是旅游业以及公司在经营中的不可抗力因素,特别是在旅游旺季,将直接对公司的经营业绩产生不利影响。近年来新冠疫情、非典型性肺炎疫情、H7N9、甲型 H1N1 流感等高传染性疾病以及 2008 年的特大雪灾和汶川大地震等自然灾害都对旅游业和公司经营产生了不同程度的影响。因此,基础设施 REITs 应当对重大疫情、自然灾害等不可抗力因素予以充分披露。

---

〔1〕 参见《水污染防治法》第 65 条:禁止在饮用水水源一级保护区内新建、改建、扩建与供水设施和保护水源无关的建设项目;已建成的与供水设施和保护水源无关的建设项目,由县级以上人民政府责令拆除或者关闭。禁止在饮用水水源一级保护区内从事网箱养殖、旅游、游泳、垂钓或者其他可能污染饮用水水体的活动。《水污染防治法》第 66 条:禁止在饮用水水源二级保护区内新建、改建、扩建排放污染物的建设项目;已建成的排放污染物的建设项目,由县级以上人民政府责令拆除或者关闭。在饮用水水源二级保护区内从事网箱养殖、旅游等活动的,应当按照规定采取措施,防止污染饮用水水体。

第十四章

消费基础设施 REITs 的法律关注重点

中共中央、国务院印发的《扩大内需战略规划纲要(2022—2035 年)》明确提出:全面促进消费,加快消费提质升级,最终消费是经济增长的持久动力。顺应消费升级趋势,提升传统消费,培育新型消费,扩大服务消费,适当增加公共消费,着力满足个性化、多样化、高品质消费需求。按照全面建设社会主义现代化国家的战略安排,展望 2035 年,实施扩大内需战略的远景目标是消费和投资规模再上新台阶,完整内需体系全面建立。

一、消费基础设施 REITs 试点的准入范围

(一)消费基础设施的概念提出

关于"消费基础设施"这个概念,首先需要说明的是,并非为了将商业物业项目扩容至基础设施 REITs 试点范围而特别创造的新概念、新提法。2020 年 9 月 16 日公布施行的"国办发 32 号文"明确提出要针对新型消费基础设施不足、服务能力偏弱等问题,坚持问题导向、补齐短板,加快新型消费基础设施和服务保障能力建设。因此,将消费基础设施纳入 REITs 试点范围,是为了贯彻落实党中央、国务院关于把恢复和扩大消费摆在优先位置的宏观决策部署,实施扩大内需战略的具体举措,与我国基础设施公募 REITs 试点旨在补短板、促发展的试点初衷一脉相承。

(二)已纳入 REITs 试点的消费基础设施的类型与范围

目前,允许纳入 REITs 试点的消费基础设施具体类型,也与"国办发 32 号文"的相关规定基本一致。其中,"国办发 32 号文"规定,规划建设新型消

费网络节点,优化百货商场、购物中心、便利店、农贸市场等城乡商业网点布局,引导行业适度集中。完善社区便民消费设施,加快规划建设便民生活服务圈、城市社区邻里中心和农村社区综合性服务网点,前述消费基础设施具有增强消费能力、改善消费条件、创新消费场景以及保障基本民生的特点。对此,"236 号文"、中国证监会《REITs 常态化发展通知》均一致规定的允许纳入 REITs 试点的消费基础设施主要包括如下两类:第一类是城乡商业网点项目,具体包括百货商场、购物中心、农贸市场等;第二类是保障基本民生的社区商业项目。

结合"958 号文"的规定,目前,酒店、办公楼、养老地产、商品住宅等商业物业项目,暂时还不属于基础设施 REITs 试点准入范围。当然,我们相信随着我国 REITs 试点的深入以及国家经济与政策形势的发展,可纳入 REITs 试点的消费基础设施类型与范围将会进一步扩容。例如,2023 年 7 月 12 日,商务部发布了商务部等 13 部门《关于促进家居消费若干措施的通知》,指出家居消费涵盖家电、家具、家纺、家装等多个领域,是居民消费的重要组成部分,是人民对美好生活需要的直接体现。为贯彻落实党中央、国务院决策部署,释放家居消费潜力,巩固消费恢复发展势头,增强消费对经济发展的基础性作用,经国务院同意,发布该等通知,并明确提出支持符合条件的家居卖场等商业网点项目发行基础设施领域 REITs,国家发改委也是该通知的联合发文单位之一。

(三)消费基础设施以外的其他非准入资产之剥离

为满足消费基础设施 REITs 的发行要求,如果拟入池消费基础设施项目产权人或其下属子公司还同时持有其他业态资产(如住宅、酒店、办公楼),则需要将该非入池等资产进行剥离,以确保入池、非入池项目权属彼此独立、清晰。关于不入池资产的剥离重组常见模式,综合操作可行性、便利程度、税务优化、审批程序等多种因素,总体上可根据情况选择正向剥离、反向剥离两种模式:(1)正向剥离即将拟入池资产、负债、人员和业务关系等装入新设立的干净项目公司;(2)反向剥离即将非入池资产、债务、人员和业务关系等从原公司剥离出去,将拟入池资产保留在原公司。

常见的资产剥离转移法律方式,包括"资产转让""作价出资""无偿划转""公司分立"等,在过去类 REITs 和已上市的公募 REITs 中,资产剥离与重组操作已比较成熟。在资产重组过程中，还应关注其他合规性要点，例如租赁合同等业务合同的改造甚至换签、资产及负债人员转移问题，税务开票问题，企业性质转变等一系列问题。

另外，从项目开发的实践来看，一些类型的消费基础设施项目，尤其是购物中心、农贸市场、社区商业，本身与住宅、酒店、办公等其他业态作为一个综合体项目，存在同一个公司法人主体共同开发建设并持有多种业态综合体项目的情况，且根据各地政策以及项目情况，综合体项目上的不同业态，相关报批报建手续、不动产权证等可能单独办理，也可能共同办理，甚至存在商场、酒店、办公等登记在同一本不动产权证书项下的情形。实操中，产证的拆分不是一项常规事务，具有“一事一议”的特点，建议提前与当地自然资源主管部门、不动产登记部门沟通确认产证拆分是否存在相关限制，以及是否需要履行重新测绘等相关办理程序，做好相关准备工作。如果无法进行产证拆分，将直接意味着相关项目无法作为入池资产。相关实操要点包括但不限于如下：第一，需核查并判断项目的土地出让合同、产证以及其他报批报建手续中，是否存在“限于整体自持”“不得分割”“不得转让”等限制；第二，项目上设定了抵押权等权利负担的，一般需要先办理解押手续，之后方能办理产证拆分手续。

（四）发起人（原始权益人）与商品住宅开发业务的隔离

1. 基础设施 REITs 项下发起人（原始权益人）涉及商品住宅开发业务的隔离要求

“236 号文”明确规定，项目发起人（原始权益人）应为持有消费基础设施、开展相关业务的独立法人主体，不得从事商品住宅开发业务。严禁规避房地产调控要求，不得为商品住宅开发项目变相融资，回收资金亦不得流入住宅市场。对此，国家发改委在相关座谈会上进一步指出，总体上，这一条是参照保租房 REITs 设计，继续坚持“房住不炒”的宏观政策导向，因此，即使发起人仅有少量商品住宅开发业务（占比较小），也不符合要求。发起人、原始权益人不是同一主体时，二者均不得持有房地产开发资质、不得有住宅开发业务。国家发改委座谈会意见包括：有商品住宅开发业务的房企，可以下属专门持有消费基础设施的子公司作为项目发起人（原始权益人），符合要求，可参照华夏基金华润有巢 REITs 案例设计。

消费基础设施与商品住宅开发业务的联系相比其他行业更为紧密，因此，如果拟筹备项目涉及住宅资产与住宅业务，其整改和剥离的复杂性更高，一般理解原始权益人及其子公司、分公司需要达到如下状态：（1）均不得持有房地产开发资质，营业范围不包括房地产开发业务，实际也未在开展商品住宅开发业务；（2）均不得持有商品住宅、办公等其他非准入资产；（3）均不得存在房地产开发业务的相关债务或有负债。

2. 原始权益人（发起人）的控股股东或关联方涉房时的"五独立"要求

《上交所保租房REITs指引》第6条规定，原始权益人控股股东或者其关联方业务范围涉及商品住宅和商业地产开发的，原始权益人应当在资产、业务、财务、人员和机构等方面与商品住宅和商业地产开发业务有效隔离，保持相对独立。结合国家发改委座谈会的意见，建议可参考华夏基金华润有巢REITs项目中关于前述"五独立"的实操标准进行处理。

华润置地为房地产开发企业，旗下拥有住宅和商业地产开发业务。对此，在华夏基金华润有巢REITs项目中，华润置地未担任原始权益人/发起人，选择了有巢深圳作为原始权益人/发起人，有巢深圳的业务范围为开展保障性租赁住房业务，未持有房地产开发业务资质，未开展商业住宅和商业地产开发业务。有巢深圳与华润置地及其下属子公司的"五独立"安排，具体如下。

（1）资产独立。有巢深圳除投资并持有的租赁住房项目外，就日常开展业务所需的设施、设备、办公用房等资产，涉及使用华润置地或其下属子公司拥有的资产、信息系统等，有巢深圳均采用租赁或采购服务方式，并相应支付对价，资产权属清晰。

（2）业务独立。有巢深圳是开展保障性租赁住房业务的独立法人主体，日常经营事项自主决策，华润置地行使股东权利参与有巢深圳重大事项的决策；有巢深圳涉及与华润置地及其关联方之间的关联交易，通过系统订单、协议等方式约定，并遵守内部关联交易制度的规定。

（3）财务独立。有巢深圳制定了独立的财务制度，并配备有财务负责人、会计、出纳等财务人员，执行独立的财务管理流程，开立独立的银行账户，与华润置地不存在共用银行账户、资金混同的情况。

（4）人员独立。有巢深圳聘用的总经理、法定代表人、财务负责人等高管人员与有巢深圳签署劳动合同，且未在华润置地兼职，日常业务涉及的岗位外包的员工由有巢深圳或其子公司签署劳务外包合同并支付费用。

（5）机构独立。有巢深圳设立股东、董事会、监事、经理等内部组织架构并规定各自职能权限，制定了经营管理所需的人事行政、财务、投资、关联交易、资产管理等内部制度。

二、消费基础设施项目的权属合法合规性

根据国家发改委、中国证监会、交易所、基金业协会等监管机构所发布的相关监管规定和指引，基础设施项目应当权属清晰、资产范围明确，且项目公司依法合规持有项目的所有权，原则上，基础设施项目应当办理了不动产权登记并持有不动产权证书。消费基础设施项目作为产权类项目，入池项目的土地使用权及房屋所有权权属清晰、完整，这些是基本的入池要求。

（一）关于地下空间未办理不动产权属登记和产证的问题

我国《民法典》等法律法规规定不动产实行登记生效主义原则，一方面，不动产登记簿是物权归属和内容的根据，不动产权证书是不动产权属的证明，产证缺失会直接影响对合法产权的判断；另一方面，没有初始登记和产证的不动产项目，在未来处置环节无法办理过户登记手续，将对资产处置带来实质不利影响，且存在不能对抗善意第三人的法律风险。因此，针对未办理产证的情况，建议结合具体原因区分情形予以分类处理。

1. 情形一：因当地政策的客观原因而不给予办理地下空间产证

实践中，有些地方，如杭州、青岛、深圳等，尚未出台关于为地下空间办理不动产登记和发证的相关配套政策，导致相关项目无法办理产证。在已发行的"华夏杭州和达高科产业园 REITs 项目""招商蛇口 REITs（扩募）项目"中，均存在因当地政策原因而无法为地下空间办理产证的问题。对此，如需将未办理产证的地下空间入池，建议至少需满足如下处理要求：首先，需要充分核查并判断地下空间建造行为的合法性，在前期各项报批报建手续均合法齐备合规的前提下，根据《民法典》的规定，可基于合法建造行为初始取得相关建筑物的所有权；其次，需要向投资者充分披露未办证的相关风险（如影响处置、不具备对抗善意第三人效力）；最后，对于未来政策放开后的补办证作出明确安排，尤其对于可能产证的办证费用承担等，作出由原始权益人承担等安排。

2. 情形二：因未缴足地下部分土地出让金或报批报建手续不完备等主观原因而不满足办理产证条件

对于该等情形，建议在前期培育阶段，尽快对相关合规瑕疵予以补正，补

缴出让金,补办相关报批报建手续,并在此基础上及时补办不动产登记和相关产证。否则,对于未办理不动产权证的部分,存在可能无法直接作为合格入池资产的风险。

(二)关于地下人防工程的权属、可转让性问题

1. 关于地下人防工程的权属与可转让性,目前国家没有统一规定,各地意见不一

根据《人民防空法》的规定,新建居民住宅楼、写字楼及商场等民用建筑应当按照规定修建相应战时可用于防空的地下室(结建人防工程),且相应结建人防工程,在平时的规划用途规可以用作车位(人防车位)。但是,目前国家法律对人防车位的所有权归属尚无统一明确规定,不同地方、层级法院的裁判意见不统一,甚至与当地行政管理性规定也不尽统一。另外,关于人防工程建设的投资者界定,在商场、购物中心等商业建筑中相对简单,即开发建设主体;在居民住宅楼等不同业务态可能涉及复杂问题,此处不作展开。

首先,《人民防空法》规定,人民防空属于国防的组成部分,人民防空工程平时由投资者使用管理,收益归投资者所有,但未对人防工程的所有权归属进行明确规定。《民法典》关于建筑区划内车位所有权归属的相关规定能否直接适用于人防车位等特殊情形,存在不确定性。其次,地方行政主管部门的意见有两种。一方面,北京、江苏、济南、沈阳等地的相关规定和人防主管部门认为,人防车位等人防工程的所有权属于国家,不得进行转让、出售或附赠。例如,《济南市城市地下空间开发利用管理办法》第 37 条规定,经依法批准结建的人防工程所有权属于国家,未经批准,任何单位和个人不得擅自转让、租赁。另一方面,上海、广州、重庆等地方明确规定人防车位等人防工程的所有权属于投资者,可办理人防车位的所有权登记,或未禁止、或明确允许可以进行转让。例如,《上海市民防工程建设和使用管理办法》第 20 条规定,民防工程的投资者可以按照房地产管理的有关规定取得民防工程的所有权。最后,司法机关的意见也不统一。一方面,最高人民法院等在相关案件中认为,人防工程归属于国有;另一方面,江苏省等部分地方法院认为归属于投资者。

2. 关于地下人防工程的 REITs 入池处理方案建议

基于以上,关于地下人防工程的 REITs 入池处理方案建议,建议需要区分情形处理。

(1)情形一:当地明确规定人防工程所有权归属于国家。第一,无法直接以人防工程所有权进行入池;第二,在人防主管部门办理使用权登记备案手续之后,可探讨以人防工程使用权入池,已发行的建信中关村 REITs 即采用了该模式。

(2)情形二:当地明确规定人防工程所有权归属于投资建设主体。第一,可探讨直接以人防工程所有权进行入池;第二,当地对于人防工程所有权存在转让限制的,需根据"958 号文"的要求取得人防主管部门关于同意以项目公司股权 100%转让方式发行 REITs 的无异议函。

(3)情形三:若不满足上述条件,可对人防工程不作入池处理,并采取相关剥离重组安排。

三、入池消费基础设施项目的报批报建手续合规性

对于消费基础设施项目,"236 号文"和《REITs 常态化发行通知》等规定再次重申了投资管理合规手续的重要性。对此,结合过去项目经验和消费基础设施项目的特点,报批报建手续中的用地、规划手续进行重点介绍与分析。

(一)用地手续

"236 号文"在扩大试点至消费基础设施 REITs 的部分,特别强调了"项目用地性质应符合土地管理相关规定"。

1. 关于土地取得方式

消费基础设施项目作为产权类项目,土地使用权和地上建筑物均一并入池,且其价值均纳入估值范围。对此,根据"958 号文"以及相关座谈会意见,针对招拍挂、协议出让、划拨用地这 3 种不同类型,具有不同的审核要求与入池方案,分别介绍如下。

(1)对于二级市场或招拍挂的市场化方式取得的土地使用权,无需由自然资源主管部门专门就此出具无异议函。土地使用权和地上建筑物均一并纳入,且其价值均纳入估值范围。

(2)对于协议出让方式取得的土地使用权,一方面,需要核查并具备协议出让方式的前置性审批手续;另一方面,需要取得原土地出让合同签署机构同意转让 100%公司股权发行 REITs 的无异议函。

(3)对于划拨方式取得的土地使用权,划拨用地发行 REITs 可谓当前试

点过程中的一个重要难题。虽然“958 号文”要求,划拨用地应取得相关政府部门同意发行 REITs 的无异议函。但对于产权类项目而言,鉴于根据《城镇国有土地使用权出让和转让暂行条例》等法律规定,划拨用地进行转让的,原则上需要满足签订土地出让合同、补缴土地出让金等条件,并取得政府土地和房屋管理部门的批准,除非转让后仍符合《划拨用地目录》要求的,经政府批准后,可不办理出让手续、不补缴出让金。由于划拨用地存在明确的法律法规限制,作为产权类项目申报存在较大障碍。由于消费基础设施项目属于经营性项目,并不在目前《划拨用地目录》范围之内,因此,为满足 REITs 发行要求,应办理划拨用地转出让手续,签署土地出让合同,补缴出让金,重新办理土地登记和土地证,之后,土地及地上建筑物权属和估值可一并入池。当然,对于其他行业类型项目,如高铁等,若用途符合《划拨用地目录》要求,可研究按照收益权模式处理划拨用地。

2. 关于商业用地的土地使用权剩余年限、续期问题

消费基础设施一般使用商服用地或商业用地,根据《城镇国有土地使用权出让和转让暂行条例》第 12 条之规定,商业用地土地使用权出让最高年限为 40 年。实践中,部分消费基础设施已建成并开业运营了相当长时间,土地使用权剩余期限可能仅有十几年、二十几年等情况。对于商业用地续期是否需要缴纳地价款,以及需要补缴的地价款标准,在国家层面并无明确规定,地方层面做法不一,如深圳市需要一事一议与国土管理部门进行沟通,对此,就 REITs 发行而言,目前国家发改委、证监会暂未对最低的土地剩余年限给出明确的准入要求,当然,入池项目土地使用权的剩余期限较短的,在项目估值、基金期限、决策机制、风险揭示等方面,需充分考虑剩余期限、到期后续期、续期成本承担及其对分配率影响等问题。

3. 关于地下空间用途与是否需补缴出让金问题

消费基础设施的地下空间一般会被用于地下车库、商业及配套设施设备等用途。实践中,不计容积率的地下空间在早期土地使用权出让环节可能未缴纳出让金,而按照《土地管理法》及当地规定,如果用于商业用途,可能需要按当地规定一定的比例和系数补缴地价款。因此,对于该等情形,需要充分核查地下空间是否计入容积率、在拿地环节是否缴足出让金等,并按照当地政策与主管部门沟通确认是否需补缴地价款。

4. 用地手续或权属证照不齐备的问题

对于消费基础设施这种产权类项目，入池资产实质上包含土地和房屋等不动产本身价值以及不动产出租运营收益，土地价值也纳入估值范围，因此，其对于用地手续、土地权属证照完备性要求更严格。因此，用地手续（如用地预审、用地审批、未签署土地出让合同或无划拨决定书等）不齐备，或者尚未办理土地证等，属于实质性瑕疵，应当根据“236 号文”的分类要求，及时予以补办或由相关土地主管部门出具处理说明，确保 REITs 项目公司合法合规持有和使用项目用地。

（二）规划手续

“958 号文”明确要求，REITs 项目应当符合规划相关法律规定，该等要求对于消费基础设施项目同样适用。就消费基础设施项目而言，一般是在城乡规划范围内，应当办理用地规划、工程规划许可手续。结合该类项目的特点，建议重点关注是否存在违反规划许可的“违建”“改扩建”等问题，例如，实际建筑面积超出规划许可建筑面积，将沿街商铺或挑高层搭建夹层实现“一层改两层”，占用土地红线外区域改造运营等情形。如存在，将涉及相关法律风险。第一，相关“违建”“改建”行为，存在被规划、消防等主管部门予以罚款、拆除等风险，从而进一步产生拆除成本导致租户提前退租的违约赔偿责任风险；第二，对于违反规划许可的“违建”行为，根据《民法典》等的规定，相关租赁合同存在被认定为无效的风险，项目公司无权合法取得相关租金收入；第三，相关“违建”“改扩建”部分，不属于“合法建筑”，无法取得合法产权，且一旦被主管部门认定为建筑物涉及“违建”，可能会导致整个建筑物的转让过户、抵押等行为被冻结，进而对资产处置产生不利影响。

对于前述规划方面瑕疵的解决方案建议，第一，补正。如果相关消费基础设施存在违反规划许可的“违建”“改扩建”等瑕疵，建议根据“236 号文”要求，按照投资建设时的要求和现行的要求，视情况补办（包括规划许可变更、补办建设和验收手续、补缴出让金等）或由主管部门出具合规函件等进行瑕疵补正。第二，拆除或不入池。若无法进行瑕疵补正，建议在前期培育阶段对于“违建”“改扩建”进行拆除，相关部分对项目主体建筑和持续经营构成重大不利影响的，建议做不入池处理。

另外，根据证监会、交易所等 REITs 审核要求，管理人、项目律师应当对实际用途与规划用途、权证用途是否一致,进行全面核查并发表意见;存在不一致的,需要核查原因,并说明其法律依据。实践中,可能存在一些商场为了扩大租赁经营面积将原本规划的非商业用途房屋改用作商铺或仓库等,例如,将地下停车场、避难层、物业用房、设备间等非商业用房,用作美食城、洗车房、宠物店或仓库等,与规划、权证用途不一致。根据《城乡规划法》《土地管理法》等法律规定,若改变土地用途,需要履行一系列法律程序。原则上需经土地、规划主管部门批准后,签署土地出让合同补充协议、补缴土地出让金、办理不动产变更登记等手续;否则,存在被处以罚款、责令停止使用、恢复原用途等法律风险。对此,建议根据项目情况,要么履行完备的规划用途变更手续,要么在前期培育阶段进行整改,及时与相关租户进行友好协商,恢复原规划用途,保证用途合规。

四、消费基础设施项目在运营与现金流方面的合法合规性

"236 号文"明确指出,对于消费基础设施应当"切实加强运营管理""充分认识运营管理的重要性""注重项目运营可持续性";证监会多次强调"管资产"是 REITs 的重点。因此,如下将对于消费基础设施项目的运营资质证照、运营模式以及现金流方面的合法合规性予以分析。

(一)消费基础设施项目在运营阶段的主要资质证照许可或备案手续

总体上,消费基础设施属于商业化运营项目,区别于 IDC、铁路、水务等行业,没有针对于产权持有人、运营方本身的特别准入许可要求。当然,其仍需要满足消防、卫生、食品安全、人防等方面的规定,取得相关资质证照许可或备案手续,以商场、购物中心为例,(1)在消防方面,按照《消防法》《关于深化消防执法改革的意见》(厅字〔2019〕34 号)等要求办理公众聚集场所投入使用、营业前消防安全检查手续;(2)在食品经营方面,根据《食品经营许可管理办法》《食品安全法》等规定办理食品经营者应取得食品经营许可证;(3)在卫生方面,根据《公共场所卫生管理条例》、国务院《关于整合调整餐饮服务场所的公共场所卫生许可证和食品经营许可证的决定》(国发〔2016〕12 号)等规定办理公共场所卫生许可证;(4)在人防工程方面,按照国家以及当地规定办理人防工程使用许可或备案(如需);(5)在停车管理方面,根据国家以及当地规定办理公共停车场经营备案证(如需);(6)根据国家以及当地规定办理广告

位及标识牌匾备案或许可手续(如需)。

(二)消费基础设施项目的运营模式探讨

1. REITs 项下的消费基础设施能否采取自营模式?

实践中,以百货商场为例,其较多采取自营或联营模式。自营模式下的收入更多是基于销售经营行为活动而获得的销售收入。在收入构成和性质上,与基于不动产本身对外出租经营所获得的租金等不动产使用对价存在明显区别。对此,国家发改委在发布"236 号文"之后的相关座谈会上指出,"百货商场项目属于消费基础设施范畴,但是要注意区分物业出租收入和经营收入。因为是新领域,需要具体项目具体分析"。因此,就消费基础设施申报发行 REITs 项目而言,可否采用自营模式,还是必须调整为租赁模式,以及如何在自营模式下对过去和未来现金流进行定性、定量的拆分,即哪些属于物业出租性质的收入、哪些属于经营收入,仍取决于国家发改委、证监会和交易所等主管部门的意见。

2. REITs 项下的消费基础设施能否采取整租运营模式?

实践中,一些商场、购物中心或农贸市场等项目,基于商业模式或行业特点等采取了整租运营模式,由整租方向底层租户、合作方等进行转租并获得转租租金,整租方向产权方支付整租租金。整租模式下,无需 REITs 项目公司直接与底层租户建立租赁关系,操作较为简化。对此,一方面,"958 号文"要求,项目收益持续稳定且来源合理分散,直接或穿透后来源于多个现金流提供方。因商业模式或者经营业态等,现金流提供方较少的,重要现金流提供方应当资质优良,财务情况稳健。《公募 REITs 指引》规定,现金流来源合理分散,且主要由市场化运营产生,不依赖第三方补贴等非经常性收入。对此,从法规的角度,对整租模式没有采取完全禁止的态度,留有空间,并对整租方资质、财务提出了要求。另一方面,根据《公募 REITs 指引》和交易所审核规则,项目现金流原则上要确保在监管账户封闭运作、闭环管理。在整租模式下,从法律关系的角度,法定的整租租金支付义务人仅为整租方一方,无法直接向底层承租人主张租金,可能需要考虑进一步对底层租户支付的租金等现金流设置资金监管安排,具体需结合项目情况以监管意见为准。在已上市发行 REITs 产权类项目中,如仓储、产业园、保租房等,尚无整租的先例;消费基础设施属于新纳入试点的资产类型,对于整租模式的认可度以及资金闭环监管要求,仍取决于发改委、证监会和交易所等主管机构的意见,不排除存在一定的不确定性。所以,建议在项目启动之初,尽早与监管部门沟通确认能否采用整租模式。

五、消费基础设施项目的资产转让行为合法合规性

关于资产转让行为的合法性,消费基础设施首先需要满足与其他行业类型资产相同的共性要求,本章不再赘述。其中,结合消费基础项目的特点,就转让限制相关事项重点介绍和分析如下。

1. 关于地方性法律法规对于特定资产类型的转让限制。

就消费基础设施项目而言,一般使用商业用地,相比于仓储物流或产业园用地等,限制相对较少,但也存在一些地方性限制。以上海市为例,上海市规定商业用地项目的公司股权转让、实际控制人变更需要取得自规部门的批准同意。

2. 承租人的优先购买权问题。

一些消费基础设施项目的租赁合同等底层运营协议中,约定了承租人享有物业优先购买权的条款。对此,从法律规定角度,根据《民法典》第 726 条、第 728 条的规定,承租人在同等条件下,享有对租赁房屋的优先购买权,这是承租人的法定权利。出租人未通知承租人或者有其他妨害承租人行使优先购买权情形的,虽然不影响房屋处置合同的效力,但承租人可以请求出租人承担赔偿责任。其中,关于在承租人仅承租房屋的一部分时,其优先购买权能否及于整个房屋的问题,最高人民法院《关于承租部分房屋的承租人在出租人整体出卖房屋时是否享有优先购买权的复函》(〔2004〕民一他字第 29 号)总体上倾向于保护承租人优先购买权,对于仅承租部分房屋的承租人,在符合一定条件的情况下,认为其承租的部分房屋的优先购买权可及于整个房屋。具体需要考虑如下两个方面:第一,从房屋使用功能上看,如果承租人承租的部分房屋与房屋的其他部分可分、使用功能可相对独立,则承租人的优先购买权应仅及于其承租的部分房屋;如果承租人的部分房屋与房屋的其他部分不可分、使用功能整体性较明显,则其对出租人所卖全部房屋享有优先购买权。第二,从承租人承租的部分房屋占全部房屋的比例看,承租人承租的部分房屋占出租人出卖的全部房屋一半以上的,其对出租人出卖的全部房屋享有优先购买权;反之则不宜认定其对全部房屋享有优先购买权。综上,承租人的优先购

买权虽然强调的是同等条件下,但仍可能会对 REITs 项目处置产生一定程度影响,尤其在同一入池项目拆分为多本细小产证的情况下,承租人对所承租部分行使优先购买权,会影响物业处置的整体性。对此,根据“958 号文”的要求,基础设施项目存在转让限制的,应当取得相关方放弃优先购买权的书面同意。

六、REITs 回收资金的最新要求

“236 号文”、《REITs 常态化发行通知》对回收资金问题作出了宽严相济的最新要求,既有针对各类型资产的普适性要求,也有特别针对消费基础设施的特别要求,关于消费基础设施 REITs 回收资金的管控要求,主要包括如下两项。

1. 对于此次扩容的消费基础资产,要求发起人(原始权益人)应利用回收资金加大便民商业、智慧商圈、数字化转型投资力度,更好满足居民消费需求。当然,这不意味着只能用于消费基础设施建设,如果进行其他基础设施建设,应符合国家政策及企业主营业务要求。

2. 原始权益人控股股东或者其关联方涉及商品住宅地产开发业务的,需参照沪深交易所保租房 REITs 审核指引的相关要求,落实 REITs 回收资金严格闭环管理、通过监管银行监控资金用途等要求,切实防范回收资金流入商品住宅开发领域,避免变相为涉房业务融资。